After Virtue

A Study in Moral Theory

追寻美德

道德理论研究

[美国] 阿拉斯戴尔·麦金太尔 著
宋继杰 译

译林出版社

图书在版编目（CIP）数据

追寻美德：道德理论研究：第三版/（美）阿拉斯戴尔·麦金太尔（Alasdair MacIntyre）著；宋继杰译．—南京：译林出版社，2024.5
（人文与社会译丛/刘东主编）
书名原文：After Virtue: A Study in Moral Theory
ISBN 978-7-5753-0013-1

Ⅰ.①追… Ⅱ.①阿… ②宋… Ⅲ.①伦理学－研究－西方国家 Ⅳ.①B82

中国国家版本馆 CIP 数据核字（2024）第 005936 号

追寻美德：道德理论研究（第三版）　[美国] 阿拉斯戴尔·麦金太尔 / 著　宋继杰 / 译

责任编辑　张海波
装帧设计　周伟伟
校　　对　梅　娟
责任印制　董　虎

原文出版　University of Notre Dame Press, 2007
出版发行　译林出版社
地　　址　南京市湖南路 1 号 A 楼
邮　　箱　yilin@yilin.com
网　　址　www.yilin.com
市场热线　025-86633278
排　　版　南京展望文化发展有限公司
印　　刷　南京新世纪联盟印务有限公司
开　　本　890 毫米 × 1240 毫米　1/32
印　　张　14.75
插　　页　4
版　　次　2024 年 5 月第 1 版
印　　次　2024 年 5 月第 1 次印刷
书　　号　ISBN 978-7-5753-0013-1
定　　价　98.00 元

主 编 的 话

刘　东

总算不负几年来的苦心——该为这套书写篇短序了。

此项翻译工程的缘起,先要追溯到自己内心的某些变化。虽说越来越惯于乡间的生活,每天只打一两通电话,但这种离群索居并不意味着我已修炼到了出家遁世的地步。毋宁说,坚守沉默少语的状态,倒是为了咬定问题不放,而且在当下的世道中,若还有哪路学说能引我出神,就不能只是玄妙得叫人着魔,还要有助于思入所属的社群。如此嘈嘈切切鼓荡难平的心气,或不免受了世事的恶刺激,不过也恰是这道底线,帮我部分摆脱了中西"精神分裂症"——至少我可以倚仗着中国文化的本根,去参验外缘的社会学说了,既然儒学作为一种本真的心向,正是要从对现世生活的终极肯定出发,把人间问题当成全部灵感的源头。

不宁惟是,这种从人文思入社会的诉求,还同国际学界的发展不期相合。擅长把捉非确定性问题的哲学,看来有点走出自我囿闭的低潮,而这又跟它把焦点对准了社会不无关系。现行通则的加速崩解和相互证伪,使得就算今后仍有普适的基准可言,也要有待于更加透辟的思力,正是在文明的此一根基处,批判的事业又有了用武之地。由此就决定了,尽管同在关注世俗的事务与规则,但跟既定框架内的策论不同,真正体现出人文关怀的社会学说,决不会是医头医脚式的小修小补,而必须以激进亢奋的姿态,去怀疑、颠覆和重估全部的价值预设。有意思的是,也许再没有哪个时代,会有这么多书生想要焕发制度智慧，这既凸显了文明的深层危机，又表达了超越的不竭潜力。

于是自然就想到翻译——把这些制度智慧引进汉语世界来。需要说明的是，尽管此类翻译向称严肃的学业，无论编者、译者还是读者，都会因其理论色彩和语言风格而备尝艰涩，但该工程却绝非寻常意义上的“纯学术”。此中辩谈的话题和学理，将会贴近我们的伦常日用，渗入我们的表象世界，改铸我们的公民文化，根本不容任何学院人垄断。同样，尽管这些选题大多分量厚重，且多为国外学府指定的必读书，也不必将其标榜为“新经典”。此类方生方成的思想实验，仍要应付尖刻的批判围攻，保持着知识创化时的紧张度，尚没有资格被当成享受保护的“老残遗产”。所以说白了：除非来此对话者早已功力尽失，这里就只有激活思想的马刺。

主持此类工程之烦难，足以让任何聪明人望而却步，大约也惟有愚钝如我者，才会在十年苦熬之余再作冯妇。然则晨钟暮鼓黄卷青灯中，毕竟尚有历代的高僧暗中相伴，他们和我声应气求，不甘心被宿命贬低为人类的亚种，遂把逐译工作当成了日常功课，要以艰难的咀嚼咬穿文化的篱笆。师法着这些先烈，当初酝酿这套丛书时，我曾在哈佛费正清中心放胆讲道：“在作者、编者和读者间初步形成的这种‘良性循环’景象，作为整个社会多元分化进程的缩影，偏巧正跟我们的国运连在一起，如果我们至少眼下尚无理由否认，今后中国历史的主要变因之一，仍然在于大陆知识阶层的一念之中，那么我们就总还有权想象，在孔老夫子的故乡，中华民族其实就靠这么写着读着，而默默修持着自己的心念，而默默挑战着自身的极限！”惟愿认同此道者日众，则华夏一族虽历经劫难，终不致因我辈而沦为文化小国。

一九九九年六月于京郊溪翁庄

纪念我的父亲
以及他的兄弟姐妹

Gus am bris an la

（直到天亮）

目 录

解读麦金太尔

克里斯托弗·斯蒂芬·卢兹[1]

阿拉斯戴尔·麦金太尔(Alasdair Chalmers MacIntyre, 1929—)是在苏格兰出生,在英国受教育的道德和政治哲学家,自1970年以来在美国工作。他在伦理学和政治学方面的工作跨越多个学科,涉及社会学、社会科学哲学以及希腊语和拉丁语古典文学。

麦金太尔最初是一个马克思主义者,但在20世纪50年代末,他开始致力于发展一种能够合理地证明对斯大林主义的道德谴责的马克思主义伦理学。这个筹划最终导致他放弃了马克思主义以及所有其他形式的"现代自由个人主义",并提出亚里士多德的伦理学(通过小规模道德形成在共同体中更新道德行为和实践理性)是一种更有效的方式。

麦金太尔最著名的书《追寻美德》(1981)就是这个长期伦理筹划的产物。《追寻美德》把当代社会诊断为一种"情感主义文化",其中道德语言被实用性地用于操纵态度、选择和决策,以至于当代道德文化是一个幻觉的剧场,其中客观的道德修辞

① 导读作者克里斯托弗·斯蒂芬·卢兹(Christopher Stephen Lutz)是美国圣梅拉德神学院(Saint Meinrad Seminary and School of Theology)教授。本文的翻译和发表得到作者和原刊者"网络哲学百科全书"(the Internet Encyclopedia of Philosophy)的授权,特此致谢。——译者

术掩盖了任意选择。麦金太尔在《追寻美德》之后又出版了两本书,《谁之正义？何种合理性?》(1988)和《三种对立的道德探究观》(1990),探讨传统在真假判断中所起的作用。麦金太尔的另一部重要著作《依赖性的理性动物》(1999)研究了人类行为者的社会需求和社会债务,以及共同体在独立的实践推理者的形成中的作用。麦金太尔的其他成熟著作扩展和补充了这四部重要著作的论证。

麦金太尔的哲学对美德伦理学和共同体政治学领域具有重要意义,但麦金太尔否认自己属于任何一派思想。麦金太尔自1984年以来自称托马斯主义者,但一些托马斯主义者对他的托马斯主义提出了质疑,因为他强调托马斯·阿奎那对人类行为的处理,但拒绝了新托马斯主义的基于人性形而上学创造托马斯主义道德认识论的筹划。麦金太尔持续地指出被设想为现代道德理论对于商业决策的一种应用的传统商业伦理学的无关紧要,但商业伦理学领域的某些学者已经开始将麦金太尔对亚里士多德的行为和美德的论述应用于组织系统的研究,以发展在公司内部更新道德行为和实践理性的各种方式。麦金太尔在过去三十年的亚里士多德主义伦理学和政治学的复兴中扮演了重要角色,并对托马斯主义哲学的发展做出了宝贵的贡献。

一、生平

麦金太尔于1929年1月12日在苏格兰的格拉斯哥出生。他的父母都是医生,都在苏格兰西部出生和长大。尽管是在英格兰接受的教育,但他从一个姑姑那里学会了苏格兰盖尔语。麦金太尔在伦敦市及其周边地区长大。他于1949年在伦敦大学玛丽皇后学院获得古典学学士学位,之后进入英格兰西北部的“红砖”大学曼彻斯特大学研究生院学习,并于 1951 年获得哲学硕士学位。

麦金太尔的家族与爱尔兰北部的多尼戈尔县有着遥远的联系,他对盖尔语的了解帮助他与那里的人民建立了联系。多年来,他一直密切关注爱尔兰的文化和政治问题。麦金太尔“对英语和爱尔兰文学有着深入广泛的了解”。[②] 2009 年在都柏林大学学院举行的庆祝麦金太尔八十寿辰的学术会议承认并庆祝了他与爱尔兰共同体的联系。

阿拉斯戴尔·麦金太尔的哲学建立在一个不寻常的基础上。他的早年生活受到两种冲突的价值体系的影响。一种是“农民和渔民、诗人和讲故事者的盖尔口语文化”。另一种是现代性,“现代世界是一种理论而非故事的文化”。[③]麦金太尔同时接受这两种价值体系,并将这些不同的世界观带入了他的本科教育中。

作为伦敦大学玛丽皇后学院的古典学专业学生(1945—1949),麦金太尔阅读了柏拉图和亚里士多德的希腊文著作,但他的研究并不限于古代语言的语法。他还研究了伊曼纽尔·康德和约翰·斯图尔特·密尔的伦理学理论。他参加了分析哲学家 A. J. 艾耶尔和科学哲学家卡尔·波普尔的讲座。他阅读了路德维希·维特根斯坦的《逻辑哲学论》、让-保罗·萨特的《存在主义是一种人道主义》以及马克思的《路易·波拿巴的雾月十八日》。[④]麦金太尔遇到了社会学家弗朗茨·斯泰纳,后者帮助他以实质方式接近道德观念。[⑤]麦金太尔成熟的著作不断跨

② O'Rourke, p. 3.

③ *MacIntyre Reader*, p. 255.

④ *What happened*, pp. 17—18.

⑤ interview with Giovanna Borradori, p. 259.

越传统学科界限。

麦金太尔成熟的著作也在不断批评现代生活的社会和经济秩序。这项工作也始于他在玛丽皇后学院的时期，并产生出他与填满玛丽皇后学院所在的伦敦东区的穷人和工人阶级的团结。麦金太尔与马克思主义对自由主义和资本主义的批判的最初相遇[⑥]使他参与了二十年的马克思主义组织活动。[⑦]麦金太尔与托马斯主义对英国社会和政治生活的批判的最初相遇给麦金太尔留下了深刻的印象，但直到 1984 年他才自称为托马斯主义者。[⑧]

从马克思主义中，麦金太尔学到了将自由主义视为一种破坏性意识形态，它会以个人自由的名义削弱共同体，并因此削弱了人类行为的道德形成。[⑨]麦金太尔仍然认可《路易·波拿巴的雾月十八日》的见解[⑩]，这本书剥去了 19 世纪中叶法国政治修辞术的意识形态伪装。对麦金太尔来说，马克思通过洞察任意选择的空洞辩解，用经济和社会术语考虑政治行为的真正目标和后果的方式，仍然是马克思主义的主要见解。麦金太尔发现马克思主义社会科学的预测理论不太令人信服。他的第一本书《马克思主义：一种解释》(1953) 批评了马克思转向社会科学；类似的批评几乎出现在麦金太尔的所有重要著作中。

麦金太尔于 1951 年作为曼彻斯特大学宗教哲学讲师开始了他的教学生涯，并一直担任该职位直到 1957 年。在 1956 年的一篇名为“曼彻斯特：现代大学与英国传统”的文章中，麦金太尔以自豪的态度谈到了作为专业教育中心与所在城市的人民

---

⑥ *Kinesis* Interview, p. 48.

⑦ *Alasdair MacIntyre's Engagement with Marxism*, pp. xiii—l.

⑧ *What happened*, p. 17.

⑨ interview with Giovanna Borradori, p. 258; *Kinesis* Interview, p. 47.

⑩ *What happened*, pp. 20, 483.

紧密联系在一起的地方大学的角色，这些大学传统上一直是激进政治、非主流和少数派（疑神论、罗马天主教和犹太教）宗教的发源地。《马克思主义：一种解释》同样是激进政治和非主流宗教的表达，旨在服务人民的需求。离开曼彻斯特后，麦金太尔成为英国新左派的一员[11]，并在英国其他大学的教学、研究和管理职位上流动，直到1970年移民美国，在布兰迪斯大学、波士顿大学、范德比尔特大学、圣母大学和杜克大学任教。麦金太尔于2000年回到圣母大学担任圣母大学伦理与文化研究中心的高级研究教授，直到2010年退休。

麦金太尔早年是作为一个马克思主义的新教哲学家开始其职业生涯的，他的工作基于卡尔·巴特的信仰主义和维特根斯坦关于生活形式的概念。到了1960年，他停止了在这个主题上的写作，并在20世纪60—70年代以无神论者的身份写作。麦金太尔从英国移民的时间大致和他与有组织的马克思主义决裂的时间相吻合。1968年，麦金太尔出版了《马克思主义：一种解释》的大幅修改版本《马克思主义和基督教》，并在新书的前言中指出他对两者都变得怀疑。这种怀疑在《反对时代的自我形象》（1971）中仍然存在。

在1977年至1984年期间，麦金太尔转向了亚里士多德的世界观，然后重新接受了基督教信仰，并从亚里士多德转向托马斯·阿奎那。麦金太尔在《哲学的任务》（2006）的前言中解释说，其论文《认识论危机、戏剧性叙述和科学哲学》（1977）标志着这一转变的开始。

在教学岗位上退休后，麦金太尔通过审查实践、整合人类生活以及负责任地参与共同体生活所需的美德来继续他的推动人

[11] *Alasdair MacIntyre's Engagement with Marxism*, pp. xxii—xxxii, 86—93.

类行为的更新的工作。他目前隶属于伦敦都会大学当代亚里士多德伦理与政治研究中心(CASEP)。

阿拉斯代尔·麦金太尔已经撰写了19本书并编辑了其他5本。他最重要的著作《追寻美德》(1981)被称为20世纪后期最有影响力的道德哲学著作之一。《追寻美德》和他的其他重要作品,包括《马克思主义:一种解释》(1953)、《伦理学简史》(1966)、《马克思主义和基督教》(1968)、《反对时代的自我形象》(1971)、《谁之正义?何种合理性?》(1988)、《三种对立的道德探究观》(1990)以及《依赖性的理性动物》(1999)塑造了学院道德哲学长达六十年。《伦理学简史》长期以来一直是大学道德哲学史课程的标准教材;《追寻美德》仍然是本科和研究生教育中广泛使用的伦理学教科书。麦金太尔发表了约两百篇期刊文章和大约一百篇书评,涉及伦理学、政治学、社会科学哲学、马克思主义理论、马克思主义政治实践、亚里士多德关于人类行为中卓越或美德的概念以及对托马斯·阿奎那的形而上学、认识论和伦理学的解释。

麦金太尔成熟的学术工作,始于1977年的论文《认识论危机、戏剧性叙述和科学哲学》,他利用了对传统的研究以及对形成科学、哲学和社会实践诸传统的各种叙述的审查,并以此作为一种哲学方法。《追寻美德》及其随后的全部著作都在道德和政治哲学研究中使用了这种哲学方法。

二、对"现代自由个人主义"的前言性评论

《追寻美德》否定了"现代自由个人主义"的观点,即自主的个体使用抽象的道德原则来确定他们应该做什么。《追寻美德》前半部分对现代规范伦理学的批判拒斥了现代道德推理,

因为它未能证明其前提,并批判其频繁使用客观道德和科学必然性的修辞术来操纵人们接受任意决定。批判性的论证举例说明了日常言说、哲学伦理学以及社会科学的政治运用中存在这种操纵性的道德修辞术。《追寻美德》的后半部分提出了一种实践和实践推理的概念,以及卓越之为人类行为者的观念,作为现代道德哲学的替代方案,呈现了麦金太尔所说的“对亚里士多德的一种历史主义辩护”。[12]

麦金太尔在哲学中使用的术语“现代自由个人主义”(modern liberal individualism)与当代政治中的“自由主义”(liberalism)并不等同。一些读者将麦金太尔对“现代自由个人主义”的拒斥解读为他是一个政治保守派[13],但麦金太尔使用“现代自由个人主义”来命名一个更广泛的范畴,既包括当代美国政治术语中的自由派和保守派,也包括一些马克思主义者和无政府主义者[14]。保守主义、自由主义、马克思主义和无政府主义都将自主个体作为市民社会的单位来呈现[15];这些政治理论无一能够提供一种完善的共同善好(the common good)概念;它们也都无法充分解释或证明对任何共同利益的共同追求。

现代自由个人主义的来源——霍布斯、洛克和卢梭——声称人的生活自然地是孤独的,通过习惯和约定而成为社会性的。麦金太尔的亚里士多德传统则持相反的观点,认为人的生活自然地是社会性的。现代自由个人主义试图通过各种普遍、非个人的道德原则来证明道德的权威性,使自主个体能够做出道德上正确的决策。但现代道德哲学家使用这些原则来建立普遍的

---

⑫ *After Virtue*(以下简称为 *AV*), p. 277。

⑬ *AV*, 3rd ed., p. xv.

⑭ 参见 *Against the Self-Images of the Age*(以下简称为 *ASIA*), pp. 280—284。

⑮ 参见“*The Theses on Feuerbach*:A Road Not Taken”(以下简称为 ToF:RNT)。

道德规范的权威性，并且现代自主个体在遵守这些原则和规范以进行道德判断和行动时，放弃了追求自己的利益和目标。麦金太尔将这种现代筹划视作不融贯的而加以拒绝。麦金太尔将道德卓越与有效的人类行为能力等同起来，并寻求一种有助于解放人类行为者以更有效地认识和追求自己的利益、作为其共同体共同利益的组成部分的政治环境。因此，对麦金太尔来说，伦理学和政治学是绑定在一起的。

三、1951 年以来的发展

阿拉斯代尔·麦金太尔在道德和政治哲学方面的学术生涯经历了许多变化，但两个主题始终保持不变。第一个是他对现代规范伦理学的批判。第二个是他将道德哲学视为一种研究道德形成的学科，增强理性的人类行为能力，并有助于发展出理性行为者的政治共同体。对现代规范伦理学的批判利用了两个来源，即卡尔·马克思的哲学和 20 世纪初逻辑实证主义者的情感主义，包括 A. J. 艾耶尔和 C. L. 斯蒂文森。对共同体中行为者的真实的伦理和政治的追求则利用了行为理论、社会学、科学哲学以及来自卡尔·马克思的《关于费尔巴哈的提纲》的“革命实践”论。

（一）马克思的《关于费尔巴哈的提纲》对麦金太尔的道德和政治著作的影响

麦金太尔在他的整个学术生涯中都引用了马克思的《关于费尔巴哈的提纲》的第三条[16]；他在 1994 年发表的《论费尔巴哈

⑯ 参见 *Marxism: An Interpretation*（以下简称为 *MI*），p. 61；*Marxism and Christianity*（以下简称为 *M&C*），p. 59；*AV*，p. 84。

的提纲:一条未走的道路》中详细解释了《关于费尔巴哈的提纲》的重要性。麦金太尔将《关于费尔巴哈的提纲》解读为“一个真正的过渡性文本”[17],标志着马克思与黑格尔和费尔巴哈的哲学工作的终结,但“指出了一个马克思实际上没有采取的方向”。[18]黑格尔和费尔巴哈都批评了“市民社会的立场”;这实际上是“现代自由个人主义”的立场。费尔巴哈批评宗教信仰的对象是人类思想的投射。但马克思发现费尔巴哈哲学的理论对象也容易受到同样的批评。在《关于费尔巴哈的提纲》中,马克思提出了一种哲学,它放弃了对理论对象的沉思,以便审视和改变人类的活动和实践。[19]

在第三条论题中,马克思抱怨费尔巴哈和其他唯物主义社会理论家发明了一种决定论的人类行为理论,但对它的应用却仿佛它并不包括他们自己的自由行动,仿佛他们凌驾于社会。[20]马克思拒绝了社会与那些凌驾于社会的人之间的隐含区别,坚持革命的领导者和追随者只能共同行动,共同发现革命的目标和方法。[21]马克思提出了这个倡议,但没有继续追求它。后来的马克思主义哲学复兴主要有两条研究途径,“普列汉诺夫的辩证法和历史唯物主义……或者……青年卢卡奇的理性意志主义”。[22]对于麦金太尔来说,甚至在其学术生涯之初,《关于费尔巴哈的提纲》提供了一条恢复马克思主义哲学的人迹罕至的道路,这对于麦金太尔对道德和政治哲学的贡献至关重要。

---

⑰ ToF:RNT, p. 224.

⑱ ToF:RNT, p. 226.

⑲ ToF:RNT, pp. 227—228; see Marx, fourth and first theses.

⑳ ToF:RNT, p. 229—230; see also *AV*, p. 84.

㉑ ToF:RNT, p. 230—231.

㉒ ToF:RNT, p. 232.

（二）麦金太尔学术生涯的三个阶段

在 1991 年接受《思想》(*Cogito*)杂志采访时,麦金太尔确认他的发展有三个不同的阶段。在第一个阶段,从 1949 年到 1971 年,麦金太尔在宗教哲学、伦理学、社会科学哲学和马克思主义政治和伦理理论方面发表了文章和专著,但没有将这些研究整合为一个统一的世界观。在第二个阶段,从 1971 年到 1977 年,麦金太尔致力于整合他的哲学。在第三个阶段,从 1977 年开始,麦金太尔一直在致力于"一个单一的筹划,其中《追寻美德》、《谁之正义？何种合理性?》和《三种对立的道德探究观》是其核心"。

1. 早期职业生涯(1949—1971)

在他的早期职业生涯中,麦金太尔研究了理论和信仰的理性证明(rational justification),并在宗教哲学、社会科学哲学和道德理论方面发表了书籍和文章。这个关于他早期学术生涯的概述将依次介绍其中的每个领域。

（1）宗教哲学

在宗教哲学领域,年轻的麦金太尔并没有试图通过理性来证明宗教信仰;相反,他试图表明宗教信仰应该免于理性检验。他在 20 世纪 50 年代发展的理论是一种防御性结构,旨在将其宗教信仰与他的其他学术工作分离开。麦金太尔早期的信仰主义宗教哲学受到了路德维希·维特根斯坦的哲学和卡尔·巴特的神学的影响。对于信仰主义者来说,宗教信仰不是,也不能是理性的;它的唯一基础是对宗教权威的接受。麦金太尔的巴特-维特根斯坦式宗教哲学只是对宗教信仰的理性分隔化。

麦金太尔早期信仰主义宗教哲学的关键陈述是他在 1957 年发表的论文《宗教信仰的逻辑地位》,收录于《形而上的信仰》

一书中。这篇论文遭到了无神论者安东尼·弗卢（Antony Flew）和基督教神学家巴塞尔·米切尔（Basil Mitchell）的强烈批评。在1958年的书评中，弗卢指出传统基督教与经验事实的联系比麦金太尔所允许的更密切，即使世界事实不能验证宗教信仰，内部的不一致性也能证明教义的虚假。米切尔在1961年发表了一篇长达十四页的批评麦金太尔信仰主义的文章，题为“宗教信仰的合理化证明”。当《形而上的信仰》于1970年再版时，麦金太尔在新的前言中感谢弗卢和米切尔以及他的同事罗纳德·赫伯恩（Ronald Hepburn）对他的批评，并拒绝了该论文的“非理性主义，既是错误的，也是危险的”。[23]

从20世纪60年代初到70年代末，麦金太尔自称是无神论者。20世纪60年代的三部论著，《上帝与神学家们》、《无神论的宗教意义》和《世俗化与道德变迁》，表达了麦金太尔的无神论信仰。

麦金太尔拒绝其早期信仰主义背后的理由继续影响着他对有神论的看法。麦金太尔在2010年的演讲“论在世俗化文化中成为有神论哲学家”中，并没有将有神论信仰视为一种关于人类生命的起源和命运的孤立的形而上学教义。对于成熟的麦金太尔来说，有神论在对世界的解释中起着核心作用。麦金太尔成熟的有神论不是回到他早期的信仰主义；它属于一种理性的世界观，它挑战“世俗信仰者”和它挑战宗教信仰者的理由是一样的。[24]

（2）社会科学哲学

麦金太尔早期在社会科学哲学方面的工作，与马克思主义

㉓ “Preface to the 1970 Edition”, pp. x—xi.

㉔ *Whose Justice? Which Rationality?*（以下简称为 *WJWR*）, p.5。

理论的理性证明,以及区分马克思早期哲学工作中更有前途的元素与后来马克思主义和斯大林主义理论中更多伪科学的元素有关。马克思主义在20世纪的大多数时候都自我呈现为一种社会科学,在其中,麦金太尔将他的批判指向了斯大林主义的粗糙决定论。更广泛地说,麦金太尔对任何不将人类行为者的信仰、意图和选择置于中心的社会理论的理性证明提出了质疑。

在他未发表的硕士论文《道德判断的意义》(1951;以下简称为SMJ)中,麦金太尔引用了史蒂文·图尔明(Steven Toulmin)的"精神分析的逻辑地位"、安东尼·弗卢的"精神分析解释"和理查德·彼得斯(Richard Peters)的"原因、治疗和动机",来批评西格蒙德·弗洛伊德把一个人行为的道德解释肤浅地还原为对该人心理状态的因果解释。

在他学术生涯的整个早期阶段,麦金太尔一直是决定论社会科学的坚定批评者。《马克思主义:一种解释》批评了马克思在《德意志意识形态》中转向决定论社会科学的观点。[25]《马克思主义和基督教》修正了这一批评,将责任归咎于弗里德里希·恩格斯。[26]在《决定论》一文中,麦金太尔承认社会科学对人类行为的成功预测使决定论难以被否定,但鉴于为捍卫决定论所需的解释选择的种类,他发现"很难看出决定论如何能够被证实或证伪"。[27]

(3)伦理学与政治学

麦金太尔对现代规范伦理学的批评,如果被理解为一种对自由主义现代性所特有的规范伦理学的批评,则部分根源于卡

㉕ *MI*, pp. 68—78.

㉖ *M&C*, pp. 70—74.

㉗ "Determinism", pp. 39—40.

尔·马克思的工作。在还是学生时，麦金太尔就接受了马克思对现代自由主义政治的批评，认为自由主义政治是一种将个体与共同体利益对立起来的意识形态。马克思在书评“论犹太人问题”中否定了“自然权利”的概念，将其视为封建社会的残余。对马克思来说，“权利”只能来自政府制定的法律。马克思认为，19世纪自由主义政治中使用的“自然权利”或“人的权利”只是为了保护个体免受其所属社会的伤害，从而同时威胁到社会和个体。

麦金太尔早期的马克思主义使他拒绝了所有形式的现代自由个人主义，“包括当代美国和英国保守派的自由主义，以及美国和欧洲激进派的自由主义，甚至自封的自由主义者的自由主义”。因为这些意识形态立场，通过将市民社会构建为个体对理性和行为的普遍标准的回应，它们“施加了某种未被承认的统治，而且从长远来看，这种统治倾向于瓦解传统的人际关系，并使社会和文化关系贫困化”。[28]

麦金太尔对现代规范伦理学的批评也受到情感主义理论的影响。C. L. 斯蒂文森和其他情感主义者认为道德判断只表示其作者的主观旨趣，而不表示行为者及其判断行为的客观特征。《道德判断的意义》对斯蒂文森关于道德判断意义的还原主义理论提出了异议，但麦金太尔在大多数情况下赞同斯蒂文森对现代规范伦理学的情感主义批评，从而加入了斯蒂文森对G. E. 摩尔的直觉主义的批评。

摩尔在《伦理学原理》(1903)中认为哲学伦理学的根本任务是研究“关于事物的那个被术语‘善(好)’所表示的性质以及被术语‘坏’所表示的相反性质的断言”(《伦理学原理》，

---

[28] Borradori interview, p. 258.

§23)。摩尔断言“善(好)”必须命名所有好的事物共享的某种特定性质,但他发现无法以任何充分的方式定义“善(好)”(《伦理学原理》,§10)。因此,摩尔将“善(好)”描述为一种简单、无法定义的非自然性质。

逻辑实证主义者,包括 A. J. 艾耶尔(《语言、真理与逻辑》,第6章)和 C. L. 斯蒂文森,在摩尔描述的“善(好)”中找不到任何客观性,并得出结论说“善(好)”和“坏”不是客观性质。斯蒂文森认为,如“这是一辆好车”或“那是一座好房子”之类的评价,以及道德评价,如“他是一个好人”或“偷窃是错误的”,都不是事实陈述。对于斯蒂文森来说,评价性词语如“善(好)”和“邪恶”具有“情感意义”,斯蒂文森将其定义为“一个词语通过其使用历史而产生的、对人们产生(导致)情感反应的倾向”。[29]情感术语用于影响人们。因此,任何评价的真正意义,尤其是任何道德评价的意义,即道德判断的重要性,要么是说话者的主观认可和推荐,要么是说话者的主观否定和禁止。简而言之,情感主义者认为道德判断既不传达事实,也不传达信仰;它们只传达作者的情感旨趣。

麦金太尔在他的硕士论文中批评了斯蒂文森得出的还原主义结论,但麦金太尔并没有批评斯蒂文森对摩尔的拒斥。麦金太尔解释道:“这并不是否认道德判断的情感特征:这是在暗示,当我们说道德判断是情感性的时候,我们留下了很多东西未说——甚至情感性也可能有一种需要被描绘的逻辑。”[30]麦金太尔1951年对情感主义的评价接受了斯蒂文森对道德判断的指

㉙ “The Emotive Meaning of Ethical Terms”, p. 23.

㉚ *SMJ*, p. 89.

称性意义的批评[31],以及对“传统道德哲学”之为一门使用原则来评估事实的研究的普遍拒斥。[32]

对麦金太尔来说,伦理学不是将原则应用于事实,而是对道德行为的研究。道德行为,即自由人的行为,涉及为追求目标而做事的各种决定,并涉及关于他自己的行为对人类行为者所追求的各种目标的整体影响的理解。在这个意义上,“道德地行动就是知道如何行动”。[33]“道德不是一种‘知道什么’(knowing that)而是一种‘知道如何’(knowing how)。”[34]如果人类行为是一种‘知道如何’,那么伦理学也必须考虑人们怎样学习‘如何’。与其他形式的‘知道如何’一样,麦金太尔发现人们会学习如何在一个由语言和共同标准塑造我们判断的共同体中道德地行动。[35]麦金太尔得出结论,伦理学不是事实评估中的抽象练习;它是对自由人的行为的研究和对使理性的人类行为成为可能之条件的研究。

人类行为仍然是麦金太尔首部出版的书《马克思主义:一种解释》中的一个中心主题。这本书赞扬了《马克思主义和基督教》的那些能够实现人类行为的形式,并批评了那些抑制人类行为的形式。麦金太尔追溯了从新教的神学和实践,经由黑格尔和费尔巴哈的哲学,到马克思的工作的历史,以证明马克思主义是基督教的转型。麦金太尔认为,马克思在《关于费尔巴哈的提纲》第三条中得出的结论是值得赞赏的,即改变社会的唯一途径是改变我们自己,并且“改变人类活动或自我改变的

---

[31] *SMJ*, p.74.

[32] *SMJ*, p.81.

[33] *SMJ*, p.56.

[34] *SMJ*, p.89.

[35] *SMJ*, pp.68—72.

巧合只能作为革命实践而被把握和理性地理解”。[36] 麦金太尔批评马克思随后转向决定论的社会科学,并得出结论说,“马克思从预言到预测的转变”将马克思主义变为一种使人类之间分裂为“接受马克思主义的好人和拒绝马克思主义的坏人”的疏离神话。[37]

该书还审视了新教的神学和实践的一些缺点,展示了福音的要求如何影响了费尔巴哈和(通过费尔巴哈)马克思的理想。麦金太尔区分了“对人民而言是鸦片的宗教和不是鸦片的宗教”。[38]他谴责那些为社会不平等辩护并鼓励躺平的宗教形式。他力证真正的基督教教义批评社会结构并鼓励行动。[39]

麦金太尔的硕士论文和《马克思主义:一种解释》一起勾勒出麦金太尔对现代规范伦理学的情感主义批判的初步回应。它们也预示了麦金太尔与 R. M. 黑尔对情感主义回应的冲突。黑尔试图通过对道德判断意义的另一种解释来捍卫现代规范伦理学免受情感主义的挑战。黑尔《道德语言》(1952)和《自由与理性》(1963)的一个核心观点是,道德判断是描述性的,而不仅仅是情感性的,因为它们既具有可普遍化的特征,又具有规范性。对于黑尔来说,可普遍化源于行为者对一致使用术语和判断的信诺。例如,“如果一个人说一件东西是红色的,他就信诺在相关方面与它相似的任何东西也将是红色的”。[40]因此,行为者做出的规范性判断是可普遍化的,只要这些行为者信诺以相似的方式判断相似的事物;正是这些规范性判断的可普遍化特征赋

---

[36] Marx, *Theses on Feuerbach*, quoted in *MI*, p. 61.

[37] *MI*, p. 89.

[38] *MI*, p. 83.

[39] *MI*, pp. 119—122.

[40] *Freedom and Reason*, I 2. 2.

予了它们描述性的意义。简而言之,道德判断是描述性的,因为它们描述了其作者所选择的价值观。

麦金太尔在他 1957 年的论文《道德不是什么》中拒斥了黑尔对现代规范伦理学的辩护。麦金太尔聚焦于黑尔的理论:"广泛认为道德评价的本质是可普遍化和规范性。这是我想否认的观点。"《道德不是什么》探讨了道德判断所承载的各种意义和意图的多样性。麦金太尔列举了六种既不可普遍化也不具规范性的道德评价,并得出结论,普遍规范主义理论之不充分,与情感主义之不充分原因相同;它是还原性的。普遍规范主义对道德判断的意义根本无法给出一种完整的解释。

《道德不是什么》还认为,现代道德哲学的程序对于真正的道德实践是多余的。尽管"道德哲学教科书"讨论"应该指导'信守诺言,讲真话等'的准则",但道德准则根本不指导真实生活中的真实行为者。"它们不指导我们,因为我们不需要被指导。我们知道该做什么。"[41]有时候,我们这样做甚至没有任何准则,甚至违背我们所知道的所有准则。麦金太尔以哈克贝利·费恩决定帮助吉姆(沃森小姐的逃亡奴隶)走向自由的决定为例来说明他的观点。[42]再次强调,道德不是一种"知道什么",而是一种"知道如何",而这种"知道如何"的使用不能还原为进行可普遍化的规范性判断。麦金太尔对黑尔的普遍规范主义的拒斥更新了他对现代规范伦理学的批评,并对身为马克思主义者的麦金太尔对于斯大林主义的道德挑战的回应产生了持久的影响。

在 20 世纪 50 年代末,世界各地的马克思主义者发现了苏联斯大林主义政权隐藏的暴行,并目睹了 1956 年匈牙利革命的

㊶ *ASIA*, p. 106.

㊷ *ASIA*, p. 107.

暴力镇压。[43]斯大林主义政权的罪行，包括大规模屠杀、大规模驱逐和对被统治民族共同体的知识分子、政治家、文化人和教会领导层的处决，都应予以谴责。然而，对斯大林主义政策的道德批评对于坚定的无神论马克思主义者，包括麦金太尔，似乎是一个问题，因为他们已经拒绝了神法的有神论观念以及现代世俗的"自然权利"观念。

麦金太尔在《道德荒野笔记1》(1958)和《道德荒野笔记2》(1959)中讨论了对斯大林主义的道德谴责。对于麦金太尔来说，要以任何实在的权威性谴责斯大林主义似乎是困难的，因为任何诉诸现代世俗自由主义道德原则的做法似乎在本质上都是随意的。对于斯大林主义，共产主义之外的自由主义批评者，"只能以其自身的选择的名义来谴责"。[44]麦金太尔对这些斯大林主义批评者的道德困惑的描述类似于他一年前对哈克贝利·费恩的描述[45]；他们对斯大林的罪行进行了很好的判断，但缺乏任何充足的方式来合理地证明自己的判断。在《道德荒野笔记2》中，麦金太尔提出了一种新的马克思主义人类行为伦理学。麦金太尔的马克思主义伦理学不是将"道德的'应当'"与"欲望的'是'"分离开来[46]，而是将目光投向"人类团结的事实，这在我们发现我们想要什么的时候显现出来"。[47]

麦金太尔在20世纪60年代初的马克思主义著作中发展了他的伦理学筹划。《共产主义和英国知识分子》(1960)认为，英国共产党已经不再是马克思主义，因为它放弃了马克思在《关

---

[43] See *Virtue and Politics*, pp. 134—151.

[44] *The MacIntyre Reader*, p. 34.

[45] *ASIA*, p. 106.

[46] *The MacIntyre Reader*, p. 41.

[47] *The MacIntyre Reader*, p. 48.

于费尔巴哈的提纲》第三条中的洞察。“经典马克思主义……希望将广大的人类群体从受害者和傀儡转变为主宰自己生活的行为者”,但斯大林主义将马克思主义转变为科学家应该利用“客观和不可改变的历史规律”来管理社会行为的学说。[48]《自由与革命》(1960)从“欲望、意图和选择”的角度讨论“人类主动性”[49],并认为人类自由的充分发展需要参与共同体生活:“自由的问题不是反社会的个体的问题,而是我们想要什么样的社会,以及我们想成为什么样的个体的问题。”[50]个体不应该寻求从社会中解放出来,而是通过社会获得解放。道德与个人在其共同体生活中的参与有关。

麦金太尔在《伦理学简史》中发展了道德从历史中产生并且道德组织了共同体的共同生活的观点。该书的结论是,道德概念既不是永恒的,也不是与历史无关的,了解伦理概念的历史发展可以使我们摆脱“任何虚假的绝对主义主张”。然而,这个结论并不意味着道德本质上是随意的,或者通过从自己社会的道德中解放自己就能达到自由。在第四章对柏拉图的《高尔吉亚篇》的评论中,麦金太尔拒绝了卡利克勒斯声称的打破社会规则就能获得解放的观点。“因为一个其行为不受任何规则约束的人将不再是人类社会中的一个可理解的参与者。”[51]《伦理学简史》的要素在《追寻美德》和《谁之正义?何种合理性?》的历史中有所回归。

2. 过渡期(1971—1977)

1971 年出版的《反对时代的自我形象》标志着麦金太尔学

---

[48] *Alasdair MacIntyre's Engagement with Marxism*, p. 119.

[49] *Alasdair MacIntyre's Engagement with Marxism*, p. 124.

[50] *Alasdair MacIntyre's Engagement with Marxism*, p. 129.

[51] *A Short History of Ethics*, p. 32.

术生涯第一部分的结束，这一部分由“异质、组织不良、有时分散且常常令人沮丧和混乱的探究”[52]所组成，然后开始了“一段有时令人痛苦的自我批判反思的过渡时期”，该时期随着《认识论危机、戏剧性叙述和科学哲学》在1977年的发表而结束。

《反对时代的自我形象》是一本短论集，批评了意识形态、当代宗教实践、马克思主义理论和圣人传记、现代道德哲学、社会科学的还原论进路以及现代自由个人主义。该书中的文章涉及十年后《追寻美德》中出现的大部分问题，但它们没有被综合成一个统一的叙述，“因为”，麦金太尔在前言中解释道，“要使它们摆脱作为特定时间或地点写的评论或文章的形式，就需要我知道如何将这些论证联系在一起形成一个实质性的整体。这一点我还不知道如何做到……”[53]正如麦金太尔自己所说，他在1971年至1977年的过渡期间努力使自己的哲学写作更加统一。[54]《反对时代的自我形象》是《追寻美德》的有价值的伴侣，因为一些在后者中处理得模糊的问题，例如托洛茨基对俄国革命的评价，在前者中得到了详细的处理。[55]

《反对时代的自我形象》的最后一篇“政治和哲学的结语：对罗伯特·保罗·沃尔夫的《自由主义的贫困》的一个看法”，引入了《追寻美德》的一些最典型的主张：各种形式的现代自由主义诉诸不同的理论和原则来为其辩护。用来为自由主义原则辩护的理论可能是一种意识形态的面具，使“那些信奉这些原则的人不仅能欺骗别人，也能在其政治行动的性质上欺骗自

[52] *The MacIntyre Reader*, p. 268.

[53] *ASIA*, p. x.

[54] *The MacIntyre Reader*, pp. 268—269.

[55] *AV*, p. 262; *ASIA*, pp. 52—59.

己”。[56]“美国保守主义”、“美国自由主义”和“美国激进主义”全都是现代自由主义的形式，因此，“要摆脱自由主义，激进主义是错误的疗法”。马克思主义无法实现其教会我们如何改变社会的承诺，但“我们至少可以从中学到不应该从哪里开始”。[57]

在《思想》杂志的采访中，麦金太尔表示，到 1971 年，他开始把亚里士多德看作研究社会并理解和改变它的正确起点。他“着手以系统的方式重新思考伦理问题，第一次认真地考虑到这样一种可能性，即现代道德和现代道德哲学的历史只有基于亚里士多德的观点才能得到充分书写”。[58]

对于麦金太尔来说，“亚里士多德的观点”认为目的论是事物本性中内在固有的，将审慎的人类活动解释为自愿行为——而不是因果行为，并发现人自然地就是社会性的动物。从这种“亚里士多德的观点”来看，当道德准则与追求人类利益分离，并将道德行为视为一种自在的目的时，“现代道德”就开始偏离轨道。这种分离特点表现为自 14 世纪以来的基督教神命伦理学，并且自 18 世纪以来一直是世俗化的现代道德的基础。从麦金太尔的“亚里士多德的观点”来看，现代道德哲学赋予人类行为者的自治权使自然的人类共同体瓦解，并将个体与那种塑造行为者成为独立的实践理性者所必需的形成性关系隔离开来。

3. 成熟的工作(1977 年至今)

在《哲学的任务》的前言中，麦金太尔解释了《反对时代的自我形象》的不连续性给他留下的问题：“那么我应该如何在哲学上继续?”麦金太尔的答案出现在 1977 年的文章《认识论危

---

[56] *ASIA*, p. 282.

[57] *ASIA*, p. 284.

[58] *The MacIntyre Reader*, p. 268.

机、戏剧性叙述和科学哲学》中。麦金太尔报告说，这篇文章“标志着我在20世纪70年代思想上的一个重大转折”。[59]《认识论危机、戏剧性叙述和科学哲学》可以被描述为麦金太尔关于方法的论述，正如标题所示，它呈现了哲学方法的三个一般观点。

首先，哲学通过解决问题取得进展。当帮助我们组织关于世界的经验的各种理论、历史、教义和其他叙述失败时，这些问题就会出现，导致我们陷入“认识论危机”。认识论危机是破坏了我们解释世界的诸方式的那些事件的余波。认识论危机可能是深刻的个人问题，由意外的背叛、宗教信仰或意识形态的信诺的丧失引发，也可能是高度思辨性的问题，由可信赖的理论无法解释我们的经验而引发。生活在认识论危机中，意味着意识到自己并不知道自以为知道的某个特定主题，并渴望恢复对该主题的确定性。

要解决认识论危机，仅仅强加一种解释我们经验的新方式是不够的，我们还需要理解为什么以前我们是错误的：“当一个认识论危机得到解决时，是通过构建一个新的叙述，使个体能够理解他或她如何可以合理地持有他或她的原始信仰，以及他或她如何被这些信仰误导得如此彻底。”[60]危机的解决可能会让人们意识到人类的理解始终是不完整的，因而研究的进展是无限开放的。对于麦金太尔来说，一个认识论危机的解决并不能承诺从一个失败的理论体系到一个可靠的理论体系的明确清晰的转变。

---

[59] *The Tasks of Philosophy*（以下简称为 *Tasks*），p. vii.

[60] 参见“Epistemological Crises, Dramatic Narrative, and the Philosophy of Science”（以下简称为“EC”），in *Tasks*, p. 5。

为了说明他对研究的开放性的立场，麦金太尔将莎士比亚的《哈姆雷特》和简·奥斯汀的《爱玛》中的标题角色进行了比较。当爱玛发现自己对故事中的其他角色的信仰深受误导时，奈特利先生帮助她了解到了真相，故事也有了个圆满的结局。[61]相比之下，哈姆雷特对他的问题找不到简单的答案；整部剧中都存在互竞的解释，以至于这部戏的导演必须对剧本加以自己的解释。[62]麦金太尔指出："哲学家通常是爱玛，而不是哈姆雷特"[63]；也就是说，哲学家把他们的结论当作已完成的真理，而不是作为仍然可以进一步改进的"较充分的叙述"。[64]

《认识论危机、戏剧性叙述和科学哲学》的第二点涉及叙述、真理和教育之间的关系。传统的儿童教育始于神话，随着儿童的成长，他们将学会区分这些故事中的教训与虚构事件、真理与神话。然而，在这种教育过程中，学生逐渐开始尊重神话作为真理的载体。通过这种教育成长为学者的学生"可能成为……维科或哈曼"。[65]另一种教育方法是笛卡尔的方法，他通过拒绝一切并不清晰地和明确地真实的东西，并视之为不可靠的和虚假的，以便在不可否认的真理的基础上重建他对世界的理解。

讽刺的是，在拒绝神话的过程中，笛卡尔创造了一种不仅神秘且极为虚假的叙述。他没有指出在他对世界的理解中有哪些危机领域他已丧失了信心，并将自己置于形成他理解和探究的传统中，而是宣称自己故意拒绝了他曾相信的一切，并无视他对

---

[61] "EC", in *Tasks*, p. 6.

[62] "EC", in *Tasks*, p. 5.

[63] "EC", in *Tasks*, p. 6.

[64] "EC", in *Tasks*, p. 7.

[65] "EC", in *Tasks*, p. 8. Johann Georg Hamaan (1730—1788), Giambattista Vico (1668—1744).

经院传统的明显债务，即使他是用法语和拉丁语进行论证的。对于麦金太尔来说，通过普遍怀疑寻求认识论的确定性作为探究的先决条件是一个错误："这是一种邀请，但不是去从事哲学，而是导致精神崩溃，或者更确切地说，导致哲学成为一种精神崩溃的手段。"大卫·休谟在其《人性论》中的痛苦呼喊就是这种哲学实践的结果。[66]麦金太尔将笛卡尔陷入神秘孤立的境地与伽利略进行了对比，后者通过与晚期中世纪天文学和物理学中明显无法解决的问题做斗争，并对构成这些问题的东西做根本性的重释，从而能够在天文学和物理学方面取得进展。

要在哲学上取得进展，人们必须通过形成其理解的叙述进行分类排序，与这些叙述引发的问题做斗争，并在某些情况下，拒绝、替换或重释这些叙述的部分，并将这些变化提供给自己所在的共同体的其他人进行评估。人类的探究始终处于一个共同体的历史和生活之中。在人类的探究中，不存在以另一种非历史的、非传统的方式来取得的进展。麦金太尔在《谁之正义？何种合理性？》（第17、18、19章）、《三种对立的道德探究观》和他的阿奎那讲座"第一原理、最终目标和当代哲学问题"（1990）中回到了这一主旨。

《认识论危机、戏剧性叙述和科学哲学》的第三点是，我们可以从科学哲学中了解哲学中的进步。特别是，"库恩的备受批判的工作为我一直在捍卫的观点提供了一种启发性应用"。[67]托马斯·库恩（Thomas Kuhn）的《科学革命的结构》认为，科学家根据范式或"学科母体"的规范进行正常科学实践。科学革命发生在科学家放弃一个范式转向另一个范式之时。然而，库

---

[66] "EC", in *Tasks*, pp. 10—11.

[67] "EC", in *Tasks*, p. 15.

恩的“范式转变”与麦金太尔解决认识论危机的方式有两个不同之处。首先,它们不是对特定问题的理性回应。库恩将范式转变比作宗教改信[68],强调它们不是由理性规范引导的,并声称范式转变的“收尾阶段”事关培训新科学家的惯例和执着于前一个范式者的减损。[69]其次,新范式被视为一种封闭的信仰体系,调节着一个新的“正常科学”时期;库恩的革命性科学家是爱玛,而不是哈姆雷特。

麦金太尔将库恩的观点视为迈克尔·波拉尼(Michael Polanyi)的“理性只在传统和共同体中运作”的理论的重申,因此在传统之间的转变或失败传统的重建必定是非理性的。[70]根据库恩的说法,“科学革命是以一种笛卡尔的方式被理解的认识论危机。一切都同时受到质疑”。[71]麦金太尔提出了伊姆雷·拉卡托斯(Imre Lakatos)的科学哲学要素作为对库恩观点的修正。虽然拉卡托斯也有自己的缺点,但他对科学研究纲领方法论的一般解释承认了理性在理论之间和在研究计划之间的转变中的作用(拉卡托斯的研究纲领对应于库恩的范式或学科矩阵)。拉卡托斯将科学呈现为一种开放的探究,每个理论最终可能会被更充分的理论取代。对于拉卡托斯来说,与库恩不同,理性的科学进展发生在一个新理论能够同时解释其替代理论的表面承诺和实际失败的情况下。麦金太尔的论文的第三个结论是,支持某些理论优于其他理论的决策可以得到合理辩护,只要这些理论使我们能够理解我们的经验和我们的历史,包括不充分理论的失败的历史。《认识论危机、戏剧性叙述和科学哲学》

---

[68] Kuhn, *The Structure of Scientific Revolutions*, pp. 150—151, 158.

[69] Kuhn, *The Structure of Scientific Revolutions*, pp. 152, 159.

[70] “EC”, in *Tasks*, p. 16.

[71] “EC”, in *Tasks*, p. 17.

回答了从《反对时代的自我形象》中产生的如何取得哲学进展的问题。麦金太尔的所有成熟著作都使用并发展了这篇论文中提出的方法论。

四、1977 年以来的重要著作

（一）《追寻美德》

《追寻美德》（第一版 1981 年，第二版 1984 年，第三版 2007 年）将《认识论危机、戏剧性叙述和科学哲学》的方法应用于《反对时代的自我形象》和《伦理学简史》中涉及的许多问题，但用亚里士多德的术语解释了伦理学的历史和现代道德哲学的失败。对于亚里士多德来说，道德哲学是一门关于实践推理的研究，亚里士多德在《尼各马可伦理学》中推荐的卓越或美德是理智和道德上的卓越，它们使道德行为者能够有效地成为独立的实践推理者。《追寻美德》批评了现代自由个人主义和科学决定论将实践推理与道德和政治生活分离开来；它提议回归亚里士多德的伦理学和政治学。

1.《追寻美德》的批判性论证

构成《追寻美德》前半部分的批判性论证首先审察了世俗道德和政治话语的当前状况。麦金太尔发现，争议双方通过诉诸抽象的道德原则来捍卫他们的决策，但他也发现他们的诉求是折衷的、不一致的和不融贯的。麦金太尔还发现，争议双方对他们所使用原则的理性证明几乎没有兴趣。道德哲学的语言已经成为一种道德修辞术，用于操纵他人来捍卫其使用者的任意选择。斯蒂文森关于道德判断**意义**的错误说法已经成为道德判断的**使用**的真实情况。麦金太尔将斯蒂文森的“情感主义”错误理论重释为“有力的使用理论”，并将使用道德修辞术的文化称为“情感主义文化”。

麦金太尔将情感主义文化的渊源追溯到北欧的世俗化新教文化。[72]当这些文化接受了14世纪、15世纪和16世纪基督教道德神学的神命道德时，它们放弃了行为者的自然目的、个人欲望或利益追求与同一行为者的道德义务之间的任何联系。18世纪和19世纪的世俗道德哲学家对道德内容有着强烈而广泛的一致意见[73]，并相信他们的道德哲学可以在摆脱宗教权威的情况下理性地证明其道德的各种要求。

现代道德哲学因此为自己设定了一个不融贯的目标。它既要为个体的道德自治辩护，又要为道德规则的客观性、必然性和绝对性辩护。[74]麦金太尔审视了实现现代道德哲学目标的各种最佳努力，但将每一种努力都视为道德虚构而予以摒弃。

鉴于现代道德哲学的失败，麦金太尔转向了一种明显的替代方案，即专业经理人的实用专长。经理人被期望根据事实、在效率的客观基础上做出决策，他们这么做的权威性则基于他们的社会科学的知识。然而，对社会科学的研究揭示出，许多经理人诉诸的事实依赖于缺乏科学地位的社会学理论。因此，科层制经理人的预测和要求与现代道德哲学家的决定一样容易受到意识形态的操纵。

如果现代道德被揭示为“幻觉的剧场”，那么我们必须拒绝它，这种拒绝可以采取两种形式。要么我们跟随尼采，捍卫个体的自治权，抵制传统道德推理的任意要求，要么我们拒绝个体的道德自治和任意的传统道德推理，而遵循亚里士多德，研究实践

---

[72] *AV*, p. 37.

[73] *AV*, p. 51.

[74] *AV*, p. 62.

推理和道德形成在帮助人类行为者成为独立的实践推理者方面的作用。

《追寻美德》的批判性论证对现代道德哲学的理性证明提出了严肃的质疑,同时也提出了对现代道德哲学理性失败的解释:现代道德哲学将关于义务和责任的道德推理与关于目的的实践推理以及关于实现其目的的手段的实践慎思分离开来,从而将道德与实践分离开来。康德在《纯粹理性批判》(A800/B828—A819/B847)和《道德形而上学的奠基》(第1部分,第393—405页)中明确将道德推理与实践推理分离开来;密尔在《功利主义》(第2章)中也做出了同样的分离。

麦金太尔将现代道德哲学中的道德与实践的分离或道德推理与实践推理的分离与波利尼西亚禁忌中的道德与实践的分离进行了比较。波利尼西亚人在首次接触欧洲探险家时已经失去了他们确立的道德习俗的实践理由;因此,当他们告诉这些访客某些行为是"禁忌"从而被禁止的时候,他们无法解释为什么这些行为是被禁止的,或者"禁忌"究竟意味着什么。许多欧洲人在接近现代性时也失去了他们道德规范的实践理由;对于这些欧洲人来说,声称某些行为是"不道德的",并援引康德的绝对命令或密尔的效用原则来解释为什么这些行为是不道德的,似乎并不比波利尼西亚人诉诸禁忌更为充分。现代道德与禁忌之间的比较是麦金太尔伦理工作中的一个反复出现的主题。

麦金太尔对道德与实践的分离的批判也依赖于他对决定论社会科学的批评。实践涉及自由和故意的人类行为,而与实践分离的道德仅调节外在的人类行为。决定论社会科学家,特别是斯大林主义者,但也包括行为主义者如 W. V. 奎因,将人类行为视为对各种因果因素的确定性反应,并拒绝基于"行为的意图、目的和理由”来考察人们的行为。[75]相反,决定论社会科学家寻求关于这些原因与其行为效果之间联系的“类似法则的普遍化”,以便能够预测人类行为,并为组织管理工作带来科学理解。[76]

2.《追寻美德》的建构性论证

在《追寻美德》的下半部分,麦金太尔探讨了审查人类判断、人类弱点和人类行为卓越的道德传统。该书下半部分的建设性论证始于传统的关于**实践推理**和**实践理性**的诸卓越或美德的论述,而不是关于**道德推理**或**道德**的诸美德的论述。这些传统论述将美德定义为卓越,而《追寻美德》下半部分提供的所有定义都描述了在追求所欲目的时判断准确并有效行动的人类行为者的卓越。麦金太尔筛选了这些定义,然后在《追寻美德》的第 14 章和第 15 章中,从实践、整个人生和传统的角度给出了他自己对美德的定义。

在《追寻美德》中最常被引用的一句话中,麦金太尔将实践定义为:(1) 一种复杂的社会活动;(2) 能使参与者获得内在于实践的利益;(3) 参与者通过获得内在利益来实现实践中的卓越;当参与者达到卓越时,(4) 对实践中的卓越、实践的利益以及实现实践卓越的可能性的社会理解都“得到了系统性的扩展”。[77]

实践,如国际象棋、医疗、建筑、机械工程、足球或政治,为其从业者同时提供了各种内在和外在的利益。内在于实践的利益包括只有通过追求相关实践的卓越才能获得的理解形式或身体

---

[75] Quine, quoted in *AV*, p. 83.

[76] *AV*, pp. 88—91.

[77] *AV*, p. 187.

能力。外在于实践的利益包括财富、名誉、声望和权力；获得这些外在利益有很多途径。它们可以通过诚实或欺骗来获得或购买；因此，追求这些外在利益可能与追求内在于实践的利益发生冲突。

麦金太尔在玩国际象棋的孩子的寓言中说明了追求内在利益与外在利益之间的冲突。一个聪明的孩子有机会通过学习国际象棋赢得糖果。只要孩子只是为了赢得糖果而玩国际象棋，他就有理由作弊，因为这样做可以赢得更多的糖果。然而，如果孩子开始渴望并追求国际象棋的内在利益，作弊就变得不理性，因为只有通过诚实地追求卓越，才能获得国际象棋或任何其他实践的内在利益。然而，对从业者来说，追求实践的外在利益可能仍然具有诱惑力。

实践得到国际象棋俱乐部、医院、大学、工业公司、体育联盟和政治组织等机构的支持。实践与这些机构存在紧张关系，因为这些机构往往以实践的外在利益为导向。大学、医院和学术团体可能会将声望、盈利能力或与政治利益集团的关系视为高于它们口中所支持的实践中的卓越的价值。

追求外在利益的个人的欲望和机构的压力可能会威胁到从业者追求实践的内在利益的努力。麦金太尔最初将美德定义为能够克服这些诱惑的品质："美德是一种获得性的人类品质，对它的拥有与践行使我们能够获得那些内在于实践的利益，而缺乏这种品质就会严重地妨碍我们获得任何诸如此类的利益。"[78]

麦金太尔发现这个第一层次的定义不足以描述一个卓越的人类行为者。成为一个卓越的航海家、医生或建筑师还不够；卓越的人类行为者过一种卓越的生活。作为人类行为者的卓越不

---

[78] *AV*, p.191.

能被还原为在一种特定实践中的卓越。[79]因此，麦金太尔在其对美德的定义中增加了第二层次。

> 因此，诸美德就要被理解为这样一些性好，它们不仅能维系实践，使我们能够获得实践的内在利益，而且还会通过使我们能够克服我们所遭遇的那些伤害、危险、诱惑和迷乱而支持我们对善做某种相关的探寻，并且为我们提供越来越多的自我认识和越来越多的善的知识。[80]

卓越的人类行为者具有同时在实践和在整个生活中追求善(好)的和至善(最好)的东西的道德品质。

然而，第二层次的定义仍然不充分，因为它没有考虑个体对其共同体的生活和遗产的回应。麦金太尔拒绝个人主义，强调我们应将人类视为共同体的成员，因为我们的社会身份使我们承担特定的债务和责任。作为共同体成员，一个人可能继承的责任包括其祖先的债务，而偿还对象只能是现在和未来的人。这些责任还包括由前辈的不义行为所产生的债务。

麦金太尔承认，当代个人主义坚持"自我可以从其社会和历史的角色与地位中分离出来"[81]，但他通过三个国家共同体的例子来阐明他的相反观点。美国黑人的被奴役和压迫、爱尔兰的屈服和犹太人在欧洲的种族灭绝对于1981年的美国、英国和德国公民的责任仍然非常重要，至今仍然如此。因此，一个说"我从未拥有过奴隶"的美国人，说"我从未对爱尔兰有过任何

---

[79] *AV*, pp. 204—205; *Ethics and Politics*, pp. 196—197.

[80] *AV*, p. 219.

[81] *AV*, p. 221.

不义之举”的英国人，或者“相信，1945年以后出生，就意味着纳粹对犹太人的暴行与他跟他的犹太同龄人的关系毫不相干”的德国人都展示了一种理智和道德上的失败。“我与生俱来就有一个过去；而试图用个人主义的模式将我自身与这个历史切断，也就是要扭曲我现在的各种关系”。[82] 对麦金太尔来说，抽象个体没有道德身份；自我必须通过它在这些“共同体中的成员资格去发现它的道德身份”。[83]

既然麦金太尔认为社会身份对个人是必要的，那么麦金太尔对人类行为者的卓越或美德的定义就需要有一个社会维度：诸美德的意义和目的不仅在于维持那些必要的关系，以实现实践的各种内在利益，也不仅在于维持一个个体生活的形式，其中个体可以将自己的善（好）作为自己整个生活的善（好），还在于维持那些为实践和个体生活提供必要历史背景的传统。[84]

这第三个社会的层次完善了麦金太尔对《追寻美德》中人类行为者的卓越的论述。

3. 对现代伦理学和政治学的亚里士多德式批判

《追寻美德》的其余章节对比了麦金太尔的美德之为品格卓越的亚里士多德概念，与现代的美德之为遵守道德规则的人的品质的概念。这些章节还阐述了麦金太尔的亚里士多德筹划对当代伦理学和政治学的一些实际影响。目的论的丧失使道德显得任意[85]，将道德理由与实践和政治推理分离开来[86]，并从现

---

[82] *AV*, p. 221.
[83] *AV*, p. 221.
[84] *AV*, p. 223.
[85] *AV*, p. 236.
[86] *AV*, p. 236.

代正义观念中消除了何为一个人应得的观念。[87]麦金太尔得出结论，“现代系统的政治观……以其制度性的形式表达了对于这一（亚里士多德美德）传统的系统拒斥”，从而也不得不被那些信奉美德传统的人所拒斥。[88]换句话说，那些基于在共同体生活的背景下发展人类行为者和推进实践推理来处理道德和政治哲学的人，在他们的工作中如果妥协于现代政治的任意目标、方法和语言，就无法成功地完成他们的任务。

在《追寻美德》论证的结尾，麦金太尔回到了“尼采抑或亚里士多德”的终极论题。尽管尼采将他的工作看作对现代道德的批判，但尼采实际上成了现代自由个人主义的道德孤立和任意性的最终体现。这个缺陷在现代观点下是看不见的，但从亚里士多德的美德传统的角度来看，它是非常明显的。[89]

由于“利益以及与利益相随的法律与美德之权威性的仅有的根据，只能通过进入构成其核心纽带是一种共有的利益观点与理解之共同体的那些关系而被发现”[90]，对社会转型和更新的任何希望都取决于这类共同体的发展和维护。革命不能被强加[91]，尽管可以培养。等待“另一个——无疑是非常不同的人——圣本笃”，就是等待一个能够统合那些鼓励判断和行动中的道德形成的共同体的人。

4. 对《追寻美德》的批评

麦金太尔的作为一种研究人类行为的亚里士多德伦理学进路，使他与后康德的道德哲学家区分开来，后者将道德视为一种

[87] *AV*, p. 249.

[88] *AV*, p. 255.

[89] *AV*, pp. 258—259.

[90] *AV*, p. 258.

[91] *AV*, p. 238.

规定客观的、非个人的、普遍的道德之要求的手段。这种现代进路可以被描述为道德认识论。现代道德哲学假装使个体能够在既定处境中规定自己必须做什么,而不考虑他们自己的欲望;它假装给出普遍道德法则的知识。麦金太尔拒绝现代伦理学理论,认为它们是传统道德和反传统的任意干预的自欺欺人的面具。对麦金太尔来说,自决的自由是承认和追求自己的善(好)的自由,而道德哲学则通过帮助人类行为者欲求善(好)和至善(最好)的东西并选择善(好)和至善(最好)的东西,来部分地解放行为者。

麦金太尔的人类行为伦理学也使他后期的托马斯主义工作与20世纪某些新托马斯主义者试图将道德认识论从托马斯·阿奎那的形而上学和自然法中构建出来的努力区分开来。《追寻美德》认为,一种亚里士多德主义的美德伦理学不诉诸亚里士多德的自然的形而上学,也仍然是可能的。出于两个不同但密切相关的理由,这一主张仍然存在争议。

许多抵制麦金太尔转向亚里士多德的人主要沿着道德路线把"美德"定义为对法律的服从或对某种自然规范的遵守。对于这些批评者来说,"美德"似乎与"道德正确"同义;他们对麦金太尔诉诸美德的抵制来自他们所谓麦金太尔对道德正确性的论述或道德正确性概念本身的缺陷。因此,一组批评者拒绝麦金太尔的亚里士多德主义,因为他们认为任何亚里士多德主义的美德论述必须首先基于亚里士多德的自然哲学来解释关于美德的真理,而麦金太尔在《追寻美德》中将其称为"形而上的生物学"。[92]亚里士多德主义形而上学家,特别是基于自然的完善性来定义美德的托马斯主义者,拒绝了麦金太尔的观点,即对于

---

[92] *AV*, pp. 162, 179.

美德作为实践推理和人类行为之卓越的一种充分的亚里士多德主义论述并不需要诉诸亚里士多德的形而上学。另一组批评者,包括唯物主义者,对麦金太尔试图恢复亚里士多德美德论述的努力表示出了不屑,因为他们认为这些美德预设了一种无法捍卫的形而上学自然学说。

《追寻美德》出版几年后,麦金太尔成了一名托马斯主义者,并接受了人类行为的目的论,这源自人的自然本性的形而上学基础。[93]尽管如此,麦金太尔的伦理学和政治学的主要观点仍然保持不变。麦金太尔继续通过实践的研究来论证实践推理的亚里士多德式解释。尽管他接受了托马斯主义的形而上学,他也很少从形而上学前提出发进行论证,当被要求解释其伦理学的形而上学基础时,他也拒绝了。麦金太尔继续从实践推理的经验去论证道德教育的要求。麦金太尔在《谁之正义? 何种合理性?》、《依赖性的理性动物》、《哲学的任务》、《伦理学和政治学》以及《上帝,哲学,大学》中的工作也继续例示了他在《追寻美德》中采取的道德教育的现象学进路。

当代学者通过挑战据说麦金太尔所违背的传统来捍卫他的非传统的亚里士多德主义。克里斯托弗·斯蒂芬·卢茨(Christopher Stephen Lutz)在《阿拉斯戴尔·麦金太尔的伦理学传统》(2004,第133—140页)中研究了拒绝"亚里士多德的形而上学生物学"的某些理由,并评估了麦金太尔的哲学与托马斯·阿奎那的哲学的兼容性。凯尔文·奈特(Kelvin Knight)在《亚里士多德主义哲学:从亚里士多德到麦金太尔的伦理学和政治学》(2007)中采取了更广泛的方法。奈特研究了亚里士多德所发现的人类行为的伦理学和政治学,并追溯了这一筹划经

---

[93] *WJWR*, ch. 10; *AV*, 3rd ed., p. xi.

由中世纪和现代思想直到麦金太尔的发展。奈特区分了亚里士多德的人类行为伦理学和他的形而上学,并揭示了麦金太尔如何能够在不首先捍卫亚里士多德的形而上学自然理论的情况下恢复亚里士多德的人类行为伦理学。

(二)两本论理性的书:《谁之正义?何种合理性?》和《三种对立的道德探究观》

对于麦金太尔来说,“理性”包括我们用来判断命题的真假和确定行动的选择价值的所有形式的和实质的理智资源。在这个意义上,理性并不是普遍的;它在不同的共同体和个人之间有所不同,并且可能随着一个人的生活历程或共同体的历史而发展和退化。麦金太尔在《谁之正义?何种合理性?》的第一章中描述了理性的这种文化相对性甚至主观性特征:

> 因此,理性本身,无论是理论的还是实践的,都是一个有历史的概念:确实,由于存在多样的探究传统,以及它们的历史,所以事实上存在的是多样的理性而不是一种理性,就像事实上存在的是多种正义而不是一种正义。[94]

理性是人类主体用来判断世界的各种理论、信念、原则和事实的集合,一个人的理性在很大程度上是他的教育和道德形成的产物。

只要一个人在学习判断真假善恶时接受了来自她或他所在共同体的道德和知识传统所传递下来的东西,那么这个人的理性就是“传统构成的”。传统构成的理性为我们解释、理解和判

---

[94] *WJWR*, p. 9.

断我们所生活的世界提供了基本图式。神话解释、宗教教义、科学理论以及世界道德规范的冲突要求的明显的合理性，全都依赖于那些判断它们的人的传统构成的理性。因为这个缘故，麦金太尔的一些批评者认为，传统构成的理性在哲学上意味着一种绝对的相对主义。

麦金太尔理性理论中表面的相对主义问题与科学哲学中的相对主义问题非常相似。科学主张在更大的理论框架内发展，从而一个科学主张的表面真理性取决于人们对更大框架的判断。因此，相对主义问题的解决似乎取决于判断诸框架或诸理性之可能性，或者从一个不预设框架或理性的真理性的立场在诸框架或诸理性之间进行判断的可能性，但这样的理论立场在人类范围内是不可能的。尽管如此，麦金太尔发现世界本身提供了检验诸理性的标准，并且他发现除了世界本身以外，没有任何标准可以作为衡量任何哲学理论之真理性的尺度。因此，麦金太尔将理性的相对性与我们所研究的世界的客观性相平衡。正如波普尔和拉卡托斯在科学哲学中发现的那样，麦金太尔得出结论：经验可以证伪理论，使人们从传统诸理性的表面权威中解脱出来。

麦金太尔认为，个人的理性不仅被传统构成，也构成传统，因为个人对自己的理性以及他们所在共同体的理性做出了自己的贡献。理性在共同体的历史或个人的生活中都不是固定的。无法解释的事件可能会揭示一个人理性资源的缺陷，就像托马斯·库恩的《科学革命的结构》中引发科学革命的异常数据，或者伊姆雷·拉卡托斯的《科学研究纲领方法论》中要求改变研究纲领的异常数据。由异常数据或通过与其他传统、其他共同体或其他人的冲突暴露出的问题，在给定传统对理性的约束下可能被证明是无法理性地解决的。当这类事件被完全认识到时，它们要求创造性的解决方案，而某个人或团体可能会发现对这些问题显得是更充分的回应的东西。只要这些新的解决方案被其他人采纳并传给后代（不管更好或更坏），那些对新的进路负责的人的理性就成为“构成传统的”。

经验可能证伪理论的可能性将麦金太尔的传统构成的和构成传统的理性的理论区别于各种使理性完全依赖于传统或完全主观的相对主义形式。然而，麦金太尔否认这类证伪是常见的[95]，并且历史向我们表明，个人、共同体甚至整个国家可能在他们的历史时期内坚定地信仰着他们的意识形态对手认为是非理性的学说。关于现象的这种有条件的相对主义对于那些相信哲学探究可以轻易提供世界上某种确定知识的人来说具有麻烦的蕴意。根据麦金太尔的观点，理论决定了我们解释世界的方式，没有任何理论能够超越“迄今为止最好的标准”。[96] 我们的理论始终对改进保持开放，当我们的理论发生变化时，我们世界的现象——在这些理论框架内被判断的主张的表面真理性——也会随之改变。

从人类研究者的主观立场来看，麦金太尔发现，理论、概念和事实都有历史，它们都易于变化——无论变得更好或更坏。麦金太尔的哲学对现代认识论提出了明确的反驳，即使他又坚持哲学是对真理的追求。麦金太尔的哲学受到科学哲学的影响，科学哲学承认科学探究的历史主义，即使它追求对世界的真实可靠的理解。麦金太尔的哲学并不对任何理论或原则提供先验的确定性；它审察了对经验的反思如何支持、挑战或证伪被接受它们的人视为迄今为止最佳理论的那些理论。麦金太尔的理

---

[95] *WJWR*, chs. 18 and 19.

[96] *Three Rival Versions of Moral Enquiry*（以下简称为 *3RV*）, p. 65。

想研究者仍然是哈姆雷特,而不是爱玛。

1.《谁之正义?何种合理性?》

《谁之正义?何种合理性?》是麦金太尔对他的理性理论最彻底的论证。他在第1章中总结了其理论的主要观点。在第2章到第16章中,麦金太尔跟随西方传统的进展,经历了“三个不同的传统”:从荷马和亚里士多德到托马斯·阿奎那,从奥古斯丁到托马斯·阿奎那,再从奥古斯丁经过加尔文到休谟。[97]这些传统的居民努力深化、修正和扩展其前辈的主张和理论。第17章考察了现代自由主义对传统的否定,以及自由主义向该书中要处理的第四个传统的奇怪转变。第18章回顾了麦金太尔关于人类理性的由传统构成的本性和由传统构成的力量的主张和结论。第19章和第20章探讨了麦金太尔的理论对传统之间的冲突的影响。

《谁之正义?何种合理性?》实现了《追寻美德》结尾所做的承诺:“我承诺要写一本书,试图说清楚什么使得某种行为比另一种行为更理性,以及什么使得提出和捍卫一种实践理性的观念而非另一种是理性的。这里就是。”[98]为了实现这个承诺,麦金太尔首先辩称“启蒙运动使我们……对一种体现在传统中的理性探究概念视而不见,根据这种概念,理性论证的标准本身产生于历史,也是历史的一部分”。从人类探究的角度来看,没有任何团体能够垄断权威性,引导其他人朝着善(好)的方向。我们只能共同努力追求正义和真理,每个共同体因此制定和修订自己的正义和理性标准。麦金太尔得出结论,理性和正义都不是普遍的:“既然存在着多样性的探究传统,基

---

[97] *WJWR*, p. 326.

[98] *WJWR*, p. 9.

于历史，所以将会发现存在着诸理性而不是理性，诸正义而不是正义。”[99]

理性和正义起源于共同体的历史和传统，这一论点使麦金太尔对立于所有现代哲学，尤其是任何形式的元伦理学的不被承认的帝国主义，它提供一个中立的、第三方的论坛来裁决现代自由个人主义标准下不同道德传统之间的实践差异。同样的论点似乎也使麦金太尔与他声称接受和捍卫的亚里士多德和托马斯·阿奎那的传统相冲突，他们对于普遍的本性、真正的理性和客观的正义提出了明确的主张。因此，这本书有两个任务。一方面，这本书以一种方式叙述了诸特定理性和正义的历史，从而削弱了为现代道德和政治思想提供基础的抽象普遍的理性和正义观念。另一方面，这本书提供了初步证据，表明那些站在由亚里士多德和托马斯·阿奎那首先指出方向并构建起来的立场来思考正义和实践理性问题的人，至少如今有充分理由认为，他们的传统的理性已经通过与其他传统的相遇得到证实。[100]

简而言之，这本书是对现代性的内在批判，认为它在自己的标准下是不一致的，而且它也为托马斯主义提供了一种内在的辩护，认为托马斯主义在托马斯主义者看来是通过托马斯主义的标准得到理性证明的。与最初的预期相反，麦金太尔的历史主义、特殊主义的现代性批判与历史背景下的托马斯主义传统是兼容的。

麦金太尔认为，他的历史主义、特殊主义的现代性批判与托马斯主义一致，归因于他对第一原则的获取的理解方式。在第

---

[99] *WJWR*, p. 9.

[100] *WJWR*, p. 403.

10章[101]中，麦金太尔将托马斯·阿奎那关于第一原则的获取的论述与笛卡尔、霍布斯、休谟、边沁和康德的论述进行了比较。麦金太尔解释道，根据托马斯·阿奎那，个体通过“辩证建构的工作”[102]来达到第一原则。对于托马斯·阿奎那来说，通过对经验的质疑和审视，一个人最终可以达到第一原则，然后将其应用于对问题和经验的理解。相比之下，笛卡尔及其后继者以及某些“近百年来著名的托马斯主义者”[103]却提出，哲学始于对某“一套任何真正理性的人能够评价为真的、必然真实的第一原则”的认识。[104]因此，对于现代人来说，哲学是一种技术而非道德的努力，而对于托马斯主义者来说，是否能够认识到第一原则并能够应用它们，部分取决于一个人的道德发展。[105]

现代对第一原则的解释为一种拒绝传统的哲学进路提供了理由。现代的自由个人主义进路是反传统的。它否认我们的理解是由传统构成的，否认不同文化在理性和正义的标准上可能存在差异：

> 传统的立场必然与世界主义现代性的一个核心特征相冲突，即确然相信所有文化现象对于理解都必是潜在地透明的，所有文本都必能被翻译成现代性的信徒们相互交流的语言。[106]

---

[101] *WJWR*, pp. 164—182.
[102] *WJWR*, p. 174.
[103] *WJWR*, p. 175.
[104] *WJWR*, p. 175.
[105] *WJWR*, pp. 186—182.
[106] *WJWR*, p. 327.

现代性不把传统视为解锁道德和政治理解的关键，而是视为势必把道德和政治推理偏见化的多余的意见积累。

尽管现代性拒绝传统作为道德和政治探究的方法，但麦金太尔发现它仍然具备道德和政治传统的所有特征。麦金太尔在第 17 章的后半部分确定了自由主义传统的特殊标准，并在第 18 章的开头总结了自由主义传统的故事：

> 自由主义最初以抽象的普遍理性原则为名而拒绝传统，然后将自己变成了一个具体的政治力量，由于无法就这些普遍原则的性质和语境达成一致，自由主义被不经意地变成了一种传统。[107]

从麦金太尔的角度来看，不存在决定是否要在一个传统内工作的问题；每个在实践的、道德的和政治的问题上斗争的人都在传统内工作。“除了由某个特定传统提供的立足之地，没有任何立足之地可以进行探究。”[108]麦金太尔称其立场为“传统的理性”(the rationality of traditions)。

麦金太尔区分了对其立场的两个相关挑战，即“相对主义挑战”和“透视主义挑战”。这两个挑战都承认启蒙运动的目标不可能被达到，认为“唯一可用的理性标准是通过传统并在传统内部提供的”[109]；他们得出结论，没有什么可以被认知为是真的或假的。对于这些后现代理论家来说，“如果启蒙运动的真理和理性的概念无法维持”，那么相对主义或透视主义“是唯一

---

[107] *WJWR*, p. 349.

[108] *WJWR*, p. 350.

[109] *WJWR*, p. 252.

可能的替代方案”。[110] 麦金太尔通过发展他的传统构成的和构成传统的理性理论来拒绝这两个挑战。[111]

那么，如何解决两个传统之间的挑战呢？这取决于双方是否认真对待对方传统的挑战。这取决于双方传统的信徒是否在看到自己传统的失败时愿意考虑对方提出的回答。麦金太尔对传统的理性的解释丝毫不意味着优秀的传统将战胜卑劣的传统，或者提供任何类似于他在对现代自由个人主义传统的批判中所拒绝的现代的、启蒙的或笛卡尔的认识论第一原则的东西。

麦金太尔在该书的最后一章强调了传统的作用，他问一个没有传统归属的人如何处理互竞传统的相互冲突的主张：“最初的答案是：这将取决于你是谁以及你如何理解自己。这不是我们在哲学教育中期望得到的答案。”[112]这样一个人可能通过对经验的反思和对某个传统的主张的参与，加入一个其主张和标准看起来令人信服的传统，但这并无保证。麦金太尔的结论是，探究植根于传统之中。

《谁之正义？何种合理性？》不仅仅是《追寻美德》以来对历史的重述。《追寻美德》曾经认为，亚里士多德的道德哲学观点作为对人类行为的一种研究，能解释现代道德哲学的失败，而现代自由个人主义则不能。然而，亚里士多德主义和托马斯主义的批评者抱怨，麦金太尔的亚里士多德主义——在目的论活动而非目的论形而上学中寻求其基础——仍然面临着相对主义的挑战。《谁之正义？何种合理性？》以两种方式推进了《追寻美德》的论证。首先，麦金太尔把对现代性的批判集中在理性证

---

[110] *WJWR*, p. 353.

[111] *WJWR*, pp. 354—369.

[112] *WJWR*, p. 393.

明的问题上。现代认识论的成败取决于笛卡尔认识论第一原则的可能性。麦金太尔的历史揭示了该第一原则观念是一种虚构，并同时证明了理性探究只能通过传统来推进（或衰退）。其次，麦金太尔将《追寻美德》的社会目的论交换为托马斯主义的形而上学目的论。麦金太尔用托马斯主义传统可接受的术语来证明这种交换，并承认那些认为托马斯主义是非理性的人将找不到接受它的理由。[113]这个一般性结论对亚里士多德主义者来说始终是个麻烦，特别是对于那些其传统对笛卡尔传统有债务的新托马斯主义者来说更是如此。

2.《三种对立的道德探究观》

麦金太尔在他 1988 年的吉福德讲座中再次提出了其理性理论，该讲座内容于 1990 年出版成书，名为《三种对立的道德探究观》。吉福德讲座的核心观点是，哲学家通过解决关于世界的传统叙述的缺陷来取得进步，这些缺陷或者通过传统叙述无法解释经验，或者通过引入不可能被忽视的矛盾叙述来变得明显。这种哲学进步的愿景与《认识论危机、戏剧性叙述和科学哲学》和《谁之正义？何种合理性？》相同，但呈现方式不同。在这本书中，麦金太尔通过三部近乎亚当·吉福德（1820—1887）生命结束时出版的文学作品来比较三种传统；吉福德勋爵的遗嘱为吉福德讲座提供了资金。《大英百科全书》第九版（1875—1889）代表了试图在没有传统影响的情况下客观理解世界的现代传统。弗里德里希·尼采的《道德的谱系》（1887）体现了将所有传统解释为权力的任意强加的后现代传统。教皇利奥十三世的通谕《永恒之父》（1879）则例示了承认自己在自己的探究传统中的前辈并努力在追求客观真理的过程中推进或改善这一

[113] *WJWR*, p. 403.

传统之进路。在《三种对立的道德探究观》所处理的三种道德探究形式中,只有传统——在《三种对立的道德探究观》中以亚里士多德和托马斯主义传统来例示——将自己理解为一个会回顾前辈以便理解现在的问题并往前推进的传统。“百科全书”只关注现在的事实,并将思想史的各种问题留给其他人。谱系学则捍卫一种对过去的历史主义解释,以削弱其认为是现在的非理性道德信念。麦金太尔认为,百科全书派和谱系学家在其拒斥传统的方法时是在自欺欺人。

百科全书派通过将一个传统的当下最通行的结论和信念呈现为仿佛它们没有任何历史,仿佛它们代表不可改变的真理的最后发现而模糊传统的作用。在这个意义上,百科全书派代表了麦金太尔 1977 年的文章《认识论危机、戏剧性叙述和科学哲学》中的认识论“爱玛们”。百科全书派专注于现在,忽视过去。

另一方面,谱系学家专注于过去,以削弱现在的各种主张。尼采式的研究纲领对历史有三种用途:(1) 将学术史还原为现代历史学家的诸关切的一种投射;(2) 将历史学家的身份消解为所继承的诸文化影响的一个集合;(3) 削弱“朝真理和理性进步”的概念。[114]简而言之,谱系学否认了人类探究的目的论,其方式是否认(1) 历史探究是有成果的,(2) 探究者有真实的身份,(3) 探究有真实的目标。麦金太尔发现这种探究模式是不融贯的。

为了举例说明谱系学探究模式的不融贯性,麦金太尔转向福柯,并从描述福柯(或任何维持和推广尼采式研究纲领的人)必须面对的“自危悖论”开始:“由这种对历史使用的后尼采理

---

[114] *3RV*, pp. 49—50.

解所带来的洞察本身有可能颠覆理解这个筹划的筹划。”[115]麦金太尔反驳了尼采信徒对历史的三种用途，并首先否定了研究的成果。

麦金太尔引用了福柯1966年的书《词与物》作为谱系学探究自我颠覆性的例子。福柯的书将历史还原为一系列“关于分类和表象的不可公度的有序框架”，其中没有一个比其他任何一个更具真理性，然而这本书“本身就是由一个分类和表象的框架组织起来的”。根据它自身对历史的论述，似乎很难理性地辩护这本书的主张。如果历史叙述只是历史学家旨趣的投射，那么很难看出这种历史叙述如何能够宣称自己是真实可靠的。

谱系学道德探究无法理解自己的主张，除非将这些主张从其对类似主张的一般批评中豁免出去。谱系学道德探究必须在其对待探究主体的统一性和道德探究的目的论上做出类似的例外；因此，“事实似乎是，谱系学的可理解性要求一种谱系学立场所排除的信念和忠诚”。[116]只要它忽视其探究的传统的和目的论的性质，谱系学就是自欺欺人的。

《三种对立的道德探究观》使用托马斯主义作为传统的例子，但这并不意味着麦金太尔将“传统”等同于托马斯主义或“作为西方传统的代名词的托马斯主义”。正如前文所述，《谁之正义？何种合理性？》仅在西欧世界内区分了四种探究传统。[117]麦金太尔之所以使用托马斯主义，是因为它以一种自觉的方式应用了传统的探究模式。托马斯主义的学生以一门技艺的

---

[115] *3RV*, p. 50.

[116] *3RV*, pp. 54—55.

[117] *WJWR*, p. 349.

学徒的身份学习哲学探究工作[118],并在他们的工作中坚持传统的原则,以扩展对传统的理解,同时保持对这些原则的批评持开放态度。

传统与百科全书和谱系学的区别在于它对于其理论在人类探究史上的地位的理解方式。传统的拥护者必须理解,“一门技艺的合理性是由其迄今为止的历史所证明的”,因此“它与实现它的传统是不可分割的”。[119]要证明传统的主张,就要重述传统是如何发展的,以及是如何理解迄今为止的这些主张的。要掌握一个传统,还要“知道如何更进一步,特别是如何引导他人从过去传统中所学到的东西向全面完善的工作目标推进”。[120]传统不仅仅是保守的;它始终对改进保持开放,在 1977 年的论文《认识论危机、戏剧性叙述和科学哲学》中,是哈姆雷特而不是爱玛例示了传统的探究模式。

麦金太尔对传统探究中理性的时间性的强调使传统与现代哲学的认识论筹划不可相容。[121]

麦金太尔使用托马斯·阿奎那来说明传统探究的革命潜力。托马斯接受奥古斯丁神学和亚里士多德哲学的教育,通过这种教育,他开始看到这两种传统之间的矛盾,以及各传统在对方身上显示出的优点和缺点。他的教育还帮助他发现了一系列必须回答和解决的问题。托马斯·阿奎那对这些问题的许多回应大多采取了争议性的问题形式。“然而,对于每个问题,阿奎那的答案作为结论不过是——而且鉴于阿奎那的方法,也只能是迄今为止达到的——最佳答案。因此,产生了本质上的不完

---

[118] *3RV*, p. 61.

[119] *3RV*, p. 65.

[120] *3RV*, pp. 65—66.

[121] *3RV*, p. 69.

全性。"[122]托马斯·阿奎那,被视为在实践传统探究模式,乃是传统中的一个有影响力的实践者,他的著作是对该传统的贡献,而不是无可置疑的最终结论的集合。麦金太尔在第8章和第9章中对百科全书和谱系学的托马斯主义回应表明,麦金太尔并不将特殊的托马斯主义传统或一般的传统探究模式视为封闭的、静态的或本质上保守的。

(三)《依赖性的理性动物》

麦金太尔的卡鲁斯讲座《依赖性的理性动物》将麦金太尔的理性理论应用于实践,以考察人类行为的条件,并论证美德对于独立的实践理性的实践是本质性的。这本书非常实际;它的论证只诉诸经验、目的和实践推理的逻辑。

《依赖性的理性动物》并没有对人类心灵、人类尊严、人类权利或自然法做出形而上的断言;它将人类行为者视为动物。"人的身份首先是……身体的,因此是动物的身份,而我们与他人关系的连续性就部分地由这种身份所定义。"[123]与其他智能动物一样,人类是易受伤害的、软弱的、未经训练的和无知的,并且在生病和年老时需要面对虚弱的可能性。像其他社会动物一样,人类在群体中繁荣发展。我们学会调节我们的激情,并通过共同体提供的教育而有效地独自行动或与他人协作。麦金太尔的立场使他能够在动物世界中去发现与社会关系在人类道德形成中的作用类似的东西。[124]

在第8章中,麦金太尔转向人类行为者的道德发展。对于

---

[122] *3RV*, p. 124.

[123] *Dependent Rational Animals*(以下简称为*DRA*), p. 8。

[124] *DRA*, pp. 21—28.

人类孩子来说，任务是“从婴儿时期运用动物性智能过渡到运用独立的实践推理”。[125]对于一个孩子来说，实现这种过渡意味着“重新引导和转变她或他的欲望，随后将它们一以贯之地指向其生活不同阶段的利益”。[126]人类行为者的独立实践推理的发展至少在三种方式上要求美德。

与他早期的著作一样，包括他的硕士论文，《依赖性的理性动物》将道德知识呈现为“知道如何”，而非“知道什么”。道德规则的知识对于道德生活是不充分的；慎思被要求，以使行为者能够善于应用规则。“知道如何有德性地行动总是比遵循规则包含更多的东西。”[127]慎思的人能够在没有规则的情况下判断应该做什么，还能够在一般规范不能适用于特定情况的时候下判断。

作为独立的实践推理者的繁荣发展在第二种方式上要求美德，仅仅是因为有时我们需要朋友告诉我们我们真正是谁。独立的实践推理也要求自我认识，但是自我认识在没有他人的输入的情况下是不可能的，这些他人的判断为我们提供了一个可靠的试金石来检验我们关于自己的信念。因此，自我认识要求使得行为者能够维持形成性关系并接受值得信赖的朋友的批评之美德。[128]

人类的繁荣在第三种方式上需要美德，亦即使参与社会的和政治的行动成为可能。通过使我们能够形成和维持社会关系，由此我们可以在虚弱之处互相关心，并与社会的其他成员一起追求共同的利益，美德使我们能够“保护自己和他人免受忽

[125] *DRA*, p.87.
[126] *DRA*, p.87.
[127] *DRA*, p.93.
[128] *DRA*, p.97.

视、有缺陷的同情、愚蠢、贪婪和恶意的伤害”。[129]

这本书从麦金太尔对人类需要美德的评估推进到这一评估的政治含义。形成和促进独立的实践推理的社会和政治机构必须“满足三个条件”。(1) 它们必须使成员能够参与有关共同体的行动的共同协商;(2) 它们必须建立与正义美德的运用相一致的正义规范;(3) 它们必须使强者“代表”弱者和残疾人的需求。

麦金太尔所推荐的社会和政治机构不能被等同于现代民族国家或现代核心家庭。麦金太尔将现代民族国家描述为“巨型公用事业公司”,它们组织起来提供服务,而不是追求共同善好。核心家庭太小,无法实现追求共同善好的政治共同体所需的自给自足。[130]人类繁荣所必需的政治结构本质上是地方性的。麦金太尔说:“试图将地方性共同体的价值观和参与方式注入国家政治是一个错误,共同体主义的错误。”[131]然而,只有当地方性共同体积极支持“公正慷慨和共同协商的美德”时,它们才支持人类的繁荣。[132]为了找到支持人类繁荣的地方性共同体的例子,麦金太尔建议调查“新英格兰的渔业共同体……威尔士的矿业共同体……多内加尔的农业合作社,危地马拉和墨西哥的玛雅城镇”。[133]

道德的认识和理解是在特定地方性共同体内发展起来,并在一定程度上由特定地方性共同体内的社会关系所构成的,这些共同体要求其成员信诺那些共同体的道德叙述和规范;在得

---

[129] *DRA*, p. 98.

[130] *DRA*, pp. 133—135.

[131] *DRA*, p. 142.

[132] *DRA*, p. 142.

[133] *DRA*, p. 143.

出这一结论后,麦金太尔不得不回答所谓道德偏见问题:如果一个人要寻求关于道德和正义的真理,似乎有必要"找到一个足够超越被质疑的评价态度和实践的立场"。如果行为者无法采取这样一个外在的立场,如果行为者的信诺排除了对共同体的诸美德的根本批评,那么这是否让行为者成了"共同偏见的囚徒"?[134]

在《依赖性的理性动物》的最后一章中,麦金太尔认为找到一个外在立场是不可能的,因为理性探究是一项基本的社会工作。[135]因为它是社会的,共享的理性探究要求对美德的道德信诺和实践,以防止共同体中更为自满的成员阻碍对"共享的政治上有效的信仰和概念"的批判性反思。[136]"对这些美德和共同善好的道德信诺是探究和批评的条件而非外在限制。"[137]麦金太尔将这种根植于对一个共同体的标准的道德信诺之社会理性探究的论述与尼采的独立观念相对立。根据《依赖性的理性动物》的整个论证,麦金太尔的结论比他在《追寻美德》的结尾的评论更清楚地表明,为什么尼采的独立理想为人类繁荣提供了一个糟糕的模型和一个误导性的指南。

(四)《哲学的任务》(论文选集1)

2006年,麦金太尔出版了两卷新的论文选集。这两卷选集都包括有关每篇文章的起源、重要性和意图的有价值的前言。第一卷《哲学的任务》探讨了哲学探究的目标和方法。它以《认识论危机、戏剧性叙述和科学哲学》开头,麦金太尔在前言中的

---

[134] *DRA*, p. 154.

[135] *DRA*, pp. 156—157.

[136] *DRA*, p. 161.

[137] *DRA*, p. 162.

评论确认了这篇文章是麦金太尔成熟著作的起点。书的第一部分还包括五篇文章,探讨了文化在我们关于世界的经验中的作用,相对主义的问题,忽视历史和个人自由在个体品格发展中的作用的错误,作为具身心灵的人的统一性,以及现代道德哲学的失败。

《哲学的任务》的第二部分“哲学探究的目的”讨论了对真理的追求。第7章“生活的目的,哲学写作的目的”将哲学视为那样一些凡人的自然工作的职业化产物,他们与关于何谓过得好,或法律如何具有权威性,或死亡是否有意义等日常问题做斗争。[138]哲学的著述探讨这类问题,但哲学是否对读者有益则取决于哲学家是否也参与了这些问题,或者将这些问题置于一边,专注于哲学的著述。

麦金太尔将约翰·斯图尔特·密尔和托马斯·阿奎那奉为“两位通过他们的著作让我们越过哲学而与生活的目的直接相遇的哲学家”。[139]从他们的例子中,麦金太尔辨识出了好的哲学写作的三个特征。

首先,他们全都是以质疑者的身份而不仅仅作为哲学家在关注关于生活目的的问题。……其次,密尔和阿奎那都把他们的言谈和写作理解为对持续进行的哲学对话的贡献。……最后,重要的是对话的目的以及参与者的善都是真理,因此真理的本质、善的本质、理性证明的本质和意义的本质都不得不成为对话的核心主题。[140]

没有这三个特征,哲学首先会被简化为“一套分析和论证

[138] *Tasks*, p. 125.
[139] *Tasks*, p. 128.
[140] *Tasks*, pp. 130—131.

技巧的运用……其次,哲学可能因此成为对生活目的的严肃提问的一种消遣”。[141]最后,哲学家对其他哲学家的著作进行严肃的专业研究,以回答关于人类生活目的的问题,可能会完全使他们的注意力从自己生活中的同样问题上转移。

麦金太尔通过回顾弗朗茨·罗森茨威格(Franz Rosenzweig)和乔治·卢卡奇(Georg Lukács)对德国新康德主义在20世纪初的衰落的回应来说明这个问题。罗森茨威格和卢卡奇都放弃了他们受教的哲学正统,而且在这两种不同的情况下,他们对意识形态的新康德主义的放弃都标志着他们追求哲学真正目的的开始。罗森茨威格追求哲学真正目的导致了“没有理论活动的对话”,而卢卡奇的工作则演变成斯大林主义的“没有对话的理论活动”。[142]罗森茨威格和卢卡奇都没有取得哲学上的进展,因为他们都没有将“他们对生命目的的问题与他们哲学写作的目的联系起来”。[143]

为了避免罗森茨威格和卢卡奇的错误,麦金太尔建议读者保持与哲学试图回答的问题的联系,以便他们的“关于生活目的的信念”不会“脱离这些它们是其答案的问题”。[144]麦金太尔认识到作者对生活目的的追求与同一作者作为哲学作家的作品之间的联系,促使他在文章的结尾要求哲学史家和传记作者做三件事。首先,任何充分的哲学史或传记都必须确定它所研究的作者是否继续关注哲学研究的问题,还是将这些问题放在一边而偏向于答案。其次,任何充分的哲学史或传记都必须确定它所研究的作者是自我隔离、不接触各种冲突

---

[141] *Tasks*, p. 131.

[142] *Tasks*, p. 139.

[143] *Tasks*, p. 139.

[144] *Tasks*, p. 139.

的世界观，还是保持开放、从各种可用的哲学进路学习。最后，任何充分的哲学史或传记都必须将它所研究的作者置于更广泛的语境中，展示他们来自哪些传统，以及他们正在"推进谁的筹划"。[145]

哲学不只是一种研究；它是一种实践。这种实践中的卓越要求作者将自己对哲学目标的思考与历史和当代的文本和作者进行对话，以期在回答这些问题方面取得进展。

该论集的最后三篇文章强调了麦金太尔在"生活的目的，哲学写作的目的"一章结尾所提出的挑战。这三篇文章从托马斯主义的角度探讨了哲学的工作。托马斯主义，一方面在20世纪被其推崇者通过有缺陷的教科书、误导性的意识形态筹划和在教会政治中的滥用进行了夸张的描绘，而另一方面又被其批评者描绘为对过时世界观的迷恋。自20世纪60年代以来，托马斯主义越来越边缘化。这本书中的三篇托马斯主义论文通过以在当代托马斯主义学术界之外的人们可能会觉得惊讶的灵活和开放的方式来呈现托马斯主义，从而挑战了这些夸张的描绘；因为麦金太尔的托马斯·阿奎那与麦金太尔和其他当代哲学家一样，陷入了哲学目的的问题的困境。这三篇文章都回到了探究作为行动的概念。放弃现代哲学家（包括新托马斯主义者）在被误导了的对抗怀疑主义的努力中所发明的认识论虚构，麦金太尔将托马斯主义实在论作为指向真理发现的理性探究来予以捍卫。

（五）《伦理学与政治学》（论文选集2）

《伦理学与政治学》分为三个部分："从亚里士多德和阿奎

---

[145] *Tasks*, p. 142.

那学习”、“伦理学”和“伦理学的政治学”。第一部分的文章比较和对比了亚里士多德的哲学与一些文艺复兴和现代对其的解释，考察了托马斯·阿奎那在自然法方面的工作的政治背景，并通过对道德认识论的批判来捍卫托马斯的自然法理论。第二部分的文章研究了道德困境的表面问题以及确定何时何地隐瞒或说谎可能比说实话更合理的真正困难。第三部分的文章探讨了理性探究如何影响社会生活。

第三部分包含的两篇文章对麦金太尔思想的发展至关重要。《观察马克思主义的三个视角》是《马克思主义和基督教》1995 年版的前言。这篇文章评估了《马克思主义：一种解释》和《马克思主义和基督教》，以及 1995 年的经济和政治状况，这有助于勾勒出他近四十年发展的一贯性。

《社会结构及其对道德行为的威胁》扩大和发展了麦金太尔在《追寻美德》中触及到的分隔化主题。[146]这篇文章考察了鼓励个人生活分隔化，从而威胁到人类行为者作为更大共同体成员去认识、判断和做出对自己好的和最好的事情的社会结构。麦金太尔考虑了“J 的案例”（J 代表德语中的“jemand”，意指“某人”），一个列车调度员，在战争期间，即使他的列车运载着“军火和……被送往灭绝营的犹太人”，他也按照其社会角色的标准来工作，对运载物无动于衷。[147] J 已经学会按照一套标准进行铁路工作，并按照其他标准过他生活的其他方面，因此这个“最终解决方案”的顺从参与者可以辩称，“你不能指责我道德失败”。[148]

---

[146] *AV*, p. 204.

[147] *Ethics and Politics*（以下简称为 *E&P*）, p. 187。

[148] *E&P*, p. 187.

麦金太尔并不接受J的相对主义辩护。J的道德失败与他对文化标准的自觉服从无关;它源于他作为道德行为者没能挺身而出。麦金太尔列举了道德行为者自我理解的三个特征。要成为道德行为者,(1)一个人必须理解自己的个体身份超越了他所扮演的所有角色;(2)一个人必须将自己视为一个实践上理性的个体,能够判断和拒绝不义的社会标准;(3)一个人必须理解自己"在人类美德方面,而不仅仅是在角色执行方面,对他人负责"。[149] J有罪,并不是因为他明知故犯地参与了最终解决方案;麦金太尔承认J对此一无所知,并且他的无罪申言是真诚的。J有罪,是因为他轻松接受了他本该质疑的社会结构,这些结构破坏了他的道德行为能力。这篇文章表明麦金太尔的人类行为的伦理学不仅仅是关于道德教育方式的描述性叙述;它是一个标准,承载了关于道德行为的诸要求的论述。

(六)《上帝,哲学,大学》

《上帝,哲学,大学》通过其来源、其经由托马斯·阿奎那的初步发展、其从1700年到1850年的沉寂、对教皇利奥十三世的通谕《永恒之父》的回应以及在20世纪的重新发展来考察天主教哲学传统的历史。这一历史回到了《追寻美德》对实践和机构之间关系的描述,因为这一历史的不同部分标志着天主教教会内部哲学实践与支持它的政治、教会和学术机构之间不同的关系。天主教哲学实践在从中世纪晚期过渡到现代早期哲学时,因其实践者屈服于机构压力而陷入停滞。[150]但这种实践在1879年教会的权威下得到复苏,当时利奥十三世颁布了通谕

---

[149] *E&P*, p. 196.

[150] *God, Philosophy, Universities*, p. 106.

《永恒之父》。麦金太尔赞扬了教皇约翰·保罗二世在1998年天主教会颁布的通谕《信仰与理性》中重新界定了天主教思想传统及其与天主教会的教义权威的关系，并推荐了新的研究计划，以帮助天主教思想传统在未来取得进展。

五、麦金太尔哲学的主题

（一）人类行为的伦理学和政治学

从麦金太尔的著作中凸显的是一种人类行为的伦理学，与现代道德规范伦理学和元伦理学形成鲜明对比。对麦金太尔的人类行为伦理学最好的总结可以在凯尔文·奈特的《亚里士多德主义哲学：从亚里士多德到麦金太尔的伦理学和政治学》中找到。

现代道德哲学的认识论理论被期望按照抽象的普遍标准为规则、政策和实际决策提供理性的正当性辩护，但麦金太尔不仅在《追寻美德》中，而且在他学术生涯的每一本重要著作中都否定了这些理论。现代元伦理学被认为可以使其从不同道德传统的冲突要求中脱离出来，并从中立立场判断这些冲突，但麦金太尔也拒绝了这个筹划。在他的伦理学著作中，麦金太尔只是试图理解如何使人类行为者摆脱盲目和愚蠢，使其能够在自己生活的具体环境中认识到什么是好的和最好的，并加强行为者去实践这个判断。在他的政治学著作中，麦金太尔研究了共同体在形成有效的理性行为者方面的作用，以及政治机构对共同体生活的影响。这种伦理学和政治学被适当地称为人类行为的伦理学。

麦金太尔有时被归类为"美德伦理学家"，而《追寻美德》也被列为美德伦理学的主要文本，但这个标签可能对麦金太尔来说是误导性的。美德伦理学是作为现代道德理论的一种替代而发展起来的。康德和密尔等作者的现代道德哲学的目的是确定什么样的行为应该被执行,但不是根据行为者的欲望或目标,而是根据普遍的、理性的义务。这些理论声称通过提供关于义务和责任的知识来让行为者知道他们应该做什么,因此它们可以被描述为道德认识论的理论。

当代美德伦理学提出了一种对现代道德理论的替代方案,但它默认伦理学的目的是提供一种道德认识论。当代美德伦理学试图让行为者知道人类应该具有什么样的品质,以及我们为什么应该具有这些品质,但不是根据我们对人类行为能力的适应,而是使用从康德和密尔继承的同样普遍的、中立的、非目的论的术语。麦金太尔的伦理学筹划研究了美德,但它不是道德认识论的一个分支。

对麦金太尔来说,道德知识仍然是一种"知道如何"而不是"知道什么"的知识;他是在寻求确认那些使人类在追求人类善时更有效的道德和理智卓越。麦金太尔在其人类行为伦理学中的目的是要考虑,何谓追求某人自己的善,追求自己的善意味着需要什么,以及如果一个人想要有效地作为人类行为者追求善,就必须成为什么样的人。作为一种人类行为的哲学,麦金太尔的工作属于亚里士多德和托马斯·阿奎那的传统。

目的论和形而上学:从其学术生涯之初,麦金太尔追求的是目的论实践推理,而不是功利主义或义务论的道德推理。《道德荒野笔记》中提出的筹划是一个目的论筹划。"自由与革命"和"医学是否可以摆脱对人性的神学观点?"同样也是目的论的。《追寻美德》批评了基督教意志主义和神命论,因为其拒绝目的论实践推理,而采用了任意的、法律模式的道德推理。《追寻美德》批评现代性,因为它使基督教意志主义的任意的、法律主义的道德推理世俗化了。

《追寻美德》的后半部分的建构性论证的目的是要更新目的论实践推理,但麦金太尔试图在拒绝亚里士多德形而上学的同时更新亚里士多德的目的论。《追寻美德》的目的论,就像麦金太尔自《道德荒野笔记》以来的更广泛筹划的目的论一样,是一种通过反思经验而被发现的社会目的论。社会目的论似乎有两个优点。首先,它避免了一系列反对意见,即认为麦金太尔卷入了一个任意的、复古的筹划,要完全回到亚里士多德的世界观,包括他对妇女和"天生的奴隶"的看法。其次,与马克思《关于费尔巴哈的提纲》的第三条的洞察相一致,它强调了理论家和人民在追求善(好)生活中作为同伴的共同条件。

麦金太尔在《追寻美德》之后的数年里重新考虑了社会目的论的充分性。在第三版的序言(2007)中,麦金太尔报告说,他已经接受了托马斯·阿奎那的观点,即为社会目的论提供一个形而上学基础是必要的:

> 仅仅因为人类有一个由其特殊本性所指引的目的,实践、传统等才能如此这般发挥作用。因此,我发现我无意间预设了与阿奎那在《神学大全》第一部第五问中给出的对善的概念的论述非常接近的某种东西的真理性。[151]

在麦金太尔随后的托马斯主义著作中,主要是《谁之正义?何种合理性?》(第10和11章)以及《三种对立的道德探究观》(第5和6章),他的阿奎那讲座"第一原理、最终目标和当代哲学问题",以及"论在世俗化文化中成为有神论哲学家"中,麦金

---

[151] *AV*, p. xi.

太尔明确地捍卫了目的论的形而上学基础。

在他的伦理学著作中，麦金太尔仍然主要通过考察形而上的自然借以自我显明之现象来接近目的论。《依赖性的理性动物》是一部彻底的托马斯主义著作，但在论证中却始终紧密联系实际。这本书邀请读者加入可能将他们导向第一原则的辩证建构的工作。《依赖性的理性动物》并不断言实质性形而上学的要求；它邀请读者去发现它们，无论他们是否意识到了它们。

麦金太尔在他关于“竞争的亚里士多德”的两篇演讲中阐述了对目的论的现象学方法的需要(《伦理学和政治学》中的第1章和第2章)。在这两篇演讲中，麦金太尔审查了亚里士多德的解释者在对人类目标的知识以及这种知识在实践推理中的作用方面所犯的两种错误。包括弗朗西斯科·皮科洛米尼(Francesco Piccolomini)在内的一些文艺复兴时期的亚里士多德主义者，夸大了对人类善(好)的理论认识在实践推理中的作用[152]，并低估了品德在亚里士多德伦理学中的地位。包括萨拉·布罗迪(Sarah Brodie)在内的一些当代亚里士多德主义者则走向了相反的极端，否认了对善(好)的知识的需求。麦金太尔同时避免了这两种误解。他认为无论我们是否意识到，人类的善(好)在我们的实践推理中都起着作用，所以有些人可能在不明白原因的情况下做得很好。[153]他还将亚里士多德的教导解读为，对善(好)的认识可以使我们成为更好的行为者。[154]

(二) 伦理学和政治学

在伦理学和政治学这两种紧密相关的研究中，麦金太尔的

---

[152] *E&P*, p. 14.

[153] *E&P*, p. 25.

[154] *E&P*, p. 26.

工作是亚里士多德式的，因为它研究的是人类行为、人类行为的目标以及能够使行为者认识和追求好的和最好的东西的道德条件。然而，与他对哲学的一般方法相一致，麦金太尔的亚里士多德主义是现象学和历史主义的。《追寻美德》并没有用形而上学的术语把美德定义为自然的完善[155]，《追寻美德》基于人类行为中对卓越的实际要求，在行为者对实践的参与中[156]，在行为者的整个生活中，在行为者所卷入的其共同体的生活中[157]，定义美德。这种特殊形式的亚里士多德主义——麦金太尔在《追寻美德》第二版跋中称之为“对亚里士多德的一种历史主义辩护”[158]——在亚里士多德主义和托马斯主义的形而上学家中间仍然存在争议。

麦金太尔的亚里士多德式的“人类行为”概念与20世纪中叶决定论社会科学家间流行的“人类行为”概念相对立。按照麦金太尔的理解，人类行为是人类行为者自由选择的行为，旨在实现那些行为者所追求的目标。根据20世纪中叶的决定论社会科学家的观点，人类行为是一个主体的外在活动，完全由主体无法控制的环境的影响所引起。麦金太尔拒绝了社会科学中的粗糙决定论，以及植根于决定论的政府和公共政策方法，他将人类行为能力的更新和人类行为者的解放视为伦理学和政治学的核心目标。

作为一种人类行为理论，麦金太尔在伦理学和政治学的筹划中继续追求早期马克思主义者的目标，他们试图扭转个体化和无产阶级化的过程，这些过程在工业革命期间破坏了工人的团结和自决权。威廉·科贝特（William Cobbett）因为他反对个

---

[155] *AV*, pp. 148, 196.

[156] *AV*, ch. 14.

[157] *AV*, ch. 15.

[158] *AV*, p. 277.

人主义和工业化的分裂性和征服性的影响而在《追寻美德》中成了一个堂吉诃德式的英雄。

麦金太尔对“人类行为”的亚里士多德主义解释考察了一个行为者必须培养的习惯,以便在追求真正值得选择的目标时能够最有效地判断和行动。这种考察要求对包含道德形成和共同体生活的审慎的人类活动进行全面的论述。现代道德哲学寻求通过理性道德准则来判断个体人类行为,而不考虑行为者的主观目的;麦金太尔却试图理解成为具有实践智慧的人类个体所需的条件,这样他们就能够认识到应该做什么是好和最好的,并且在道德自由的基础上行动。因此,麦金太尔对人类行为的亚里士多德主义解释与中世纪晚期和现代将伦理学简化为对行为的道德评估的观点相对立。

麦金太尔在其学术生涯早期就反对现代社会科学的决定论[159],然而他认识到,良好判断和自由行动的能力并不是简单被给予的;优秀的判断和行动必须得到培养,而道德哲学的任务就是发现人类行为者的这些卓越品质或美德是如何确立、维持和增强的。在这个意义上,麦金太尔的伦理学和政治学延续了亚里士多德的筹划,亚里士多德写道:“美德在我们身上的产生既非由于自然,也不违背自然;相反,我们自然地适合接受它们,并通过习惯而完善。”[《尼各马可伦理学》,2.1(1103a:23—25)]

麦金太尔的亚里士多德主义哲学研究了各种支持自由的和审慎的人类行为的条件,以便提出一条通过参与一个经由成员的共同协商和行动以追求其共同利益之政治共同体的生活来解放人类行为者的道路。[160]

---

[159] “Determinism”, 1957.

[160] *DRA*, ch. 8.

“解读麦金太尔”参考文献

麦金太尔作品:

MacIntyre, Alasdair. *Marxism: An Interpretation.* London: SCM Press, 1953.

MacIntyre, Alasdair. “Visions”. In *New Essays in Philosophical Theology.* Ed. Antony Flew and Alasdair MacIntyre. New York: Macmillan, 1955.

MacIntyre, Alasdair. “Manchester: The Modern Universities and the English Tradition”, *Twentieth Century*, 159 (Feb. 1956): 123—129.

MacIntyre, Alasdair. “The Logical Status of Religious Belief”. In *Metaphysical Beliefs: Three Essays*, by Stephen Toulman, Ronald W. Hepburn, and Alasdair C. MacIntyre. London: SCM Press, 1957. Reprinted with new preface, 1970. pp. 159—201.

MacIntyre, Alasdair. “Determinism” *Mind*, 66 (1957): 28—41.

MacIntyre, Alasdair. “Notes from the Moral Wilderness” I and II, *New Reasoner* 7 (Winter 1958—1959): 90—100; and *New Reasoner* 8 (Spring 1959): 89—98. Reprinted in *The MacIntyre Reader*, pp. 31—49 and in *Alasdair MacIntyre's Engagement with Marxism*, pp. 45—68.

MacIntyre, Alasdair. *Difficulties in Christian Belief.* London: SCM Press, 1959.

MacIntyre, Alasdair. *A Short History of Ethics: A History of Moral Philosophy from the Homeric Age to Twentieth Century.* New York: Macmillan, 1966. Repr. New York: Touchstone, 1996.

MacIntyre, Alasdair. “The Debate about God: Victorian Relevance and Contemporary Irrelevance”. In Alasdair MacIntyre and Paul Ricoeur, *The Religious Significance of Atheism* (Bampton Lectures in America delivered at Columbia University, 1966). New York: Columbia University Press, 1969. pp. 1—55.

MacIntyre, Alasdair. *Marxism and Christianity.* New York: Schocken Books,

1968. Republished, University of Notre Dame Press, 1984. Revised edition with new Introduction, London: Duckworth, 1995.

MacIntyre, Alasdair. *Against the Self-Images of the Age: Essays on Ideology and Philosophy*. London: Duckworth; New York: Schocken Books, 1971. Republished, Uniersity of Notre Dame Press, 1978.

MacIntyre, Alasdair. "Can Medicine Dispense with a Theological Perspective on Human Nature?" In *Knowledge, Value, and Belief. The Foundations of Ethics and Its Relationship to Science*, Volume II. Hastings-on-Hudson, N. Y.: The Hastings Center, 1977. pp. 25—43.

MacIntyre, Alasdair. "Epistemological Crises, Dramatic Narrative, and the Philosophy of Science". *The Monist* 60, no. 4 (October 1977): 453—472; reprinted in Alasdair MacIntyre, *The Tasks of Philosophy*. Cambridge University Press, 2006. pp. 3—23.

MacIntyre, Alasdair. "Utilitarianism and Cost-Benefit Analysis: An Essay on the Relevance of Moral Philosophy to Bureaucratic Theory", in *Values in the Electric Power Industry*, Kenneth Sayre, ed. Notre Dame and London: University of Notre Dame Press, 1977. pp. 217—237. Reprinted as "Utilitarianism and the Presuppositions of Cost-Benefit Analysis", in *The Moral Dimensions of Public Policy Choice: Beyond the Market Paradigm*, John Martin Gilroy and Maurice Wade, eds. Pittsburgh and London: University of Pittsburgh Press, 1992. pp. 179—194.

MacIntyre, Alasdair. "Social Science Methodology as the Ideology of Bureaucratic Authority", in *Through the Looking Glass: Epistemology and the Conduct of Inquiry*, Maria J. Falco, ed. (Washington: University Press of America, 1979) pp. 42—58. Reprinted in Kelvin Knight, ed. The MacIntyre Reader. pp. 53—68.

MacIntyre, Alasdair. "Corporate Modernity and Moral Judgment: Are They Mutually Exclusive", in *Ethics and Problems of the 21st Century*, Kenneth M. Sayre and Kenneth E. Goodpaster, eds. Notre Dame and London:

University of Notre Dame Press, 1979. pp. 122—135.

MacIntyre, Alasdair. *After Virtue: A Study in Moral Theory*. 2d ed. Notre Dame, Ind.: University of Notre Dame Press, 1984. 3rd edition with new prologue, 2007.

MacIntyre, Alasdair. *Whose Justice? Which Rationality?* Notre Dame, Ind.: University of Notre Dame Press, 1988.

MacIntyre, Alasdair. "Relativism, Power, and Philosophy". In *Relativism: Interpretation and Confrontation*. Edited with introduction by Michael Krausz. Notre Dame, Ind.: University of Notre Dame Press, 1989, 182—204.

MacIntyre, Alasdair. *Three Rival Versions of Moral Enquiry: Encyclopaedia, Genealogy, and Tradition* (Gifford Lectures). Notre Dame, Ind.: University of Notre Dame Press, 1990.

MacIntyre, Alasdair. *First Principles, Final Ends, and Contemporary Philosophical Issues*. The Aquinas Lecture, 1990. Milwaukee: Marquette University Press, 1990.

MacIntyre, Alasdair. "Plain Persons and Moral Philosophy: Rules, Virtues, and Goods". 1991 Aquinas Lecture at the University of Dallas. *American Catholic Philosophical Quarterly* 66, no. 1 (Winter 1992): 3—19.

MacIntyre, Alasdair. "My Station and Its Virtues". In *Symposium in Memory of Edmund L. Pincoffs*. *Journal of Philosophical Research* 19 (1994): 1—8.

MacIntyre, Alasdair. "Moral Relativism, Truth and Justification". In *Moral Truth and Moral Tradition: Essays in Honor of Peter Geach and Elizabeth Anscombe*. Ed. Luke Gormally. Dublin: Four Courts Press, 1994, 6—24.

MacIntyre, Alasdair. "The Theses on Feuerbach: A Road Not Taken", in Carol C. Gould and Robert S. Cohen, eds, *Artifacts, Representations, and Social Practice: Essays for Marx Wartofsky* (Kluwer Academic Publishing, 1994), reprinted in Kelvin Knight, ed., *The MacIntyre*

Reader. pp. 223—234.

MacIntyre, Alasdair. "Kinesis Interview with Professor Alasdair MacIntyre". Interview by Thomas D. Pearson. *Kinesis* 20, no. 2 (Spring 1994): 34—47.

MacIntyre, Alasdair C., and Kelvin Knight. *The MacIntyre Reader*. Notre Dame, Ind: University of Notre Dame Press, 1998.

MacIntyre, Alasdair. *Dependent Rational Animals: Why Human Beings Need the Virtues*. Chicago: Open Court, 1999.

MacIntyre, Alasdair C. *Edith Stein: A Philosophical Prologue, 1913—1922*. Lanham: Rowman & Littlefield, 2006.

MacIntyre, Alasdair. *The Tasks of Philosophy. Selected Essays*, Volume 1. Cambridge: Cambridge University Press, 2006.

MacIntyre, Alasdair. *Ethics and Politics. Selected Essays*, Volume 2. Cambridge: Cambridge University Press, 2006.

MacIntyre, Alasdair C., Paul Blackledge, and Neil Davidson. *Alasdair MacIntyre's Engagement with Marxism: Selected Writings 1953—1974*. Leiden: Brill, 2008. Published in Paperback, Chicago: Haymarket Books, 2009.

MacIntyre, Alasdair. "On Being a Theistic Philosopher in a Secularized Culture". *Proceedings of the American Catholic Philosophical Association* 84 (2010): 23—32.

MacIntyre, Alasdair. Chapter 5, "Alasdair MacIntyre: The Illusion of Self-sufficiency" in *Conversations on Ethics* by Alex Voorheve, Oxford University Press, 2009.

MacIntyre, Alasdair. *God, Philosophy, Universities: A Selective History of the Catholic Philosophical Tradition*. Lanham. MD: Rowman & Littlefield, 2011.

MacIntyre, Alasdair C., and Fran O'Rourke. *What happened in and to moral philosophy in the twentieth century?: philosophical essays in honor of Alasdair Macintyre*. University of Notre Dame Press, 2013.

其他文献资料：

Ballard, Bruce W. *Understanding MacIntyre.* Lanham, Md. : University Press of America, 2000.

Beadle, Ron and Geoff Moore. "MacIntyre on Virtue and Organization". *Organization Studies* 27, no. 3 (2006): 323—340.

Beadle, Ron and Geoff Moore, eds. *MacIntyre, Empirics, and Organization*, special edition, *Philosophy of Management* 7 no. 1 (2008).

Bielskis, Andrius and Kelvin Knight, eds. *Virtue and Economy: Essays on Morality and Markets.* London: Ashgate, 2014.

Blackledge, Paul. "Morality and Revolution: Ethical Debates in the British New Left", *Critique* 35, no. 2 (August 2007): 211—228.

Cunningham, Lawrence S. *Intractable Disputes About the Natural Law Alasdair MacIntyre and Critics.* Notre Dame, Ind: University of Notre Dame Press, 2009.

Davenport, John J., Anthony Rudd, Alasdair C. MacIntyre, and Philip L. Quinn. *Kierkegaard After MacIntyre: Essays on Freedom*, Narrative, and Virtue. Chicago: Open Court, 2001.

Franks, Joan M., O. p. "Aristotle or Nietzsche". *Listening* 26, no. 2 (1991): 156—163.

Flew, Antony. "Psycho-Analytic Explanation". *Analysis* 10, no. 1 (October 1949).

Flew, Antony. Review of Metaphysical Beliefs. *The Philosophical Quarterly* 8, no. 33 (Oct., 1958): 383—384.

George, Robert p. "Moral Particularism, Thomism, and Traditions". *Review of Metaphysics* 42 (March 1989): 593—605.

Hauerwas, Stanley, and Paul Wadell. Review of After Virtue, by Alasdair MacIntyre. *The Thomist* 46, no. 2 (April 1982): 313—323.

Hibbs, Thomas S. "MacIntyre's Postmodern Thomism: Reflections on Three Rival Versions of Moral Enquiry". *The Thomist* 57 (1993): 277—297.

Hittinger, Russell. Review of After Virtue by Alasdair MacIntyre, *The New Scholasticism* 56, no. 3 (1982): 385—390.

Horton, John, and Susan Mendus, eds. *After MacIntyre: Critical Perspectives on the Work of Alasdair MacIntyre.* Notre Dame, Ind.: University of Notre Dame Press, 1994.

Knight, Kelvin. *Aristotelian Philosophy: Ethics and Politics from Aristotle to MacIntyre.* Cambridge, UK: Polity, 2007.

Kelvin Knight and Paul Blackledge, eds. *Revolutionary Aristotelianism* (Stuttgart: Lucius & Lucius, 2008), special edition of Analyse & Kritik 30, no. 1 (June 2008).

Lutz, Christopher Stephen. *Tradition in the Ethics of Alasdair MacIntyre: Relativism, Thomism, and Philosophy.* Lanham, Md.: Lexington books, 2004.

Lutz, Christopher Stephen. "Alasdair MacIntyre's Tradition Constituted Rationality: An Alternative to Relativism and Fideism". *American Catholic Philosophical Quarterly* 85: 3 (Summer 2011).

Lutz, Christopher Stephen. *Reading Alasdair MacIntyre's AV.* New York: Continuum, 2012.

Maletta, Sante. *Biografia della ragione: Saggio sulla filosofia politica di MacIntyre.* Rome: Rubbettino, 2007.

McMylor, Peter. *Alasdair MacIntyre: Critic of Modernity.* London: Routledge, 1994.

Mitchell, Basil. "The Justification of Religious Belief". *The Philosophical Quarterly* 11, No. 44 (Jul., 1961): 213—226.

Murphy, Mark C. ed. *Alasdair MacIntyre. Contemporary Philosophy in Focus.* Cambridge: Cambridge University Press, 2003.

Nicholas, Jeffery L. *Reason, Tradition, and the Good: MacIntyre's Tradition-Constituted Reason and Frankfurt School Critical Theory.* Notre Dame, Ind: University of Notre Dame Press, 2012.

Nussbaum, Martha Craven. "Recoiling from Reason". Review of WJWR by Alasdair MacIntyre. *New York Review of Books* 36, no. 19 (December 7, 1989): 36—41.

Perreau-Saussine, Emile. *Alasdair MacIntyre: Une Biographie Intellectuelle*. Presses Universitaires France, 2005.

Perreau-Saussine, Emile. "The Moral Critique of Stalinism", in Paul Blackledge and Kelvin Knight, eds. *Virtueand Politics*. pp. 134—151.

Peters, Richard. "Cause, Cure, and Motive". *Analysis* 10, no. 5 (April 1950).

Reames, Kent. "Metaphysics, History, and Moral Philosophy: The Centrality of the 1990 Aquinas Lecture to MacIntyre's Argument for Thomism". *The Thomist* 62 (1998): 419—443.

Ryle, Gilbert. "Knowing How and Knowing That: The Presidential Address." *Proceedings of the Aristotelian Society*. New Series, Vol. 46, (1945—1946): 1—16.

Scheffler, Samuel. Review of AV: A Study in Moral Theory [1st ed.] in *The Philosophical Review* 92, No. 3 (July 1983): 443—447.

Toulmin, Steven. "The Logical Status of Psycho-Analysis". *Analysis* 9, no. 2 (December 1948).

Wachbroit, Robert. "A Genealogy of Virtues". Review of AV [1st ed.]. *The Yale Law Journal* 92 (1983): 564—576.

Wachbroit, Robert. "Relativism and Virtue". *The Yale Law Journal* 94 (1985): 1559—1565.

Wartofsky, Marx. "Virtue Lost or Understanding MacIntyre". *Inquiry* 27 (1984): 235—250.

Zoll, Patrick. *Ethik ohne Letztbegründung?: Zu den nicht-fundamentalistischen Ansätzen von Alasdair MacIntyre und Jeffrey Stout*. Würzburg, Deutschland: Verlag Königshausen & Neumann GmbH, 2012.

第三版序

四分之一个世纪后的《追寻美德》

如果有充分的理由来反驳《追寻美德》的核心论旨，那么我现在肯定已经了解到了这些理由是什么。在广泛的语言中——不仅仅是英语、丹麦语、波兰语、西班牙语、葡萄牙语、法语、德语、意大利语和土耳其语，还有汉语和日语——以及从广泛的立场出发进行的批判性和建设性的讨论，使我能够重新考虑并扩展我在《追寻美德》(1981)开始，并在《谁之正义？何种合理性？》(1988)、《三种对立的道德探究观》(1990)和《依赖性的理性动物》(1999)中继续的探究，但我至今尚未找到放弃《追寻美德》主要观点的理由——有人会说"不可救药的固执！"——尽管我学到了很多，并相应地补充和修订了我的论点和论证。

其中的核心观点(过去是，现在还是)：只有站在该文化之外才能充分理解先进现代性的主导道德文化。这种文化一直存在着未解决的，且似乎无法解决的道德和其他争议，其中争辩双方的评价性和规范性言论提出了一个解释问题。一方面，它们似乎假设参照某种共享的客观标准，根据这些标准，至多只有一个争辩方是正确的；然而另一方面，为了支持他们的断言所引征的论证的贫乏，以及他们的言论的特别尖锐的断言和表达模式，都强烈地暗示着并没有这样的标准。我的解释过去是，现在还是：这样说出来的准则曾经在一个实践信仰，以及支持思想、感觉和行动习惯的语境中是合理的和可理解的,但这个语境已经丧失了,在这个语境中道德判断曾被理解为受到由共享的人类善的概念所辩护的客观标准的支配。作为中世纪后期和现代早期世界的破坏性和转型性的社会和道德变革的结果,这一语境和这一辩护都被剥夺了,道德规则和准则必须以一种新的方式去理解,并赋予某种新的地位、权威和辩护。从18世纪以来,欧洲启蒙运动的道德哲学家们的任务就是提供这样一种理解。但是,这些哲学家实际上提供了几种互竟的和不相容的观点,功利主义者与康德主义者竞争,两者又与契约论者竞争。从而,道德判断,如它们现在被理解的那样,变成了本质上是有争议的,表达了发言者的态度和感受,但仍然以一种仿佛存在某种客观标准的方式被说出来,通过这个标准,道德分歧可以得到理性解决。从一开始,这些分歧不仅涉及道德的辩护,还涉及道德的内容。

现代性道德文化的这个显著特征没有改变。我仍然坚信,只有从一个非常不同的传统的立场出发,从一个其信念和假设由亚里士多德以其古典形式表达出来的传统出发,我们才能理解道德现代性的起源和困境。需要注意的是,我并不是主张亚里士多德的道德理论能够被后启蒙道德哲学的主要倡导者接受的方式展示其理性优越性,以至于在现代性的理论竞技场上,亚里士多德主义者可能能够击败康德主义者、功利主义者和契约论者。不仅显然不是这样,而且在同样的竞技场上,亚里士多德主义势必显现为且的确显现为另一类的道德理论,其倡导者与功利主义者、康德主义者或契约论者一样,希望击败他们的竞争对手,但希望有限。

那么,我过去和现在主张了什么呢?从一个由亚里士多德概念来传播和表达的持存的生活方式的角度,我们有可能理解道德现代性的困境,以及为什么道德现代性的文化缺乏推进其自身道德探索的资源,从而无法摆脱这些困境的人注定会感到无能为力和沮丧。现在的我比二十五年前更好地理解了相关的亚里士多德主义信念的本质,这至少体现在两个方面。

在我写《追寻美德》时,我已经是一个亚里士多德主义者,但还不是一个托马斯主义者,这在第 13 章末尾我对阿奎那的论述中表明了。写完《追寻美德》后,我成了一个托马斯主义者,部分是因为我确信阿奎那在某些方面是比亚里士多德更好的亚里士多德主义者,他不仅是亚里士多德文本的卓越解释者,而且能够扩展和深化亚里士多德的形而上学和道德探究。这至少以三种方式改变了我的立场。在《追寻美德》中,我试图为一种宽泛的亚里士多德主义美德论述呈现事实,而不使用或诉诸我所说的亚里士多德的形而上生物学。我拒绝了那种生物学的大部分,当然这是正确的。但我现在从阿奎那那里学到的是,我试图纯粹从社会角度、基于实践、传统和人类生活的叙事统一性来提供一种关于人类善的论述势必是不充分的,除非我为它提供一种形而上学的基础。仅仅因为人类有一个由其特殊本性所指引的目的,实践、传统等才能如此这般发挥作用。因此,我发现我无意间预设了与阿奎那在《神学大全》第一部第五问中给出的对善的概念的论述非常接近的某种东西的真理性。

我也逐渐意识到,我对人类是善良还是邪恶的概念不仅需要形而上学的基础,还需要生物学的基础,尽管不一定是亚里士多德的生物学。这一点我在后来的《依赖性的理性动物》中提供了充分的解释,我在其中论证了人类作为有理性动物但仍具有兽性本能的道德意义,这仅当我们承认与某些尚未具备理性的动物(包括海豚在内)的亲缘关系时才能得到理解。在同一本书中,我还能够通过确认我所说的承认依赖性的美德来更好地论述美德的内容。在这样做的过程中，我借鉴了阿奎那对怜悯的讨论，在该讨论中阿奎那与亚里士多德的分歧比他自己意识到的要大。

我思想中的这些发展是通过对阿奎那的文本以及当代托马斯主义作家对这些文本的评论的反思而产生的。另一系列完全不同的发展则归因于那些与《追寻美德》有根本分歧的人对它的批评的刺激。让我从其中一个似乎不是由于误解而是由于对文本的误读而产生的批评开始。因为我认为美德传统是在希腊特别是雅典城邦中产生并首次得到充分表达的，而且我强调了这一传统在欧洲中世纪繁荣的方式，所以有人指责我怀旧和理想化过去。但我认为，这在文本中并无一丝痕迹。文本中强调的是我们需要从过去的某些方面中学习，通过理解我们当代的自我和我们当代的道德关系，从而克服现代性，尤其是先进的现代性对这种自我认识的限制。

不可避免，我们全都是先进现代性的居民，承载着它的社会和文化特征。因此，我对美德传统的理解，以及现代性拒绝传统与恢复传统的可能性的后果的理解，确实是一种独特的现代理解。只有从现代性的立场回顾，并回应其困境，我们才能确定已经体现在各种文化形式中的美德传统的连续和断裂。我在《追寻美德》中进行的这种历史研究只有在 18 世纪和 19 世纪才成为可能。维科是这种历史研究的预言性创始人，而我本人在这个领域极大地受惠于 R. G. 科林伍德，尽管我对这个传统的本质和复杂性的理解主要归功于 J. H. 纽曼。

历史探究揭示的是所有探究的处境特征，以及在实践语境中被认为是真理和理性辩护的标准的东西在不同的时间和地点上相互变化的程度。如果我们将这种揭示加上我所做的否认，即任何理性主体都没有可用的真理和理性辩护的标准，以至于对它们的诉诸足以以结论性的方式解决基本的道德、科学或形而上学争议,那么似乎可能引起了相对主义的指控("指控"这个词也许不恰当,因为那些试图将我视为后现代主义者的人曾经对我的所谓相对主义表示祝贺——参见彼得·沃森:《20世纪思想史》,译林出版社,2019年,第972页)。在《追寻美德》"第二版跋"中,我已经概述了对这一指责的回答,并在《谁之正义?何种合理性?》中进一步发展了这一回答。然而,这一指责仍然不断被重复,所以让我再次明确究竟是什么要求我且使我能够拒绝相对主义。

亚里士多德主义和托马斯主义的美德传统,像一些但不是所有其他道德传统一样,是一种探究的传统。探究的传统都具有声称其核心论旨的真理性和核心论证的可靠性的特点。如果不是这样,它们将很难界定其探究的目标和对象,或者为其结论提供理由。但是,由于它们在其理性辩护的标准上相互不一致——实际上,关于这些标准应该是什么的问题是它们原则上的分歧之一——而且每个传统都有其自身内在的标准,它们之间的争议似乎是系统性的、无法解决的,即使争论双方可能共有对逻辑要求和一种核心但最小的真理概念的尊重。这类明显不一致的互竞传统的例子包括亚里士多德主义和托马斯主义传统、其最伟大的哲学名字是龙树的佛教,以及现代欧洲和北美的功利主义。

那么,如果可能的话,这些传统的拥护者如何希望击败任一竞争对手的主张呢?必要的第一步是让他们去理解何为以那个特定竞争传统所规定的方式思考,学会如何像那个竞争传统的坚定信徒那样思考。做到这一点需要运用通常所缺乏的哲学想象的能力。第二步是从那个竞争传统的信徒的立场上,确定那些他们正在面对的,对他们来说至关重要但仍未解决的议题和未克服的问题——从那个传统的标准来看未解决和未克服的问题——并探究如何在朝着解决和克服它们的方向上取得进展。当尽管进行了系统的探究，但对某个传统来说至关重要的问题仍未得到解决和克服时，就会出现一个关于它的问题，即为什么在这个领域不再取得进展。也许是因为那个传统缺乏处理这些议题和解决这些问题的资源，并且只要它始终信奉自己的标准和预设，就无法获得这些资源吗？也许是因为那些标准和预设所施加的限制阻止了对这些议题和问题的阐述或重新阐述，以便能够充分处理和解决它们？如果对这两个问题的回答是肯定的，那么事实上也许只有从某个竞争传统的立场上，才能理解这种困境，并从同一竞争传统的资源中找到克服这种困境的方法？

当一个传统的信徒能够通过这样的想象和质疑的行为来审视某个特定的竞争传统时，他们总是有可能得出结论，甚至可能被迫得出结论说，只有站在他们自身传统的立场，那个竞争传统的困难才能得到充分的理解和克服。只有当他们自身传统的核心论旨是真的，并且其论证是合理的，才能期望这个竞争传统会遇到它所遇到的困难，并且可以解释它缺乏概念、规范和其他资源来处理这些困难的原因。因此，即使没有中立的标准可以通过诉诸**任何**理性行为者来确定哪个传统优于哪个传统，一个这样的传统仍然有可能在其对真理和理性辩护的主张的充分性方面击败另一个传统。

然而，正因为没有任何这样的中立标准，一个失败了的传统的倡导者可能没有意识到，甚至没有能力意识到这样一种失败已经发生了。他们可能会意识到他们面临一些属于其自身的问题，并且还没有找到完全令人满意的解决办法，但也许没有什么能迫使他们进一步思考。他们仍然认为自己有充分的理由拒绝接受任何其他对立的和不相容的传统的立场，即使是在想象中，因为如果他们现在所坚持的基本原则是真的和合理辩护了的，那么与他们自己不相容的竞争传统的支持者所提出的主张必然是错误的，缺乏理性的辩护。因此，他们将继续——也许是无限期地——捍卫自己的立场、进行自己的探究，却意识不到这些探究事实上已经注定了无果和挫败。

当然，重要的是，在非常非常长的时间里，道德探究的互竞传统可以共存，就像托马斯主义的亚里士多德主义、中观佛教以及现代欧洲和北美的功利主义一样，其中没有一个传统有必要认真对待其对手的主张，更不用说进行可能导致其中一个传统在另一个传统手中遭受理性失败的探究了。而且事实上，这样一种探究可能并不会得出任何明确的结果，从而使得分裂这些互竞传统的问题仍然悬而未决。然而，最重要的是，这样的问题有时可以得到解决，并且以一种明显的方式表明，这些对立传统的主张从一开始就假设了相对主义的错误。我也是如此，任何严肃的探究者也必须如此。

现在让我转向一种非常不同的批评，即那些基于自由主义与共同体主义之争来表达其反对意见的自由主义和个人主义现代性的捍卫者们的批评，他们认为我是共同体主义者，这是我从未成为过的。我并不认为共同体本身有任何价值——许多类型的共同体是令人讨厌的、压迫性的——而且美国当代共同体主义发言人们，如阿米塔伊·埃齐奥尼（Amitai Etzioni），所理解的共同体的价值与我所反对的自由主义的价值是相容的。我本人对自由主义的批评源于这样的判断：最好的人类生活类型，即那种最充分体现了美德传统的生活，是由那些致力于构建和维持以共同实现那些共同善——无此则不可达到终极人类善——为目的的共同体所过的生活。自由主义政治社会特别不愿意承认确定的人类善观念在公共话语中有任何地位，更不用说允许他们的共同生活以这样的观念为基础了。按照主流的自由主义观点,政府应该在各种互竞的人类善好观念之间保持中立,然而实际上,自由主义所推崇的是一种对于构建和维持最好的人类生活类型所必需的共同体关系有害的制度秩序。

对自由主义的这种批评不应被解读为我对当代保守主义有任何同情。这种保守主义在在太多的意义上都是它所自诩反对的自由主义的镜像。它对由自由市场经济构建的生活方式的信诺是一种对与自由主义一样腐蚀性的个人主义的信诺。而且,当自由主义通过宽容性的法律法规试图利用现代国家的权力来改变社会关系时,保守主义现在通过禁止性的法律法规试图利用同样的权力来实现自己的强制目的。这样的保守主义与自由主义一样和《追寻美德》的筹划大异其趣。而由当代保守主义道德家所刻画的形象,其夸张和自以为是的非反讽修辞,应该与我在《追寻美德》第3章中所确认的那些在现代性文化戏剧中引人注目的形象相提并论:最近二十年来变得困惑于生物化学发现的治疗师的形象;一边滔滔不绝地重复在商业伦理课程中学到的公式,同时仍试图证明他们拥有专业知识的自负的企业经理的形象;以及正在从对概念艺术的热爱中解脱出来的审美家的形象。因此,保守主义道德家已经成为先进现代性统治精英脚本化对话中的又一个常见角色。但这些精英永无决定权。

当传统的美德再次得以重生时,它总是发生在日常生活中,总是通过普通人参与各种实践,包括建立和维护家庭、学校、诊所和地方政治共同体形式。而这种再生使得这些普通人能够对主流的道德和社会话语方式以及在这些方式中找到其表达的制度提出质疑。他们是《追寻美德》的预期的和实际的读者,他们能够在本书的核心论旨中认出他们自己已经开始阐发的思想的表述和他们自己已经在某种程度上受到感动的情感的表达。

在开篇第 1 章中，我暗示了小沃尔特·米勒（Walter M. Miller, Jr.）的那本非凡小说《莱博维茨的赞歌》（*A Canticle for Leibowitz*），而在最后一章的结尾句中，我暗示了卡瓦菲斯（Kavafis）那首优美的诗《等待蛮族的到来》（"Waiting for the Barbarians"），并过于乐观地期望这两个暗示会被广泛意识到。既然它们往往没有被意识到，那就让我现在明确承认这些以及其他想象力上的亏欠，这些亏欠本身在某种程度上与文本中承认的思想亏欠一样重要。我还应该明确指出，虽然《追寻美德》的写作在一定程度上是出于对马克思主义的那些由其 20 世纪的历史所揭示之道德不充分性的认识，但我仍深深地感谢马克思对资本主义经济、社会和文化秩序的批判，以及后来的马克思主义者对这一批判的发展。

在《追寻美德》的最后一句中，我谈到我们正在等待另一个圣本笃。本笃的伟大之处在于创造了一种全新的机构，即祈祷、学习和劳动的修道院，在这个机构中并围绕这个机构，共同体不仅能够生存，而且能够在一个社会和文化黑暗时期蓬勃发展。从他自己那个时代来看，本笃的奠基性洞见以及后人从中学习并具现化的制度所带来的影响都是无法预测的。当我在 1980 年写下那最后一句话时，我的意图是暗示我们的时代也是一个正在等待新的、不可预测的复兴可能性的时代。这也是一个尽可能明智、勇敢、公正和适度地抵制先进现代性的主流社会、经济和政治秩序的时代。二十六年前如此，今天还是如此。

序

本书源于对我自己早先道德哲学著作中不足之处的持续反思和对作为一个孤立独行的探究领域的“道德哲学”观念的日益不满。我的许多早先著作(《伦理学简史》,1966;《世俗化与道德变迁》,1967;《对当代自我形象的批判》,1971)的主旨是:我们必须从关于各种各样的道德实践、信念与观念体系的历史和人类学中学习。认为道德哲学家仅仅通过反思他或她及其周围人们的所言所行就能够研究各种道德概念——牛津的理论风格——的观点是无益的。我找不到任何充分的理由来放弃这种信念;而移居美国又使我认识到这种理论风格即使在马萨诸塞州的坎布里奇或新泽西州的普林斯顿也不见得有什么更好的作为。然而,在我肯定道德信念、实践与观念的多样性与异质性的同时,我越来越清楚我正致力于评价各种不同的道德信念、实践与观念。例如对于不同的道德的兴与衰,我给予或试图给予某些解释;而且,我的这些历史的、社会学的解释是——且不可能不是——由一种独特的价值立场来传达的,这一点无论对于我自己还是对于其他人都应该是明确的。更有甚者,我似乎断言,在独特的现代社会中,道德共同体与道德判断的性质使得我们不再可能以一种在其他时代与地方所可能有的方式诉诸道德的标准——并且这就是一种道德灾难!然而,如果我自己的分析是正确的,那么我又能诉诸什么呢?

与此同时，自从我被特邀为著名的《新理论家》(*The New Reasoner*)杂志撰稿起，我就一直在考虑从道德上拒斥斯大林主义的根据是什么这样一个问题。许多人是通过重新援引自由主义的原则来拒斥斯大林主义的，因为马克思主义就肇端于对这些原则的批判。既然我过去与现在都在不断地接受这一批判的许多实质内容，那么这种回答对我来说是无效的。在回应列斯泽克·柯拉柯夫斯基当时所持的观点时，我曾这样写道："人们不能通过简单地采取斯大林主义的历史发展观并为之添加上自由主义的道德，而在马克思主义的范围内复活道德的内容。"①而且我逐渐认识到，马克思主义本身所患的严重且危险的道德贫困症，既是因为它背离了自由主义，同样又是因为它承继了自由主义的个人主义。

我所得出并体现在本书中的结论是，尽管马克思主义只是一种边缘性的偏见，但马克思主义的道德上的缺陷与失败源于它——和自由主义的个人主义一样——在一定程度上体现了独特的现代的和现代化中的世界的精神气质(ethos)；而恰恰是对这种精神气质(ethos)的大部分内容的拒斥，将为我们提供一种从合理性与道德上都可辩护的立场，我们以此去判断和行动，而且依据它去评价各种对立、异质且竞相要求我们信奉的道德体系。毋庸赘言，这一激进的结论不应归咎于爱瑞克·约翰、J. M. 卡梅隆和阿兰·瑞安，他们对我早先著作的宽宏而又公正的批评使我能够认识到其中的许多错误，尽管这种认识可能尚不彻底。这个结论也不该归咎于若干年来不断地影响着我的那些朋友与同事，对此，我尤其要感激的是：海因茨·卢伯斯和马克斯·瓦托夫斯基。

我衷心感谢我在波士顿大学的两位同事托马斯·麦卡锡和

---

① 《新理论家》第 7 期，第 100 页。

伊丽莎白·拉芭波，他们阅读了我的大部分手稿并且提出了许多有益的、富有启发性的建议。我还要感谢以不同的方式提出了相似建议的其他地方的同事，如马乔里·格瑞尼和理查德·罗蒂。我深深感谢为我打印了书稿的居里·凯斯·康丽以及在手稿的产生中提供了各种帮助的罗莎林·卡尔松和莎拉·查平。我还要对波士顿人文学会和伦敦图书馆的工作人员致以深切的谢意。

本书的某些部分已向不同的团体宣读过，他们深入的批评性回应使我受益匪浅。我必须特别提到由国家人文学基金资助在哈斯丁中心共同研究"伦理学的基础"达三年之久的那个团体——发表在他们所编辑的"伦理学的基础及其与科学的关系"丛书第3卷(1978)和第4卷(1980)中的论文的几个片段再次出现在本书第9章和第14章里，对此，我感谢哈斯丁社会、伦理学与生活科学研究所允许我重印它们。我还必须提到另外两个团体并致以深切谢意，他们是圣母玛利亚大学哲学系的教师和研究生(我曾应邀参加他们的"前景系列讲座"，为我深化本书的某些观点提供了最重要的机会)，以及1978年夏参加国家人文学基金会在波士顿大学举办的研讨班的成员，他们对我在美德方面的工作的高水平的批评给我上了重要的一课。为此，我必须再次感谢国家人文学基金会。

本书的献辞表达了一种更根本层次的感激之情；假如我早一点意识到其根本的特征，我迈向本书结论的进程就不会有那么多曲折了。但倘若没有我妻子琳恩·苏米达·乔伊的帮助，我或许永远不能以一种可能有助于得出这些结论的方式意识到这一点——无论在这里还是在别的地方，她都必不可少。

阿拉斯戴尔·麦金太尔
于马萨诸塞州沃特敦

第 1 章　一个令人忧虑的联想

想象一下自然科学遭受一场浩劫后的可怕情形。公众将纷至沓来的环境灾难归咎于科学家。骚乱四起，实验室被焚，科学家受刑，书籍和仪器惨遭破坏。最后，一个名为“一无所知”的政治运动攫取了权力，成功地废除了中小学与大学中的科学教育，监禁并处决了幸存的科学家。然而时过境迁，一股反对这一破坏性运动的势头还是出现了，明智的人们试图复兴科学，尽管对于科学本来是什么他们已渺无记忆。此时人们所拥有的无非是残篇断章：实验的知识与所有赋予其意义的理论语境的知识相脱节；大部分理论或者本身已支离破碎，或者与实验无甚关联；仪器的用法也已遗忘；残剩的书籍因遭撕毁和焚烧而不堪卒读。然而，在所谓物理学、化学和生物学等复活了的名目之下所进行的一系列实践中，所有这些残篇断章又都重现了。成年人为相对论、进化论和燃素论的各自优点而彼此争辩不休，纵然他们对各种理论都知之甚少。儿童们则记诵着化学元素周期表的残留片段和欧几里德咒语般的几何学定理。没有人，或几乎没有人意识到他们正在从事的并非全然真正意义上的自然科学。因为他们所做和所说的一切都不再符合某些具有稳固性与融贯性的准则，而且那些使他们的所作所为具有意义所必要的语境亦已丧失，甚或无可挽回了。

在这样一种文化中，人们会以某些系统的且常常是相互关

联的方式使用,诸如“中微子”“质量”“比重”“原子量”等术语,
这多少类似于科学知识如此大规模地丧失之前的情形。但是,
为这些术语的使用所预设的许多信念已不复存在,因而在其应
用中就出现了一种令我们惊诧不已的、武断的乃至任意的成分。
到处充斥着各种相互敌对、彼此互竞却又不可能有进一步论证
1 的假定。主观主义的科学理论也将出现,而且还会受到那些持
有与主观主义极不相容的科学真理观的人的批评。

这一想象的可能世界很像是某些科幻作家所虚构的。我们可以把它描绘成这样一个世界,在其中,自然科学的语言,或至少是其某些部分,还在继续使用,却处于一种严重的无序状态。我们会注意到,即使分析哲学在这个想象的世界里繁盛一时,它也绝不能揭示这一无序的事实。因为分析哲学的技术本质上是描述性的,并且是对现存语言的描述。分析哲学家只能严格地按照他阐明自然科学本身的概念结构的方式,来阐明在这一想象的世界里的科学思想和话语的概念结构。

现象学与存在主义同样不可能辨识出任何错误。所有意向性结构都将依然如故。以现象学的语汇为这些自然科学的幻象提供一个认识论基础的任务不会与现在所展示的任务有什么两样。一个胡塞尔或梅洛-庞蒂似的现象学家也会像斯特劳森或奎因一样受骗。

构造这个由虚构的伪科学家和实在的真哲学所栖居的想象世界的目的何在?我要提出的假设是,我们身处其中的现实世界的道德语言,同我所描绘的这个想象世界的自然科学的语言一样,处于一种严重的无序状态。如果这个看法是正确的,那么我们所拥有的就只是一个概念构架的诸片断,并且很多已缺乏那些它们从中获取其意义的语境。我们诚然还拥有道德的幻象,我们也继续运用许多关键性的术语,但是无论理论上还是实

践上我们都已极大地（如果不是完全地）丧失了我们对于道德的把握力。

但何以至此呢？拒斥这整个联想的冲动肯定会非常强烈。我们使用道德语言、遵循道德推理并以道德的术语界定我们与他人的交往等方面的能力，对于我们如何看待自己的地位，以至于哪怕只是设想一下我们在这些方面有根本无能的可能性，也会要求我们彻底改变对于自己的所作所为的看法，而这将是难以企及的。然而，关于这一假设，我们实际上已有两点认识。并且，假如我们想要转变观点，那么这两点认识就至关重要。一是哲学的分析将对我们无所助益。当今占统治地位的分析哲学或现象学哲学，都将无力觉察现实世界中道德思想和道德实践的无序状态，如同它们面对想象世界中科学的无序状态时无能为力一样。不过，这类哲学的无能并没有使我们全然束手无策。 2
因为，理解目前这个想象世界中的无序状态的先决条件乃是理解其历史，一种必须以三个截然不同的阶段来撰写的历史。第一阶段是自然科学的繁盛时期，第二阶段是其遭受浩劫的时期，第三阶段则是以残缺和无序的形式重建自然科学的时期。但是，请注意，作为一种衰落和沉沦的历史，它渗透了某些标准。它不是一种价值中立的编年史。叙述的形式、阶段的划分都隐含了成功与失败、有序与无序等标准。这正是黑格尔所谓哲学史、科林伍德所谓一切成功的历史撰述所应当做到的。因此，如果我们想要寻找资源来研究我已提出的有关道德的那一假设（无论它显得多么古怪和可疑），就不得不询问，我们是否能够在诸如黑格尔与科林伍德那样的作家（他们彼此当然也是迥然不同的）所提出的哲学和历史的类型中，找到我们在分析哲学或现象学哲学中不可能找到的资源。

然而，这一联想立即使人们想到我的假设所包含的一个致命的困难。人们反对有关我所建构的想象世界的观点(更不必说我对现实世界的看法),说想象世界的居民已抵达这样一个阶段,即,他们已意识不到他们所曾遭受的浩劫的性质;可是,一个具有如此显著的世界历史维度的事件真的会从视野中消失,无所记忆、不可复原吗?并且,我们自身现实世界的问题真的比虚构世界的问题更为严重吗?如果一场足以把道德的语言和实践抛入严重的无序状态的浩劫真的发生过,我们也不可能对此都全然无知。实际上它会成为我们历史的核心事件之一。但是,人们又会说,我们的历史明摆着,并没有这类浩劫的任何记录。因此,我的假设就必须彻底予以摒弃。对此,我至少必须承认,这一假设尚需进一步的阐述,然而不幸的是,如果以提出这一假设的方式来开始阐述这一假设(如果可能的话),就会比以前更不可置信。因为这一浩劫将必然是这样一种情况,它以前且至今未被承认是一场浩劫(可能除了极少数人持有异议之外)。我们所必须寻找的,不是一些其特征无可争辩的、短暂而又显著的事件,而是一个更为漫长、更为复杂且更难以确认的过程,并且由于其独特的性质,这个过程本身就可能面临对立的解释。然而,对我的这一部分假设的最初的怀疑也许会因另一个
3 联想而有稍许的减弱。

迄今为止,在我们的文化中,历史就意味着学院化的历史学,而学院化的历史学还不到两百年。假如我的假设所提到的浩劫早在学院化历史学奠基之前确曾发生,而学院化历史学之道德的和其他评价性的前提就源于它所引起的各种无序形式,那会怎么样?假如学院化历史学的观点乃是一种基本上看不到道德无序性的价值中立的观点,那又会怎么样?历史学家(社会科学家也如此)以他的学科的准则和范畴所看到的一切无非是绵绵相续的各种道德学说:17 世纪的清教主义、18 世纪的享

乐主义、维多利亚时代的工作伦理等，而有序与无序状态的真实语言他是看不到的。如果情况真是这样，那么至少可以解释为什么学院教程依然不承认我所看到的现实世界及其命运。因为学院教程的各种形式事实上正是灾难的一种症候，这种教程并不承认这一灾难的发生。正如大多数学院化哲学与黑格尔和科林伍德的哲学观大相径庭，大多数学院化历史学和社会学（纳米尔或霍夫斯塔特的历史学，默顿或李普塞的社会学）最终也与黑格尔和科林伍德的历史观相去甚远。

在许多读者看来，当我阐述我的初始假设时，就已逐步地把自己可能的论辩盟友都排除殆尽了。但这不正是这一假设本身所要求的吗？因为，陈述这部分假设在一定程度上恰恰就是断言，我们处在一种几乎无人承认甚至可能根本就没有人能完全承认的状况中，因此，如果这假设是正确的，那么必然会显得令人难以置信。相反，如果我的假设从一开始就显得似乎有理有据，那肯定是虚假的。并且，至少，即使容许这一假设把我置于一个反对派的立场上，那也是一个与诸如现代激进主义非常不同的反对派的立场。因为现代激进分子如同任何保守分子一直以来那样，对有关其立场的道德表述，以及对道德语言的武断使用都确信不疑。无论他谴责我们文化中什么别的东西，他都相信，它拥有他为了谴责所需的道德资源。在他眼里，任何别的东西都可能是无序的，但道德的语言是有序的。然而，他怎么也想不到，他也可能恰恰被他使用的语言所出卖。本书的目的就在于使激进主义者、自由主义者和保守主义者等都意识到这一点。
但我不指望它能合其胃口；因为，假如本书的观点是正确的，那 4
么我们就都处在一种无可补救的灾难之中了。

不过，我并不认为本书所得出的是一个令人绝望的结论。烦（Angst）是一种间歇性的时髦情感，并且对某些存在主义文本的误读已使绝望本身成为一种心理上的灵丹妙药。但是,如果我们确实处在我所描述的惨状之中,那么悲观主义最终也只是一种我们不得不放弃的文化奢侈品,以便在这些艰难岁月里存活下去。

当然,我不能否认(诚然也是我的论题所必需的),尽管道德的完整实体在很大程度上已成碎片且部分被毁,但道德的语言与现象却持续存在着。也正因为如此,当我言及当代道德态度与道德论争(正如我即将要做的那样)时就不会自相矛盾。
5 在此,我仅对当代使我能用它自己的词汇来论述它表示谢意。

第 2 章　今日道德分歧的性质与情感主义的主张

当代道德话语最显著的特征乃是它如此多地被用于表达分歧;而这些分歧在其中得以表达之各种争论的最显著的特征则在于其无休无止性。我的意思是说这类争论不仅没完没了(尽管它们的确如此),而且显然不可能得出任何结论。在我们的文化中似乎没有任何理性的方法可以确保我们在道德问题上意见一致。让我们考虑以下三个恰恰属于此类当代道德争论的例子,它们都是依据各自独特的且为人所熟知的对立的道德论辩而形成的:

1(a) 一场正义的战争是这样一场战争:人们从中获得的善超过开战所造成的恶,并且能够在其中清楚地区分生死悬于一线的战斗人员与无辜的平民。但在现代战争中,对未来逐步升级的情况估计极不可靠,并且不可能在战斗人员与平民之间做出切实可行的区分。因此,现代战争都不可能是正义的战争,我们现在都应成为和平主义者。

1(b) 如果你想要和平,就得备战。获得和平的唯一方法是威慑潜在的侵略者。因此必须扩充军备,而且清楚地表明你的政策并不必然排除任何特定规模的战争。这就不可避免地要求你清楚地表明你不仅准备打有限的常规战争,而且在某些情形下准备跨越核战争的边界。否则你不仅无法避免战争,而且将被打败。

1(c) 超级大国间的战争纯粹是破坏性的;但解放被压迫群体的战争(尤其在第三世界中)却是必要的,从而是摧毁妨碍人类幸福的剥削统治的合法手段。

2(a) 每个人都拥有某些人身权利,其中包括对自己的身体的权利。从这些权利的性质中可以推知,当胎儿本质上还是母亲身体的一部分时,母亲就有权利不受强制地自主决定是否
6 流产。因此,人工流产不仅在道德上是许可的,而且应当为法律所允许。

2(b) 当我母亲怀着我时,我不可能愿意母亲做人工流产,除非确定胎儿已经死亡或受到致命伤害。但是,如果涉及自身时我不愿意母亲做人工流产,那么我又怎么能够前后一致地否定他人的生命权利而为自己要求生命权利?因此,除非我否认一个母亲一般地具有人工流产的权利,否则就要违犯所谓金律。当然,我并不因此就认定,应当在法律上禁止人工流产。

2(c) 谋杀是错误的。谋杀就是消灭一个无辜的生命。胎儿可被看作个体,它与新生儿的不同仅仅在于它处在通向成人的漫长道路的一个较早阶段上;并且,假如任何生命都是无罪的,那么胎儿也是无罪的。因此,假如杀婴是谋杀,那么人工流产也是谋杀。所以,人工流产不仅在道德上是错误的,而且在法律上也应当予以禁止。

3(a) 正义要求每一个公民在可能的范围内都应享有发展其天赋和其他潜能的平等机会。但是,提供此类平等机会的先决条件包括提供平等的医疗保健和教育。从而,正义就要求政府提供以税收为其财力保证的医疗和教育服务,而且,它还要求,没有一个公民能够用金钱买到此类服务中的不公平的份额。而这就要求废除私立学校与私人医疗行业。

3(b) 每一个人都有权担负且仅担负他愿意担负的责任,

都有权自由地订立他想要订立的契约，都有权决定他自己的自由选择。因此，医生必须有如其所愿地开业的自由，而病人也必须有选择医生的自由；教师必须有依其选择进行教育的自由，而学生和家长也必须有按其意愿选择受教育地点的自由。所以自由就不仅允许私人医疗机构和私立学校的存在，而且要求废除那些对私人行业的种种限制，这些限制是由诸如大学、医学院、全美医学协会以及政府以许可和规范的方式所强加的。

这些论辩只有被阐述出来，才能在我们的社会中产生广泛的影响。当然，它们也有其能言善辩、圆滑老练的代言人：赫尔曼·卡恩和教皇若涅·保禄二世、切·格瓦拉和弥尔顿·弗里德曼均在制作这种种不同说法的人物之列。但正是因为它们不断出现在报刊的社论与高级中学的研讨中，出现在电台访谈节目与致国会议员的信函中，出现在酒吧、兵营与公寓中，也就是 7
说正是因为其典型性，它们成了这里的重要例子。那么这些争论和分歧所共有的突出特征又是什么呢？

我们可以将其概括为三。第一个特征，我想采用科学哲学的术语称之为，三个争论的每一个立证在概念上的不可公度性（incommensurability）。每一个论证在逻辑上都是有效的，或者，很容易通过推演达到这一点；所有结论的确都源于各自的前提，但是，对于这些对立的前提，我们没有任何合理的方式可以衡量其各个不同的主张。因为每个前提都使用了与其他前提截然不同的标准或评价性概念，从而给予我们的诸多主张也就迥然有别。例如，第一个争论中，援引正义和无辜的前提与援引胜利和生存的前提相互冲突，第二个争论中，诉诸权利的前提与诉诸可普遍化的前提彼此对立，而在第三个争论中，平等的诉求与自由的诉求针锋相对。正因为我们的社会中没有任何既定的方式可以在这些主张之间进行抉择，道德论辩才必然无休无止。从这些对立互竞的结论我们可回溯到其对立互竞的诸前提;但是,一旦我们抵达这些前提,论辩也就停止了,而援引一个前提反对另一个则成了纯粹的断言与反断言。或许这就是道德争论中尖叫之声嘶哑嘈杂的缘由。

不过,那尖叫可能还另有原因。因为不仅在与他人的论辩中,我们如此迅速地陷入断言与反断言,而且我们自己内心的争论也同样如此。因为每当一个辩论者进入公共论坛,他心里就大抵已或明或暗地拿定了主意。而假如我们并没有任何无可辩驳的标准,没有任何可以使对方信服的理由,那么我们在做出决定的过程中可以全然不诉诸此类标准或理由。如果我拿不出任何充足的理由来反对你,那必定意味着,我缺乏任何充足的理由。因此,似乎必定有某种非理性的决断作为我自身立场的基础,使我采取了这一立场。与公共论辩的无休无止相应,这里至少存在着一种恼人的个人独断的现象。这样,当我们转入防守因而尖叫起来,也就不足为怪了。

这些论辩的第二个同等重要却差别悬殊的特征是,它们无
8 一不是旨在做出一种非个人的合理论辩,从而通常都以一种适合于非个人的模式出现。那么,这是一种什么样的模式呢?我们不妨考虑一下为一个要某人从事某种具体行为的命令提供根据的两种不同方式。在第一类情形中,我说:“如此这般地去做。”被命令者反问:“为什么我应如此这般地去做?”我回答:“因为我希望这样。”这里,我并没有给予被命令者任何理由去做我所命令或要求的事情,除非他自有某个特别的理由来尊重我的意愿。比如,在警察局或军队中,如果我是你的上司或对你具有其他权力与权威,或者,如果你爱我、惧我或有求于我,那么当我说“因为我希望这样”时就给了你一个理由,尽管可能不是个充足的理由。注意,在这类情况下,我的话是否给了你一个理

由，取决于你听话时所具有的特定情状或你对我的话的领会。因此，这命令具有什么样的说服力就以这种方式取决于话语的个人语境。

相反，在第二类情形中，对于“我为什么应如此这般地去做”的回答，就不是“因为我希望这样”，而是“因为这将使一些人高兴”或“因为这是你的职责”。这里，所予的行为理由是否就是履行此行为的充足理由，与是谁说的甚或是否说了都毫无关系。而且，这里所要考虑的东西也不依赖于说者与听者之间的关系。这类诉求预设了非个人标准的存在，亦即与说者和听者的爱好、态度都无关的公正、慷慨或义务等标准的存在。因此，言说的语境与表达个人爱好和欲望时不可或缺的说服力之间的特殊联系，在道德以及其他评价性言说那里被割裂开来了。

当代道德言说与论辩的这第二个特征与其第一个特征放在一起时，就透露出当代道德分歧中所弥漫的自相矛盾的气息。因为，假如我们仅注意第一个特征，注意那首先呈现出来的论辩迅速陷入无法论证的分歧的方式，便可以得出结论说，诸如此类的当代分歧无非是些敌对的意志的冲突罢了，而每一意志都是由其自身的一系列武断选择所决定的。但这第二个特征，亦即对那些词汇——它们在我们语言中独特的功能就是体现了对于客观标准的诉求——的运用，却有着别样的含义。因为，即使论辩的表面现象只是一个假面具，问题依然存在：“为什么这是假面具?”它对于合理的论辩——这种合理的论辩是如此重要以致卷入道德冲突的人们都以为它是近乎普遍的现象——又意味 9
着什么？这不就意味着我们文化中道德论辩的实践至少表达了我们对于道德生活领域的合理化的渴望吗?

当代道德论争的第三个显著特征与前两个特征密切相关。这些争论中所展开的诸对立论辩在概念上具有不可公度性的不同前提，有着极为多样的历史起源。第一个论辩中的正义概念在亚里士多德的美德理论中有其根源；第二个论辩的谱系可从俾斯麦和克劳塞维茨一直追溯到马基雅维里；第三个论辩中的解放概念则前有费希特开其端，后有马克思承其绪。在第二组争论中，有着洛克式先驱的权利概念与明显康德式的可普遍化观点、托马斯主义的道德律诉求针锋相对。而在第三组争论中，一个肇始于格林和卢梭的论辩与一个以亚当·斯密为其鼻祖的论辩互较高下。这一伟人名录很有启发意义，却也可能在两方面误导我们。引证这些人的名字很可能使我们低估此类论辩的历史源流的复杂性；并且，也可能导致我们仅仅在哲学家和理论家的著作中，而不是在那些构成人类诸多文化之理论与实践的复合体中，去探寻历史源流，但哲学家和理论家只是以一种零碎的、有选择的方式阐明了这些文化中的诸多信念而已。然而，这名单表明，我们所承继的道德资源的多样性是何其庞杂。我们文化的表层话语倾向于自得地谈及这一脉络中的道德多元论，可多元论的概念却很不严格。因为它对于交叉着不同观点的有条理的对话与混合着残章断篇的不和谐的杂烩都同样适用。我们怀疑——此刻我们所有的只是怀疑——我们不得不面对的就是这种杂烩；而当我们认识到，给我们的道德话语提供信息的所有这些概念原本都处于更大的理论与实践总体中，而使它们在这一总体中发挥作用的语境现在已被剥除时，我们的疑虑加剧了。并且，我们使用的概念在过去的三百年中已或多或少改变了其性质；我们使用的评价性语汇也已改变其意义。从它们在其中发端的多种多样的语境向我们当代文化的变迁过程中，“美德”、“正义”、“虔诚”、“义务”甚至“应当”等概念均已面目全非。我们应当如何撰写此类变迁史呢？

正是试图回答这个问题，使当代道德争论的上述特征和我

的原初假设之间的关联变得清楚了。因为，如果我提出的有关 10
道德语言从有序状态变为无序状态的看法不假，那么，这一嬗变过程必将反映在——实际上是部分地存在于——诸如此类的意义变迁中。而且，如果我所揭示的有关我们自身道德论辩的诸特征——最显著的事实是，我们同时且前后矛盾地把道德论辩视为理性能力的一种练习与单纯表意式的断言——乃是道德无序的征兆，那么我们就应当能够建构一种真实的历史叙事，在其中，较早阶段的道德论辩有着非常不同的性质。我们能吗？

我们这样做的一个障碍是，当代哲学家在著述和讲授两方面都以非历史的态度对待道德哲学。我们都仍然过多地把以往的道德哲学家看作对某一相对不变的主题的一次讨论的撰稿人，既把柏拉图、休谟、密尔和我们视为同时代人，也把他们彼此视为同时代人。这就导致将这些著述家从他们所生活和思想的文化与社会环境中抽离出来，有关其思想的历史获得了一种对于文化其他部分的虚假的独立性。康德不再是普鲁士历史的一部分，休谟也不再是一个苏格兰人。因为，从我们所考虑的道德哲学的立场来看，这些特征已变得无关紧要。经验的历史是一回事，哲学则是完全不同的另一回事。然而，像我们通常所做的那样来理解学科的划分是正确的吗？这里再一次表明，在道德话语的历史与学院教程的历史之间似乎有一种可能的联系。

但是现在，人们可能会反唇相讥：你说来说去无非是些可能性、怀疑、假设；你允许你的意见乍看之下难以置信；至少在这一点上你是对的。因为所有这类求助于对历史的种种推测的做法都是多余的。你陈述问题的方式也容易使人误入歧途。当代道德论辩是合理地无休无止的，因为一切道德的论辩，甚至一切评价性的论辩，都是且始终必然是合理地无休无止的。某些当代道德分歧不可能得到解决，因为这类道德分歧在任何时代，无论过去、现在还是未来,都不能得到解决。那些被你视为我们文化中需要某种特殊的,或许是历史的解释的偶然特征,实际上是所有具有评价性话语的文化的必然特征。这就是本书论辩一开始不可必免要碰到的一种挑战。但它能被驳倒吗?

情感主义就是这种挑战尤其需要我们去面对的一种哲学理
11 论。情感主义是这样一种学说:所有的评价性判断,尤其是所有的道德判断,就其具有道德的或评价性的特征而言,都无非是偏好的表达、态度或情感的表达。当然,一个具体的判断也可以将道德要素与事实要素统一在一起。“损毁财产的纵火是不道德的”,这句话就是事实判断“纵火损毁财产”与道德判断“纵火是不道德的”的统一。但是,这样一种判断中的道德要素与事实要素总是有截然的区分。事实判断或真或假;并且,事实领域存在着一些合理的标准,借此,我们可以确保在何者为真何者为假的问题上达成一致意见。然而,表达态度或情感的道德判断既无真也无假;道德判断中的意见一致并不是由任何合理的方法来保证的,因为根本就没有这种方法。相反,它完全是由对持不同意见者的情感或态度造成某些不合乎理性的影响来保证的。我们使用道德判断,不仅表达我们自己的情感和态度,而且恰恰要对他人造成这样一种影响。

因此,情感主义就是一种自称对所有诸如此类的价值判断做出说明的理论。显然,如果它是正确的,则一切道德分歧都是合理地无休无止的;同样,如果一切道德分歧真的都是合理地无休无止的,那么我在前面所提到的当代道德争论的某些特征就不是当代所特有的了。但这是正确的吗?

现在,情感主义已被其迄今为止最成熟的捍卫者发展为一种关于被用来做道德判断的句子之意义的理论。作为这一理论最重要的代表人物,C. L. 史蒂文森认为句子“这是善的”的意义与句子“我赞成这，你也赞成吧”的意义大致相同，他想通过这一等式同时注意到道德判断之表达说话人态度的功能和道德判断之用以影响听者态度的功能。① 其他情感主义者也提出，说“这是好的”就等于说了一个意思大致为“这好啊！”的句子。可是，作为一个有关某种句型之意义的理论，情感主义至少因以下三个极为不同的原因而明显地失败了。

首先，倘若这个理论是要通过参照某类句子被言说时表达 12
各种情感或态度的功能来阐明这类句子的意义，那么，这个理论的一个实质部分就必然在于识别和描述这些情感或态度。对此，情感主义理论的代表人物一般都保持缄默，这或许是明智的。因为，迄今为止，一切企图辨别相应类型的情感或态度的尝试都不可避免地陷入了空洞的循环。他们说：“道德判断表达情感或态度。”我们问：“何种情感或态度？”答曰：“赞成的情感或态度。”“何种赞成？”因为赞成有许多种。正是在对这个问题的回答上，各种版本的情感主义都要么保持缄默，要么通过把相应类型的赞成等同为道德上的赞成（亦即由特殊的道德判断所表达的那类赞成）从而陷入空洞的循环。

如果我们考虑到拒斥情感主义的另外两个理由，就不难理解这种理论为什么会在上述批评面前显得如此脆弱。其一是，作为关于某类句型之意义的理论，情感主义从一开始就从事了一项不可能完成的工作，因为它致力于将两种表达描述为在意义上是等同的；但正如我们已经看到的，这两种表达在我们语言中的特定功能主要源于彼此之间的对比与区别。我已指出，我们有很好的理由在我所说的个人偏好的表达与评价性的（包括道德的）表达之间做出区分，我还引证说，前一种言说所可能具

① C. L. 史蒂文森：《伦理学与语言》（1945），第2章。

有的任何说服力都取决于是谁向谁说的，而后一种言说的说服力并不同样依赖于言说的语境。这似乎足以表明，这两类表达在意义上存在着某种巨大的差异；而情感主义理论则想把它们的意义等同起来。这不只是一个错误；还是一个需要解释的错误。在被视为一种意义理论的情感主义理论的第三个缺点里能够找到解释的迹象。

如我们所见，情感主义理论旨在成为一种有关句子意义的理论；但是，从特征上讲，情感或态度的表达是一种无关乎句子意义而只关乎其在具体情境中的使用的功能。可用 G. 赖尔所举的例子说明这一点：恼怒的教师可以通过冲着刚做错一道算术题的小男孩叫喊“7 ×7 =49！”来发泄他的情感。可是，用这个句子来表达情感或态度与句子的意义没有任何关系。这就意味着我们不应该仅依据这些缺点去拒斥情感主义理论，而应该考虑，是否它本不应该作为有关某类表达之使用——被理解为目标或功能——的理论，而更应作为有关这些表达的意义——被理解为包括了弗雷格以“意义”（sense）与“指称”（reference）所指的一切——的理论。

到此为止的论证清楚地表明，当某人做出一个诸如“这是对的”或“这是好的”的道德判断时，并不同样意味着“我赞成这，你也赞成吧”或“这好啊！”或情感主义理论家们提出的任何其他等
13 式的企图；然而，即使这类句子的意义与情感主义理论家们所提出的完全不同，仍有可能主张（如果证据充足），在用此类句子说它们所意谓的任何东西时，说话者实际上正在做的无非是表达他的情感或态度，并试图影响他人的情感或态度。假如对情感主义理论的这般解释是正确的，那就意味着道德表达的意义与使用是（或至少已经成为）两种彼此迥然不同的东西。意义与使用将以诸如“意义趋于遮蔽使用”的方式相互冲突。对于某个在做道德

判断的人，我们不能仅仅通过倾听他所说的来可靠地推断他实际所做的。况且，说话者自己就可能处在那些对他们来说"使用被意义所遮蔽"的人中间。也正因为他本身就意识到他所使用的语词的意义，他可以确信他正诉诸那些独立的非个人的标准，而事实上他正在做的一切无非是以一种操控的方式向他人表达自己的情感。这样一种现象又何以可能发生呢？

为此，我们不去顾及情感主义所号称的普遍性，而只将情感主义作为一种在特定历史条件下发展起来的理论来进行考察。早在 18 世纪，休谟就在他整个道德理论的巨大而又复杂的结构中包含了情感主义的因素；不过，只是在 20 世纪，情感主义才作为一种独立的理论盛行起来，并且是作为对 1903 年至 1939 年期间(特别是在英国)所盛行的一系列理论的回应而盛行起来的。因此，我们应该询问，是否情感主义作为一种理论，可能既不是对道德语言本身的一种回应，而且首先也不是如它的倡导者所说的对道德语言本身的一种说明，而是对 1903 年以后英国的道德语言(也就是由情感主义全力拒斥的那个理论体系所诠释的道德语言)的一种回应与说明。那个理论借用 19 世纪早期的"直觉主义"之名，其直接的先驱是 G. E. 摩尔。

"我于 1902 年进入剑桥的米歇尔马斯学院，就在第一学年结束时摩尔的《伦理学原理》问世了。……这是激动人心、令人振奋的，是一个复兴时代的开端，一片新天地的绽放。"约翰·梅纳德·凯恩斯这样写道。② 利顿·斯特雷奇、戴思蒙·麦卡锡、后来逐页读完《伦理学原理》的弗吉尼亚·伍尔夫以及剑桥与伦敦的整个朋友圈里的人都在以自己的不同文风描述这一事件。开启这片新天地的，是 1903 年摩尔语调平静但却像传播天

② 引自 S. P. 罗森鲍姆主编：《布鲁姆斯布里群体》(1975)，第 52 页。

启一样的宣告:作为第一个充分关注伦理学诸问题之确切性质
14 (这是伦理学的真正使命)的哲学家,他最终解决了多少世纪以来悬而未决的伦理学疑难。摩尔相信,通过对这些问题之确切性质的关注,他有了三重发现。

首先,"善"是一种单一的不可定义的属性的名称,这种属性不同于以"愉快""有益于进化生存"为名的属性或任何其他自然属性。因此,摩尔把善说成是一种非自然的属性。那些宣称这或那是善的命题就是摩尔所说的"直觉";它们既不能证明也不能证伪,事实上,我们举不出任何证据或理由来支持或反驳它们。尽管摩尔不主张使用作为一种相当于我们视觉能力之直觉官能的名称的"直觉"一词,但是他认为,判断一给定事态是或不是善的相当于正常视知觉的最简单的判断,以这种方式,他就把善之为一种属性与黄之为一种属性加以比较。

其次,摩尔主张,称一个行为是善的,只不过是说,在所有可供选择的行为中,它是事实上正在或已经产生最大善的行为。这样,摩尔就成了一个功利主义者;每一行为仅依其后果而被评价,亦即把他的后果与其他可供选择的行为过程的后果相比较。无论如何,摩尔就和其他一些功利主义者一样得出结论说,没有一个行为本身是对的或错的。无论什么事情在一定环境之下都可能被允许。

最后,其结果是这样,在《伦理学原理》最后的第六章中,摩尔写道:"人际友爱与审美的享受包含了**一切**最伟大的善,而且也是我们所能想象的最伟大的善……",这是"道德哲学的终极的、根本的真理"。友谊的获得、对自然或艺术中美好事物的沉思显然成了人类一切行为唯一的式样,也是唯一合理的目的。

我们应当立即注意到摩尔道德理论的两个致命事实。其一,他的三个中心论点相互之间没有逻辑联系。如果有人想要肯定其一而否定另外两者的话，也不会破坏其融贯性。某人可以是一个直觉主义者而不必是一个功利主义者；大多数英国直觉主义者开始认为，除了“善”，还有一种非自然的“正当”(right)的属性，并且主张，知觉“某一类的行为是正当的”也就是要看到“一个人至少有一种初步的(prima facie)义务去履行这类行为而无关乎其后果”。同样，一个功利主义者对于直觉 15
主义没有任何必然的承诺；而且，无论功利主义者还是直觉主义者也都无须必然信奉摩尔《伦理学原理》第六章中的价值观。第二个致命之处很容易由反观得到：摩尔所说的第一部分是完全虚假的，而第二与第三部分则至少是有很大争议的。摩尔的论证有时是有明显缺陷的(现在看来肯定如此)。例如，他试图依据一种糟糕的词典式的对“定义”的定义，来表明“善”是不可定义的——并且很大部分是在断言而非论证。但是，正是这种在我们看来完全虚假、论证拙劣的观点，凯恩斯视之为“一个复兴时代的开端”，利顿·斯特雷奇称之为“动摇了从亚里士多德和基督到斯宾塞和布拉德雷所有这些著述家的伦理学著作”，而列奥纳德·伍尔夫则把他描述为“是那些由耶和华、基督和圣保罗，柏拉图、康德和黑格尔所笼罩在我们身上的宗教和哲学的梦魇、迷惘与幻觉的替代品，是常识的新鲜空气与纯粹亮光”。[③]

这当然是大愚至极；但这是有着极高睿智和洞察力的人们的大愚。因此，这里值得探讨的是，我们能否发现有关他们何以会接受摩尔的天真而又自得的启示的任何线索。原因首先在于，这群正要成为伦敦文化住宅区布鲁姆斯布里居民的人已经接受了摩尔《伦理学原理》第六章中的价值观，但不愿意承认这些价值观仅仅是其自身的偏好。他们觉得有必要找到客观的、

③ 转引自戴维·伽德：《好友们》(1976)。

非个人的合理根据来拒斥除了有关个人交往与审美以外的所有主张。那么,什么是他们所特别拒斥的呢?实际上并不是伍尔夫或斯特雷奇的判决名单中的柏拉图、圣保罗或任何其他伟人的学说,而是作为19世纪末文化象征的那些人物的理论。西季威克、莱斯利·斯蒂芬和斯宾塞、布拉德雷一起被打发掉了,并且,过去的一切都被看作包袱,而摩尔刚替他们卸掉了这个包袱。而那使得过去的一切成为一种急于被摆脱的包袱的19世纪末的道德文化又是怎样的呢?这个问题应当缓一步来回答,因为在论证的过程中它会不断地向我们袭来,而在后面我们也可以更充分地回答它。但是,我们应当注意到,在伍尔夫、利顿·斯特雷奇、罗杰·弗莱的生平与著作中,这种摈弃过去的主题有着怎样的支配地位。凯恩斯强调,不仅要摈弃边沁式功利主义的和基督教学说,而且要摈弃一切赞成将社会行为视为有价值目的的主张。那么,还剩下什么?

回答是:一种有关"善"可以如何被使用的极度贫乏的观点。凯恩斯列举了摩尔的追随者所探讨的中心论题:"如果A爱B,并且相信B会回报他的感情,但B并不爱A,而是与C热
16 恋;假如A是对的,那么事情显然不像它本应发生的那样好,但A发现了他的错误,那么事情会更好些还是更坏些?"又:"如果A是因为误解B的品质而与B相爱,那么比起A根本就没陷入爱中,这是更好些还是更坏些?"这类问题应当如何回答?——遵循严格的摩尔式的处方。你看出还是没看出,在较大的还是较小的程度上,非自然的善的属性存在还是不存在?而假如两个观察者有了分歧又怎样呢?按照凯恩斯的说法,答案是,要么两人专注于不同的主题而没有意识到这一点,要么一人的知觉能力高于另一人。但是,正如凯恩斯告诉我们的,实际发生的事情显然完全不同:"实际上,胜利总是属于带着清晰而又确信无

疑的最出色表情说话的人，他们能把不容置疑的腔调运用自如。”接着，凯恩斯描绘了他对摩尔的摇头叹息、斯特雷奇的冷峻的沉默以及洛尼·迪金森的耸肩的深刻印象。

这里恰好有证据表明，在被说出的话语的意义与目标和我们重释情感主义时所关注的话语的使用之间有一道裂隙。作为当时一个敏锐的旁观者，凯恩斯本人如果反观一下，就可能这样来看待这一问题：这些人要他们自己去辨识一种非自然的属性（他们称之为“善”）的存在；但实际上并没有此种属性，而他们所做的仅仅是表达了他们的情感与态度，并且通过对其自身的言语与行为的解释，赋予表达以一种它实际上并不具有的客观性，从而伪装了这种有关偏好与怪想的表达。

情感主义的现代奠基者中最激烈的那些人，如哲学家 F. P. 拉姆塞[4]、A. 邓肯-琼斯以及 C. L. 史蒂文森，无一不是摩尔的门生，我认为这绝非偶然。同时，有理由相信，实际上他们将 1903 年以后的剑桥（以及具有相似学统的其他地方）的道德话语与道德话语本身相混淆，从而，他们所提出的实质上是对前者的一种准确的解释，尽管看起来却好像是对后者的一种说明。这样，摩尔的追随者们似乎通过诉诸一种客观的、非个人的标准解决了他们在什么是善的问题上的分歧；但事实上，更强有力的、心理上更为机敏的意志占了上风。这就无怪乎情感主义者在事实的分歧（包括知觉的分歧）与史蒂文森所说的“态度的分歧”之间做了截然的划分。然而，假如情感主义的主张——被理解为关于 1903 年以后的剑桥及其在伦敦和其他地方的后继者们的道德话语之使用的主张，而非关于所有时间所有地方的道德表 17
达之意义的主张——看似有显著的说服力，那也是出于这样一

④ 参见 F. P. 拉姆塞：《数学基础》（1931）“结语”。

些理由：它们乍看上去似乎削弱了情感主义对我的本来论点的明显威胁。

正是为那段历史所独具的某些特征，使得情感主义作为一种关于 1903 年以后剑桥的某类道德话语的论点而具有说服力。由于摩尔论点的虚假性，那些其评价性话语体现了摩尔对那些话语的解释的人并不能做他们要自己做的事。然而，似乎没有任何关于一般道德话语的东西随之而来。有鉴于此，情感主义与其说是一种经验性的论点，更确切地说是一种经验性论点的最初轮廓，其后或许为心理学、社会学和历史学的考察所充实；这种经验性论点涉及的是这样一些人：当所有对客观的、非个人的标准的把握都丧失殆尽后，他们却像被此类标准控制住了似的继续使用道德的和其他评价性的表达。因此，我们应该期望各种情感主义的理论类型在特定的环境下成长起来，作为对那些有着摩尔直觉主义的某些关键特征之理论与实践类型的回应。以这种方式所理解的情感主义——一种有说服力的有关用法的理论而非虚假的有关意义的理论——结果就与道德兴衰的一个特殊阶段连接起来了。这是一个早在 20 世纪初我们自己的文化就已进入的阶段。

我在前面谈到，情感主义不仅是对 1903 年以后的剑桥的道德话语的一种说明，而且也是对“具有相似学统的其他地方”的道德话语的一种说明。对此，可能立即就会有人反对说：情感主义毕竟是在不同时间、不同地点和不同环境下被提出的，所以我片面强调摩尔对于情感主义的“催生”作用是错误的。对此，我将首先回答说，当且仅当情感主义已经是一种有理有据而又可辩护的论点时，我才对它感兴趣。例如：卡尔纳普的情感主义学说——在那里，他对作为情感与态度之表达的道德话语的描述乃是（当他的意义理论与科学理论将道德话语从事实与描述性领域驱逐出去之后）一种再为它们寻找某个位置的令人绝望的尝试——就建立在对道德话语的独特性的最贫乏的关注之上。其次，我应反驳的是，与摩尔的剑桥流派相平行，还存在一种肇始于普里查德的直觉主义的牛津流派，并且事实上，无论什么地方，只要发现某种与情感主义相像的东西在盛行，一般都是类似于摩尔或普里查德观点的后继理论。

正如我在前面曾提出的，这些评论所预设的道德衰微图式要求有三个不同阶段的区分：在第一阶段，评价性的理论与实践（特别是道德的理论与实践）包含真正客观的、非个人的标准，为具体的政策、行为和判断提供合理的辩护，反过来它们本身也容易得到合理的辩护；在第二阶段，存在着维护道德判断的客观 18
性与非个人性的不成功的尝试，而且这期间借助于这些标准来为这些标准提供合理辩护的筹划一败再败；而在第三阶段，由于在实践上，普遍地默认（尽管不是以明确的理论的方式），客观性与非个人性的主张不可能有所作为，各种情感主义类型的理论也就隐然获得了广泛的赞同。

对这一图式的真实描述足以表明，被重释为一种使用理论的情感主义的一般主张并不能如此轻易地被置于一旁。因为我刚才勾勒的发展图式实际上预设了一个前提，即，真正客观的、非个人的标准能够以这种或别种方式予以合理地辩护，即使在某些文化里、某些阶段中已不再具有此类合理辩护的可能性。而这是情感主义所否认的。我所揭示的基本上属于我们自己的文化的那种情形——对原则的明确断言在道德论辩中起着表达个人偏好的假面具的作用——也是情感主义视为普遍性的那种情形。而且，它这样做无须以对人类诸文化进行任何一般的历史和社会学的研究为根据。因为，情感主义的核心观点是，任何宣称客观的、非个人的道德标准存在的主张都没有也不可能有任何有效的辩护,因此,根本不存在诸如此类的标准。其主张与那种宣称无论何种文化都没有狐狸精的主张同属一类。佯称的狐狸精可能有,但真正的狐狸精不可能有过,因为本来就没有。情感主义同样认为,佯称的合理辩护可能有,但真正的合理辩护不可能有过,因为本来就没有。

因此,情感主义就以这样一种主张为基础,即,无论过去还是现在,为一种客观道德提供合理辩护的所有企图事实上都已失败。它是对整个道德哲学历史的一种判定,由此它抹杀了我的原初假设中所包含的现在的东西与过去的东西之间的对比。然而,情感主义所忽略的正是这样一种区分,即,假如情感主义不仅是真的,而且还被广泛地信以为真,那么它就要为道德做出这种区分。例如,史蒂文森非常清楚地看到,说"我不赞成这,你也别赞成!"与说"这是坏的!"并不具有同样的力量。他注意到有一种威权附着于后者而没附着于前者。可是恰恰因为他把情感主义视为一种意义理论,他就没能注意到,这种威权源于这样一个事实:"这是坏的!"的使用以一种"我不赞成这,你也别赞成!"所没有的方式隐含了一种对客观的、非个人的标准的诉
19 求。假如情感主义是正确的,道德语言就在严重地误导我们;同时,假如情感主义有理由被相信,那么传统的、承继的道德语言大概也应当被放弃。没有一个情感主义者得出这样的结论,而且显然,像史蒂文森一样,他们得不出这样的结论,因为他们将自己的理论误释为一种意义理论。

这当然也是情感主义没有在分析的道德哲学中间流行开来的原因。分析哲学家们把破解日常语言与科学语言中的关键表达的意义界定为哲学的核心任务;并且,既然情感主义严格说来不能作为一种有关道德表达之意义的理论,分析哲学家们基本上也就拒斥了情感主义。然而,情感主义并没有死去,而且有必

要去注意一下，在各种全然不同的现代哲学语境中，某种与情感主义将道德还原为个人偏好的企图非常相似的东西，多么频繁的持续重现在那些并不把自己看作情感主义者的人的著作中。情感主义未被承认的哲学力量乃是其文化力量的一条线索。分析的道德哲学对情感主义的抵制产生于这样一种认识，即，道德推理的确存在，并且，在那类为情感主义本身考虑不到的各种道德判断（“从而”、“如果……那么……”就明显不能用来表达情感）之间也能够存在逻辑上的联系。但是，按照情感主义在对这种批评的回应中所凸显出来的最有影响力的道德推理理论，要证明一个特殊的判断，只能通过参考能够逻辑地衍生出这一特殊判断的某个普遍规则，而要证明这一规则，也只能通过将它从某个更一般的规则或原理中推演出来；但是根据这种观点，既然每一个推理的链条都必然是有限的，因此，这样一个论证推理的过程也必然始终以断言某个不能给出进一步理由的规则或原理而告终。“从而，对一个决断的完全的辩护（justification）是由对其结果的完全的说明和对其所遵守的诸原理以及遵守这些原理的结果的完全的说明一起构成的。……假如提问者还继续追问‘但为什么我应该那样生活？’那么就不能进一步地回答他，因为我们已经假定了任何可以被包含在进一步回答中的东西。”⑤

因此，按照这种观点，辩护的终点总是一种无法进一步辩护的选择、一种不由标准引导的选择。每一个体都必须或隐或显地以这样一种选择为基础去采纳他自己的第一原理。任何普遍原理的言说最终都是个人意志的各种偏好的表达，而对于这意志来说，其原理所具有且只能具有的权威是他在采纳这些原理 20

⑤ 黑尔：《道德的语言》（1952），第69页。

时选择性地授予它们的。这样看来,情感主义毕竟没被抛得太远。

对此,有人会答复说,只有忽略分析的道德哲学所持的、与情感主义不相容的积极观点的广泛多样性,我才能得出这一结论。从特征上讲,这样的著作总想先入为主地表明,合理性概念本身就为道德提供了一个基础。有了这个基础,我们就有足够的根据拒斥情感主义与主观主义的解释。它还让我们考虑黑尔以及罗尔斯、多纳根、格尔特、格沃思等人提出的种种主张。对于被引以支持此类主张的各种论辩,我想指出两点。第一,实际上他们中没有一个人真正成功过。我将在第6章中把格沃思的论证作为一个范例。作为这类作者中最新近的一个,格沃思自觉而又审慎地意识到了其他分析的道德哲学家对于道德论争的贡献,因此,他的论辩为我们的考察提供了一个理想的范例。如果他的论辩亦不成功,那就强有力地证明了,分析的道德哲学的整个筹划也不会成功。然而,正如后面将表明的,他的这些论辩的确没有成功。

第二,显而易见的是,这些作者或者在道德合理性的特征问题上,或者在以此合理性为基础的道德实质的问题上不能达成一致意见。诚然,当代道德论争的多样性及其无休无止性也反映在分析的道德哲学的争论中。而假如那些宣称能够制定出理性的道德主体都应该认同之原理的人,都不能保证那些与他们共有着基本的哲学目标和方法的同仁对这些原理的制定取得一致意见,那就再一次有力地证明了他们的筹划已经失败,甚至都不用等我们去考察其具体的争论与结论。他们之间的相互批评乃是其各自建构工作归于失败的明证。

因此,我认为,我们没有任何充分的理由去相信,分析哲学能够为我们摆脱情感主义提供任何令人信服的东西,而事实上,

一旦将情感主义视为一种有关用法而非意义的理论，分析哲学
就总会认可其实质。但是，不仅分析的道德哲学是这样，就连乍
看之下非常不同的德国和法国的道德哲学也是这样。尼采和萨
特所使用的哲学词汇大部分异于英语世界的哲学词汇；而且即
使在这两人之间，其词汇、风格和修辞的差异程度绝不亚于他们
与分析哲学的那种差异。然而，当尼采试图把制作所谓客观道 21
德指控为是那些过于懦弱与奴性，而不能以古老的贵族尊荣来确立自己的人的权力意志所戴的假面具时，当萨特试图把第三共和国中产阶级的理性主义道德揭露为是那些不堪承认自己的选择是道德判断的唯一源泉的人所持的恶劣信念的一种实践时，他们都承认了情感主义为之奋争的那些东西的实质。只是他们都把自己看作在用他们的分析来谴责传统道德，而大多数英美情感主义者却相信自己没有做过任何这样的事情。尼采和萨特都将奠立一种新道德视为其使命之一，但正是在这一点上其著作中的修辞（尽管非常不同）模糊而晦涩，隐喻性的断言代替了论证。超人（übermensch）与萨特的存在主义的马克思主义属于哲学的寓言而非严肃的讨论，相反，他们在哲学上最强大最有说服力的部分却是其否定性的批判部分。

在此多种多样的哲学外观之中的情感主义现象意味着，我必须在正视情感主义的基础上去界定自己的观点。因为构建我的论点“道德不是它过去曾是的道德”的方式之一，恰巧就是要承认，在很大程度上人们现在的所思、所言和所为都似乎表明情感主义是正确的，无论他们公开的理论立场是什么。情感主义已具体体现在我们的文化中了。当然，我这样说，不仅仅是主张道德不是它过去曾是的那种道德，而且更重要的是要强调过去曾是的那种道德在很大程度上已经消失了——而这就标志着一种衰微、一种严重的文化没落。因此我致力于两个不同而又相

关的任务。

首先是辨识和描述过去的、已丧失了的道德并评价其对客观性、权威性的要求。这个任务部分是历史的、部分是哲学的。其次是完善我有关现时代之特殊性质的主张。因为我已指出，我们正活在一种特殊的情感主义的文化之中，如果真是这样，那我们就应当看到，我们的观念与行为模式（而不仅仅是我们的公开的道德争论与判断）的广泛多样性——如果不是在自觉的理论化的层面上，那至少也是在日常实践的层面上——预设了情感主义的真理性。然而，真是这样的吗？我立即转入对这后一问题的探讨。 22

第 3 章　情感主义:社会内容与社会语境

任何一种道德哲学都特别地以某种社会学为前提,情感主义也不例外。因为每一种道德哲学都或隐或显地对行为者与其理由、动机、意向和行为的关系做出至少是部分的概念分析,而这种做法一般又预设这样一种要求:这些概念被具体化或至少能够被具体化在现实的社会世界中。甚至不时地将道德作用限制在内在的本体领域的康德,也在其法律、历史与政治著作中隐含了上述要求。因此,一般说来,要决定性地驳斥一种道德哲学也就是要表明它所解释的那种道德作用本身永不能体现在社会中;从而,对于任何道德哲学的主张,如果不搞清其体现于社会时的可能形态,我们就不能充分地理解它。过去的一些(或许是大多数)道德哲学家就认为这是道德哲学的使命之一。柏拉图与亚里士多德无疑持这种看法,休谟与亚当·斯密也是一样;但至少从摩尔开始,那种占统治地位的狭隘的道德哲学概念却保证道德哲学家能够无视这一任务;情感主义的哲学倡导者们就是明显的例证。因此,在这里,我们必须为他们完成这一任务。

那么,情感主义的社会内容的关键何在?事实上,情感主义必然抹杀操纵的(manipulative)与非操纵的社会关系之间的任何真正的区别。对此,我们不妨将康德的伦理学与情感主义加以对比。对于康德以及许多早先的道德哲学家来说,不以道德为根据的人际关系与以道德为根据的人际关系之间的差异,就在于把他人首先作为达到自己目的的手段还是作为目的本身。把他人当作目的,也就是把自己视为以这种方式而非以他种方式行动的好理由提供给他们,而同时却让他们自己去评价这些理由。这也就是说,只以他人也断定为好的理由来影响他人;只诉诸每一个有理性的行为者自认为有效的非个人的标准。相反,把他人当作手段,也就是通过在不同场合中施加有效的影响
23 或考虑,力图使他人成为达到自身目标的工具。这里用来引导自己的不是合乎规范的合理性的各种标准,而是有关"劝说"的社会学、心理学的概括。

如果情感主义是真的,那么上述区分就是虚假的。因为评价性话语最终除了表达自己的情感或态度并转变他人的情感与态度之外,并无任何别的意义或用途。我不可能真的诉诸非个人的标准,因为并不存在任何非个人的标准。我可能自认为是在诉诸这类标准,而别人也可能认为我是在诉诸这类标准,但这些想法始终是错误的。不同的道德话语的唯一实在性就在于一方试图使另一方的态度、情感、偏好和选择与自己的相一致。他人始终是手段,永远不能是目的。

假如用情感主义者的眼睛来看,社会的世界看似什么呢?并且,如果情感主义的真理被广泛接受,那么社会的世界又会是什么样的呢? 这些问题的答案的一般形式现在清楚了,但社会的详情却在一定程度上取决于具体的社会语境的性质;它将区分,在何种环境中,服务于何种具体、特殊的旨趣,导致操纵的与非操纵的社会关系之间的差别被抹杀了。威廉·伽斯指出,考察这一差别在某种特殊类型的欧洲富人生活中消除时的后果,乃是亨利·詹姆斯《一个妇人的肖像》的根本关切[1],换言之,小

① 威廉·H. 伽斯:《小说与生活形象》(1971),第181—190页。

说反倒成了一种考察，用伽斯的话来讲，它成了对“作为消费人
的人意味着什么，作为被人消费的人又意味着什么?”的一种考
察。消费的隐喻是从社会环境获取其适当性的；詹姆斯所关心
的是这样一类富有的唯美主义者，他们的兴趣就在于想方设法
为他人做事，以此来满足自己的愿望和厌腻的胃口，避免现代有
闲阶级特有的烦恼。他们的那些愿望可能是仁慈的，也可能不
是，然而，对于詹姆斯来说，那些以期望他人行善来自娱的人物
与那些全然不顾他人好坏只求满足私欲的人物间的区别（如小
说中拉尔夫·塔奇特与吉尔伯特·奥斯蒙之间的差异），不如
那以道德工具主义的操纵性模式占主导地位的社会环境与这种
模式不占主导地位的社会环境（如《欧洲人》中描写的新英格
兰）之间的区别那么重要。当然，至少在《一个妇人的肖像》中， 24
詹姆斯只关注一个被严格限定、细心识别了的社会环境，一群在
特定时间和地点的特定种类的富人。不过，这丝毫无损于其考
察成果的重要性。事实证明，《一个妇人的肖像》在道德评论的
悠久传统中占有一关键位置，这一传统的早期成员有狄德罗的
《拉摩的侄儿》和克尔凯郭尔的《非此即彼》。形成这一传统的
先决条件是这样一些人的状态，在他们眼里，社会世界无非是各
有一套自己的态度与偏好的个人意志的交汇处、一个满足其个
人欲望的竞技场，他们还把实在理解为一系列的享乐机会，并且
对他们来说，厌烦是最后的敌人。年轻的拉摩、克尔凯郭尔笔下
的“A”以及拉尔夫·塔奇特让这种审美态度在非常不同的环境
中运作，但看得出来，态度是相同的，甚至环境也有某些共同之
处。在这些环境中，享乐的问题源于闲暇的背景，大量的金钱造
成了对于工作必要性的某种社会性的疏离。拉尔夫·塔奇特富
有，“A”安逸，拉摩则是依附于其阔绰的保护人与主顾的寄生
虫。这并不是说克尔凯郭尔所说的审美领域局限于富人及其近

邻，我们其他人也常常在幻想和渴望中具有与富人们同样的态度。这也并不是说富人全都与塔奇特、奥斯蒙或“A”一样。但这意味着，如果我们想要充分理解那为情感主义所必需的、消除了操纵性与非操纵性的社会关系之间的差别的社会语境，那么我们也就应当考虑某些别的社会语境。

其中明显重要的一个是由组织化的生活亦即那些科层机构的生活所提供的。这些科层机构或者以私人公司的形式或者以政府机关的形式规定着我们大多数当代人的工作任务。这与审美的富人们的生活形成鲜明对照。拥有过多手段的富有的审美者无休止地搜寻着他们可以利用这些手段来达到的目的；但组织的特征却是相互竞争贫乏的资源以服务于其预定的目的。因此，经营管理者们的一个核心责任就是指导和再指导其组织的全部可用资源——包括人力资源与非人力资源，使其尽可能有效地服务于那些目的。每种科层组织都或明或暗地体现了有关成本与利润的定义，并且从这种界定中衍生出效率的标准。科层制度的合理性就是经济有效地使手段与目的相匹配的合理性。

25 这一为人们所熟悉的思想（或许我们现在已熟视无睹了），其起源自然应归于马克斯·韦伯。这立刻使人联想到，韦伯思想所体现的恰恰是情感主义所包含的那些两歧性，所抹杀的恰恰也是情感主义必须视而不见的那些区别。目的问题就是价值问题，而在价值问题上理性是缄默不语的，各种互竞的价值之间的冲突不可能合乎理性地得到解决。相反，人们只能在不同的政党、阶级、国家、事业、理想之间进行选择。“Entscheidung”（抉择）在韦伯思想中起的作用与原则的选择在黑尔和萨特思想中的作用是相同的。雷蒙·阿隆在解释韦伯的观点时说：“价值是由人的抉择创造的……”，并且他还把这样一种观点也归于韦伯，即“个人的良心是驳不倒的”，价值立足于“一种纯粹由主观性来证明其合理性的选择”。[2]韦伯对价值的理解主要受惠于尼采，而麦克雷[3]在其论述韦伯的书中称韦伯为存在主义者，这都不足为奇；因为韦伯虽然主张行为主体在与他的价值观一致的行为方面可能或多或少是合理的，但同时又认为人们对任何特定的价值立场或价值信奉的选择并无特殊的合理性可言。所有信仰与所有评价同样都是非理性的，都是对情感和感情发出的主观命令。因此，在我所理解的“情感主义”这一术语的较广泛意义上，韦伯也是一个情感主义者，而他对科层制权威的描绘也就是一种情感主义式的描绘。韦伯的情感主义的后果是，在他的思想中，权力与权威的对比被有效地抹杀了（尽管他口头上承认有这种区分）。这是操纵的与非操纵的社会关系之间的对立消失的一个特殊例证。当然，韦伯自认为对权力与权威做出了区分，这恰恰是因为权威服务于目的与信仰。但是，正如菲利普·里夫尖锐地指出的：“韦伯所说的目的，亦即所要服务的各种原由，也就是行为的手段；它们不可逃避地服务于权力。”[4]这是因为，在韦伯看来，除了这类恰恰诉诸其自身效率的科层制权威以外，没有哪类权威能够诉求于理性的标准来证明自身的正当性。这种吁求揭示出，科层制权威只不过是一种成功的权力而已。

韦伯对于科层组织的一般说明，已受到那些分析过现实科层制度具体特征的社会学家的有力批评。因此，有必要指出，有一个领域，在其中，他的分析已得到经验的证明，并且，许多自认为已经放弃了韦伯的分析的社会学家的那些解释实际上是在重

---

② 雷蒙·阿隆：《马克斯·韦伯》，载《社会学思想主流》（1967），霍华德与维夫英译，第206—210页和第192页。

③ D. G. 麦克雷：《马克斯·韦伯》（1974）。

④ P. 里夫：《致我的教师同事们》（1975），第22页。

复韦伯的分析。我这里指的正是韦伯对如何为科层制度中管理
26 的权威性辩护所做的解释。因为,那些在解释管理行为时极为重视被韦伯所抹杀或忽略的各个方面的现代社会学家——例如,里克特强调管理者有必要影响其下属的动机,马奇与西蒙则强调,管理者应该确保其下属所展开的争论必须从那些能够得出他自己的预定结论的前提出发——依然把控制行为与压制冲突视为管理者的功能,从而强化而非削弱了韦伯对管理的合法性所做的说明。这样,就有大量的证据表明,实际管理者的确在其行为中体现了韦伯式的科层制权威性观念的关键作用,而这种观念则以情感主义的真理性为其先决条件。

亨利·詹姆斯笔下投身于追求自我享乐的富人的特性角色(character)原型见于19世纪的伦敦与巴黎;而马克斯·韦伯所描绘的管理者的特性角色原型则源于威廉时代的德国;但现在,这两种特性角色已遍及所有发达国家,特别是美国。这两种特性角色有时甚至出现在把自己生活一分为二的同一个人身上。但他们不是当今社会剧中的边缘人。这里,我是以一种严肃认真的态度来使用这一戏剧隐喻的。有一类传统戏剧(例如日本的能剧、中古时代英国的道德剧),其中就有一些能够被现实当下辨认出来的特性角色。这类角色部分地规定了剧情发展的可能性。要理解这类角色,就要提供一种手段用以解释扮演这类角色的演员的一举一动,因为一种相似的理解提示出演员们自己的意图;而其他演员可以具体参照这些核心特性角色来规定他们自己的角色。这对于某些特定文化中某些类特定社会角色来说,也是一样的。他们提供可以辨识的种种特性角色,而辨识这些角色的能力对于社会来说至关重要,因为有关这一特性角色的知识,能够为那些承担了此角色的个体的各种行为提供一种解释。之所以如此,恰恰是因为那些个体已运用了非常相似

的知识来引导和建构他们的行为。以这种方式特别规定了的特性角色绝不能被混淆于一般的社会角色(social roles)。因为他们是一类非常特殊的社会角色,他们以一种其他许多社会角色所不具有的方式,把某种道德束缚置于那些角色承担者的人格之中。我之所以选择“特性角色”一词来表达他们,恰恰是因为这个词将戏剧与道德联系起来的方式。许多现代的职业性角色——如牙医或垃圾清扫工的角色——都不属于官僚体制的管 27
理者们所扮演的特性角色;许多现代的身份角色——如中低阶层中的退休人员的角色——也不是现代闲暇富人所具有的特性角色。在特性角色中,角色与人格以一种比一般情形远为特殊的方式融合在一起;在特性角色中,界定行为的可能性的方式也比一般情形要有限得多。不同文化间的关键区别在于其中一般角色(roles)成为特性角色的程度大小的差异;而各个文化本身所特有的东西根本上也就是其特性角色所特有的东西。因此,维多利亚时代英格兰文化在很大程度上是由公立学校校长、探险家和工程师这些特性角色来界定的;同样,威廉时代的德国文化则是由诸如普鲁士官员、教授和社会民主党人等特性角色来界定的。

特性角色还有另一个引人注目的维度。可以说,它们是其文化的道德表征,这是因为,通过这类特性角色,道德和形而上学的观念与理论在社会世界中呈现为一种具体化了的存在。特性角色就是道德哲学所戴的面具。当然,此类理论、此类哲学可以多种方式进入社会生活:最明显的恐怕是以书籍、布道和交谈中的明确的观念,或油画、戏剧和梦想中的象征的主题的形式出现。然而,通过考察特性角色是如何将通常视为个人所有的东西与通常视为社会角色所有的东西合并到一起的,就可以明了上述这些东西用以表现特性角色的生活的独特方式。无论个人还是角色都像特性角色那样，能够并且实际体现各种道德的信念、学说与理论，但其方式各不相同。而只有对照这些不同的方式，才能够勾勒出特性角色的体现方式。

个人是通过其意向来表达行为中所包含的多种道德信念的。这是因为，所有意向都以复杂程度或高或低、融贯性或强或弱、清晰度或大或小的信念（有时是道德信念）为其前提条件。因此，诸如寄信或向路人发放传单这样的小行为，所体现的意图的意义也来自个人某个较大规模的筹划，而这种筹划本身，又只有依据同等或更大的信念体系的背景才可以理解。一个人寄信时，可能是在着手某种创办大企业的事业，这项目又要求他相信国际合作的可行性与合法性；一个人散发传单时，可能是在表达他对列宁历史哲学的信仰。然而其结论被表达在诸如寄信、发传单一类的行为中的实践推理的链条，在这类情况中当然是个人自己的；特定个体的行为、信念、经验与相互作用的历史就是
28 这推理之链的所在地，亦即，使其中每一步骤都成为一个可理解的序列之一部分的那个语境。

某类社会角色可以一种截然不同的方式体现各种信念，由此，这个角色所表达、预设的观念、理论和学说至少可以在某些情况下与扮演此角色的个体所信奉的观念、理论和学说大相径庭。一个天主教神甫凭借其角色，主持弥撒、参加其他仪式典礼及各种活动，这些都或明或暗地体现并预设了天主教的信仰。可是，就某个被任命为神甫的具体个人而言，却有可能对上述活动完全不存在任何信仰，而且，他个人的真实信仰与他扮演的角色的行为所表现的信仰有可能完全不同。角色与个体之间的这类区分可以在许多别的情形中发现。一个贸易工会官员借助其角色与雇主代表谈判并参加旨在达到工会目标的运动，如提高工资、改善工作条件、在现有经济体制下保持就业状况等，也就

是说，他从事这些活动的方式一般以工会的目标为前提条件，这些目标都是工人阶级的合法目标，工会仅仅是达到这些目标的手段。然而某一特定的工会官员却可能相信，贸易工会只是腐蚀工人阶级的驯服工具，因为它转移了工人们对革命的兴趣。因此，其心目中的信念是一回事，其角色所表达并预设的信念又是完全不同的另一回事。

可见，在许多情况下，角色与个体之间存在一定距离，结果可能由各种不同程度的怀疑、妥协、解释或玩世不恭来调停个人与角色之间的关系。但我所说的特性角色却与此完全不同；这种差别来源于对特性角色的各种要求是外在强加的这一事实，来源于人们用特性角色理解并评价他们自己的那种方式。在其他类型的社会角色中，角色可以基于他自己乃是其中一个部分的制度，以及承担角色的个体与那些制度的关系，予以充分地阐明。而就特性角色而言，这就不够了。一种特性角色被文化的一般成员或其重要部分视为目标。他为他们提供一种文化理想与道德理想。这就要求在此类情况下，角色与人格必须融为一体；社会形态与心理形态应该吻合。特性角色从道德上使一种社会存在的模式合法化。

我想，现在读者可以明白，当我提及维多利亚时代的英格兰 29
与威廉时代的德国时，为什么选择了那样几个例子。英格兰公立学校的校长和德国的教授（在此仅举两例）并不仅仅是社会角色：他们为整整一大批态度和行为提供道德上的焦点。他们之所以有此功能，恰恰因为他们把道德的与形而上学的理论和主张结合到了一起。并且，这些理论和主张具有一定程度的复杂性，而在公立学校校长团体以及大学教授团体之中，对于其角色与功能的意义也有过公开的争论：托马斯·阿诺德的拉格比公学不是爱德华·舍林的阿宾汉姆学校，蒙森和施莫勒所代表的学术立场与韦伯的截然不同。然而，分歧的表达总是以深层的道德认同为语境，正是这种道德上的一致，构成了每一个体以其自身方式所体现的特性角色。

在我们这个时代，情感主义是一种体现在特性角色中的理论，这些特性角色对于合理话语与不合理话语间的区分持有相同的情感主义观点，但他们代表了这种区分在各种极为不同的社会语境中的具体体现。我们已经注意到其中的两种特性角色，即富有的审美者与管理人员。现在我们必须加上第三种，心理医生。管理者抹杀了其特性角色中操纵的与非操纵的社会关系之间的区别；心理医生则在个人生活领域内部抹杀了同样的区别。管理者将目标视为所与的、外在于其范围的东西；他关心的是技术，关心原材料转变为最终成品、不熟练工人成为熟练工人、投资变为利润的效率问题。心理医生同样将目标视为所与的、外在于其范围的东西；他关心的也是技术，亦即，把神经症状转变为有方向性的能量、精神失常的患者转变为正常的个体的效率问题。无论管理者还是心理医生，就他们作为管理者和心理医生的角色而言，都不参与也不能参与道德论争。在他们以及与他们具有相同眼光的人的心目中，他们是无可争议的人物，作为这样的人物，他们旨在把自己限制在可能达成合理一致性的范围内，亦即，限制在被他认作事实的领域、手段的领域、可度量出效率的领域。

在我们的文化中，治疗学这一概念的运用已经远远超出了它显然有其合法地位的心理治疗领域，这当然是重要的。在《治疗学的胜利》(1966)和《致我的教师同事们》(1975)中，菲利普·里夫以摧毁性的洞察力和详尽的材料证明了，在治疗方
30 式中，真理被置换成了一种价值，心理效率取代了真理。治疗学这一惯用语甚至极为成功地侵入了诸如教育与宗教的领地之

中。为这种治疗学模式辩护而牵扯、援引的理论类型当然是广泛多样的;但是,模式本身所具有的社会意义比那些对其主要人物至关重要的理论要大得多。

在谈到一般的特性角色时,我说他们是为一种文化提供其道德界定的那些社会角色;不过,需要强调的是,我这句话的意思并不是说,一个特定文化中的特性角色所表达和体现的道德信念,将确保在此文化之内得到普遍认同。与此相反,这种特性角色之所以能够履行其界定的任务,一定程度上是因为他们提供了分歧的焦点。因此,就我们自身文化中的管理者角色而言,其在道德上有界定作用的特性角色,既被当代对有关管理与操纵的理论与实践模式的种种攻击所证明,又同等程度地被对这些模式的忠诚所证明。那些不断攻击科层制度的人有效地强化了这样一种观念,即,自我必须基于其与科层体制的关系才能界定自身。新韦伯派的组织理论家们和法兰克福学派的继承者不知不觉地在现今舞台上上演了一出合唱。

我当然不想暗示这类现象的出现有什么奇特之处。自我经常是,或许永远是,通过冲突获得其社会定义的。但这并非如某些理论家所设想的那样,自我无非就是或成为它所承担的社会角色。作为与其角色有所差异的自我,他有一个历史,一个社会性的历史;而当代情感主义的自我的历史,只有作为漫长而又复杂的发展过程的最终产物才是可以被理解的。

对于情感主义提出的自我,我们须立即注意这样一点,即,不能仅因为它的判断最终是无标准的,就简单地或无条件地将这个自我等同于任何特定的道德态度或观点(包括在社会中体现了情感主义的那些特性角色的态度或观点)。这种特殊的现代自我,我所说的情感主义者的自我,找不到从事裁决所需的任何界限,因为这种界限只能来自合理的评价标准,但正如我们已经看到的，情感主义缺乏任何这样的标准。无论自我采取何种立场，都可以从这种立场出发批评万事万物，其中包括自我对所要采取的立场的选择。正是在自我避免与任何特殊的偶然事态有任何必然认同的那种能力中，某些现代哲学家——无论分析哲学家还是存在主义哲学家——看到了道德行为的本质。按照这种观点，作为一个道德行为者，也就是能够从自己所卷入的任何一种情境、自己所可能拥有的任何一种特性中后退，并且能够
31 从某种与一切社会的特殊性全然分离的纯粹普遍、抽象的观点出发对这种情境与特性做出判断。任何一个人都能够以这样一种方式成为道德行为者，因为道德行为定位于自我而非社会角色或实践中。道德行为上的这种民主化与管理专家、心理治疗专家的精英垄断之间的对立尖锐得不能再尖锐了。任何在最低限度上合乎理性的行为者都可被视为道德行为者；但管理者与心理医生却借助其在外在技能与知识的等级秩序中获得的成员资格而享有特殊的地位。事实领域中有各种消除分歧的程序；而在道德领域，分歧的最终点却被冠之以“多元论”的称号。

由此，这种不具有任何必然的社会内容和必然的社会身份的、民主化了的自我，可以是任何东西，可以扮演任何角色、采纳任何观点，因为它本身什么也不是、什么目的也没有。现代自我与其行动和角色之间的这种关系已经由其最敏锐、最富洞察力的理论家以两种初看之下全然有别、不可相容的方式概念化了。萨特——这里仅限于 20 世纪 30 年代和 40 年代的萨特——把这自我描绘得与其可能扮演的任何特定社会角色都截然不同；相反，欧文·戈夫曼则把自我消融在其角色的扮演之中，他争辩说，自我只不过是角色之衣借以悬挂的一个“衣架”。[5] 对于萨

⑤ 欧文·戈夫曼：《自我在日常生活中的呈现》（1959），第 253 页。

特来说，核心的错误在于将自我等同于它的角色，这种错误既包含理智上的混乱，又带有道德上的不诚；而对于戈夫曼来说，核心的错误是假定了在角色扮演的复杂表象之上和之外存在一个实体性的自我，这是那些希望使部分人类世界“不受社会学所害”的人所犯下的一个错误。然而，这两个明显相左的观点却有很多共同之处，是一谈起这个话题人们就会想到的。在戈夫曼对社会世界的奇谈怪论般的描述中还是可以辨清，那个幽灵般的“我”，那个被戈夫曼否定了实体性自我的心理衣架，在固定的角色建构的位置之间悠忽往来；而对萨特来说，自我的自我发现被描述成一个“自我是无”的发现，即，自我不是一个实体，而是一系列永远开放的可能性。这样，在萨特与戈夫曼的表面分歧之下，存在着某种深层的一致性；而这一致性就在于他们都把自我看作与社会世界完全对立的。对于戈夫曼来说，社会世界就是一切，所以自我什么也不是，不占据任何社会位置。对于萨特来说，自我不论占据什么样的社会空间，都是偶然为之，因此他也把自我看作没有任何现实性的东西。

那么，会有什么样的道德模式向被如此设想的自我开放呢？ 32
要回答这个问题，我们必须首先回忆一下情感主义自我的第二个关键特征，即，它缺乏任何终极的标准。当我这样界定它的时候，我实际上指的是我们已经注意到的一点，即，不论情感主义的自我声言忠于什么标准、原则或价值，这些东西都要被解释为本身不受任何标准、原则或价值支配之态度、偏好和选择的表达，因为它们是基础，是先于对标准、原则或价值的一切信奉的。然而由此可以推出，情感主义的自我从一种道德委身状态转换到另一种状态时，不可能有任何合理的历史。内在冲突对于它来说从根本上必然是两种偶然的主观任意性的相遇。这是一种没有任何既定连续性的自我，连续的只有那承载着它的肉体，以及它那能力中最优秀的在过去积攒下来的记忆。而且,从洛克、贝克莱、巴特勒和休谟对人格同一性问题所做讨论的结果中,我们认识到,无论是单个的思想家还是他们全体,都没有充分地阐明被实际自我确认不移的那种同一性和连续性。

被如此设想的自我,一方面与其在社会中的各种具体体现完全不同,另一方面也缺乏任何关于其自身的合理历史,从而似乎具有某种抽象的、幻影般的特性。因此有必要指出,行为主义对于以这种方式设想的自我与以任何别的方式设想的自我的解释,都是似是而非的。一种抽象的、幻影般的特性的出现,并非源于任何绵延徘徊的笛卡尔式的二元论,而是源于我将情感主义自我与其历史前辈相比较时出现的那种反差程度,其实是丢失程度。因为重新正视情感主义自我的方式之一,就是要看到这个自我已经被剥夺了那曾被信以为属于它的各种性质。这种自我现在被视为缺乏任何必然的社会身份,因为它曾经享有的那种社会身份不再有了;这种自我现在被看作无标准的,因为它曾经据以判断与行动的那种目的不再是可信的了。那么,这是一种什么样的身份与目的呢?

在许多前现代的传统社会中,个体通过他在各种各样的社会团体中的成员资格来确定自己的身份并被他人所确认。我可以同时是哥哥、堂兄和孙子,可以既是家庭成员,又是村社成员,还是部落成员。这些并不是偶然属于人们的特性,不是为了发现"真实自我"而须剥除的东西。作为我的实体的一部分,它们至少是部分地,有时甚至是完全地确定了我的职责和义务。每
33 个个体都在相互连接的社会关系中继承了某个独特的位置;没有这种位置,他就什么也不是,或者至多是一个陌生人或被放逐者。不过,知道自己是这样一个社会人,并非要去占据一个静止、固定的位置,而是要发现自己被置于一个有一系列目标的旅

途的某个点上;经历人生就是向一个既定的目标前进(或不能前进)。从而,一个完成或充实的人生也就是一种成就,而死亡不过是可以把某人判断为幸福或不幸的那个点。因此,古希腊格言道:“幸福与否,盖棺论定。”

把一个人的整体生活作为客观的、非个人的评价的首要主题——而这种评价又为既定个体的具体行动或筹划提供判断的内容——这样一种个人整体生活的概念在人们朝现代性前进(如果我们可以这样称呼的话)的过程中已经不再普遍有效了。这一概念在某种程度上是不知不觉地流失的,因为人们在历史上大致不是把这种概念的消散当成一种收获而为自己庆贺的,个人一方面摆脱了强制性等级制的社会束缚(现代世界从其诞生之日起就摈弃了这种束缚),另一方面摆脱了被现代性视为目的论的迷信的东西。说这些当然偏离了我目前的论证;但值得注意的是,这种特殊的现代自我、情感主义的自我,在获得其自身领地的主权的同时,却丧失了由社会身份和被既定目标规定的人生观所提供的传统边界。

然而,正如我已经指出的,情感主义还是有其自身的社会规定性的。一种颇具特色的社会秩序,即所谓发达国家中的人目前栖居其中的那种秩序,不仅是情感主义自我的家园,而且情感主义自我也是其中一个不可或缺的组成部分。这种规定性与那些存在于并表现在占统治地位的社会角色中的特性角色的规定性相对应。当代社会世界分叉为两个领域,一边是一个所有目标皆为既定并且不能受到理性仔细审查的组织化领域,另一边是一个以价值的判断和争论为其核心要素,但其中的问题又不能得到合理的社会解决的私人领域;这种两歧性在个体自我与社会生活的各种角色和特性角色的关系中得到了内在化,找到了其内在的表现形式。

这一两歧性本身就是发现现代社会核心特征的重要线索，并且使我们可以避免被现代社会自身的内部政治争论所欺瞒。这些争论常常以各自表现为种种不同的学说形式的个人主义与集体主义之间的假定的对立为基础，一方是自认为倡导个人自由的主角们，另一方则是自认为倡导计划和管制以及科层制组
34 织所能带来的种种好处的主角们。但事实上，最关键的是争论双方一致同意的东西：我们只有两种社会生活模式可供选择，其一是由个人的自由和任意选择占主导地位，其二是由科层体制占主导地位，从而可能限制个人的自由和任意选择。假使这种深层的文化一致性的确存在，那么现代社会的政治学在自由与各种集体主义控制形式之间摇摆就毫不奇怪了；这种自由无非是对个人行为不加规范，而集体主义控制形式则只能被用来限制专门利己的无政府状态。其中任何一方的胜利，其后果常常立刻产生巨大的意义；但是，正如索尔仁尼琴深刻指出的，从长远观点来看，这两种生活方式最终都不可容忍。因此，在我们所生活的社会中，科层体制与个人主义既是对手又是伙伴。从而，在这种科层体制的个人主义文化气候里，情感主义自然就如处家园了。

希望读者现在能够明了，我对情感主义自我的处理与我对情感主义道德判断理论（无论史蒂文森的、尼采的还是萨特的）的处理之间的这种相似性。我在这两个地方都已指出，我们所面对的都是只有作为历史变化过程的最后产物才可理解的东西；但在这两者中，我所面对的却是这样一些理论观点，其倡导者主张，被我视为历史产物的现时代所独有的特性，实际上是一切道德判断、一切自我的永恒的必然特性。如果我的论辩是正确的，那么我们就不是萨特和戈夫曼所描绘的那种样子（尽管我们之中许多人已变成或部分变成那种样子），因为我们是一

个历史转变过程的迄今为止最晚近的继承者。

如果道德话语的形式、道德的语言不曾同时发生变化，那么自我、自我与其角色的关系当然不可能从较为传统的存在模式向当代情感主义模式转变。诚然，把自我及其角色的历史与由自我所载明而角色借以表达之语言的历史隔裂开来，是完全错误的。我们所发现的是一个单一的历史，而非平行发展的两个历史。本书开始我曾指出当代道德话语的两个核心要素：一是所援引的概念五花八门并且明显地不可公度；二是为了结束争论而武断地使用终极原理。而去发现我们话语的这些特征从何而来、如何流行、何以流行，就是我的研究的一个明显的策略。现在我就转向这一任务。 35

第 4 章　先前文化与论证道德合理性的启蒙筹划

下面我要指出的是，社会史中的某些关键性事件改造、分裂并广泛地置换了道德（如果我的偏激观点是正确的话），从而造成了那种具有特殊的关系形式和话语模式的情感主义自我的可能性；这些事件其实是哲学史中的事件，因此只有通过对那一历史的考察和分析，我们才能够理解当代日常道德话语的特殊性质是如何形成的，从而，才能够理解情感主义自我又是如何找到一种表达手段的。但何以如此呢？在我们自己的文化中，学院哲学是一种高度边缘性和专门化的活动。哲学教授总想披上件合适的外衣，而一些受过大学教育的公众则被有关哲学启蒙课的模糊的卡通片似的记忆纠缠着。但是，如果有人像我现在这样提出这个问题，即，目前吸引了学院哲学家们特别关注的某些问题的根源，与占据我们日常的社会生活、实践生活核心的某些问题的根源是同一的，那么无论哲学家还是上述公众都会大吃一惊，而更大范围内的一般公众甚至更为诧异。如果我们进一步提出，要理解甚至解决这些问题中的任何一个都不能不理解其他的问题，那就更令他们不可置信了。

但是，如果我们以历史的形式提出这一观点，可能就会少一些疑惑、多一些理解了。因为我主张，我们的一般文化与学院哲学的核心部分都是一种以哲学构成其社会活动核心形式的文化的后裔，这种文化的角色与功能和我们现有文化的角色与功能极为不同。由此，我将证明，这种文化在解决其各种问题（既有实践的问题，又有哲学的问题）中的失败，是决定我们的学院哲学问题实际与社会问题之形式的一个并且可能是最关键的因素。这是一种什么样的文化呢？它与我们自己的文化是如此相似，以至于我们总是难以理解它的独特性、它与我们自身文化的区别，从而也难以理解它的统一性与融贯性。当然，这里还有其他一些更为偶然的原因。 36

为什么18世纪启蒙文化的统一性与融贯性会时常逃脱我们的视野呢？其原因之一在于，我们过于经常地把它首先理解为**法国**文化史中的一个事件。事实上，从启蒙文化本身的角度来衡量，法国是受启蒙国家中最落后的。法国人常常公开承认自己借鉴了英国模式；但与苏格兰启蒙运动的成就相比，英格兰也相形见绌。而那个时代最伟大的人物当然得数德国人：康德与莫扎特。不过，就理智所涉及的范围和多样性而言，即使德国人也没有超过大卫·休谟、亚当·斯密、亚当·弗格森、约翰·米拉、凯姆斯勋爵、蒙博多勋爵。

当时的法国缺乏三方面的因素：1. 世俗化的新教背景；2. 将政府雇员、教士和世俗思想家联结成一个单一的读者群体的知识阶层；3. 以东部的柯尼斯堡与西部的爱丁堡、格拉斯哥为代表的、充满活力的新型大学。18世纪的法国知识分子构成了一个知识界、一个有教养的异己分子团体；相反，18世纪的苏格兰、英国、荷兰、丹麦和普鲁士的知识分子却扎根于社会世界，甚至当他们对社会持激烈的批判态度时也是如此。18世纪的法国知识阶级找不到别的呼应者，只好寄希望于19世纪的俄罗斯。

因此，我们这里所探讨的主要是北欧文化。西班牙人、意大利人以及操盖尔语和斯拉夫语的都不属此列。维科在北欧文化的理智发展中没起到什么作用。这种文化在北欧之外当然也有其阵地，最显著的莫过于新英格兰与瑞士。它还在德国南部、奥地利、匈牙利和那不勒斯王国很有影响。18 世纪法国的绝大多数知识分子都有归属于这种文化的意愿，尽管其所处的境遇大不相同。诚然，至少可以把法国革命第一阶段理解为试图通过政治手段进入这一北欧文化，从而消除法国思想与法国社会政治生活之间的鸿沟。显然，康德已认识到，法国革命乃是一种与他自己的思想颇为相似的思想的政治表达。

北欧文化是一种音乐文化，这一事实与这种文化的核心哲学问题的关系或许比人们通常认识到的要更为密切。因为我们的信仰与那些仅只或主要用于歌唱的句子——更不用说与这些句子相伴随的音乐——的关系，和那些主要以肯定句的形式言
37 说的句子的关系完全不同。当天主教弥撒的音乐变成一种可供新教徒在音乐会上演出的风格时，当我们倾听经文，是因为巴赫作的曲而不是因为圣马太写的词时，神圣的经文是以打破它们与信仰之间的传统联系的方式得以留存下来的，甚至在那些依然视自己为信徒的人中间也部分如此。当然，这并不是说这些音乐形式与信仰毫无关联；你根本不可能简单地将巴赫甚或亨德尔的音乐与基督教分开。然而，宗教与审美之间的传统区分已被模糊了。而这对于新产生的信仰与传统信仰来说同样真实。就像亨德尔的《弥赛亚》与新教的关系一样，莫扎特的共济会信仰——这可能是启蒙时期最有代表性的宗教——与其《魔笛》也处于一种并不明确的关系之中。

因此，它是这样一种文化，其中不仅有以新教的世俗化为代表的那种信仰的变化，而且，甚至对于那些信仰者来说还有信仰方式的变化。这就无怪乎在信仰的证明尤其是在道德信念的证明上出现了一些关键性问题。我们是如此习惯于依据道德来对判断、论辩和行为进行分类，以致忘记了在启蒙文化中，这种观

念相对来说是多么新奇。考虑一下一个极为显著的事实:在启蒙文化中,有教养的人士的话语所用的第一语言不再是拉丁文,但它仍作为学术研究的第二语言。如同古希腊文一样,拉丁文中没有任何可被我们准确译为“moral”(道德)的词汇;或更确切地说,直到我们的“moral”一词又被反译回拉丁文时,它才有了这个词汇。当然,“moral”源自拉丁文中的“moralis”。然而,恰如其希腊词前身“êthikos”(西塞罗在其《论命运》一书中发明“moralis”来翻译“êthikos”)。“moralis”的意思是“属于品格的”(pertaining to character),而在那里,一个人的品格无非是其不变的性情,这些性情系统地以某类行为表现出来,并导向一种独特的生活。

英语中“moral”的早期用法就是为了翻译拉丁文,并被用作名词;在这一时期的所有文献中,“moral”都表示该文献所要教导的实践性训诫。在这些早期用法中,“moral”既不与“审慎的”或“自利的”相对照,也不与“法律的”或“宗教的”相对照。当时与这一词汇意义最为接近的词可能仅是“实践的”。在其后来的用法史中,它首先最频繁地被用作“道德上的美德”的一部分,然后随着其意义变得越来越狭窄而成了一个独立的谓词。到了16—17世纪,它开始具有了现代意义,并在我刚才提到过的语境中被使用。但直到17世纪晚期,它才首次在其最严格的意义上被使用,即主要与性行为有关;“不道德”甚至被等同于 38
“性行为放荡”。那么,这样一个特殊的习语又是如何形成的呢?

我们必须暂缓回答这个问题。因为如果抛开从1630年到1850年那段历史时期——在那一时期“moral”一词同时获得其普遍义与特殊义——为道德提供合理证明的各种尝试不加说明,就不可能充分了解“moral”一词的历史。那一时期中的

"morality"一词成了一个特殊领域的专名,在这一领域中,那既不属于神学和法律,也与审美无关的行为规则被承认有其自身的一块文化空间。正是在17世纪末与18世纪,当道德与神学、法律及美学的这种区分成了一种被普遍接受的原则时,对道德进行独立的合理性论证的筹划才不仅为个别思想家所关注,而且成了整个北欧文化的核心。

本书的一个核心论点是:这一筹划的失败提供了可以据以理解我们自身文化诸多困境的历史背景。要证明这一论点,就必须重述这一筹划及其失败的历史的某些细节;而重述这一历史的最明确的方式是倒述,也就是从具有成熟形式的现代特有观点首次问世的那个时间点出发。当然,所谓现代特有观点,如我在前面所指出的,就是依据互不相容的、不可公度的道德前提之间的对抗来设想道德论争,并将道德承诺(commitement)视为在这类前提之间的无标准选择——一种不可能给出任何合理性论证的选择——的表达。我们道德文化中的这一任意性因素在成为日常话语的常识之前很久,曾被当作一种哲学上的发现,一种令人惊慌失措乃至骇人听闻的发现。的确,有一本书,在首次提出这一发现的时候,就有意要震撼那些日常道德话语的参加者们,这本书既是启蒙运动为发现道德的合理性论证所做系统努力的结果,又是其墓志铭。这就是克尔凯郭尔的《非此即彼》。如果说我们通常并不能基于这样一种历史眼光来阅读这本书,那是因为对其论题的过分熟悉,已使我们无法感受1842年哥本哈根的北欧文化的惊人的新奇性。

《非此即彼》有三个核心特征是我们应当关注的。首先是其表述模式与其中心论点之间的关联。正是在这本书中,克尔凯郭尔戴上了许多面具并由此发明了一种新的文学风格。在作家中,并不是克尔凯郭尔最早将自我予以分裂并配给它一系列

的面具(每一个面具都表现了一个独立的自我的假象),从而创 39
造了一种崭新的文学风格;在这种风格中,作者可以比任何传统戏剧的形式都更直接、更深切地表现自己,同时通过分裂自我又否认他自己的在场。撰写《拉摩的侄儿》的狄德罗是这一崭新、独特的现代风格的首位大师。不过,我们可以发现,无论狄德罗还是克尔凯郭尔,都在一定程度上渊源于帕斯卡尔在《思想录》中所设计的怀疑的自我与基督教的自我之间的论辩,可惜我们只拥有这一论辩的残篇断简了。

克尔凯郭尔以笔名来发表《非此即彼》,他所欲表白的意向,是要给读者提供一个最终的选择机会,因为他本人绝不出场,所以也就不能向他们推荐其中的某一个而不是别的选择。《非此即彼》中的角色"A"推荐了一种审美的生活方式;"B"推荐了一种伦理的生活方式;而维克多·埃里米塔则编辑和注释了这两种观点。审美的和伦理的这两种生活方式之间的选择并不是善恶之间的选择,而是对是否依据善恶进行选择的选择。正如克尔凯郭尔所描述的,审美的生活方式的核心是力求在当下体验的直接性中丢掉自我。审美表现的典范是沉溺于个人激情之中的浪漫情人。相反,伦理表现的典范是婚姻生活,一种历久不变的承诺与责任状态,在其中,现在受缚于过去又承诺未来。这两种生活方式各自表现为两种不同的概念、互不相容的态度和彼此对立的前提。

假定某人面对这两种选择而尚未接受任何一种,那么没有任何理由使他能够偏向一种而放弃另一种。因为,即使某种既定理由可以用来支持伦理的生活方式——以这种方式生活将满足义务的要求,或者说,以这种方式生活将以道德完善为目标从而赋予自己的行为以一定的意义——这个尚未接受伦理生活方式或审美生活方式的人仍然不得不选择是否要把这理由看得具有分量。如果这一理由已经对他有力量，那么他也就已经选择了伦理生活方式；而这里的前提却是他尚未做出这种选择。这对于支持审美生活方式的各种理由来说也是一样的。尚未选择的人还得选择是否把这些理由看得有分量。也就是说，他还得选择他的第一原理，而恰恰因为所要选择的是在推理链条中先于任何其他原理的第一原理，所以不可能再援引任何终极理由来支持这些第一原理。

克尔凯郭尔就是以这种方式，表明自己并未赞成这两种立场之中的任何一种。因为他既非“A”也非“B”。并且假如我们
40 认为他要表达的观点是，不可能为这两种立场之间的选择提供任何合理根据，非此即彼是最终的选择，那么也会遭到他的否认，因为恰如他既非“A”也非“B”，他也不是维克多·埃里米塔。可是，与此同时，他又无处不在；或许，我们发觉他首先是在他借助于“B”的嘴所说出的那种信念中出场。“B”说，任何人面对审美的与伦理的生活方式之间的选择，事实上都将选择伦理的生活方式；因为，可以说，任何严肃的选择者的激情与活力，都将把他导向选择伦理的生活方式。（这里，我相信克尔凯郭尔的断言是虚假的——如果这是他的断言的话，因为审美的生活方式也能够严肃地被选择，尽管选择它也会像选择伦理的生活方式一样受到激情的支配。特别是我父亲那代年轻人，他们亲眼目睹了自己早先的伦理原则随着朋友们在伊普尔与索姆[1]的大屠杀中遇难而一同死去，于是反过来坚信对自己来说什么都无所谓了，从而发明了18世纪与19世纪之交轻浮的审美生活方式。）

---

① 伊普尔（Ypres）：比利时城市，第一次世界大战中作为英军防区突出部的中心，全部被毁。索姆（Somme）：法国皮卡第大区一省，第一次世界大战中德军与英法联军曾在此激战，各损失数十万人。——译注

我对克尔凯郭尔与其《非此即彼》之间的关系的解释，显然和克尔凯郭尔本人后来根据一种单一不变的倾向回顾性地阐释自己著作时所做的说明截然不同；而我们这个时代最杰出的克尔凯郭尔专家，像路易丝·麦基和格雷戈尔·马兰茨查克，在这方面至少也认可了克尔凯郭尔的自画像。然而，如果我们考察一下有关克尔凯郭尔 1842 年间所持态度的全部证据（也许《非此即彼》的文本就是最好的证据），那么在我看来，他们的观点就很难站得住脚。在《非此即彼》发表后不久的 1845 年出版的《生活道路上的各阶段》中，克尔凯郭尔援引了这种至关重要的关于根本而又终极的选择的新观念，来解释一个人是如何成为基督徒的，而此时他对伦理生活方式的描述也已发生根本性的变化。这一点甚至在 1843 年发表的《恐惧与颤栗》中就已经很清楚了。但在 1842 年时，他与他的新观念的关系仍然极不明朗——他是《非此即彼》的作者，同时却又放弃了作者的身份而使用笔名。因为这一新观念不只是与黑格尔哲学作对，后者在《非此即彼》中就已经是克尔凯郭尔的主要攻击目标之一；这一新观念还危及理性的道德文化的整个传统——如果它本身不能被合理地驳倒的话。

《非此即彼》的第二个特征（也是我们现在必须关注的），乃是其根本选择的概念与其伦理的概念之间的深层的内在矛盾，这种矛盾一定程度上为该书的形式所掩盖。克尔凯郭尔把伦理描述为这样一个领域，在其中，诸原则对我们的权威性独立于我们的态度、爱好和情感。在任一既定时刻我如何感受，都与我必须如何生活的问题毫不相干。这也正是婚姻为什么可以成为伦理生活方式典范的原因。伯特兰·罗素曾经描述了他如何于 41
1902 年中的一天在骑车时突然意识到自己不再爱第一个妻子了，随之而来的是婚姻的破裂，对此，克尔凯郭尔会正确地评论说,任何态度,如果其缺失可以在骑车的一闪念中被发现,那么它只是一种审美反应,此种经验既与真正的婚姻所包含的承诺毫无关系,也与规定婚姻关系的道德戒律的权威性毫无关系。但是现在,伦理的这种权威性又是从何而来的呢?

要回答这一问题,就得考虑,某种原则具有的是何种权威,而这又取决于我们去选择是否把它视作有权威性的。例如,我可能出于健康或宗教的理由选择一种禁欲、素食的养生之道。这类原则所具有的权威就源于我选择它们的各种理由。当且仅当这些理由是充足的理由,这些原则也具有相应的权威;而如果它们不是充足的理由,这些原则也就在同样程度上丧失其权威。由此可知,一个毫无理由选择的原则就是一个毫无权威的原则。诚然,我也可能出于一时兴致或任意的目的而采用这样一个原则(我只是碰巧这样做而已),可是如果我放弃这一原则对我更为合适,那么我也会毫无拘束地放弃它。这样一个原则(称之为原则可能有些滥用词语)显然属于克尔凯郭尔的审美领域。

然而现在,《非此即彼》的学说却明显意味着,描绘伦理生活方式的那些原则之被采纳是不因任何理由的,而是出于一个超理由的选择,只因为我们把这个选择当成是一个理由。即使这样,伦理的生活方式对我们仍然具有权威。可是,这种只因一个理由而被采纳的东西如何可能具有权威呢?克尔凯郭尔学说中的自相矛盾是显而易见的。对此,有人可能会反驳说,我们没有任何理由可依时才特别求助于权威;譬如,在理由分崩离析的关键时刻,我们可以求助于基督启示的监护人的权威。可见,权威概念与理由概念并不像我的论证所揭示的那样内在地关联着,事实上,它们是互相排斥的。但正如我已经指出的,这一排斥理由的权威概念本身是一种独特的(即使不是唯一的)在一种与权威概念格格不入的文化中形成的现代概念,因此诉诸权威就好像是非理性的。可是,在克尔凯郭尔所秉承的文化中,伦理的传统权威并不是这种任意的权威。而且,如果它真如克尔凯郭尔所描述的那样,那么这一传统的权威概念就必须体现在伦理生活之中。(毫不奇怪,正如克尔凯郭尔第一个发现了根 42
本选择的概念,也正是在克尔凯郭尔的著作中,理由与权威的联系被扯断了。)

由此,我认为《非此即彼》中有一种深层的内在矛盾;如果伦理生活有某种基础,那么这个基础就不可能由根本选择的概念来提供。不过在我转而探讨克尔凯郭尔何以会得出这一矛盾观点之前,让我们再注意一下《非此即彼》的第三个特征。这就是他对伦理生活方式所做解释的保守性与传统性特征。在我们自身的文化中,上述根本选择的概念的影响,表现在我们究竟应该选择哪一种伦理原则的两难困境中。我们几乎是极其痛苦地意识到对立的道德选择的。然而克尔凯郭尔却将根本选择的概念与这种不加质问的伦理概念结合到了一起。体现在各种可普遍化的道德原则中的诚信、坦白和仁慈,是以一种极为简单的方式被理解的;伦理的人一旦做出最初的选择,也就不会有什么大不了的解释问题。看到这一点,也就会看到克尔凯郭尔实际上是在为一种旧有的、传承下来的生活方式提供一种新的实践基础与哲学基础。或许,正是新异性与传统的这种结合,可以说明克尔凯郭尔立场中的内在矛盾。因此我认为,显然正是新异的东西与秉承的东西的这种深层的内在矛盾的结合,成了启蒙筹划为道德提供一个合理基础与合理性论证的逻辑结果。

若要理解何以至此,须从克尔凯郭尔回到康德。由于克尔凯郭尔本人对黑格尔的无休止的攻击,人们很容易忽略他从康德那里继承的东西。但事实上正是康德几乎在所有领域都为克尔凯郭尔设置了哲学场景。康德对上帝存在证明的论述以及他在理性宗教的构成问题上的看法，为克尔凯郭尔讨论基督教提供了一个关键背景；同样，康德的道德哲学也是克尔凯郭尔讨论伦理问题的实质性背景。而且，克尔凯郭尔对审美生活方式的解释乃是文学天才版本的康德关于偏好（inclination）的描述——无论人们如何看待康德的其他方面，至少难以高估他的文学成就，显然，他与历史上的任何其他哲学家一样，都不是文学天才。然而，正是在康德那朴实无华的德语中，克尔凯郭尔优雅但并不总是那么明澈的丹麦文找到了它的源泉。

康德道德哲学的核心是两个简单却易生误解的论点：如果道德规则是合理的，那么它们必然对所有理性的存在者都是一
43 样的，恰如算术规则那样；如果道德规则对所有理性的存在者都有约束力，那么这类理性的存在者遵循这些规则的偶然能力必然是不重要的——重要的是他们履行这些规则的意志。因此，发现一种有关道德的合理证明的筹划，简单的说就是发现一种合理的检测方法：这种检测方法会在准则决定意志的时候，把真正表达道德律的那些准则从那些不能表达道德律的准则中辨识出来。康德本人当然毫不怀疑何种准则事实上是道德的表达；有德性的凡人也毋须哲学家去告诉他们善良的意志何在，而康德也从未怀疑过他从自己有德性的父母处学到的那些准则正是那些受理性检证的准则。因此，如果说克尔凯郭尔的道德学的内容是保守的，那么康德的道德学的内容也同样是保守的，这不足为奇。柯尼斯堡的康德的孩提时代与哥本哈根的克尔凯郭尔的孩提时代，都深受路德教的熏陶，所以尽管两人相距百年之久，却带有相同的传统道德印记。

康德一手紧握一套准则，另一手紧握一个有关于准则的合理检验的概念。这一概念是什么？它从何而来？要回答这些问题，最好的办法是先考虑一下，康德为什么拒斥了两种在欧洲传

统中造成广泛影响的检验概念。一方面,康德拒绝了这样一种观念,即,对一个已提出的准则的检验,就是看遵循这一准则是否最终会导致理性存在者的幸福。康德绝不怀疑所有人都渴求幸福。并且他也绝不怀疑可设想的至善乃是个体的配享幸福的道德完善。但是,康德确信,我们的幸福观念过于模糊不清、变幻不定,从而难以提供可靠的道德指导。此外,任何旨在保证我们幸福的训诫都只是有条件的假言规则的表达;亦即,当且仅当做某事实际上会导致幸福结果时,它才指示人们去做某事。而康德则坚信,道德律的一切真正的表达都有一种无条件的定言性质。它们不是假言地命令我们;它们只是命令我们而已。

这样一来,道德就不可能在我们的欲望中找到任何基础;但是它也不可能在我们的宗教信仰中找到任何基础。因为康德所批驳的第二种传统观点恰恰认为,对于一条给定的准则或训诫的检验就看其是否上帝所命令的。在康德看来,从上帝命令我
们做某事这个事实中永远推不出我们应该做某事。若要合理地 44
得出这种结论,我们还必须认识到我们始终应该做上帝命令的事。但是,如果我们没有一条独立于上帝命令的道德判断标准,用来评价上帝的言行从而找到服从上帝意志的道德价值,就认识不到我们始终应该做上帝命令的事。但显然,如果我们有了这样一条标准,那么上帝的命令就多余了。

现在,我们可以看到,康德思想中某些突出而又明显的特征,乃是克尔凯郭尔思想的直接发源地。以幸福为追求目标的领域被严格区分于道德的领域,而这两个领域又都与神的道德和命令的领域截然有别。此外,道德的训诫不仅与后来构成克尔凯郭尔伦理生活的那些训诫完全相同,而且它们还激发出了同样的尊重感。然而,当克尔凯郭尔在选择中发现伦理基础的

时候,康德却在理性中找到了这一基础。

根据康德的观点,实践理性不使用任何外在于自身的标准。它不诉诸任何来自经验的内容;因此,康德反对使用幸福或援引上帝启示的那些独立不倚的论辩,只会强化一种在康德有关理性之功能与力量的观点中已经包含了的立场。理性的本质就在于制定普遍的、无条件的、内在一致的原则。从而一种合理的道德所规定的原则,能够也应该独立于各种环境和条件而为一切人所信奉,亦即能够一贯地为每一个理性的行为者在任何场合下所遵守。这样,对于一种既定准则的检验也就不难设计了:我们能否始终一贯地愿意每个人都总是按照这一准则行动?

那么,我们如何确定对于阐述道德准则之决定性检验的这一努力是否成功?康德本人试图表明,诸如"永远讲真话"、"永远信守诺言"、"有求必应"以及"不要自杀"等准则通过了他的检验,而像"仅在对己方便时才信守诺言"那样的准则则否。但事实上,即使为了在表面上证明这一点,康德也不得不使用一些臭名昭著的拙劣论证,最突出的莫过于他的下述断言:任何意愿"当痛苦的前景超过幸福时就自杀"这一准则的人都是自相矛盾的,因为这样一种意愿与内在于我们所有人中的求生冲动"相矛盾"。这种论证无异于说,任何意愿"永远理短发"这一准则的人是自相矛盾的,因为这样一种意愿与内在于我们所有人中的头发的生长冲动"相矛盾"。然而不只是康德本人的论证
45 包含了很大的错误。人们还可以轻易地看到,许多不道德的和琐碎的非道德的准则,都可以被康德的检验证明得与他极欲坚持的道德准则一样正确,在某些情形中,甚至更有说服力。譬如"除一种诺言外终生信守所有诺言"、"迫害一切持虚假宗教信仰的人"以及"三月份的星期一永远吃素"等都会通过康德的检验,因为它们都能够始终一贯地被普遍化。

对此，有人可能会反驳说，纵然可以从康德的观点中推断出这种结论，但它不可能是康德的本意。显然，这的确不是康德所设想的，因为他自己相信，他对于有着始终一贯的可普遍化性质(universalizability)的检验，具有一种确定的道德内容，这种内容已经把这类普遍但琐碎的准则排除在外。他之所以相信这一点，是因为他相信以可普遍化性为基础来表述的定言命令，等同于另一个截然不同的公式，即："不论对己还是对人，永远把人作为目的，而不是作为手段。"

这个公式显然具有一种道德内容，尽管不予以进一步的阐明，它并非很精确的。正如我在前面用康德道德哲学来突出与情感主义的对照时所指出的，康德所说的只把人作为目的而不作为手段，其意思似乎是：当我向某人提出一个行动方针时，我既可以通过为他提供如此行动的理由，也可以通过使用非理性的方式对他施加影响来达到此目的。如果我采用前一种方式，那么我就将他视为一个有理性的意志，和我自己一样值得尊重，因为在我向他提供理由的同时也为他提供了一种非个人性的考虑供他评价。使一个理由成为充足理由的东西与在某个场合说出这一理由的那个人毫无关系；并且，在一个行为者自发地决定一个理由是否是一个充足理由之前，他没有任何理由去行动。相反，在非理性的劝说企图中，却体现了一种使行为者成为我的意志的单纯工具的企图，而丝毫不尊重他的理性。因此，康德所告诫的东西，也正是追随柏拉图《高尔吉亚篇》的众多道德哲学家长期以来谆谆教诲的东西。可是康德并没有给出充足的理由来支持这种立场。我无论怎样藐视这种立场，都不会有任何自相矛盾；"除我之外把每个人都当作手段"可能是不道德的，但它并不自相矛盾，甚至我们意愿一个由根据这一准则而生活的利己主义者组成的世界，也不会有任何矛盾之处。如果每个人都照此准则生活，大家可能都不太方便，但这并非不可能，而且考虑“方便”就必然导入对于幸福的审慎的参考，而这正是康德力求从全部道德思考中完全排除的东西。

从而，在康德所谓理性的基础之上去建立康德所谓道德准
46 则的努力是失败的，恰如克尔凯郭尔试图在选择行为中为道德准则寻找基础也必然失败一样；而且这两种失败密切相关。克尔凯郭尔与康德具有相同的道德概念，但克尔凯郭尔在继承这一概念的同时又充分意识到为道德提供合理证明的筹划已经失败。康德的失败为克尔凯郭尔提供了出发点：选择的行为不得不被召来，去完成理性不能完成的工作。但是，如果我们将克尔凯郭尔的“选择”理解为康德的理性的替代物，就必须反过来也将康德的观点视为对更早的哲学事件的回应。这就是说，康德之诉诸理性不过是对狄德罗和休谟之诉诸欲望和激情的历史继承和延续。康德的筹划是对他们的失败的一种历史回应，恰如克尔凯郭尔是对康德本人失败的回应一样。那么，这更早的失败又是怎么回事呢？

我们首先需要注意的是，对于道德的内容，狄德罗与休谟在很大程度上和克尔凯郭尔的观点是一致的；而这就越发令人惊讶了，因为与克尔凯郭尔和康德不同，狄德罗和休谟都喜欢把自己视为哲学中的激进派。但是，无论他们的姿态如何激进，休谟和狄德罗基本上仍属于道德保守主义者。休谟准备废除传统基督徒的自杀禁令，但他在承诺和财产方面的观点却与康德一样毫不妥协；狄德罗声称自己相信，基本的人性是由他描述的波利尼西亚人的混乱性关系所揭示和表现的，但他又很清楚，巴黎不是波利尼西亚，并且在《拉摩的侄儿》中，那个显然被年老的狄德罗视为自己化身的“哲人”，就是一个因循守旧的“资产阶级”道德家，他在婚姻、诺言和良心等问题上，与任何拥护康德义务

论和克尔凯郭尔伦理生活方式的人具有同样坚定的信念。狄德罗不仅仅在理论上如此；他在培养教育自己女儿过程中的做法，完全是他所著对话中的资产阶级人士的做法。狄德罗借用“哲人”的嘴提出了这样的观点，即：如果在现代法兰西，我们都能够开明地从长远观点出发来追求自身欲望，那么我们便会看到，保守的道德规则大多是可以通过诉诸欲望和激情的基础来成功证明的规则。对此，年轻的拉摩做了三点答复：

第一，如果当下的境况足以诱人，我们为什么还要关心长远？第二，即使从长远来看，我们也当且仅当道德规则服务于我们的欲望时才遵守它们，难道这不是“哲人”的观点中所包含的吗？第三，每一个人、每一个阶级都在考虑自己的欲望，并且为了满足欲望而相互掠夺，这不就是这个世界的实际状况吗？“哲人”看到的是原则、家庭和秩序井然的自然世界与社会世界，而拉摩 47
则把这些东西视为自爱、引诱和弱肉强食的精致伪装。

在狄德罗自身的思想范围之内当然不可能遇到拉摩向“哲人”提出的那种挑战。因为将他们两人分开的恰恰是，我们的哪些欲望须被承认为行为的合法指导，哪些欲望应予以禁止、扼杀或再教育的问题；而且显然，这个问题不是将欲望本身作为某种标准就能够回答得了的。正因为我们实际上或潜在地都具有大量的欲望，其中许多彼此冲突、互不相容，我们才不得不在各种对立互竞的欲望的对立互竞的要求之间做出抉择。我们不得不抉择，朝什么方向驯化我们的欲望，如何安置各种各样的冲动、需求、情绪和目的。因此，那些能够使我们对不同欲望的不同要求做出抉择的规则（包括道德规则），本身不可能源于它们必须裁决的欲望，也不能通过参考这些欲望得到合理的证明。

狄德罗本人曾在别的地方（《叶子花旅行补遗》），试图区分那些对人来说是自然的欲望（即他虚构的波利尼西亚人所遵从的那些欲望)与那些由文明培育的、人为形成的腐败欲望。可是,他做这种区分的行为本身却破坏了他自己要在人的心理本性中寻找道德基础的努力。因为这样一来,他就被迫为区分不同的欲望寻找基础;在《补遗》中,他得以避开自身观点中所蕴含的这一难题;但在《拉摩的侄儿》中,他又强迫自己承认存在着各种对立互竞的、不可相容的欲望以及各种对立互竞的、不可相容的欲望秩序。

然而狄德罗的失败显然不只是他个人的失败。像休谟提出的更为精微的哲学解释,也同样不能避免那种妨碍狄德罗为道德进行辩护的困难;况且休谟为自己的观点做了尽其所想最强有力的论证。与狄德罗一样,他也把具体的道德判断理解为感受、激情的表达,因为正是激情而非理性使我们行动。可是他也像狄德罗一样承认,我们援引一般规则来做道德判断,并且他也希望通过表明这些规则在帮助我们达到激情所设定的那些目的时的功效来解释这些规则。在这种观点背后隐藏了一个有关正常的人或理性的人(就休谟的理性观而言)的激情状态的隐而不显的观点。在他的《英国史》和《道德原理探究》二书中,“狂热分子”(更具体地讲,一边是17世纪的平等派,另一边是天主教禁欲主义者)的激情都是不正常的、荒谬的甚至是罪恶的(就
48 平等派而言)。正常的激情是1688年革命自鸣得意的继承者们的激情。因此,休谟在区分各种欲望和情感时就已经暗中使用了某种规范性标准,而他的这种做法使他面临狄德罗借拉摩的话以反对他自己(“哲人”)时所遇到的同样的责难。但这还不是全部。

在《人性论》中,休谟提出了这样一个问题:如果诸如正义和诚信这类规则当且仅当其有利于我们的长远利益时才被遵守,当它们不为我们的利益服务并且违反它们也不会有任何不

利后果时，我们就违反它们，纵然如此我们的行动仍然不会被证明为正确的，这是为什么？在阐明这一问题的过程中，休谟明确否认，任何利他主义的或同情他人的内在动机，可以弥补从利益与功利出发的论辩的缺陷。然而在《道德原理探究》中，他却感到不得不援引这样一种动机。为什么会发生这种变化呢？显然，休谟援引同情乃是一种发明，他想在可以用来无条件地坚持普遍绝对的规则的一系列理由与可以从我们特殊的、起伏不定且受环境控制的欲望、情感和兴趣中产生出来的行为或判断的一系列理由之间搭设桥梁。后来的亚当·斯密也出于完全相同的目的求助于同情。可是，要在这两者之间搭设桥梁，从逻辑上讲是不可能的，休谟与斯密所使用的"同情"只不过是一种哲学上的虚构而已。

到此为止，我对休谟的否定性论证的强有力之处尚未给予适当的重视。促使休谟得出"道德必须基于激情和欲望在人类生活中的位置来予以理解、说明和辩护"之结论的，乃是他的这样一个初始假设：道德要么是理性的产物，要么是激情的产物。休谟本人的结论显然是，它不可能是理性的产物。因此，他不得不在完全独立于并先于引证有关这个观点的任何肯定性论证的情况下，就得出结论说道德是激情的产物。否定性论证的影响在康德与克尔凯郭尔那里同样明显。恰如休谟由于自己的论证已排除了将道德建立在理性基础之上的可能性，就力图将它建立在激情的基础之上；康德也由于他的论证已排除了将道德建立在激情基础之上的可能性，就将它建立在理性的基础之上；而克尔凯郭尔则将道德建立在无标准的根本选择的基础之上，因为他认为那同时排除了理性与激情的考虑具有一种强制性质。

可见，每一种观点的合理化论证的关键部分都建立在另外两种观点的失败的基础上，而每种观点的有效批评的总和最终

使所有观点都失败了。因此,为道德提供一种合理化论证的筹
49 划也就决定性地失败了;从此往后,我们前辈的文化(以及随后产生的我们自己的文化)的道德不再具有任何公共的、人所共有的合理性或可证明性。在一个世俗理性的世界里,宗教也不再能够为道德话语和道德行为提供这样一种人所共有的背景或基础;而哲学之所以失去其文化核心的角色,变成一种边缘性的学院科目,一个很重要的原因就在于它没能够提供宗教所不再能够提供的东西。

在这种失败发生期间,为什么其重要性却未曾得到正确的评价?这个问题需要我们在后面的论证中予以充分的探讨。此刻我只需指出,普通的文化公众乃是一种掩盖了其自身真实本性的文化史的受害者;而且,与以往相比,道德哲学家们现在的争论与公众更为疏远。诚然,在今天的道德论争中,克尔凯郭尔、康德和休谟都不乏机敏的学院信徒,这些信徒中间的一个重要特征乃是,唯独每一传统反对另一传统的否定性论证具有持久的力量。但是,在我们能够理解为道德提供一种人所共有的、公共的合理化论证所遭失败的重要性以及这种重要性未曾得到足够重视的原因之前,我们必须先较为深刻地理解,这一筹划为
50 什么会失败,失败的特征又是什么。

第 5 章　论证道德合理性的启蒙筹划为什么必定失败

到此为止,我把论证道德合理性的筹划的失败只表述为一系列特殊论证的失败;如果这就是问题的全部的话,那么人们也许会以为毛病仅仅在于克尔凯郭尔、康德、狄德罗、休谟、斯密以及他们的其他同时代人建构论证时不够机敏,因此,恰当的策略就是等待,直到某个更强有力的心灵来解决这些问题。而这恰恰就是学院哲学界的策略,尽管承认这一点可能会使许多职业哲学家颇觉尴尬。可事实上,我们显然有理由假设18—19世纪筹划的失败实际上完全不是这个样子;假设克尔凯郭尔、康德、狄德罗、休谟、斯密等人论证的失败,是某些源于其极其独特的共同历史背景的共同特征造成的;假设我们不把他们理解为无休止的道德争论的贡献者,却只将他们视为一种非常特殊、具体的道德信念体系的承继者,而这一体系内在的不一致又使得这一共同的哲学筹划从一开始就注定要失败。

现在我们就考虑一下这一筹划的所有贡献者共同具有的某些信念,如前所述,在构成真正道德的那些训诫之内容与特性问题上,他们之间有着惊人的一致。婚姻与家庭对于狄德罗的理性主义的"哲人"和克尔凯郭尔的"法官威廉"来说同样都是不可置疑的;而诚信与正义对于休谟和康德来说也同样都是不可违背的。那么,他们是从哪里承继了这些共有的信念的呢? 显然,因为他们过去都曾是基督徒,与此相比,他们之间的背景差异——康德和克尔凯郭尔属于路德教、休谟属于长老会、狄德罗则属于深受詹森教派影响的天主教——相对说来就无足轻重了。

在他们对道德的特性问题广泛认同的同时，他们对道德的合理化论证应该是什么的问题也见解一致。他们都认为，这种论证的关键前提将描述人性的某一特征或某些特征；而道德的规则也就会被解释和证明为，那些能够期望被一种具有这样一类人性的存在者所接受的规则。对于狄德罗和休谟来说，相应
51 的人性特征是激情，对于康德来说，相应的人性特征是某类理性规则的普遍性和绝对性（康德当然否认道德“以人性为基础”，但是他所说的“人性”仅是人的心理或非理性的方面）。而克尔凯郭尔则全然放弃了证明道德合理性的企图；不过，他的解释与康德、休谟、狄德罗的解释恰恰有着同样的结构，其不同之处仅在于：在他们诉诸激情或理性的地方，他却求助于他所说的“根本的抉择”。

因此，所有这些思想家都参与了这个构建有效论证的筹划，即从他们各自所理解的人性前提出发，推导出有关道德的规则与训诫之权威性的结论。我想证明的是，任何形式的筹划都必定失败，因为在他们共有的道德规则与训诫的概念和他们的人性概念中共有的东西（尽管他们的人性概念也有较大的差别）之间，存在着一种根深蒂固的不一致。这两个概念都有各自的历史，并且它们之间的关系只有依照这种历史才可以理解。

我们首先考虑作为这两个概念之历史渊源的那种道德体系的一般形式。这种道德体系呈现出不同形式的多样性并伴有大量的对立互竞者，而且由来已久，自 12 世纪始即在中世纪的欧洲占据了主导地位，因此又同时包含了古典的和神学的成分。其基本结构乃是亚里士多德在《尼各马可伦理学》中分析的那

种结构。在亚里士多德的目的论体系中，偶然所是的人(man-as-he-happens-to-be)与实现其本质性而可能所是的人(man-as-he-could-be-if-he-realized-his-essential-nature)之间有一种根本的对比。伦理学就是一门使人们能够理解他们是如何从前一状态转化到后一状态的科学。因此，根据这种观点，伦理学预设了对潜能与行动、对作为理性动物的人的本质，以及更重要的，对人的目的(telos)的某种解释。那些敦促美德而禁绝恶行的训诫，教导我们如何把潜能变为行动、如何实现我们的真实本性并达到我们的真正的目的。违抗这些训诫是不会成功的，也得不到人作为一个特殊物种所特别追求的合理幸福的善。通过这类训诫的运用以及伦理学研究所规定的那些行为习惯性的培养，我
们所具有的欲望和情感将得到调整与教化；理性既告诉我们什 52
么是我们的真正的目的，又教导我们如何去达到它。这样，我们就有了一个三重构架，其中，偶然所是的人性(human-nature-as-it-happens-to-be)(处于未受教化状态的人性)最初与伦理学的训诫相左，从而需要通过实践理性和经验的指导转变为实现其目的而可能所是的人性(human-nature-as-it-could-be-if-it-realized-its-telos)。这一构架的所有三个要素——未受教化的人性概念，理性伦理学的训诫，以及实现其目的而可能所是的人性概念——其地位和功能都必须相关于另外两个要素才能被理解。

当被置于某种有神论信仰的框架中时，这一构架就复杂化并丰满起来，但实质却未改变，无论是阿奎那之于基督教，迈蒙尼德之于犹太教，还是伊本·罗什德之于伊斯兰教，都是如此。伦理学的训诫现在不仅须被理解为目的论的指令，而且须被理解为一种神定法的表达。美德与罪恶的目录也不得不被修改与增加，罪的概念就被加到亚里士多德的“过错”概念之上。上帝的法律要求一种新的尊崇与敬畏。人的真正目的不再可能在此

世完全达到，而只能在另一世界实现。然而未受教化的偶然所是的人性、实现其目的而可能所是的人性，以及作为这两者转化之手段的理性伦理学的训诫，这三重构架仍然是神学家们理解评价性思想与判断的核心。

因此，纵观古典道德中有神论样式占统治地位的时期，道德言说既有双重的观点和目的，又有双重的标准。说某人应该做什么，也就是说在这些事实环境之下什么样的行为过程会通往人的真正目的，同时，也等于说，由上帝所颁布、由理性所把握的法律命令了什么。于是，道德上的格言就在这一框架之内被用来做出种种或真或假的申言。这一构架的绝大多数中世纪支持者显然都相信它本身就是上帝启示的一部分，而且也是理性的一种发现，可以合理地给予辩护。可是，当新教和詹森派天主教（以及它们的中世纪晚期的先驱者）登上舞台时，这种大规模的认同就消失了。因为它们（新教和詹森派天主教）体现了一种全新的理性概念。[①]

这些新兴的神学家断言，理性对于人的真正目的不可能提供任何真实的理解；理性的力量已被人的堕落所摧毁。按照加尔文的观点，“如果亚当是纯洁的”，那么理性才有可能发挥亚里士多德所归于它的那种功能。然而现在，理性无力校正我们
53 的激情（休谟的观点就受到了加尔文主义者的熏染，这一点很重要）。尽管如此，偶然所是的人与实现其目的而可能所是的人之间的对比依然存在，神圣的道德律也仍然是把我们从前一状态变成后一状态的导师，甚至可以说，唯有上帝的恩宠才能使我们响应并遵从它的训诫。詹森主义者帕斯卡尔在这一历史的

① 我在此处以及其他地方的论证都受惠于安斯科姆的《现代道德哲学》，载《哲学》，第 33 期（1958），但观点不尽一致。

发展中占有特别重要的地位。因为正是帕斯卡尔认识到,新教和詹森派的理性概念在许多重要方面都从根本上与17世纪最为革新的哲学和科学中的理性概念相对应。理性把握不了本质或从潜能向行动的转化;这些概念属于已遭受鄙夷的经验哲学的概念构架。因此,反亚里士多德的科学为理性的力量设置了严格的界限。理性是计算性的,它能够确定有关事实和数学关系的真理,但仅此而已。所以在实践领域,它只能涉及手段。对于目的,它必须保持缄默。理性甚至不能拒斥怀疑论(如笛卡尔所坚信的);从而,根据帕斯卡尔的观点,理性的重要功绩在于认识到我们的信念最终建立在自然、风俗和习惯的基础之上。

帕斯卡尔先于休谟提出的这种令人瞩目的观点——并且,既然我们知道休谟熟悉帕斯卡尔的著作,所以或许有理由相信,这里有一种直接的影响——表明了这种理性概念保有其力量的方式。甚至康德也保留了其否定性特征;和休谟一样,对于他来说,在物理学所研究的客观宇宙中,理性辨识不出任何本质属性和目的论的特征。因此,他们在人性问题上的分歧与这种显著而重要的认同并存,而他们所认同的东西也就是狄德罗、斯密和克尔凯郭尔所认同的。所有这些思想家都拒斥任何目的论的人性观、任何认为人具有规定其真正目的的本质的看法。但是,要理解这一点也就是要理解为什么他们为道德寻找基础的筹划必定失败。

我们已经看到,构成这些人思想之历史背景的道德构架是一个必需具备三个要素的结构:未经教化的人性,实现其目的而可能所是的人,以及使他能够从前一状态过渡到后一状态的道德训诫。但是,世俗社会对新教与天主教神学的拒斥和科学、哲学对亚里士多德主义的拒斥的共同后果,却是消除了任何有关"实现其目的而可能所是的人"的概念。既然伦理学的全部意

义——无论作为理论的金律还是实践的训诫——就在于使人能够从他目前的状态过渡到其真正的目的,因此在消除任何本质
54 人性的观念从而放弃任何目的概念之后,所留下的是一个由两种残存的、其关系已变得极不清楚的要素所组成的道德构架。一方面是某种特定的道德内容:一系列丧失了其目的论语境的命令;另一方面,是某种有关未经教化的人性本身的观点。既然道德命令,都根植于一个旨在校正、提升与教化人性的构架之中,那么这些道德命令就显然无法从有关人的本性(nature)的真实陈述中被推演出来,也不可能以其他方式通过诉诸其特性(characteristics)来证明其合理性。以这种方式所理解的道德命令,很可能会遭到以这种方式所理解的人性的激烈违抗。因此,18 世纪道德哲学家们所从事的是一项注定不会成功的筹划;因为,他们的确想要在一种特殊的人性理解中,为他们的道德信念寻找一个合理的基础,但他们所承继的一系列道德命令与人性概念却似乎有意要彼此相左。这一矛盾并没有因他们修正了自己有关人性的信念而消除。他们从曾经前后一贯的思想与行为体系中继承了彼此矛盾的碎片,并且,由于他们意识不到自己独特的历史和文化处境,他们也不可能意识得到他们为自己规定的任务的不可能性和堂吉诃德式的特征。

"不可能意识得到",这一说法也许有点过分;因为我们可以根据他们对于这一问题的不同认识程度,来给 18 世纪的道德哲学家依次排序。如果真是这样,我们就会发现,苏格兰人休谟与斯密的自我质疑最少,大概是因为他们已对英国经验主义的认识论体系怡然自得。诚然,在慢慢习惯于这一体系之前,休谟也有过类似于精神崩溃的经历;不过在他的道德著述中,却丝毫找不到这种崩溃的迹象。狄德罗在其生前所发表的著作中也没有显露出任何不适意的痕迹;但是在《拉摩的侄儿》(他死后落

入叶卡捷琳娜二世手中的手稿之一,后又被偷带出俄国于 1803 年出版)中,他对整个 18 世纪道德哲学筹划做出了比任何有关启蒙运动的外在批评都更为尖刻、更有见地的批判。

如果说狄德罗比休谟更为深切地认识到了启蒙筹划的失败的话,那么康德又比他们二者略胜一筹。诚然,他从那同时在数学和道德中显现自身之理性的可普遍化的规则中寻找道德的基础;而且,尽管他严厉指责将道德建立在人性的基础之上,他对 55
人类理性的本性的分析却成了他自己对道德所做合理解释的基础。但是,在第二“批判”的第二卷中,他又确实承认,没有一个目的论的框架,有关道德的全部筹划就变得不可理解。这种目的论框架是作为“纯粹实践理性的悬设”被呈现出来的。它在康德道德哲学中的出现,在诸如海涅和后来新康德主义者等 19 世纪的读者看来,不啻是对他业已拒斥的立场的一种武断的、不可辩解的让步。然而,如果我的主张不假,那么康德就是对的;作为一个历史事实,18 世纪的道德的确隐含了某种有关上帝、自由和幸福的目的论构架的东西,康德称之为德性的最高桂冠。将道德与这一框架分离,你就不再拥有道德;或者,至少,你将从根本上改变其特性。

道德训诫与人性事实之间任何联系的消失所造成的道德特性的这种变化,在 18 世纪道德哲学家本身的著作中已初露端倪。因为,尽管我们所提到的所有这些思想家都试图在肯定性论证中将道德建立在人性的基础之上,但在其否定性论证中又都走向了这样一种主张的愈来愈无限制的翻版,即,没有任何有效论证能够从全然事实性的前提推出任何道德的或评价性的结论。这条原则一旦被接受,就成了他们全部筹划的墓志铭。休谟尚以一种疑问而非肯定性申言的形式表达了这一主张。他指出,“在我所遇到的每一个道德学体系中”,作者们都从有关上帝或人性的陈述向道德判断跳跃,“不再是命题中通常的‘是’与‘不是’的连接,相反,没有一个命题不是由一个‘应该’或一个‘不应该’联系起来的”。[2] 接着他又要求“对于这种似乎完全不可思议的事情,即这个新关系如何能从完全不同的另外一些关系中推出来,应当列出理由加以说明”。但是,这同一个普遍的原则,不再作为一个问题,而是作为一个申言,出现在康德的著作中。他强调,道德律的各种命令不能从任何有关人类幸福或上帝意志的陈述中推出。这一主张后来又重现于克尔凯郭尔有关伦理生活的解释中。那么,这一普遍的主张的意义何在?

某些后来的道德哲学家走得更远,以至于将“从一系列事实性前提不能有效地推出任何道德结论”这一论点描述为一个“逻辑的真理”。他们认为这可以从某些中世纪逻辑学家所阐
56 述的一个更一般的原则中推得,即,在一个有效的论辩中,结论中不能出现前提中没有包含的任何东西。因此这些哲学家提出,在一个试图从事实性前提推出道德的或评价性的结论的论证中,道德或评价性的因素就会出现在结论中,所以任何这样的论证都必然失败。但事实上,这种所谓万事万物必须依赖的无限制的普遍逻辑原则是假的——而且这种经验哲学的陈词滥调也只适用于亚里士多德的三段论。实际上的确存在几类有效的论证,其中,前提中未出现的某个因素可以出现在结论中。A. N. 普赖尔所举的上述原则的反例表明了这一原则的彻底失败;从前提“他是个大副”可以有效地推论出“他应该做大副应该做的事情”这样的结论。这个反例不仅表明根本不存在上述所谓一般原则,而且它本身还证明,“一个表述‘是’的前提能够在一定场合包含一个表达‘应该’的结论”至少不会有语法上的谬误。

---

② 休谟:《人性论》第3卷,第1章,第1节。

不过，那些坚持"'是'中不能生'应该'"的人若将自己的立场稍加修改，便不难部分地克服普赖尔的例子所产生的困难。他们大概会这样说，他们想要主张的是，从事实性前提不可能得出任何具有实质性评价内容与道德内容的结论，而普赖尔的例子中的结论显然就缺乏任何这样的内容。但即便如此，问题依然存在，人们为什么要接受他们的主张呢？因为他们已经承认其主张不能从任何不受限制的一般逻辑原则中得出。当然，他们的主张可能仍具有其实质内容，但却是一种源于有关道德规则和道德判断的特殊概念的实质内容，而且在18世纪是个新东西。这就是说，人们可以申言一条原则，其有效性来自所采用的关键词的意义而非某个一般的逻辑原理。可以设想，17—18世纪期间，道德话语中所使用的关键词的意义和蕴含已经改变了其特性；那么结果可能是，从某个特殊道德前提得出特殊道德结论，这曾经是有效的推论，但现在，从似乎相同的事实前提得出道德结论就不再是有效的推论了。因为，那在某种意义上曾经是相同的表达、相同的语句现在都负载了不同的意义。可是，实际上，对于这样一种意义的变化，我们有证据吗？要回答这个问题，我们有必要考虑一下"'是'的前提不能生'应该'的结论"的另一类反例。从诸如"这块表走得极不准确且不稳定"与"这块表太重戴着不舒服"这样的事实性前提可以有效地推论出 57
"这是块坏表"的评价性结论。从诸如"他种这种作物每英亩的产量在当地农夫中是最高的"，"他所采用的恢复和提高土地肥力的方法是迄今所知最好的"，以及"他饲养的奶牛群在农业展览会上赢得了头奖"的事实性前提中，也可以有效地推论出"他是个好农夫"的评价性结论。

这两个论证之所以有效，是因为这里的"表"和"农夫"概念具有特殊的性质。这样的概念属于功能性的概念；这就是说，我们是基于表或农夫被期望实现的特有的目标或功能来界定“表”和“农夫”的。可见，我们既不能完全独立于好表的概念来界定表的概念，也不能完全独立于好农夫的概念来界定农夫的概念；所以，衡量某物是不是表的标准与衡量某块表是不是好表的标准不可能相互独立，这对于“农夫”以及其他所有功能性概念也是一样的。这里，正如上一段落所举例子所证明的，两套标准显然都是事实性的。因此，任何从断言某适当标准被满足了的诸前提，推出一个“这是一个好某某”的结论（而这里的某某指的就是一个具体的功能性概念）的论证，都将是从事实性前提推出评价性结论的有效论证。这样我们就可以放心地断言：如果有人要提出某种修正方案使“‘是’前提不能生‘应该’结论”的原则成立，那么必须将所有涉及功能性概念的论证都排除出它的范围。而这就意味着，那些坚持所有道德论证都落在这种原则范围之内的人可能一直都是这样做的，因为他们视“一切道德论证都不涉及功能概念”为理所当然。但是，古典的、亚里士多德传统内（无论希腊样式还是中世纪样式）的道德论证却至少包含了一个核心的功能性概念，即，被理解为具有一种本质的本性和一种本质的目的或功能的人的概念；并且，当且仅当这一古典传统在整体上遭到拒斥时，道德论证才改变了它的特性，以致落入“‘是’前提不能生‘应该’结论”原则的范围之内。这就是说，在古典传统内，“人”之于“好人”恰如“表”之于“好表”或“农夫”之于“好农夫”。“人”与“生活得好”的关系，类似于“竖琴师”与“竖琴弹得好”的关系，亚里士多德将其作为伦理探究的起点。[3] 但是，把“人”用作功能性概念早在亚里士多德之前很久就已存在，并且最初也非源于亚里士多德具有形

③ 亚里士多德：《尼各马可伦理学》，1095a 16。

而上学意味的生物学。它植根于古典传统的理论家们所表达的社会生活形式之中。因为,根据这一传统,要成为一个人也就是 58
要扮演一系列的角色,每一角色均有其自身的意义和目的:家庭成员、公民、士兵、哲学家、神的奴仆。当且仅当人被视为一个先于并分离于一切角色的个体时,"人"才不再是一个功能性概念。

为此,其他关键的道德术语也必须至少部分地改变其意义。而某些类型的句子之间的承继关系也必定有所变化。这样一来,不仅各种道德结论不能像以前那样被合理地证明,而且这种合理证明的可能性的丧失,显示出道德惯用语的意义也发生了相应的变化。因此,"'是'前提不能生'应该'结论",对于那些其文化只拥有极贫乏的道德语汇(这是我在前面解释的那些事件造成的)的哲学家来说,成了一种不可避免的真理。把这个原则视为永恒的逻辑真理,乃是当时历史意识极度缺乏的一种标志,但至今仍深刻地影响着道德哲学。因为其最初的宣言本身就是一个严重的历史事件。它既是与古典传统最终决裂的信号,又是18世纪在继承传统遗留下来的不再融贯的残章断篇的语境中论证道德合理性的筹划彻底失败的标志。

然而,并不只是道德的概念和论证在这个历史节骨眼上彻底改变了其特征,以至于被认为是我们自身文化的不可解决的、无休无止的论辩的直接起因。事实上,道德的判断也改变了其意义和蕴含。在亚里士多德主义传统中,说X是好的(这里的X可以包括一个人、一只动物、一项政策或一个事态),也就是说,想要把具有X所具有特性的事物作为自己目的的人都会选择X类事物。说一块表好,也就是说,它正是那些想用表来准确计时(而非用它来打猫)的人都会选择的那块表。"好"的这种用法隐含了每一种可以恰当地被称为好的或坏的东西(包括人与行为)事实上都具有某种既定的特殊目的或功能。从而称某物好也就是在做一事实陈述。称一个特殊的行为是正义的或对的,也就是说,这个行为是一个好人在这样一种情况下会做的行为;因此,这类陈述也是事实性的。在这一传统内,道德的或评价的陈述之能够被称为真的或假的,与任何其他事实性陈述之能够被称为真的或假的,别无二致。然而,一旦本质性的人的目的或功能的概念从道德中消失,把道德判断视为事实陈述也
59 便开始显得难以置信了。

此外,启蒙运动将道德世俗化,也使人对道德判断作为神法的公开表达的地位产生了疑问。甚至康德,尽管他仍然将道德判断理解为一种普遍法则(即它是每一个有理性的行为者为自己所立的法则)的表达,也不再把道德判断视为这种法则所要求或命令的东西的表达,相反,道德判断本身就是绝对命令。而绝对命令是不容怀疑其真假的。

在迄今为止的日常谈话中,人们习惯于说道德判断是真的或假的;可是我们凭什么说一个特殊的道德判断是真的或假的呢?这个问题始终缺乏明确的答案。如果我所勾勒的历史假设是真实的,那么上述境况就完全可以理解了:因为道德判断不过是古典有神论的各种实践的语言残存物,而且它们已丧失了这些实践所提供的语境。在这种语境中,道德判断的形式既是假言的,又是定言的。就其表达了“何种行为在目的论上对一个人是恰当的”这样的判断而言,它们是假言的:“如果且因为你的目的是如此这般,所以你应该做这做那”,或者“如果你不想使你的基本欲望受到阻挠,就应该做这做那”;就其传达了神所颁布的普遍法则的内容而言,它们又是定言的:“你应该做这做那:这是神的法则所命令的”。但是,如果把那些它们所赖以成为假言判断和定言判断的东西都剔除掉,这些判断还能是什么呢?道德判断丧失了任何明确的地位,而表述这些道德判断的语句也

相应地丧失了无可争辩的意义。这样的语句就成了情感主义自我的表达形式,而情感主义自我缺乏这些语句原来所根植的语境的引导,也就丧失了其在这个世界中的实践方式和语言方式。

不过,以这种方式讨论问题也就是以一种不加论证的方式进行预言。因为,这些变化其实是基于诸如残存的、丧失了语境从而也丧失了明晰性的概念而被刻画的,我认为这是理所当然的。但是正如我此前曾指出的,许多经历了发生在我们前辈文化中的这一变化的人,都把这种变化看作对传统有神论之重负和目的论思想之混乱的一种解脱。在其最雄辩的哲学发言人眼里,我所描述的传统结构与内容的丧失恰恰是具有适当自律的自我所取得的成就。自我已从所有那些过时了的社会组织形式中解放出来。这些社会组织既把自我囚禁于对有神论与目的论的世界秩序的信仰之中,又将它封闭在那些试图把自身合法化为这样一种世界秩序之一部分的等级结构之内。 60

然而,无论我们把这种决定性的变化视为丧失抑或解放、向自律的转化抑或向**失范**(anomie)的过渡,都须重视以下两个方面。首先是这一变化所造成的社会政治后果。道德概念的抽象变化总是体现在实在的、具体的事件之中。有一部迄今尚在撰写的历史,在其中,梅迪契王子、亨利八世和托马斯·克伦威尔、腓特烈·威廉和拿破仑、沃波尔和威尔伯福斯、杰斐逊和罗伯斯庇尔,通常是部分地并且以各不相同的方式,用他们的行动表达了马基雅维里与霍布斯、狄德罗与孔多塞、休谟与亚当·斯密以及康德等人在哲学理论的层面上所表达的完全相同的概念变化。不应当有两种历史——一种是政治与道德行为的历史,一种是政治与道德理论的历史,因为并不存在两种过去——一种仅由行为来充斥,一种仅由理论去堆积。每一个行为都是那些或多或少带有理论内容的信念与概念的载体与表达;而每一种理论、每一种信念的表达也就是政治与道德的行为。

因此，向现代性的过渡既是理论上的又是实践上的，而且无非是一种过渡而已。正是因为由现代学院课程所塑成的心灵，惯于将社会政治变化的历史（由历史系的一帮学者按一套成规进行研究）与哲学的历史（由另一帮完全不同的学者按另一套完全不同的成规进行研究）相分离。一方面，各种观念被赋予了一种虚假的自在的独立生命；另一方面，社会政治行为被表现为奇怪的、没有头脑的东西。当然，这种学术的二元化本身就是一种在现代世界几乎无所不在的概念之表现；不可否认，作为现代文化之最有影响力的敌对理论的马克思主义对经济基础与意识形态的上层建筑的区分，无非是这同一种二元论的又一翻版。

不过，我们还应该记住，如果自我彻底将自身与从一种单一的、统一的历史进程中承继下来的思想和实践模式相分离，那么这种分离的方式多种多样、纷繁复杂以至于容易被忽视。在这种独特的现代自我被创造之时，其创造不仅要求一种全新的社会背景，而且要求一种由并不总是融贯的多种多样的信念与概念所界定的社会背景。被创造的就是个体，那么这种创造究竟意味着什么呢？它在造就我们自身的情感主义文化中起了什
61 么样的作用？这些就是我们下面必须探讨的问题。

第 6 章 启蒙筹划失败的某些后果

现代道德理论的各种问题显然是作为启蒙筹划失败的产物凸现出来的。一方面，摆脱了等级制与目的论的个体性道德行为者以及道德哲学家们，都将这样的个体性道德行为者本身视为其道德权威的主宰。另一方面，必须为传承下来的，但已部分改变了的道德规则寻找某种新的地位，因为它们已被剥夺其古老的目的论特征，甚至被剥夺了它们更为久远的作为终极神法之表达的定言性质。如果不能为这些规则找到一种新的、使得对它们的诉诸成为合理的地位，那么，诉诸它们便不过是个人欲望与意志的单纯工具。因此，就存在着一种压力，要么通过设计某种新的目的论，要么通过为其寻找某种新的定言地位，来维护这些规则。前一方案赋予功利主义以重要性；后一方案则将其重要性归于所有那些追随康德根据实践理性的本性来诉诸道德规则的权威性的企图。我要证明的是，这两种尝试或者已经失败或者正在失败；但是，在力图使它们成功的过程中，思想的变革与社会的转化都完成了。

边沁的最初设计，显示出他对所面临的各种问题的性质和深度有一种敏锐的把握。他那原创性的心理学提供了一种崭新的人性观，借此，为道德规则确定新地位的问题可以得到明确的规定；而边沁的确毫不畏缩地承认，他就是要为道德规则明确新的地位并且赋予关键道德概念以新的意义。在他看来，传统道德为迷信所充斥；只有我们理解了人类行为的唯一动机就是避苦趋乐，我们才能够陈说开明道德的各项原则，而对最大限度的避苦趋乐的期望就为这种道德提供了目的（telos）。边沁把“快乐”作为一类感觉的名称，“痛苦”也是一样；而这两类感觉只在数量、强度和持久性上有所不同。这种虚假的快乐观之所以值得注意，仅仅因为边沁的功利主义的直接继承者们动辄就把这
62 种观点视为功利主义所遇困难的主要源泉。因此，他们也就始终不甚在意他从他的心理学命题向他的道德命题过渡的方式。他的心理学命题是人有且仅有两种动机，而他的道德命题则是：在任何既定条件下，当我们必须在两种行为或政策之间进行选择的时候，永远应该选择可以产生最大多数人的最大幸福（亦即，最大可能数量的快乐和最小可能数量的痛苦）的行为或政策。边沁当然认为，只有开明的、有教养的心灵才会认识到，由我的避苦趋乐心理所支配的对幸福的追求，与对最大多数人的最大幸福的追求实际上是完全一致的。不过，社会改革家的目标都是重建社会秩序，以使得甚至对幸福的盲目追求也会产生最大可能的多数人的最大可能的幸福；从这一目标出发，边沁规划了众多立法和刑事方面的改革。请注意，社会改革家不可能为了给自己设定那些特定的任务而去寻找一种动机，事实是，即使是在诸如 18 世纪末 19 世纪初的英格兰那种尚未改革的法律和社会秩序中，某人对自己此时此刻的幸福的开明关注也照样会导致对最大幸福的追求。这是一种经验上的主张。它是不是真实的呢？

约翰·斯图尔特·密尔既是边沁最早的学生，又是边沁学说追随者中最杰出的人物。但他却表明上述判断至少对他本人来说显然是不真实的，而这造成了一场精神上的崩溃。密尔的结论是，需要改造的恰恰是边沁的幸福概念，而他的真正成功之

处在于提出了如何从心理学中引出道德这一问题。这种“引出”为边沁的全新的自然主义目的论的筹划提供了全部合理性基础。这就无怪乎当这一失败在边沁主义内部被认识到之后，其目的论内容就变得越来越贫乏了。

密尔提出的边沁的幸福概念需要扩充的论点无疑是正确的；在《功利主义》一书中，他试图在“高级”快乐与“低级”快乐之间做一关键性的区分，而在《论自由》以及其他一些著作中，他把人的幸福的增长与人的创造力的扩展结合在一起了。不过这些修正的结果是要指出，人的幸福的概念不是一个统一的、单纯的概念，从而不可能为我们的关键选择提供一个标准，这显然是正确的，但却是边沁主义者无论有多大的改变都不会承认的。63
如果有人根据边沁和密尔的精神提出，我们应该由对我们自身未来的快乐或幸福的期望来指导我们自身的选择，那么恰当的反驳是追问“应该由何种快乐、何种幸福指导我？”因为享乐的活动多种多样，获取幸福的方式也各不相同。而且，快乐与幸福也不是仅以这些活动和方式为手段所造成的心灵的状态。饮用几分钱啤酒的快乐不是在克莱恩海滨游泳的快乐，而游泳和饮酒也不是提供同一目的-状态的两种不同手段。修道的生活方式所独有的幸福与军旅生活所特有的幸福也不是同一种幸福。因为不同的快乐、不同的幸福在很大程度上是不可公度的：不存在任何尺度可用来衡量它们的质与量。从而，以快乐为标准不会告诉我去饮酒还是去游泳，以幸福为标准也不能为我决定选择僧侣的生活还是士兵的生活。

理解了快乐与幸福的这种多形态特征，当然也就有理由认为这两个概念对功利主义毫无用处；如果对他或她自身未来的快乐或幸福的期望，由于上述缘由而不能为解决每一个体的行为问题提供标准，那么最大多数人的最大幸福的概念就是一个根本没有任何清楚内容的概念。诚然，它是一个可供多种多样的意识形态使用的伪概念，但也仅此而已。因此，当我们在实际生活中遇到其运用时，始终应该询问在其运用的背后隐藏着什么实际的筹划或目标。这样说当然不是要否认，其许多运用有益于社会的福利理想。查德威克为提供公共卫生设施而进行的激进改革，密尔本人对于扩展选举权和妇女解放以及其他一些19 世纪的理想和事业的支持，都是为了某种善的目的而援引功利的标准。但是，一种概念的虚构在一种善的事业中的运用，并不能减损其虚构性。后面我们还应进一步注意到现代道德话语中其他一些虚构的存在；但在此之前，有必要先考察一下 19 世纪功利主义的另一特征。

伟大的 19 世纪功利主义者为了尽可能地不受蒙骗，都有一种不断审视自身主张的持久的责任感，这是他们的道德上的严肃性与坚韧性的标志。这种审视的最高成就是西季威克的道德哲学。也正是在西季威克那里，为伦理学重建目的论框架的失
64 败最终得到了承认。他认识到，功利主义的道德命令不可能源于任何心理学的基础，并且，那责成我们追求普遍幸福的训诫，在逻辑上独立于，从而也不可能源于任何责成我们追求我们自身幸福的训诫。西季威克发现自己不得不做出这样一个令人不快的结论：我们的基本道德信念具有两种特征，它们并不构成任何的统一性，而是不可归约地异质性的；并且，对它们的信奉是且必定是无法论证的。道德思想根本上以某些其真实性不能被给予任何进一步的理由的陈述为其基本信念。对于这样一些陈述，西季威克借用休厄尔的词汇，名之为直觉。当西季威克宣称自己在原本要寻找“秩序”（cosmos）的地方实际找到的却仅仅是“混沌”（chaos）时，他对自己探究结果的失望溢于言表。

不久，摩尔毫不客气地借用了西季威克的最后主张，并且在

《伦理学原理》的拙劣论证中半遮半掩地陈述了出来。《伦理学原理》与西季威克后期著作之间的重要差别只是语气上的，而非实质性的。西季威克视为失败的东西，摩尔却视之为一种开明的、解放般的发现。而摩尔的读者们——对他们来说，这种启蒙和解放是至高无上的——则感到恰如自己曾被从基督教中解放出来一样，又被摩尔从西季威克以及其他功利主义者手中解放了出来。他们当然看不到，他们同时也丧失了客观性要求的任何基础，并且开始在自己的生活和判断中为不久以后出现的强有力的情感主义提供证据。

功利主义的历史就以这种方式，将18世纪道德合理性论证的筹划与20世纪之坠入情感主义历史性地联系到了一起。然而，功利主义在哲学上的失败及其在思想和理论层面上的后果无疑只是这一相关历史的一个部分。这是因为，功利主义有多种多样的社会表现形式，并在多种多样的社会角色和制度机构中留下了它的痕迹。而且，在功利主义丧失了密尔的说明所赋予它的哲学意义很久之后，这些东西仍然作为一种遗产而被保留着。不过，尽管这种社会遗产对我的核心论题绝非不重要，我仍准备晚些时候再评论它。我们先考虑另一种哲学努力的失败。这种哲学上的努力，试图对道德行为者的自律如何可能与道德规则具有一种独立、客观的权威性的观点前后一贯地结合在一起的问题，给出一种说明。

功利主义于19世纪发展出其最成功的主张。此后，英国哲学先后由直觉主义与情感主义统治，而在美国，实用主义提供了 65
直觉主义在英国为情感主义的出现所做的同样的准备。但是出于我们已然注意到的那些理由，在那些首先关注意义问题的分析哲学家的眼中，情感主义总显得不那么有道理，这在很大程度上是因为，道德推理显然确实在发生，道德结论也常常能够从一系列前提中有效地推导出。这些分析哲学家复活了康德的这样一个筹划,即:证明道德规则的权威性与客观性恰恰就是理性推理所具有的那种权威性与客观性。因此他们的核心筹划过去是,现在也是,表明任何有理性的行为者都通过其理性从逻辑上信守道德的规则。

我已指出,为实现这一筹划而做出的努力的多样性及其相互间的不相容性,动摇了其成功的可能性。但是,我们必须理解的显然不仅是这一筹划失败的事实,还有它为什么失败的原因。为此,我们有必要稍微详细地审查一下这类努力中的一个例子。我选择的例子是格沃思在《理性与道德》(1978)一书中所做的尝试。我之所以选择格沃思的书,不仅因为它是这类努力中最晚近的一个,而且还因为它仔细审慎地探讨了以往学者的各种反驳与批评。此外,格沃思在何为理性的问题上采取了一种既严格又清楚的观点:一种实践理性的原则,为了被人接受,就必须是分析的;一种结论,为了从实践理性的诸前提中被推导出来,就必须证明它已经包含在这些前提中。在有关"一个好的理由"由何构成的问题上,这里不存在任何松散性与模糊性,而这曾经削弱了早先某些把道德展示为合理的分析企图。

格沃思书中的关键命题是:"既然行为者把构成其成功行为之一般特征的自由和福利视为必不可少的利益,那么他也必然会合乎逻辑地主张他有权拥有这些一般的特征,从而不明言地做出一种相应的权利要求。"[①]对格沃思的论证可做如下解释:所有有理性的行为者都要认识到,他实施理性行为的前提条件,乃是某种程度上的自由和福利,因此所有有理性的行为者只要愿意,就必然愿意自己拥有同等程度的这些利益。这就是格沃

① 艾兰·格沃思:《理性与道德》(1978),第63页。

思所说的“必要利益”的真义。显然,到目前为止,我们还毫无理由对格沃思的论辩予以驳斥。让人生疑的是他关键的下一步。

格沃思论证说,任何主张其理性行为的实施的前提条件是必要利益的人,从逻辑上讲肯定也主张他有权得到这些利益。但是很明显,权利概念的引入需要合理性论证,这不仅因为此时 66
它对于格沃思的论辩是个全新的概念,而且因为这里的权利概念具有某种特殊的性质。

首先,很显然,我有权做某事或拥有某物的主张,与我需要或想要或意愿通过某事物而受益的主张,是两类完全不同的主张。从前者——如果它是唯一相关的考虑——可做出这样的推论:不论我试图做或拥有的是什么,也不论它是否符合我的利益,他人都不应该干涉。而从后者就得不出这样的推论。至于所争论的是何种善或利益则是无足轻重的。

还有另一种途径可以使我们理解格沃思论证中所犯的错误,那就是搞清楚为什么上述推理步骤对他的论证如此重要。如果我因为自己拥有某种特性而要求一种权利,那么从逻辑上讲,我也肯定主张任何具有同一特性的人也都拥有这种权利,这当然不会有错。然而,恰恰是这种必然可普遍化的性质,不属于那些拥有一种利益或者需要或渴望一种利益的主张,即使这是一种普遍必要的利益。

利益对于理性行为是必要的这一主张,与要求拥有权利的主张如此不同的原因之一,就在于后者事实上预设了一系列由社会建立起来的规则的存在,而前者则没有这种预设。这样的一系列规则只存在于特定历史时期的特定社会环境之中。它们绝非人类状况的普遍面貌。格沃思乐意承认,像英语中的“权利”(a right)这样的表达及其在英语和别的语言中的同义词,仅仅是在语言发展史中相对晚近的中世纪末才出现的。不过他争辩说，这类表述的存在并不是权利概念体现在人类行为方式时的必要条件；而至少在这一点上他显然是正确的。但是格沃思必须面对的诘难恰恰是：那些预设了有权拥有某物的概念（诸如权利概念）的人类行为方式，总是具有极其具体的地方社会特性的；特殊类型的社会结构或实践的存在，是那种要求拥有权利的概念成为一种可理解的人类行为样式的必要条件。（作为一个历史事实，这类社会制度机构或实践并不普遍地存在于人类各种社会当中。）在缺乏任何这类社会形式的情况下主张一种权利，就像在一种没有货币机构的社会中签发支票付账一样可笑。这样，格沃思就把一个无论如何不属于有理性的行为者
67 之最小特性的概念，非法地偷运进他的论证之中，这是他为了成功所必须做的。

因此，我认为，无论 19 世纪中晚期的功利主义，还是 20 世纪中晚期的分析的道德哲学，把自律的道德行为者从启蒙筹划无法为其道德信奉提出一个世俗的合理化论证的困境中拯救出来的尝试，同样都是不成功的。前面我已把这种困境的特点描述为，在其中，从传统道德的外在权威中解放出来的代价是，新的自律的行为者自诩的道德话语丧失了任何权威内容。每一个道德行为者现在都不受神法、自然目的论或等级权威等各种外在性的约束而畅所欲言，然而，为什么所有其他人现在都应该听他的呢？毫无疑问，正是对于这一问题，功利主义和分析的道德哲学都试图给予强有力的回答；但是，如果我的论证是正确的，那么也正是在这个问题上，这两者都没能给出强有力的回答。尽管如此，几乎所有人，无论哲学家还是非哲学家，都在继续言说和著述，好像这些筹划中的某一个已经成功了似的。由此产生了我在本书开头指出的当代道德话语的特征之一，即：道德表

达式的**意义**与**使用**它们的方式之间的脱钩。这是因为，除非至少有一种哲学筹划取得成功，意义的存在与保留才能得到保证；但是使用，情感主义者的使用，恰恰是所有这些哲学筹划统统失败之后才可能期待的东西。

作为一种后果的当代道德经验具有一种自相矛盾的特征。一方面，我们每个人都被教导要把自己视为自律的道德行为者；但另一方面，我们每个人又都逐渐被审美的或科层的实践模式所吸引，使我们卷入与别人相互操纵的关系之中。为了保护我们珍视的自律性，我们力求我们自己不被他人所操纵；但为了把我们自身的原则和观点具体化在实践世界中，我们却发现，除了用自己力求避免的操纵性关系模式来对付他人外，无任何他途可循。我们的态度与经验的这种矛盾性源自我们所继承的矛盾的概念体系。

一旦我们理解了这一点，我们也就有可能理解另外三个概念，即**权利**、**抗议**(protest)和**揭露**(unmasking)在独特的现代道德构架中的关键地位。我这里所说的"权利"，并不是指由成文法或习俗授予某特定阶级成员的那些权利；我指的是据说是属于人类本身的那些权利，这些权利被援引来作为这样一种主张 68
的根据，即：人们在其对生命、自由与幸福的追求中不应当受到干涉。它们是18世纪作为自然权利或人的权利(rights of man)而被提及的权利。它们是消极地、严格地作为不受干涉的权利被界定的。这是18世纪特有的现象。不过在18世纪的某些时候，人们也把积极的权利——例如正当程序权、受教育权或就业权——加在其中，这种做法在我们自己的时代就更为经常了。现在，"人权"(human rights)这个措辞比18世纪的"自然权利"或"人的权利"都更为通用。但是，无论消极的抑或积极的，也不论如何称呼它们，人们都认定它们平等地属于所有个体，而不论其性别、种族、宗教、天赋或功过,并且为各种各样的特殊道德姿态提供一种根据。

我在讨论格沃思的论证时曾间接地提到,在中世纪临近结束之前的任何古代或中世纪语言中,都没有可以准确地用我们的“权利”一词来翻译的表达式。这就是说,大约在公元1400年前,古典的或中古的希伯来语、拉丁语或阿拉伯语,更不用说古英语了,都缺乏任何恰当的方式来表达这一概念。在日语中,甚至到19世纪中期仍是这种情况。从这点来看,居然存在着这类人之为人都具有的权利,自然令人诧异。显然,这个事实并不意味着根本不存在任何自然的或人的权利;它只意味着没有人知道它们的存在。而这也至少产生了某些问题,但我们用不着分神去解答这些问题,因为真理是显而易见的,即:根本不存在此类权利,相信它们就如相信狐狸精与独角兽那样没有什么区别。

那用来如此率直地断定并无此类权利存在的最好理由,其实与我们所拥有的用来断定并无狐狸精或独角兽存在的最好理由恰好属于同一类型:为相信存在这类权利而提供各种好的理由的所有努力都已失败。18世纪自然权利的哲学捍卫者们有时提出,认为人拥有这类权利的主张都是自明的真理;可是我们知道根本不存在任何自明的真理。20世纪的道德哲学家有时诉诸他们的或我们的直觉;可是从道德哲学史中我们应当已经学到,道德哲学家引入“直觉”一词乃是其论证已走投无路的标志。自1949年《联合国人权宣言》颁布以来,联合国不为**任何**主张提供充足根据的常规做法一直得到极严格的遵循。这类权利的最新近的捍卫者罗纳德·德沃金承认,这类权利的存在不可能得到证明,然而对此,他又简单地议论道,从一个命题不能被证实这一事实中推不出它不真

实的结论。[②] 这种看法自然不假，但它同样可以用来为有关独 69
角兽和狐狸精的主张辩护。

因此，自然权利或人权是虚构的，只不过是具有高度特殊性质的虚构，功利概念也一样。为了认清它们，有必要再次简要地探讨一下从 18 世纪重建道德的努力中产生出来的另一种道德上的虚构，即功利概念。正如我已指出的，当边沁首次将“功利”一词变成一个准技术性的术语时，他采取的方式是力图使有关合计个体们对快乐与痛苦的期望的观念显得合乎情理。但是，由于密尔和其他功利主义者大大扩展了人类所追求和评价的目标的多样性，将所有那些实现这些目标的经验与活动合计起来的可能性，在我早先所提出的那些理由面前，就变得越来越难以置信了。自然人与有教养的人所欲望的对象是不可归约地异质的，并且，将这些对象合计起来的观念无论对于诸个体还是对于某个人群，都没有任何明确的意义。但是，如果“功利”因此而不是一个清楚的概念，那么把它作为一个清楚的概念来使用，好像它能够为我们提供一种合理的标准，实际上就等于在使用一种虚构的东西。

当我们把功利概念与权利概念并置在一起的时候，就可以清楚地看到各种道德虚构的一个核心特征：它们都旨在为我们提供一种客观的、非个人性的标准，但它们无一成功。而且，就因为这个缘故，在其可疑的意义与实际的使用之间必然出现脱节。此外，现在我们也能够更好地理解，现代道德争论中各种不可公度的前提的现象是如何产生的。权利概念作为自律的道德行为者之社会发明的一部分被杜撰出来，以服务于一套目标；而功利概念则是为另一套完全不同的目标而设计的。创制这两个

---

② 罗纳德·德沃金：《认真对待权利》(1976)，第 81 页。

概念的情境是相同的：都要求用人为的设计来代替一种更古老、更传统的道德概念，并且，假如还想要这些替代品呈现出一种行使其新的社会功能的样子，它们就必须具有一种全然新创的特征。因此，当诉诸权利的主张与诉诸功利的主张相互较量时，或者，当这两者或其中之一与以某种传统的正义概念为基础的主张相互较量时，根本不存在任何合理的方式以确定何类主张应该给予优先地位、某类主张何以能压倒其他主张，也就不足为怪了。道德上的不可公度性本身就是一种特殊的历史结合的
70 产物。

这为我们理解现代社会的政治活动提供了一个重要的洞见。因为我早先所描述的科层制个人主义文化所导致的独特的公开政治争论，就存在于以权利为其主张之基础的个人主义与以功利主义为其主张之基础的科层组织形式之间。但是，假如权利概念与功利概念是一对互竞的不可公度的虚构，那么人们所使用的道德习惯语顶多能为现代政治程序提供一种貌似的而不是实实在在的合理性。政治争论的这种虚构的合理性掩盖了意志和权力的任意专横在解决争论中的作用。

这样一来，抗议（to protest）何以成了现时代的一种独特的道德特征，愤慨（indignation）何以成了最流行的现代情绪，也都不难理解了。“抗议”一词与其拉丁词源以及法语同根词最初都既有消极意义又有积极意义，积极意义甚至更为常见；“to protest”也就是为某个事物作证，并且只是作为忠于这一证言的结果，才作证反对另外某个事物。

但是现在的抗议几乎全然是消极现象。特别是当他人以功利的名义对某个人的权利进行侵犯时，作为对这种所谓侵犯的一种反应，抗议就发生了。由于不可公度性的事实保证了抗议者们永不会赢得一次论辩，所以抗议者固执己见的尖叫之声总

是不绝于耳；而且由于不可公度的事实同样保证了抗议者们也永不会输掉一次论辩，抗议者们自以为是的愤慨之情也就习以为常了。因此，抗议的言论尤其针对那些已与抗议者分享共同前提的人。不可公度性的种种结果决定了抗议者们除了自身之外没有任何其他人可以对话。这并不是说抗议不可能有效，而是说它不可能合理地有效，并且其主要的表达模式证明人们对此有某种或许是无意识的觉察。

有人指出，现代世界中独特的现代道德目标的主要倡导者——我这里所说的，完全不包括那些试图使多少已经幸存下来的古老传统以某种形式与现代性共存的人——提供了一种用以把那些事实上是独断的意志与欲望的表演的东西藏匿到道德面具背后的修辞术。这种说法当然不是什么新东西。因为现代性的每一个坚定的支持者，虽然一方面出于显而易见的理由不愿意承认这种说法符合他们的实际，但另一方面却准备以此来指责他们所反对的人。克拉珀姆教派的福音教徒是这样，他们看到自私与罪恶在启蒙时代的道德中获得了一种合理的或正在合理化的伪装；反过来，福音派教徒的那些解放了的子孙及其在 71
维多利亚时代的继承人也是这样，他们把福音派的虔诚仅仅视为伪善；再往后，在摩尔的理论下重获自由的布鲁姆斯伯里的人们也是这样，他们把维多利亚时代半官方的文化行头看作一种掩盖了父辈、教士以及阿诺德、拉斯金、斯宾塞等人之傲慢执拗的浮夸游戏；D. H. 劳伦斯也是这样，他恰恰以完全相同的方式“看透”了布鲁姆斯伯里的人们。当情感主义最后被宣称为是一种有关道德话语之性质的全然普遍的观点时，它也无非是归纳了现代各文化造反派对其各自的道德前辈所做的批评而已。独断的意志与欲望之不被承认的动机维系着现代性的道德面具，因此对这些动机的揭露本身就是最有现代特色的活动之一。

揭露他人的专断性，总可以防止我们自身的专断性被他人所揭露，发现这一点乃是弗洛伊德的成就。20 世纪初，塞缪尔·巴特勒等人的自传，在所有那些从其所受教育的文化形式背后感受到父辈专断意志之重压的人中间引起了强烈的反响。而这种重压当然归因于受过教育的男人和女人们已经把他们所渴望拒斥的东西内在化了。因此，利顿·斯特雷奇对维多利亚时代人们的嘲笑的重要性就在于，它构成了布鲁姆斯伯里的人们获得解放的一部分，而斯特雷奇对摩尔伦理学的夸张反应，其意义也在于此。但更为重要的却是那承继而来的良心，弗洛伊德把它称为"超我"——我们自身中非理性的部分，为了我们的心理健康，我们必须摆脱它的控制。弗洛伊德当然以为他自己所做的是有关道德本身的一种发现，而不仅仅涉及 19 世纪末 20 世纪初的欧洲道德。但我们绝不能以这一错误来减损他所取得的成就。

在此有必要回顾一下我的核心论证的线索。我从探讨当代道德论争无休无止的状况开始，并试图阐明这种无休无止性乃是有关道德判断的修正了的情感主义理论的一个后果，这种理论肇始于 C. L. 史蒂文森和其他一些人。不过我并不将这一理论仅视为一种哲学的分析，相反，它还是一种社会学的假设。（我并不乐意以这种方式提出问题；根据我在第 3 章给出的理由，这一领域内任何充分的哲学分析必然同时又是一种社会学的假设，反之亦然。在流俗课程强加给我们的观念中似乎有某种深层的错误，即，有两种截然不同的科目或训练——一方面是由一系列概念性探究组成的道德哲学；另一方面是由一系列经验的假设与发现组成的道德的社会学。奎因对任何主张分析-
72 综合一分为二的顽固观点给予的致命打击，无论如何也使人对这类将概念性的东西与经验性的东西对立起来的做法产生了疑问。)

因此,我的论证的目的是要表明,情感主义透露出大量有关当代道德话语与实践的东西,更具体地说,现代社会的各种主要的特性角色——就我赋予“特性角色”一词的特殊含义而言——在其行为中体现了这类情感主义模式。读者也许还记得,这些角色包括审美者、心理医生以及作为技术官僚的管理者。对于使得情感主义的胜利成为可能的那些发展阶段的历史探讨,现已暴露出和这些特殊的现代角色相关的问题,即,他们在多大程度上经营着并且是无可逃避地经营着道德虚构。然而,除了权利和功利,道德虚构的范围还有多大?并且谁又会受到这些虚构的蒙蔽呢?

审美者是最不可能成为受害者角色的。哲学家想象中的那些目空一切的无赖,如狄德罗笔下的拉摩和克尔凯郭尔笔下的“A”,如此傲慢地在现代世界的入口处闲荡,特别善于看穿那些幻想和虚构出来的主张。如果他们受骗,也仅由其自身的玩世不恭所致。当审美的蒙蔽在现代世界中发生时,不如归因于审美者不愿意承认他们自己之所是。个人享乐带来的负担可能如此巨大、快乐的空虚与无聊所显示的威胁可能如此明确,以至于审美者有时不得不求助于比年轻的拉摩和“A”所曾得到的更为精巧的策略。他甚至可以成为克尔凯郭尔的狂热的读者,并将被克尔凯郭尔视为审美者之宿命的绝望变成一种全新的自我放纵形式。而假如过度沉溺于绝望之中似乎有害其享乐的能力,他也会去找心理医生,正如过度沉溺于酒精要寻求治疗一样,并且把治疗当成又一种审美体验。

相反,心理医生不但是三类典型的现代角色中最容易受骗的一类,而且还是被人看出是已上当受骗的角色——不仅仅受道德上的各种虚构的欺骗。对我们文化中各种标准的治疗学理论的富有敌意的破坏性批判俯拾皆是；的确，每一个心理医生派别都过于急切地想揭露所有与其竞争的派别的理论缺陷。于是，问题不在于，为什么有关精神分析治疗或行为治疗的各种主
73 张不被揭露为无根据的，而是，既然它们已经受到如此充分的削弱，为什么治疗实践大体上仍在继续，似乎什么也没发生过。而这个问题，与审美者的问题一样，不只是一个有关道德上的各种虚构的问题。

当然，审美者和心理医生无疑与任何其他人一样，都易于在这类虚构中做交易；但他们并没有任何为其自身所独有、属于其角色之真实定义的虚构。至于作为当今舞台之统治人物的管理者，情况就大不相同了。因为除了权利和功利之外我们还须把独特的管理性虚构——这种虚构体现在要求系统有效地控制社会实在的某些方面的主张中——放到当代几种主要的道德虚构中间。出于两种截然不同的理由，这一观点乍看之下令人吃惊：我们并不习惯于怀疑管理者在实现他们所想实现的东西时的效率，我们同样不习惯于将效率视为一个与诸如权利或功利概念同归一类的独特的道德概念。管理者自身以及大多数论述管理问题的作家，都将他们自己视为道德上中立的特性角色，他们的技艺使他们能够设计出最有效率的手段以实现任何预定的目标。按照流行的观点来看，一个既定的管理者是否有效率的问题，大大不同于他的效率与服务的目的是否道德的问题。尽管如此，我们还是有强有力的理由来拒斥效率是一种道德上中立的价值主张。因为，正如我先前曾指出的，整个效率概念与人的一种存在模式不可分离，在这种模式中，手段的设计主要是操纵人们进入依从性的行为形式；并且管理者恰恰是通过诉诸自己在这方面的效率，才要求在这种操纵模式之内的权威性。

于是，效率就成了一种与当代其他生活方式竞争着要我们

去信奉的生活方式的一个限定性和决定性的因素；而假如我们欲对那种认为科层制的管理模式应在我们的生活中占有权威地位的主张做出评价，那么估计一下科层制管理对效率的要求，就会成为一项最根本的任务。体现在各种管理性角色和特性角色的话语与实践中的效率概念，当然是一个极端普遍的概念。它与那些有关在公司、政府机构、工会以及各种其他团体中实行向下的社会控制之同等普遍的概念有着密切的联系。几年前，伊根·毕特纳意识到，这一普遍化的概念与任何特定情境中恰好够用的实际标准之间存在着一种严重的脱节。他指出："韦伯虽极其清楚地表明了，唯一可证明科层体制之合理性的东西就是有效性，但在如何运用这一判断标准的问题上，他却未能够给我们提供任何明确的指导。诚然，科层体制的方方面面中，不止 74
一项与其有效性功能有着无可争辩的关联。远程目标肯定不能用来计算这种有效性，因为各种偶然因素的影响随着时间的推移不断增加，从而越来越难以为某一稳定控制下的行为片段分配确定的价值。另一方面，在判断有效性时使用短程目标，可能与经济本身的理想相冲突。不仅短程目标与时俱变，并以不确定的方式相互竞争，而且短程结果还具有臭名昭著的欺骗性价值，因为人们可以轻而易举地操纵这些结果从而表明他们想要表明的一切。"③

正是普遍化了的效率概念与可供管理者选择的实际行为之间的脱节，表明这种概念在社会中的各种使用并非如他们之所愿。这种概念被用来维持扩大管理者的权威与权力，自然不是问题；但是其使用与这些任务的关联都源于这样一种信念，即，管理者的权威与权力被证明为是正当的，因为管理者有能力将

---

③ 伊根·毕特纳：《组织的概念》，载《社会研究》第 32 期（1965），第 247 页。

技艺与知识用于达到某些特定的目的。然而,假如效率是社会控制的一种伪装——而非一种实在——的一部分,那会怎样呢?假如效率是一种由管理者、官僚自己以及其他人归之于管理者与官僚的性质,而实际上除此之外,这种性质很少存在,那又会怎样呢?

对于效率的此种性质,我借用"专门知识"(expertise)一词来指称它。我当然不是要质疑许多领域中真正专家(experts)的存在:研究胰岛素的生化学,历史学,古代家具研究。我要质疑的特别是且仅仅是管理者与官僚们的专门知识。而我得出的最终结论是,这种专门知识其实不过是另一种道德虚构,因为需要用来维持它的那种知识并不存在。但是,假如社会控制真的只是一种伪装,会是什么样子呢?请考虑下述可能性:压制我们的并非权力而是无能;大公司的总裁们控制不了美国(某些激进的批评者所相信的)的关键原因在于他们甚至不能成功地控制自己的公司;当所谓组织性技艺和权力得以运用并且欲求的效果也随之而来时,我们所看到的那种前后相继与幸运的教士恰巧在干旱出乎意料的结束前夕祈雨不无相似;权力杠杆——管理性专门知识本身的主要比喻之一——并不系统地产生效果,并且过于频繁地仅与其使用者自吹的效果存在巧合。如果这一切都是真的,那么掩饰事实当然就具有了社会的和政治的重要性,而像管理者和管理学作家那样运用管理效率的概念,也就成
75 了任何诸如此类的掩饰的本质部分。幸运的是,我无须为了表明管理效率概念作为一种道德虚构发挥着功能,而把严格确认被掩饰的究竟是什么作为目前论证的一部分;我只须表明,其使用预设了各种不可能被实现的知识要求,以及,它的各种使用与体现它的各种断言的意义之间的差异,恰好类似于情感主义理论在其他现代道德概念中所辨识出来的那些差异。

在此提及情感主义是非常贴切的;因为我所陈述的有关信仰管理效率的问题上的论点,在某种程度上与某些情感主义道德哲学家——卡尔纳普和艾耶尔——所提出的有关信仰上帝的问题上的论点相似。无论卡尔纳普还是艾耶尔,都把情感主义理论扩展到了道德判断的领域之外,并且都认为,各种更一般的形而上学申言与更特殊的宗教申言,当它们旨在给出有关超验实在的信息时,实际上无非是表达了那些申言者的情感与态度。他们用宗教的言辞来掩饰某些心理学的现实。卡尔纳普与艾耶尔就以这种方式,展示出为这些幻象的流行提供一种社会学解释的可能性,尽管他们自己并无意于提出这样的解释。

我认为,"管理效率"的功能与卡尔纳普、艾耶尔眼中的"上帝"的功能大致相同。这是一个虚构的名称,却被信以为实在,诉诸它就掩饰某些其他的实在;其有效的使用意味深长。正如卡尔纳普和艾耶尔主要是通过考虑信仰上帝缺乏适当的合理性论证而得出他们的结论,我的论证的核心论点是:对管理效率的种种解释同样缺乏适当的合理性论证。

如果我在这一点上是正确的,那么对当代道德景观的刻画就会比我以前的论证更深入一步。我们不仅可以合理地证明,情感主义的解释对于我们大量的道德话语和实践来说,不但真实而且体现于其中,甚至许多这样的话语和实践正在经营着各种道德虚构(诸如"功利"与"权利"),我们还必然能够得出这样的结论,即,另一种道德虚构——从文化上看或许是全部虚构中最强有力的一种——就体现在对效率的主张之中,从而也体现在由现代社会戏剧的核心角色——科层制管理者——所制造的权威之中。而我们的道德将在一种令人激荡不安的程度上被 76
揭示为一座充满幻象的剧院。

管理者要求效率的主张,显然依赖于进一步要求拥有知识储备的主张,借助于这些知识就可以塑造各种组织和社会结构。这类知识必须包括一系列类似于规律的事实概括,使得管理者能够预测,如果某一事件或某一类型的事态出现或产生,便会导致另一事件或某类特定的事态。因为只有这种类似于规律的概念能够产生那些特殊的因果性解释与预测,借此,管理者可以塑成、影响并控制社会环境。

因此,管理者要求被合理化了的权威的主张,就会包含两个部分的内容。其一涉及一个道德上中性的事实领域的存在,管理者要成为这一领域的专家;其二涉及研究这一领域所得到的类似规律的概括及其在特殊情形中的应用。这两种主张同时反映了自然科学的要求,而诸如"管理科学"这样的表达式被杜撰出来也就不足为怪了。管理者要求道德中立性的主张,本身就是管理者表现自身并在社会和道德世界中发挥功能的重要方式之一,因此也相似于许多物理学家要求道德中立性的主张。要最充分地理解这一主张的意义,最好从这样一种考虑开始,即"事实"这一相关概念最初是如何成为社会上通用的概念,并且科层管理者的那些17世纪与18世纪的思想前辈又是如何将其投入使用的。结果我们将看到,这一历史以一种重要的方式与我已详述的自律道德主体概念在道德哲学中出现的历史密切相关。自律道德主体概念的出现,包含了对所有亚里士多德和准亚里士多德的世界观的一种拒斥,在这种世界观中,一种目的论的观点为评价性主张作为一种独特的事实主张发挥功能提供了语境。而随着亚里士多德主义遭到拒斥,无论价值概念还是事实概念都获得了一种全新的特性。

因此,事实性前提不可能得出道德的或其他评价性的结论,这并非永恒的真理;不过,真实的是,人们所赋予道德的以及其他主要的评价性表达式的意义,在17世纪末和18世纪发生了如此巨大的变化，以致在当时通常视之为事实性前提的东西中，不能够蕴含当时通常视之为评价性的或道德性的结论。然而，历史所制造的事实和价值之间的这种表面上的区分，并不仅仅 77
是价值和道德予以重构的方式问题；而且，一种已有变化且还在变化的事实概念也强化了这种区分。想要对现代管理者要求拥有那种能证明其权威的知识的主张做出任何估价，都必须先考察这种事实概念。 78

第 7 章 “事实”、解释与专门知识

“事实”在近现代文化中是一个出身名门而又流落民间的通俗概念。当大法官培根爵士把过去的柏拉图主义和未来的经验主义的惊世骇俗的混合物作为其宣传计划的一部分，而告诫其追随者摒弃思辨、收集事实之时，他立即得到了诸如约翰·奥布瑞那样人的理解，后者已经将事实等同于收藏家们的收藏品，并且如同其他时候收藏斯波德陶瓷和火车发动机一样对收集事实热情有加。然而，英国皇家学会早期的另外一些成员非常清楚地意识到，无论奥布瑞在做什么，他所做的绝非他们中的其他人所理解的自然科学；可他们没有意识到，总的看来是他而不是他们，忠实地信奉培根归纳法的形式意义。当然，奥布瑞的谬误，不仅在于他认为自然科学家只不过是一类饶舌者，还在于他认为观察者能够无须任何理论解释涉入其中就直接地面对事实。

今天的科学哲学家们大多同意这是个谬误，尽管它存在良久、难以消除。20 世纪的观察者仰视夜空，看到了恒星与行星；而某些早期的观察者看到的却是一只圆球上有无数的裂缝与漏洞，透过这些裂缝与漏洞又能观察到球外的光亮。每一个观察者使他自己所知觉到的东西都由负载着理论的各种概念所确认，并且必须被这些概念所确认。正如康德所言，直观无概念则盲。经验主义哲学家坚决主张，现代的和中世纪的观察者共同

之处在于，每个人在一切理论与解释之前实际所见和曾见的，乃是镶嵌在一块黑色表面上的许多小亮点；现代的和中世纪的观察者所看到的东西至少能做这样的描述，这是显而易见的。然而，假如我们所有的经验都仅仅依据这种赤裸裸的感觉型描述来界定其特征——许多特殊的目的时不时地求助于这种描述类型显然是有益的——那么，我们所面对的，就不仅仅是一个未加解释的世界，而且是一个不可解释的世界；不仅仅是一个尚未被理论所把握的世界，而且是一个永不可能被理论所把握的世界。79
一个具有结构、形状、气味、感觉和声音的世界，但再无任何东西引发任何问题，也无任何根据可资提供任何答案。

经验主义的经验概念是后来的 17—18 世纪的一种文化创造。乍看之下吊诡的是，它居然出现在自然科学在其间兴起的同一文化中。因为它是作为解救 17 世纪认识论危机的一种万灵药而被发明出来的；人们试图用它来弥合看起来是(seems)与实际上是(is)、现象与实在之间的裂隙。使每一个经验主体成为一个个封闭的王国就是为了弥合这道裂隙；我所能做的只是将我的经验与我的经验相比较，再无其他，以至于在我看起来，是与事实上是之间的对比永不可能得到阐明。这要求在经验上拥有一种较之诸如余像(after-images)所拥有的真正私人的对象更为彻底的私人性。因为余像可能被误述；在有关余像的心理实验中的主体必须学会准确地报道它们。看起来是与实际上是之间的区别诚然适用于诸如此类的真正私人的对象，却不适用于经验主义所发明的私人对象，即使某些经验主义者正是试图依据真正的私人对象(余像、幻觉、梦魇)来说明他们所发明的观念。毫不奇怪，经验主义者不得不强使"观念"、"印象"甚至"经验"本身等旧词作新的使用。"经验"的原义是指把某物投入试验或检验的行为——这种意义后来被保留在"实验"

(experiment)一词中,再往后也还被包含在某些活动形式中,比如我们说"五年木匠的经验"。人类历史上的绝大多数时代并不知晓经验主义的经验概念。因此可以理解,经验主义的语言史是一部持续创新与发明,直至在粗鄙的新词"感觉材料"那里登峰造极的历史。

与此相对照的是,自然科学的观察与实验概念意在扩大看起来是与实际上是之间的距离。望远镜与显微镜的镜头被认为优于眼睛的眼球晶体;在测量温度时,热对酒精或水银的效应被认为优于热对晒黑的皮肤或干燥的喉咙的效应。自然科学教导我们注意某些经验而别注意其他的,并且仅仅关心那些已经处于一定的科学关注形式的笼罩之下的经验。它重新划分了看起来是与实际上是之间的界线;它创造了现象与实在以及幻象与实在之间的新的差异形式。"实验"的含义与"经验"的含义较之 17 世纪更为截然地背道而驰了。

当然还存在其他严重的分歧。经验主义的概念有意将我们
80 的知识赖以建构以及它得以奠立的各种基本要素区别对待:各种信念与理论能否被证明为正当就取决于对经验的基本要素的裁定。可是自然科学家的观察绝不可能在这种意义上是基本的。诚然,我们让各种假设接受观察的检验;但是反过来,我们始终可以对我们的观察提出质疑。木星有七颗卫星的信念要受到借助于望远镜的观察的检验;但这观察本身却必须由各种几何光学理论来证明其合理性。我们需要理论去支持观察,同样,我们也需要观察去支持理论。

因此,经验主义与自然科学在同一文化中的共存的确有点异乎寻常,因为它们代表了两种截然不同、互不相容的认识世界的方式。不过,在 18 世纪,这两者能够在同一世界观内得到体现和表达。这就意味着,这一世界观在其极致处从根本上说是

不融贯的；难怪敏锐而又尖刻的观察家劳伦斯·斯特恩得出结论说，哲学——尽管是无意的——最终已将这个世界表象为一系列的玩笑，而他的《项狄传》(Tristram Shandy)就是由这些玩笑构成的。遮蔽了斯特恩所揶揄的那些人本身的世界观之不融贯性的东西，部分也就是他们要从其世界观中一致否定和排除的东西。而他们所一致否定和排除的，在很大程度上正是亚里士多德的古典世界观的所有那些方面。17 世纪以降的一个共识是，在有关自然界和社会诸事实的特性问题上，通过在事实本身和所经验到的实在之间插入一种亚里士多德主义的解释，经院哲学家自甘受欺，而我们现代人——亦即，我们那些 17 世纪与 18 世纪的现代人——却剥除解释与理论，直面事实与如其所是的经验。正因为此，那些现代人宣告并命名他们自己的时代为启蒙时代，而反过来将中世纪的过去理解为黑暗时代。亚里士多德所遮蔽的，他们却明白了。这种自负显然是从一种理论解释立场向另一种立场的一种未被公开承认的转变的征象。结果，启蒙运动就成了在其中大多数知识分子缺乏自知的最典型的时期。那么，在这些盲人在其中为其自身的视力而欢呼的 17 世纪与 18 世纪的这一转变中，最重要的成分是什么？

对于中世纪来说，机械作用乃是一个最终依据目的因来把握的世界中的动力因。每一物种都有一自然的目的，要说明个体的各种运动和变化，就是要说明该个体是如何趋向于与那一
特殊物种的诸成员相适宜的目的。作为这样一个物种之成员的 81
人所趋向的诸目的就被他们视为善，并且想要说明他们趋向抑或偏离各种各样的善，就要参照他们已经习得或没能习得的诸美德和邪恶以及他们所使用的实践推理的形式。亚里士多德的《伦理学》与《政治学》(当然还包括《论灵魂》)既关注如何说明和理解人类行为，也关注哪些行为是应当做的。诚然，在亚里士

多德主义的框架内,不履行其一也就不能履行另一。道德领域与人的科学领域之间的现代对立与亚里士多德主义格格不入,因为,正如我们已经看到的,事实与价值的现代区分对于它同样格格不入。

17—18 世纪,当亚里士多德主义对自然的理解遭到抛弃、亚里士多德的影响被新教和詹森派神学所清除的时候,亚里士多德对人类行为的论述也被拒斥了。“人”不再是我早先所说的功能性概念,除了在神学内部——并且在那里也并不总是如此。对行为的说明逐渐被视为无非是揭示作为行为之基础的各种生理的和物理的机械作用;因此,当康德意识到,在任何承认道德律令对行为的主宰作用的论述与任何诸如此类的机械论式的解释之间,有一种深刻的不相容性时,他不得不得出结论说,服从并体现道德律令的行为从科学的立场看必然是不可解释和不可理解的。康德之后,诸如行为的意向、目标和理由等观念与各种厘清机械论解释之观念的概念之间的关系问题,成了哲学的恒久课题的一部分。然而,前面那些观念现在被看作与善或美德的观念相分离的;这些概念被移交给了伦理学这一独立的分支学科来处理。如是,18 世纪的各种断裂与分离又在当代学院课程划分中得到了自我延续和强化。

但是,试图以机械论的术语——这些术语具有被理解为动力因的诸先在条件——去理解人类行为又是怎么回事呢?在 17—18 世纪对事物的理解以及许多随之而来的看法中,处于机械论解释观念之核心的,乃是一种由类似于规律的普遍概括所表明的不变性概念。引证一个原因就是要引证一个必要条件或充分条件或充分必要条件作为所要解释的任何行为的前提。所以,每一个机械性的因果相继序列都是某个普遍的概括的例证,而这个普遍的概括又有一个能够严格指明的范围。旨在具有范围上的普遍性的牛顿的运动律，为这类普遍概括提供了范例。因为是普遍的，它们就超越过去或现在实际观察到的事物而扩展到观察所遗漏了的和尚未观察到的事物。如果我们知道这样 82
一个普遍概括是真实的，那么，我们就不仅知道（例如）迄今为止所观察到的行星全都服从开普勒第二定律，而且还知道，假如在迄今所观察到的那些行星之外还有某个行星，那它也同样服从此定律。如果我们知道表达一真实法则的命题为真，则我们也知道一个明确的反事实条件句的集合为真。

机械论解释的这一理想，在 17 世纪和 18 世纪由一大批英国和法国的思想家从物理学转移到了对人类行为的理解之中，他们在同一事业之下从事着各不相同的工作。但是这样一个事业所必须满足的各种明确要求，直到后来才获得清楚阐明。其中非常重要的一项直到当代才由奎因辨识出来。[①]

奎因认为，如果存在一门关于人类行为的科学，其描述行为之特征的关键表述，依据的是严格得足以为我们提供各种真正法则的术语，那么，这些表述必须以一种消除了对行为之意向、目标和理由的所有指涉的词汇来加以程式化。正如物理学为了成为一门真正的机械性科学，不得不净化其描述性词汇，人的科学也必须如此。关于意向、目标和理由，究竟是什么使得它们如此不值一提？事实是，所有这些表述都隐含或预设了对于其中的行为者的各种信念的指涉。从奎因所说的“科学”的观点来看，我们用来谈论信念的那种话语有两个极大的不利因素：首先，句型“X 相信 p”（或“X 喜爱 p 的情形”或“X 害怕 p”）有一种内在的复杂性，它不是真值函项，这就是说它们不能被对应于谓词演算；因此，它们在一个关键的方面不同于用来表达物理学

① 奎因：《词与物》（1960），第 6 章。

规律的句子。其次,有关相信或喜爱或害怕的概念,涉及太多的富有争议和可疑的情形,以至于难以为我们确认或驳斥那些自以为发现了规律的声明,提供我们所需要的那种明晰性。

奎因的结论是,任何真正的人类行为科学,都必须清除诸如此类的意向性表述;然而,或许有必要像马克思对待黑格尔那样,将奎因的论辩颠倒过来。因为奎因的立场意味着,如果事实
83 证明不可能从我们对人类行为的理解中,清除掉对于诸如信念、喜爱和害怕等因素的指涉,那么这种理解就不可能采取奎因所考虑的那种人的科学的形式,亦即,在规律般的普遍概括中具体化。对于理解人类行为应该涉及什么的问题,亚里士多德主义的理论却包含了对于诸如此类的因素的一种不可消除的指涉;因此依据机械论解释去理解人类行为的任何尝试,必然与亚里士多德主义相冲突也就不足为奇了。

就这样,与人相关的"事实"观念在从亚里士多德主义到机械论观点的变迁中被改头换面了。按前者的看法,人类行为由于是要从目的论上予以解释的,所以对其特征的界定,不仅能够而且必须参照那提供人类行为诸目的的善的等级体系。按后者的看法,对人类行为的特征的界定,不仅能够而且必须排除对诸如此类的善的指涉。按前者的看法,有关人类行为的诸事实包含有关什么是对人有价值的诸事实(而不只是有关什么是他们认为有价值的诸事实);按后者的看法,根本不存在任何有关什么是有价值的事实。"事实"变得脱离了价值,"是"变得与"应当"格格不入,而解释,与评价一样,作为"是"与"应当"之间的这种分离的结果,也改变了其特性。

这一变迁的另一个隐含的意义,是更早一些时候由马克思在其《关于费尔巴哈的提纲》的第三条里指出的。显然,启蒙对人类行为的机械论解释,既包含有关人类行为之可预测性的论

题，又包含有关操纵人类行为之适当方式的论题。作为一个观察者，如果我知道控制他人行为的相关规律，那么每当我注意到诸前提条件已被满足时，我就能够预测结果。作为一个行为者，如果我知道这些规律，那么每当我能设法满足这同一些前提条件时，我也就能够产生此结果。马克思所理解的是，这样一个行为者被迫把他自己的行为看成截然不同于他所操纵的那些人的行为。因为被操纵者的行为是按照**他的**意向、目标和理由而被设计的；他把这些意向、目标和理由看作摆脱了那些控制着被操纵者的行为的规律，至少当他从事这类操纵时是这样。并且，至少在此时此刻他恪守这些规律，就如同化学家做氯化钾与硝酸钠化学反应实验时所做的那样；然而，在化学家或人类行为的技师所造成的各种化学变化中，化学家或技师必须明白，体现出来的不仅是控制这类变化的诸规律，还有他本人的意志在自然或社会中所打下的烙印。而正如马克思所见，他会把这烙印视为 84
其自身合理自主性的表达而非诸前提条件的单纯结果。当然，问题仍然存在：就那个宣称正在应用人类行为的科学的行为者而论，我们所真正观察的，是一种真正技术的应用，还是对这样一种技术的自欺欺人的虚假模仿？这取决于我们是否相信，为社会科学所做的机械论规划实际上已经实质性地达到了还是没有达到。至少在18世纪，一种机械论的人的科学的观念始终停留在规划和预言阶段。然而，这一领域中的各种预言可能并**没有**被转变成真实的成就，而只是一种将自己伪装成此种成就的社会性表演。而这一点——如下一章的论证将表明的——正是实际所发生的。

理智的预言如何成了社会性表演，有关的历史当然是复杂的。这一历史独立于操纵性专门知识概念的发展，而发端于现代国家如何培养其公务员的经历；这种经历普鲁士不同于法兰西，英格兰又不同于前两者，美国则又不同于所有这三个国家。但是，随着现代国家的功能变得越来越相似，其公务员制度也变得越来越相似；并且，尽管其形形色色的政务首长忽上忽下、变换不定，而公务员们则维持着政府的行政管理的连续性，从而将其许多特性赋予了政府。

在19世纪，公务员有社会改良者作为其对应者和敌手：圣西门主义者、孔德主义者、功利主义者、诸如查尔斯·布什那样的英国改良主义者、早期的费边社会主义者。他们独具特色的哀叹是：要是政府能够成为科学的政府就好了！而政府对此的长期答复，则主要是声称它的确已经成为改良者们所要求的那种意义上的科学的政府。政府越来越坚决地要求其公务员本身具有能够使他们取得专家资格的那种教育。它越来越多地征募那些声称是专家的人进入其公务员体制。它还饶有特色地将19世纪改良者们的后嗣也征召进来。政府本身变成了一个科层制管理者们的等级体系，而为政府干预社会进行合理性辩护的主要理由是，政府拥有绝大多数公民所没有的能力资源（resources of competence）。

与此相似，私人公司也通过提及其拥有相似的能力资源来证明他们的活动的合理性。专门知识变成了互竞的国家机构与
85 互竞的私人公司相互争夺的商品。公务员以及管理者也都通过援引自己作为社会变革的科学管理者的能力，来证明其自身的合法性及其对权威性、权力和金钱的要求的正当性。这样就产生了一种意识形态，它在一种现成的社会学理论——韦伯的科层制理论——中找到了其经典的表述形式。众所周知，韦伯关于科层制的论述有许多缺点。可是，他强调，以最经济有效的方式合理地调整手段以达到目的乃是官僚或管理者的核心任务，从而官僚或管理者证明其行为之正当性的适当方式就在于诉诸

他(或她)运用科学知识尤其是社会科学知识的能力,这种知识被理解为是由一系列普遍的规律般的概括所组成的,这样,韦伯就切中了现时代的要害。

我在第 3 章中曾指出,现代的科层制或行政管理理论,尽管在很多方面与韦伯的理论有相当大的差异,但是在管理的合理性问题上却与他完全一致;而这种契合强烈地意味着,现代研究组织机构的理论家们的著作所描述的,本来就是现代管理实践的一部分。所以现在我们能够看到一个发展过程的鲜明的轮廓:首先是从启蒙时代的社会科学理想到社会改良者们的抱负,其次是从社会改良者们的抱负到公务员和管理者的实践以及合理性证明的理想,再次是从管理的实践到社会学家和组织结构理论家对这些实践和控制这些实践的准则所进行的理论整理,最后是从管理学院和商学院中对这些理论家所撰写的教科书的使用到当代技术官僚的被理论化了的管理实践。如果要写出这一历史的全部具体细节,那么各个发达国家的情形当然都不会相同。其各自的前因后果也都不会完全相同,法国高等学校(Grandes Écoles)的作用并不严格等同于伦敦经济学院或哈佛商学院,德国公务员的思想和制度的系谱显然不同于其在欧洲其他某些地区的同道。但无论如何,管理上的专门知识的兴起必然都会有相同的中心论题;如我们已经看到的,这类专门知识的中心论题有两个方面:对价值中立的渴望和对操纵性权力的要求。现在我们能够觉察到,所有这两者都源于 17 世纪和 18 世纪的哲学家们划分事实领域和价值领域之方式的历史。20 世纪的社会生活在很大程度上是对 18 世纪哲学的具体而又戏 86
剧性的重演。而且,20 世纪社会生活所特有的制度形式的合法性依赖于这样一种信念,即,先前哲学的某些核心主张已经被证明是正当的。然而事实真是这样吗?难道我们现在拥有狄德罗和孔多塞所梦寐以求的控制社会行为的规律般的普遍概括吗？我们的科层制统治者们是否因此而证明了其正当性？尚未得到充分阐明的是，我们应当如何回答现代特有的主流体制在道德和政治上的合法性的问题，取决于我们如何裁定作为社会科学
87 的哲学中的一个争端。

第 8 章 社会科学中普遍概括的特性及其预言力的缺乏

管理性专门知识为证明其正当性，所需要的是一种已经被证明的社会科学概念，它提供一批具有强大预言力的规律般的普遍概括。因此，乍看之下，管理性专门知识的各种宣称可能并不难得到支持。因为恰恰就是这种社会科学概念支配了社会科学的哲学达两百年之久。按照从启蒙运动经孔德与密尔到亨佩尔的传统说法，社会科学的目标是要通过提供规律般的普遍概括具体地说明社会现象，这些普遍概括就其逻辑形式而言，与适用于一般自然现象的那些普遍概括没有什么不同，而管理专家所必须诉诸的严格地说也就是这类普遍概括。然而这种说法似乎意味着社会科学几乎甚或完全没有任何成就，尽管事实当然并非如此。因为显而易见，在这些科学里并没有发现任何规律般的普遍概括。

诚然，偶尔有人宣称，控制人类行为的一条真实规律终于被发现了；唯一的问题是，此类规律——例如经济学中的菲利普斯曲线或 G. C. 霍夫曼的“如果一团体成员之间的交往在外在系统中是频繁的，那么，彼此喜欢的情感会在他们之间生长起来，并且这些情感会反过来导致进一步的交往，远远超出外在系统的交往”——结果都是虚假的，并且正如斯坦尼斯拉夫·安德雷斯基尖锐地指出的，就霍夫曼的公式而言，它们是如此虚妄，以至于除了受传统的科学哲学所支配的社会科学家之外没有任何人会信以为真。因此，假设传统的社会科学的哲学已经断言，社会科学家的任务是提出规律般的普遍概括，并且再假设社会科学没有提出这类普遍概括，那么人们就可能料想，许多社会科学家会对这种传统的社会科学的哲学产生敌对和轻蔑态度。但
88 这种情形肯定没有发生，而我已经辨识出一种很好的理由，所以我们对此不必太过惊奇。

当然，如果社会科学并不以规律般的普遍概括的形式提呈其所发现的东西，那么雇用社会科学家作为政府或私人公司的专家顾问的理由就变得模糊不清，而管理性专门知识的观念也要陷入危机。因为社会科学家作为专家顾问或管理者的核心作用是要预言各种备选政策的各种后果，而假如他的预言并非来自类似于规律的普遍概括的知识，那么社会科学家作为预言者的地位就变得岌岌可危——事实就是这样，也应该这样；因为社会科学家作为预言者的记录，放到一起来看，的确是非常糟糕的。在“滞胀”发生前，没有一个经济学家预见到了；金融理论家的著作显然没能准确地预言通货膨胀率[1]；D. J. C. 史密斯与J. C. K. 阿什表明，1967 年以来依据最尖端的经济理论为经济合作与发展组织(OECD)而作的预报所提供的成功的预言，不如通过运用常识或最素朴的方法——通过将过去十年的平均增长率作为基准来预言经济增长率，或通过假定未来六个月将相似于过去六个月来预言通货膨胀率——所可能达到的。[2] 人们可以继续补充经济学家预言力不足的例子，而人口统计学的情况甚至还要更糟糕，但总的来说这不太公允；因为经济学家和人口

① 列维：《抑制通货膨胀：忧虑、欣慰与证据》，载《大会理事会纪录》(The Conference Board Record)第 12 期(1975 年 8 月)，第 8—14 页。

② D. J. C. 史密斯与 J. C. K. 阿什：《国民生产总值、通货膨胀率和贸易差额的预测：经济合作与发展组织的业绩》，《经济学杂志》第 85 期(1985)，第 361—364 页。

统计学家至少以系统的方式持续地记录了他们的预言。相反，绝大多数社会学家和政治科学家对他们的预言没留下任何系统的记录，而那些毫不吝惜地四处散发预言的未来学家们则鲜有日后提及其预言失败的。诚然，卡尔·道奇、约翰·普拉特和蒂特·森格尔斯所撰之臭名昭著的论文[3]列举了 62 项所谓社会科学的重大成果；令人难忘的是，对于所列诸理论的预言力的评定没有一例运用了统计学的术语——从作者的角度来说，那可真是狡黠的谨慎。

社会科学在预言上的无力以及发现不了规律般的普遍概括，实际上可能是同一状况的两种症状。这个状况是什么呢？我们是否应该简单地得出结论说，预言的无力强化了把传统的社会科学哲学与社会科学家实际上做到了和没做到的东西在一起排比所隐含的结论，亦即，社会科学实质上没有完成其使命？或者，我们是否应该同时质疑传统的社会科学的哲学以及那些寻求得到政府和公司雇用的社会科学家对于专门知识的申言？这里，我想说的是，由于系统的误解，社会科学的真正成就对于 89
我们甚至许多社会科学家本身都仍然隐而未显。我们不妨以现代社会科学家所提出的四个饶有兴味的普遍概括为例。

第一个是詹姆斯·C. 戴维斯的著名观点[4]，它将托克维尔对法国大革命的观察普遍化为有关阶级革命的一般概括，亦即，先是各种期望的勃兴并得到某种程度的满足，然后当期望持续增长时接踵而至的是一段停滞期，最后各种期望猛地全部落空，这时革命就发生了。第二个是奥斯卡·纽曼的普遍概括，即，高

---

③ 《科学》，1971 年 3 月号。

④ 詹姆斯·C. 戴维斯：《论一种革命理论》，载《美国社会学评论》第 27 期(1962)，第 5—13 页。

层楼房里的犯罪率随层数增加而上升直到第十三层，十三层以后则开始下降。[⑤] 第三个是埃贡·毕特纳的发现：人们对体现在警察工作中的法律意义的理解与对体现在法庭和律师的实践中的同一种法律意义的理解存在着差异。[⑥] 第四个是由罗萨林与费耶阿本德所提出的观点[⑦]：现代化程度最高和最低的社会乃是最稳定和最少暴力的社会，而那些处于现代化进程之中间点上的社会却最易于发生动荡和政治暴乱。

所有这四个普遍概括都建立在出色的研究的基础之上，都有令人难忘的一系列确切例证的支持。不过它们都具有三个显著的特征。首先，它们都与其学科中的各种公认的反例共存，并且承认这些反例——即使不被普遍概括的作者本身所承认，至少被同一领域的同事所承认——似乎并不影响这些普遍概括的地位，丝毫不像物理学或化学那样普遍概括的地位会受到影响。某些批评者站在社会科学之外——例如历史学家沃尔特·拉克尔[⑧]——认为这些反例为清除这类普遍概括和学科提供了根据，因为这类学科是如此不严谨以致允许普遍概括与其反例共存。因此，拉克尔援引 1917 年的俄国革命和 1949 年的中国革命作为拒斥戴维斯的普遍概括的例证，又援引拉丁美洲的政治暴乱模式作为拒斥费耶阿本德的主张的例证。这里，我想提请读者注意的是，社会科学家本身最突出地，并且绝大多数实际上对于反例都采取这样一种容忍态度，这种态度既不同于自然科

⑤ 奥斯卡·纽曼：《可防范的空间》（1973），第 25 页。

⑥ 埃贡·毕特纳：《组织的概念》，载《社会研究》第32期（1965），第239—255页。

⑦ 罗萨林与费耶阿本德：《政治中的攻击性行为，1948—1962：一项跨国家的研究》，载《冲突解决杂志》第 10 期（1966），第 249—271 页。

⑧ 沃尔特·拉克尔：《对暴力的反思》，载《遭遇》第 38 期（1972 年 4 月），第 3—10 页。

学家本身的态度，也不同于波普尔式的科学哲学家的态度，他们还听任有关其态度是否全然不可辩护的问题始终存在着。 90

所有这四个普遍概括的第二个特征与第一个紧密相关，亦即，它们不仅缺乏普遍的限量词而且缺乏范围上的限定语。这就是说，它们不仅并不真正具有“对于所有的 x 和某些 y，如果 x 有属性 ϕ，则 y 有属性 Ψ”的形式，而且我们不能以任何严格的方式谈及它们在哪些条件下有效。对于与压强、温度和体积相关的气体定律方程式，我们不仅知道它们对所有气体有效，而且我们还知道，这些方程式被认为在所有条件下有效所依据的那个原初公式已经得到修改以限定其范围。现在，我们知道，这些方程式对于任何条件下的任何气体有效——**超低温**和**超高压**条件下的气体除外（我们能够准确说明“超低温”与“超高压”的意谓）。但我们这四个社会科学的普遍概括在被提出之时无一附带诸如此类的从句。

第三，这些普遍概括并不以物理学与化学中类似于规律的普遍概括的方式，蕴含任何明确的反事实条件句集合。我们不知道如何超越观察的限制而将它们系统地应用到未被观察到的或假设的情形上去。因此，无论它们可能是什么东西，但它们绝不是规律。那么，什么是它们的地位呢？回答这个问题并非轻而易举，因为我们并不拥有任何有关于它们的哲学解说——这种解说尊重它们的本来面目而非将它们视为规律之程式化的失败尝试。诚然，某些社会科学家看不出这里有什么问题。面对我所引证的这种顾虑，他们认为这样一种答复是恰当的：“社会科学所发现的都是或然性的概括；而在概括仅是或然性的地方，当然会有反例的存在，如果这概括是非或然性的和普遍的，情况就不一样了。”然而这种答复完全不得要领。因为，假如我所援引的那类概括确实是一种概括，那么它就肯定不能只是诸实例的罗列。自然科学的或然性概括——比如统计力学的那些概括——诚然也不只是实例的罗列,那恰恰是因为它们和任何非或然性的概括一样类似于规律。它们拥有普遍的限量词——用量词限定集合而非限定个体——它们蕴含明确的反事实条件句集合,并且它们也以与其他规律般的概括同样的方式和同等的程度为反例所拒斥。因此,称它们为或然性的,也丝毫没有阐明社会科学所特有的那些概括的地位;因为它们之不同于统计力学的概括,正如它们之不同于牛顿力学的概括和气体定律方程式的概括。

这样,我们就不得不再从头开始,而要从头开始就必须考虑,对于它们的逻辑的结构以及它们的哲学的系谱,社会科学是否可能找错了地方。正是因为现代的社会科学家们将他们自己
91 视为孔德、密尔、巴克尔、爱尔维修、狄德罗和孔多塞的传人,他们才试图回答 18—19 世纪大师们的问题。然而让我们再一次假定,18—19 世纪尽管灿烂而富有创造力,但这两个世纪并非如我们和他们所认为的那样是启蒙的世纪,而是一种特殊的黑暗时期,在那时,人们是如此眼花缭乱以致不再能够觉察并追问,社会科学是否真的不可能有另一个系谱?

这里我想援引马基雅维里的名字,因为马基雅维里对于解释与预言之间的关系采取了一种与启蒙运动截然不同的观点。启蒙运动的思想家都是不成熟的亨佩尔主义者。解释在他们看来就是回溯性地援引一个规律般的概括,而预言则是前瞻性地援引一个相似的概括。对于这一传统来说,预言失败的减少乃是科学进步的标志;而相信这一点的那些社会科学家必然面临这样一个事实:即使他们在某些问题上是正确的,但正如一次未被预言到的月食会使天文学家蒙羞,一场未被预言到的战争或革命会使政治学家蒙羞,一次未被预言到的通货膨胀率的变化

会使经济学家蒙羞。然而这类情况尚未发生,这只能在这一传统内部得到解释并且不乏这样的解释:社会科学仍然是年轻的科学,话虽这么说——但这种说法显然是错误的,事实上它们和自然科学一样古老。还有人说,自然科学吸引了现代文化中最有才华的人才,而社会科学只吸引了那些没有足够能力从事自然科学的人——这是 H. T. 巴克尔在 19 世纪的主张,并且有一些证据表明现在依然部分正确。1960 年,一项有关各学科中正要拿到哲学博士(Ph. D)学位者的智商的研究表明,自然科学家的确远比社会科学家聪明(尽管化学家降低了自然科学家智商的平均值,经济学家提高了社会科学家智商的平均值)。但是,出于和不愿根据智商得分来判断失学的少数族裔儿童完全相同的理由,我也不愿根据智商得分来判断我的同事甚或我自己。或许解释是多余的,因为或许这一主流传统试图解释的这种失败就像查理二世的死鱼。查理二世有一次邀请皇家学会的会员给他解释何以死鱼会比它活着的时候重;他得到了不少精妙的解释。然而他却指出,活鱼、死鱼一样重。 92

马基雅维里与启蒙传统的差异何在?——莫过于他的 Fortuna(机遇)概念。马基雅维里显然和任何一个启蒙思想家一样热切地相信,我们的研究应该产生各种能够为启蒙的实践提供准则的概括。不过他也相信,不论人们对各种概括的收集是多么完备,也不论对这些概括的重新程式化是多么良善,要从人类生活中消除 Fortuna(机遇)的因素却是不可能的。马基雅维里还相信,我们或许能够设计一种量化的尺度,来测定Fortuna(机遇)对人事的影响;但此刻我要把这一信念搁置一边。我想强调的是马基雅维里的这样一种信念:即便有最好可能的那类概括,我们也可能在某一天被一个未被预言到的并且不可预言的反例所挫败——而且还看不出有任何方式可以改进我们的概括，同时却又没有任何理由放弃它们甚或将它们重新程式化。我们能够通过增进我们的知识来限制 Fortuna（机遇）这一不可预言性的可恶女神的权柄；我们不可能废黜她。如果马基雅维里是正确的，那么我们审察过的那四个概括的逻辑条件，将是我们能够期望社会科学中最成功的概括所应具有的条件；它无论如何不会是失败的标志。但他是正确的吗？

我想要表明，人事中的系统的不可预言性的根源有四。第一个源于根本概念的创新。卡尔·波普尔爵士举了如下例子。旧石器时代的某一时刻，你和我在讨论未来，我预言下个十年内有人将发明出车轮。“车轮？”你问道：“那是什么东西？”那么我就向你描述车轮，但要找到恰当的词语无疑是困难的，因为这是第一次要说明轮辋、轮辐、轮轴或许还有轴干将是什么。然后我停顿下来，惊诧不已。“将来不可能再有人去发明车轮了，因为我刚才已经发明了它。”换言之，车轮的发明是不可能被预言的。因为预言一种发明就有必要说明车轮是什么；而要说明车轮是什么恰恰就是要发明它。不难看出这个例子如何可能被普遍化。任何发明、任何发现，只要其本质在于精心阐明一种全新的概念，就不可能被预言，因为预言的一个必不可少的部分，就是精心阐明其发现或发明仅在未来才发生的那种概念。预言根本概念的创新，这种观念本身就有概念上的矛盾。

为什么我说“全新的”而非仅仅“新的”？请考虑针对这一论点的如下反驳。许多发明与发现实际上是被预言到了的，并且这些预言包含了新的概念。儒勒·凡尔纳预言了比空气还轻的飞
93 行器，而伊卡洛斯神话的佚名作者在他之前很久就有过这样的预言。无论谁是人类飞行的最早预言者，可以认为他或她针对我的论点提供了一个反例。面对这一反驳，我必须辩明两点。

对于熟悉“鸟”甚或“飞龙目动物”和“机器”诸概念的任何

人来说，飞行器概念并不包含任何根本的新异性；它仅仅是来自既存概念库的一个新增的组合而已——如果你愿意，你可以称之为“新的”，但不是“全新的”。我希望借助这种说法能够澄清“全新的”或“根本新创的”之含义，并且表明所谓反例其实并不是。其次，虽然传说凡尔纳可能已经预言了飞机或潜水艇的发明，但这预言所包含的语词的含义，无异于传说西普敦嬷嬷早在16 世纪初就预言到了飞机的发明。然而，我目前的论点所关涉的不是单纯的预言，而是具有合理根据的预测，并且我所注意的正是对这类预言的系统的限定。

关于根本的概念创新的系统的不可预言性，重要的当然是随之而起的对于科学之未来的不可预言性。物理学家能够就诸如热力学等领域中自然之未来告诉我们许多东西；但有关根本概念创新那一方面的物理学的未来，他们什么也不能告诉我们。然而，假如我们想要了解我们自己的以物理学为基础的社会的未来，那么就有必要了解物理学的未来。

我们无法预言物理学的未来，这个结论还为另一个无关乎波普尔的论证所支持。假设有人想要改进计算机的硬件与软件，以便编写一套使计算机能够做出预言的程序；其所依据的信息包括数学的现状，数学过去的历史，当今数学家们的才华与精力；它所使用的现有的数学分支——例如代数拓扑学或数论——的适当公式，现在我们既不能证实也不能证伪，但十年之内会获得证明。（我们不要求计算机识别所有诸如此类的适当的公式，只要求识别其中的某一些。）这样一种程序将不得不包含一个抉择步骤，借此，我们能够将适当公式的可证实却尚未证实的子集，与那一适当公式的集合区别对待。然而，丘奇已经提供了最强有力的理由使我们相信，对于任何丰富得足以表达算术——更不用说代数拓扑学或数论——的演算来说，绝不可能

存在任何诸如此类的抉择步骤。因此,没有任何诸如此类的计算机程序会被编写出来,这是一个逻辑的真理。倘若数字的未
94 来不可预言,从而更一般地说,数学的未来是不可预言的,也是一个逻辑的真理,那么许多其他事物也一样。

我们只考虑一个例子。从前面的论证可以推断,在图灵证明那个为 19 世纪 30 年代计算科学发展奠定基础的定理之前,这个定理的证明不可能已被合理地预言到(除非我们把巴贝奇算作图灵的先驱——但这也不会影响概念的意义)。由此可知,计算机领域诸如此类的科学和技术上的努力,既然都依赖于那一证明的获得,因此也不可能已被预言到了;然而恰恰是这种努力深刻而广泛地影响了我们的生活。

当然,值得一提的是,波普尔的论点对根本的概念创新在其中发生的任何领域都有效,而不仅仅对自然科学有效。使得量子力学和狭义相对论的发明在其发生之前不可预言的原因,出于同样的理由,也使得公元前 6 世纪末雅典悲剧体裁的发现或路德的著名的"因信称义"学说的第一次布讲或康德知识论的最初阐明不可预言。它对于一般社会生活的意义是显然的。

同样显然的是,这些论点中没有什么东西意味着,发现或根本的创新是不可说明的。具体的发现或创新总是可以在事后获得说明——尽管这样一种说明会怎么样而且是否不止一个并不完全清楚。然而,对发现与创新在特殊时期的发生的说明不仅是可能的,而且对于某些类型的发现——它们以源于高尔顿[9]的工作为基础——而言是牢固可靠的。而不可预言性与可说明性的这种共存,不仅对第一种类型的系统的不可预言性有效,对其他三种类型也如此。

---

⑨ 参见 S. 普赖斯:《小科学,大学科》(1963)。

我现在要讨论的第二种类型的系统的不可预言性来自于这样一种途径，在其中，每一个行为者自身未来的某些行为的不可预言性，个别地造成社会世界中不可预言性本身的另一个要素。当我尚未在两个或更多备选的并且相互排斥的行为过程之间做出决定时，我不可能预言我将做出的选择——乍看之下，这是个极平常的道理。我沉思过但尚未做出的抉择蕴含了我在相关领域中的不可预言性。但这个道理看起来微不足道，恰恰是因为我本人不可能预言的，别人却可以很好地对我做出预言。从我的角度看，我自己的未来只能描述为一系列交错着的选项，这个分支系统中的每一个关节点都代表着一个尚未做出的抉择。然而，从一个充分掌握了信息的观察者——他既了解我的相关材料，又了解有关我这一类型的人的相关概括——的角度看，我的未来似乎就可以描述为一系列全然可以确定的阶段。不过，这 95
就产生了一个困难。因为这个能够预言我所不能预言的东西的观察者，显然恰恰就是在我不能预言我自己的未来的意义上，也不能预言他自己的未来；并且，他将无法预言的那些方面之一——既然实质上取决于他尚未做出的各种抉择——就在于他的行为将在多大程度上影响并改变别人做出的各种抉择——既包括他们将选择什么选项，也包括什么选项可供他们选择。现在，如果我也在这些人中间，那么，仅就这观察者不能预言其未来行为对我未来抉择的影响而论，他就不能预言我未来的行为，正如他不能预言他自己的未来行为；并且显然，这对于所有行为者和所有观察者都是有效的。诚然，我的未来对于我的不可预言性形成了不可预言性本身的一个重要层级。

当然，有人可能会质疑我的论点中的一个前提，即我所说的极平常的道理：既然我未来的行为取决于我尚未做出的那些抉择的后果，因此我不可能预言这些行为。请考虑一个可能的反例。我是一名国际象棋棋手,我的孪生兄弟也是。经验告诉我,每逢收局,只要盘面的情势相同,我们总是走一样的棋。现在我正处于一盘棋的收局阶段,并且对于应该走马还是走相举棋不定,这时有人对我说:“昨天你兄弟也曾处于同样的局面。”现在我就能够预言,我将走出与我兄弟昨天所走的完全相同的棋。无疑,这里的例子表明我能够预言我的一个取决于尚未做出的抉择的未来行为。可是关键在于,我只能在“与我兄弟昨天所下的相同的那着棋”的描述之下,而非要么“走马”要么“走相”的描述之下,预言我的行为。因此,这个反例所导致的无非是对我的前提的重述:我不能预言我自己未来的行为,只要这些行为取决于尚未由我做出的抉择——在有关规定此抉择之诸选项的特征描述之下。这个前提经过这样的重述就产生了有关不可预言性本身的相应结论。

表明这同一个意思的另一种方式是要指出,全知就排除了抉择。假如上帝知道即将发生的一切,他就不会面对任何尚未做出的抉择。他有一个单一的意志。[10] 当且仅当我们不同于上帝,不可预言性才侵犯我们的生活。这种阐述方式有一个特殊
96 的优点:它恰恰暗示了,那些试图从社会世界消除或否认不可预言性的人,实际所从事的可能是何种筹划。

系统的不可预言性的第三个根源来自社会生活的博弈论特征。对于政治科学中的某些理论家来说,博弈论的形式结构已经用来为结合着规律般概括的说明与预言理论,提供一种可能的基础。拿来一种 n 人游戏的形式结构,确认游戏者们在某种经验境遇里的相关旨趣,那么我们至少能够预言,一个完全理性的游戏者将加入哪些同盟或联盟,以及并不完全理性的(或许

---

⑩ 《反异教徒大全》第 79 章。

最多是个乌托邦主义者的）游戏者所受的压迫及其随后的行为。这一秘诀以及对它的批评激发出了一些值得注意的著作（特别是威廉·H.瑞克的著作）。然而，希望它体现在其本来的乐观主义形式中似乎是痴心妄想。我们不妨考虑从博弈论的形式结构向现实社会政治情势的转移所要遇到的三类障碍。

第一类涉及博弈论里的各种情势的无限反弹性（reflexivity）。我试图预言你下一步棋会怎么走；为了预言这一点，我必须预言对于我将走出的那步棋你会怎么预言；而为了预言这一点，我又必须预言对于我将预言你怎么预言你又会怎么预言……等等。每走一步，我们每一个人都会同时试图使自己无法被他人预言到；并且，我们每一个人又都会依赖于这样一种认识，即，他人在形成其自身的预言时也会试图使自己不可预言。这里，博弈情势的形式结构永不可能是一种恰当的指南。有关于此的认识可能是必要的，但是，即使这种认识由一种有关于游戏者旨趣的认识所支持，也不可能告诉我们，那种同时使他人可预言而使自己不可预言的努力将产生什么？

这第一类障碍就其本身而言可能并不是不可克服的。但其发生的概率却因第二类障碍的存在而增加了。博弈论里的各种情势从特征上讲乃是人们不具备完备知识的情势，而这绝非偶然。因为每一个行为者在完善其自身信息的同时，其主要旨趣在于最大限度地增加某些其他行为者的信息的不完善性。而且，成功地误导其他行为者的一个条件很可能就是要在局外观察者中也成功地造成各种虚假的印象。这就导致了对科林伍德的奇怪论点的有趣倒转；科林伍德认为，我们只能指望理解胜利者和成功者的各种行为，那些失败者的行为对我们来说始终是暧昧不清的。然而，如果我是正确的，那么，成功的条件就包括 97
成功地行骗的能力，从而正是那些失败者，我们更有可能能够理解他们,并且,正是那些即将失败的人的行为,我们更有可能能够预言。

同样,这第二类障碍也不是必然不可克服的,即使与第一类纠缠在一起。不过,在博弈论的情势中预言尚有第三类障碍。请考虑下面这类熟悉的情势。一个大产业的管理部门正与工会领袖谈判下一个长期合同的条款。政府代表也在场,不仅担当仲裁和居间调停的角色,而且因为政府在这一产业有着特殊的利益——例如,其产品对国防至关重要,或者,它是一个强有力地影响着其他经济门类的产业。乍看之下,应该不难用博弈论的术语界定这种情境:三群各自都有独特利益的集体游戏者。然而现在,让我们引入这样一些特征,它们如此频繁地使社会现实变得如此肮脏和凌乱,与教科书里的整洁的实例形成鲜明的对照。

某些工会领袖即将从工会职位上退下来,如果他们不能从雇主或政府那里获得报酬相对较高的工作,可能就不得不回到车间去。雇主们不仅关注政府目前的公共事业的吸纳力,他们还有获得不同类型的政府合同的长期打算。一名政府代表正考虑参加某一地区的公职竞选,而工人的选票在那里至关重要。这就是说,在任一给定的社会情境中,习以为常的是,许多不同的交易在同一集团的成员之间同时发生。在玩的不是一种游戏,而是几种,并且,如果游戏的比喻可以进一步延展,那么有关现实生活的问题就是:将“马”走到 QB3 的位置总是可以得到一个高吊球的回应。

即使我们能够在一定程度上确然地辨认出正在玩的是什么游戏,也还有另一个问题。现实生活的情境并不像有关博弈论的书中所描述的游戏或实例那样,通常一开始,我们没有一系列确定的游戏者与棋子,或游戏要在其中展开的一块确定的区域。

市场上现在有(或可能曾经有)一种关于葛底斯堡战役的卡片纸板和塑料模型,它极准确地再现了那次战役所涉及的地形、时序和参战部队。其特别之处在于,一个稍好的玩家站在南部盟军一边就能赢。然而显然,在战争游戏中没有一个玩家可能会 98
像李将军那样指挥英明,但他却输了。为什么?答案当然是,玩家们从一开始就知道了李将军所不知道的事情——战役预备阶段的时间长度是多少,究竟有哪些部队即将参战,对于战役即将展开的地形有什么限制。而所有这一切意味着这个游戏并没有复制李的情势。因为李不曾知道也不可能知道即将打响的是葛底斯堡战役——一个只由其结果回溯性地赋予其以一种确定形式的事件。许多试图通过分析过去确定的情势来预言未来不确定的情势的计算机模拟,由于意识不到这一点,其预言力就大打折扣。我们不妨考虑一个来自越南战争的实例。

杰夫里·S.米尔斯坦与威廉·查尔斯·米歇尔[11]利用刘易斯·F.理查德森对1914年以前英-德海军军备竞赛的分析[12],建构了一种体现了理查德森的某些概括的越战模拟。他们的预言在两方面失败了。首先,他们信赖美国官方有关越共杀害平民或越共逃兵等的统计数字。也许,在1968年,他们还不可能知道我们现在所了解的,驻越美军系统伪造这些数字的情况。然而,如果他们曾以任何方式敏锐地觉察到,我前面所述的游戏者们需要将信息的不完善性最大化,那么他们就不会如此自信地处理其诸预言的各种有待证实的实例。不过,令人惊诧的是他们对其第二个失败根源的反应,他们自己诚然已经注意到了

⑪ 杰夫里·S.米尔斯坦与威廉·查尔斯·米歇尔:《国际进程的计算机模拟:越南战争与第一次世界大战前的海军竞赛》(1968)。

⑫ 刘易斯·F.理查德森:《武器与不安全性》(1960)。

这一失败:他们的预言被“春季攻势”彻底推翻。米尔斯坦与米歇尔的反应,却是考虑如何扩展未来的各项研究,以便使那些导致了“春季攻势”的因素也能够被包括进去。他们所忽略的是所有像越战那样复杂的情势中的必然的未决性和不确定性。一开始并不存在任何确定的、可计数的、其总和组成了这一情势的各项因素。相反的假设就混淆了回溯性的观点与前瞻性的观点。这并不等于说一切计算机模拟都是无价值的;而是说,模拟所不可能规避的是不可预言性的系统根源。

现在我转向第四个这样的根源:纯粹的偶然性。J. B. 伯里曾沿袭帕斯卡尔的说法,认为罗马帝国建立的原因是克里奥帕特拉的鼻子的长度:如果她的长相不是如此完美地恰到好处的话,马可·安东尼就不会为之倾倒;如果他不为之倾倒,他就不会与埃及结盟反对屋大维;如果他不曾与埃及结盟,阿克提翁战役就不会打响……等等。人们大可不必接受伯里的论点,认为
99 各种微不足道的偶然性能够强有力地影响伟大事件的结果:杀死威廉三世的鼹鼠窝或导致拿破仑在滑铁卢将指挥权委托给内伊的那场感冒,接着,内伊的四匹坐骑于那天毙命,这导致他判断失误,最惊人的是,皇帝侍卫送的信晚到了两个小时。然而,所有诸如由鼹鼠和病毒而产生的那类偶然性都绝不可能被考虑进作战方案里去。

现在,我们有了人类生活中系统的不可预言性的四个独立却经常相关的根源。应该强调的是,不可预言性不仅并不必然意味着不可解释性,而且不可预言性之出现也并不与较强意义上的决定论真理相冲突。假设我们能够在将来的某一天——我认为没有理由不能够这样——建造和编制能够大规模地模拟人类行为的计算机,那会怎么样?它们很灵活;它们获取、交换信息并做出反应;它们既有协作性的目标又有竞争性的目标;它们

在可供选择的各种行为方式与过程之间进行抉择。但重要的是要认识到，这样的计算机既是一种确定的、完全规定好了的机械与电子系统，同时又容易陷入所有这四类不可预言性之中。它们全都无法预言数学中的根本概念的创新与未来证明，而其原因恰恰是，我们也无法做出这样的预言。它们全都不能预言它们自己也尚未做出的各种抉择的结果。它们相互之间的关系也会陷入我们所陷入的那种类型的博弈论的缠结。而且，面对各种外在的偶然情形，它们全都不堪一击，例如关闭电源。但是，每一台计算机的每一步具体的运行都可以用机械或电子的术语做完整的说明。

这就意味着，它们的活动层次上的行为描述——基于抉择、关系和目标等——在其逻辑和概念结构上截然不同于电子脉冲层次上的行为描述。因此，赋予把一种描述模式还原为另一种模式之观念以任何清楚的意义不会是件容易的事情；而且，假如对于这些想象中的却又有可能实际存在的计算机来说，这是正确的，那么对于我们来说似乎也是如此。（诚然，很可能我们就是这些计算机。）

正是在这里有人可能想要质疑到此为止的整个论证的地位。他们或许认为我的主张中有一种内在的不一致性。因为一方面我已经断言我们不可能预言根本的概念创新，但另一方面我又断言人类生活中存在着各种系统且持久的不可预言的因 100
素。但可以肯定的是，前者意味着我不可能知道明天或明年某天才会不会提出一种新异的理论，使我们能够预言仅仅是迄今为止不可预言而非本身就不可预言的事情。他们可以用我本人的术语辩驳说，我必定始终无法预言未来是否不会变得完全可以预言。换言之，他们可能会质问，你所表明的究竟是，某些事情必然地且原则上不可预言，抑或仅仅是，作为一个偶然的事实它们是不可预言的?

当然,我没有宣称,对于人类未来的预言,在我所挑选的四个领域的三个中逻辑上是不可能的。并且,就使用丘奇定理作为前提的那个论证而言,我在一个有某种逻辑争议的领域选择了一个前提——即使我相信它有完全正当的理由。那么,我是否易受这样的指责,即:今天不可预言的可能明天就变得可以预言了呢?我不这么认为。在哲学里,其实很少有,甚或根本没有任何逻辑上的不可能性或归谬证明。原因在于,要提出这样一种证明,我们必须能够将我们话语中的相关部分以这样一种方式对应于一种形式的演算,即,使我们能够从给定公式“q”推向“p. ~p”形式的结论,再进而达到“~q”的结论。不过,以这种方式将我们的话语形式化所要求的那种明晰性,恰恰是我们在哲学问题产生的诸领域内所难以把握的。因此,被视为归谬证明的通常是另一种完全不同的论证。

例如维特根斯坦,有时被解释为试图为私人语言的逻辑不可能性提供一种证明,他分析语言的概念,认为语言本质上是可以传授的和公共性的;他描述内心状态的观念,认为那本质上是私下的;这两方面凑到一起,就表明“私人语言”的说法是矛盾的。但是这样一种解释曲解了维特根斯坦,因为我认为,维特根斯坦的意思其实是:依据我所能够给予的对于语言的最好解说以及我所能够给予的对于内在心理状态的最好解说,我对私人语言观念无能为力,我并不能使它变得是充分地可理解的。

而这就是我对那种认为“或许有某个天才可以使现在不可预言的变得可以预言”的观点的反驳。我没有提出任何证明来禁绝这种观点;我甚至不认为把丘奇定理引入论证有助于任何诸如此类的证明。这就是说,即使我所能引证的那类考虑成立,
101 我对这种观点仍然一筹莫展,我不可能使它变得充分地可理解,

无论是赞成它还是反对它。

于是,假如社会生活中这些不可预言的因素的确存在,那么关键在于注意到它们与可预言因素的密切关系。什么是可预言的因素?它们至少有四种。第一种产生于为我们的社会活动预定时间和协调的必要性。在每一种文化里,绝大多数人在绝大多数时间里,都是依据某个常规的一天的观念来组织他们的活动的。他们大致在每天的同一时间里起床、穿衣、洗漱或没能洗漱,在固定的时间进餐,在固定的时间上下班,等等。那些准备食物的人必须能够料想到那些进餐者在特定的时间特定的地点出现;在一个办公室里打电话的秘书必须能够料想到另一个办公室里的秘书会接这个电话;公共汽车和火车必须在预先安排好的站点迎接旅客。我们对于他人的可预言的期望,既有大量明确存储的信息,又有许多心照不宣、未经阐明的知识。托马斯·舍林在一个著名的实验里告诉一百个实验对象,他们负有于一既定时刻在曼哈顿与一个不相识的人接头的任务。关于这个不相识的人,他们所知的仅有的事实是,他知道他们所知道的一切。他们必须提供的是接头的时间与地点。其中 80 多人选择了正午 12 点在中央车站中心广场的大钟下接头;并且恰恰因为 80% 以上的人给出了这一答案,所以它就是正确的答案。舍林实验所揭示的是,关于他人对我们的期望的期望,我们所知道的比我们通常所意识到的要多得多,反之亦然。

人类行为中的可预言性的第二个根源,来自统计上的规律性。我们知道,我们都容易在冬天感冒,圣诞节前后自杀率急剧上升,在处理某一确定的问题时增加合格科学家的数目,将有可能使问题解决得更快而非更慢,爱尔兰人比丹麦人更有可能患精神疾病,在英国一个人如何投票的最好指标是他最好的朋友如何投票,你的妻子或丈夫比一个犯罪的陌生人更有可能杀害你,得克萨斯州的任何指标都偏高,包括杀人率。这种知识的有趣之处在于,它相对独立于因果性知识。

没有人知道这些现象的原因,并且关于他人,我们中的许多人实际上具有错误的因果信念。正如不可预言性并不意味着不可说明性,同样,可预言性也并不意味着可说明性。统计上的规律性的知识,像预定和协调期望的知识一样,在我们阐明和实现
102 各种计划与筹划中发挥了重要的作用。无论缺哪一种知识,我们都不能依据其成败的概率在备选的计划之间做出合理的选择。这对于社会生活中的可预言性的其他两个根源来说也为真。其一是自然的因果规律性的知识:暴风雪、地震、鼠疫杆菌、海拔高度、营养不良以及蛋白质的性质,所有这一切都限制着人的可能性。其二是社会生活中的因果规律性的知识。尽管表达这类知识之普遍概括的地位实际上是我的探究对象,但是,这类概括的存在以及它们的确具有某种预言力却是显而易见的。我前面所给第四种根源的一个附加例子将是这样一个概括,即,在诸如 19—20 世纪的英国和德国那样的社会中,一个人在阶级结构中的地位在很大程度上决定了他受教育的机会。这里我所讨论的是真正的因果知识而不是单纯统计上的规律性知识。

现在我们终于可以触及社会生活中可预言性与不可预言性之间的关系,以便对社会科学中普遍概括的地位给出某种积极的阐明。显然,人类生活的许多核心特征就源于可预言性与不可预言性的各种独特的连结方式。正是我们的社会结构所拥有的可预言性程度使我们能够制订和从事长期的规划;而制订与从事长期规划的能力又是我们能够发现生活意义的一个必要条件。一个人的一生,从一时刻到另一时刻,从一事件到另一事件,如果不由具有宏观意向的线索所连结,那么许多为人类所特有的习俗制度就会毫无根据:例如婚姻,战争,追忆死者生平,家

庭、城市和公共事业的代代相续，等等。然而，人类生活中所弥漫的不可预言性却又使得我们所有的设计和筹划总是显得那么脆弱。

这种脆弱性当然还有其他的根源，其中包括物质环境的特性和我们的无知。不过，启蒙运动的思想家们及其19—20世纪的继承者却视之为这种脆弱性的仅有的，至少是主要的根源。马克思主义者又补充了经济的竞争性与意识形态的盲目性。在所有这些人的笔下，仿佛这种脆弱性是能够在未来不断进步的过程中得到克服似的。而现在，要辨识出这一信念与其科学哲学之间的关联也是可能的。后者以其特有的说明与预言观在支持前者方面扮演了一个核心角色。但我们目前的论证必须转向 103
另一个方向。

我们每一个人（既作为个体又作为特定群体中的一员）都寻求在自然和社会世界里实现自己的设计与筹划。达到这一点的一个条件是，尽量使我们的自然和社会环境变得可以预言，而自然科学与社会科学在我们生活中的重要性至少部分——尽管只是部分——源于它们对这一筹划的贡献。同时，我们每一个人——既作为个体又作为特定群体中的一员——都渴望保持自身的独立性、自由、创造性以及在自由与创造性中发挥如此巨大的作用的内心反思，免受他人的侵犯。我们仅希望在我们认为适当的范围内展露我们自己，没有人愿意展露他自己的全部——除了在精神分析所造成的幻觉的影响之下有这种可能之外。我们需要保留某种程度的不透明性和不可预言性，尤其是当我们受到他人的预言实践的威胁之时。这一需要的某种程度的满足，为人类生活之富有意义并且能够富有意义提供了另一个必要条件。如果生活应该是有意义的，那么我们必须能够从事长期的筹划，而这就要求可预言性；如果生活应该是有意义的，那么我们必须拥有我们自己而不仅仅是他人筹划、意向和欲望的产物，而这就要求不可预言性。我们就是这样涉入世界之中，我们试图使社会的其他人可以预言，同时使我们自己不可预言，我们试图做出能够掌握他人行为的概括，同时使我们自己的行为披上能够规避他人所设计的概括的种种形式。如果这些就是社会生活的一般特征，那么有关社会生活之最可能有效的那类概括的特征又会是什么呢？

很可能它们会有三个重要的特征。它们将以大量的研究为基础，但是它们以归纳为根据的特性又会使它们难以达到似规律性（law-likeness）。无论它们被设计得如何好，其最完善者也都不得不与反例共存，因为反例的持续产生乃是人类生活的一个特征。而且我们永远不能说其最完善者的精确范围何在。这显然意味着它们并不蕴含各种明确的反事实条件句的集合。它们不会由普遍的限量词作为开端，而会由某些诸如“从特征上讲，就大多数而言”这样的短语作为开端。

但正如我早已指出的，恰恰这三个特征，原来就是有实际经
104 验的社会科学家们以充分理由宣称已经发现了的那些概括的特征。换言之，这些概括的逻辑形式（或逻辑形式的缺乏），原来就扎根在人类生活的形式（或这种形式的缺乏）之中。我们不应惊讶或失望的是，最完善的社会科学的概括和准则与其前身——民间社会的谚语、法官的概括、马基雅维里的箴言共有着某些特征。诚然现在我们又可以回到马基雅维里了。

论证表明，Fortuna（机遇）无法消除。但这并不意味着我们不能就其至少两个方面多谈些什么。第一个方面涉及 Fortuna（机遇）之度量的可能性。传统的科学哲学所造成的问题之一是，它暗示一般的科学家和特殊的社会科学家，他们应该将预言的谬误仅仅视为失败的一种形式，只有当某种重大的弄虚作假

问题产生时除外。如果我们代之以仔细保存谬误记录，并且使谬误本身成为研究的一个课题，那么我猜想，我们将发现预言的谬误并不是随机分布的。要知道这一点是否属实将是这样一个工作的第一步，即，讨论 Fortuna（机遇）在人类生活的不同领域所发挥的具体作用，而非仅仅讨论 Fortuna（机遇）在全部人类生活中的一般角色。这超出了我在这一章里的工作。

Fortuna（机遇）需要说明的第二个方面涉及其恒久性。我在前面否认了我的论证具有证明的地位；那么我怎么可能有理由相信 Fortuna（机遇）的恒久性呢？我的理由在一定程度上是经验性的。假设某人接受到此为止的论证并且同意对于不可预言性的四个系统根源的确认，但又建议我们，努力消除或至少尽量限制不可预言性的这些根源在社会生活中所起的作用。他建议尽可能地防止这样一些情势的出现，即，在其中，概念的创新，或尚未做出的抉择之尚未预见到的后果，或人类生活的博弈论特征，或纯粹的偶然性可能破坏已经做出的各种预言、已经确认的各种规则性。这样一个人能达到他的目的吗？他能使现在不可预言的社会世界变得完全或大部分可以预言吗？

显然，他的最初的一步必须是创造一种组织为他的筹划提供一个工具，同样显然的是，他的最初的使命必须是使他自己的组织的活动变得完全或大部分可以预言。因为，假如他不能达到这一点，那么他就几乎不能达到其更大的目的。然而他还必须使他的组织变得有力和有效，能够应付其高度原创性的任务并且能够在变动不居的环境中存活下来。不幸的是，这两个特征——一方面是完全或近乎完全的可预言性，另一方面是组织 105
化的效率——依据我们所具有的最好的经验研究，结果证明是互不相容的。在界定效率在一个要求创新适应性的环境中的各种条件时，汤姆·伯恩斯列举了诸如“对个人任务的持续的重新规定”“由信息与建议而非指示与决定所构成的交流”“知识可以定位于网络的任何地方”等特征。[13] 对于伯恩斯和斯托克所说的要求允许个体的首创性、对知识变更的灵活反应、增加解决问题与做出抉择的中心，我们能够可靠地加以概括并最终达到这样的论点，即，一个有效的组织必须能够容忍其自身内部高度的不可预言性。其他的研究也证实了这一点。试图每时每刻监控每一个下属的每一个举动，其作用往往适得其反；试图使他人的行为可以预言，必然导致因循守旧、墨守成规，压制聪明才智与灵活性，并且使下属的能力转而有害于其某些上司的筹划。[14]

既然组织的成功与组织的可预言性相互排斥，那么创造一个完全或大部分可以预言的组织——这组织保证创造一个完全或大部分可以预言的社会——的筹划注定要失败，并且因为社会生活的种种事实而失败。因此，诸如阿尔都斯・赫胥黎或乔治・奥威尔所虚构的那种极权主义是不可能的。极权主义的筹划所产生的将始终是一种严苛死板、无效无能的东西，长远地看，可以导致其失败。然而，我们应该记得从奥斯维辛集中营和古拉格群岛传来的声音，它们告诉我们这“长远”到底有多长。

因此，提供一个有关人类生活恒久的不可预言性的预言——这个预言如所有社会预言一样脆弱——没有任何悖谬之处。作为这一预言之基础的，是对经验的社会科学的实践与发现的一种辩护，和对传统的社会科学的哲学以及许多社会科学的主流意识形态的一种反驳。

---

⑬ 汤姆・伯恩斯：《新时代的工业》，载《新社会》（1963 年 1 月），第 31 页；汤姆・伯恩斯与 G. N. 斯托克：《创新的管理》（1968）。

⑭ H. 考夫曼：《管理的反馈》（1973）；同时参见汤姆・伯恩斯与 G. N. 斯托克的《创新的管理》所论述的颠覆与围困管理集团之种种尝试的结果。

然而,这种反驳同时意味着,对于我所说的科层制管理性专门知识的种种申言的严厉拒斥。由于这一拒斥,我的论证的一个部分至少已经完成了。当我们意识到专家并不拥有任何牢固的规律般的概括时,当我们意识到他所能得到的预言力是多么微弱时,他对于地位和报酬的要求遭到了致命的削弱。管理效率概念终归是一个当代的道德虚构,或许是其中最重要的一个虚构。操纵模式在我们文化中的支配性没有,也不可能伴有非 106
常多实际的成功的操纵。当然,我的意思并不是说,自称专家的那些人的活动毫无影响,也不是说,那些影响对我们毫无祸害。但是,体现在专门知识概念中的社会控制概念其实是一种伪装。我们的社会秩序,从非常严格的意义上讲,不在我们甚或任何人的控制之中。没有人主导这个社会,也不可能有人主导这个社会。

因此,从我的观点来看,对管理性专门知识的信奉,就很类似于卡尔纳普和艾耶尔所认为的那种对上帝的信奉。前者更像是一个幻觉,一个独特的现代性幻觉,一个我们本身无权提出正当性要求的幻觉。因此,管理者作为特性角色不同于他乍看之下所是的那样:管理在其中得以施行的环境,乃是一个具有日常冷静实干、绝不务虚的现实主义的社会世界,其持续的存在,依赖于误解与对种种虚构事物之信奉的系统永存。商品拜物教被另一种同样重要的拜物教——对科层制技能的拜物教——所补充。因为根据我的整个论辩可以推断,管理性专门知识领域是这样一个领域,在其中,各种自诩拥有客观根据的申言实际上却作为独断(却又伪装了的)的意志与偏好的表达而发挥功能。凯恩斯曾描述了摩尔的门徒们如何以辨识“善”中有没有非理性的性质——这种性质其实是一种虚构——为幌子,来提出他们的个人偏好,这一描述应该有一个同样优雅的当代续篇,这续篇描述如何以辨识公司与政府的社会世界里,有没有专家的发现为幌子来提出个人偏好。并且,正如凯恩斯的描述揭示了何以情感主义如此令人信服,这样一个现代续篇也会做到。18 世纪的预言所产生的结果不是受到科学管理的社会控制,而是这样一种控制的巧妙的戏剧性模仿。在我们的文化中赋予权力与权威的正是表演的成功。最有成效的官僚就是最好的演员。

对此,许多经理人和许多官僚会答复说:你在攻击你自己扎制的稻草人。我们没做任何宏大的申言,无论韦伯式的抑或其他类型的。我们和你一样敏锐地意识到社会科学的概括的种种限制。我们以一种适当且平实的权能履行一种适当的功能。然而我们的确拥有专门的知识,我们有资格在我们自己有限的领地里被称为专家。

我的论辩绝没有责难这些适当的申言;但是,在科层机构——无论公共的还是私人的——内部获得权力与权威的并不
107 是这类申言。因为这类适当的申言,绝不能以任何诸如此类的方式或诸如此类的规模,在科层机构内或通过科层机构使权力的拥有与使用合法化。因此,体现在上述答复中的适当且平实的申言本身,就可能容易使人误入歧途——无论对于那些答复者还是其他人都是如此。因为它们的作用似乎不是反驳我所提出的"对于管理性专门知识的形而上的信仰已经制度化在我们的机构中了"的论辩,而是成了不断加入到随之而来的字谜游戏的一个借口。跑龙套配角的表演天赋与伟大的管理性特性角
108 色的贡献一样,都是科层制这部大戏所必需的。

第 9 章　尼采抑或亚里士多德？

我已指出，当代世界观主要是韦伯式的世界观，尽管具体说来并非总是如此。对此，立即就会有人提出异议。大多数自由主义者会争辩说，不存在任何诸如“这一种”当代世界观这样的东西；存在的是从不可归约的多元价值中衍生出来的多种多样的世界观，对此，以赛亚·伯林爵士既是最系统的辩护人又是最有力的捍卫者。而许多社会主义者会争辩说，马克思主义是唯一占主导地位的当代世界观，韦伯已经过时，他的主张受到了左派批评者的致命打击。对于前者，我的答复是，相信价值观上的不可归约的多元性，本身就是韦伯思想中显著而又核心的观点。而对于后者，我会说，当马克思主义组织起来向权力进军时，他们总是已经在实质上成了韦伯主义者，即使口头上他们仍坚持马克思主义；因为在我们的文化中，我们所知道的有组织地趋向权力的运动无一不是采取了科层制的和管理性的模式，我们所知道的对于权威的合理性论证也无一不是采取了韦伯的形式。如果这一点对于尚在奔向权力途中的马克思主义来说是真实的，那么对于已获得了权力的马克思主义就更是如此了。权力导致同化（coopt），绝对的权力导致绝对的同化。

然而，如果我的论证是正确的，那么这一韦伯式的世界观就不可能得到合理的支持；它是在伪装与掩饰而不是在阐明，而它的力量就依赖于它在伪装与掩饰上的成功。对此，我们还能听到另一套异议。何以我的论述从头至尾毫无“意识形态”一词的立足之地？何以我对“伪装”与“掩饰”喋喋不休而对什么东西被伪装和掩饰了却罕有评说、几乎只字未提？对后一问题，我只能说我没有任何一般的答案可给；但我并不以不知情为托词。当马克思改变“意识形态”一词的原意并对它的现代形式发起攻击之时，他有时是参考了某些易于理解的例子的。譬如，在马克思看来，1789 年的法国革命者认为自己拥有和古代共和主义者相同的道德与政治存在模式；这样一来，他们就掩盖了自己作为资产阶级代言人的社会角色。与此相似，1649 年的英国革命者以《旧约》为幌子将自己视为上帝的仆人；这样一来，他们也同样掩盖了他们的社会角色。但是，当马克思所举的特殊案例
109 被马克思本人或其他人普遍化为一种理论时，截然不同类型的问题就出来了。这是因为，这种理论的普遍性恰好来源于这种理论试图体现归于其中的一套类似于规律的普遍概括，而这套概括却将社会的物质条件和阶级结构与充满意识形态的信仰以因果形式结合在了一起。这就是马克思和恩格斯在其早期的《德意志意识形态》以及恩格斯在后来的《反杜林论》中所阐述的意思。意识形态理论就这样成了那类所谓社会科学的又一个例子；正如我已指出的，这类所谓社会科学既歪曲地反映社会科学家实际发现的形式，同时它本身就是一种武断偏好的伪装表达。事实上，意识形态的理论本身，结果也是它的支持者渴望理解的同一现象的又一个例子。因此，一方面我们仍须从“雾月十八日”的历史中学习很多东西，但另一方面，马克思主义有关意识形态的一般理论以及它的许多后继者本身，不过是伪装成一种诊断的又一组病症而已。

当然，以马克思为其鼻祖，并且已由诸如卡尔·曼海姆和卢西恩·戈德曼这样差别甚大的思想家做了极富启发性的使用

的意识形态概念，其实乃是我的核心道德论点的基础。如果道德话语被迫听凭于专断意志的使用，那么这也只是某个人的专断意志；但这又是谁的意志呢？这个问题显然既有道德的意义又有政治的重要性。不过，回答这个问题不是我在这里的任务。为了完成我目前的任务，我只须表明，道德怎么能进行这种特定类型的使用，并且，它是如何被这样使用的。

因此，我们需要为上述有关独特的现代道德话语和实践的解释补充一系列历史的说明，这些说明将表明道德的外观现在如何能够被给予极其多样的原因，道德话语的形式如何为几乎所有的外貌提供一种可能的面具。因为道德已经以一种崭新的方式被普遍地使用。诚然，正是对现代道德话语的这一庸俗化的工具性的洞悉，在一定程度上造成他对此的厌恶。而且，如果迄今为止我的论证基本上是正确的，那么，这一洞悉就是尼采道德哲学的特征之一，它使得尼采的道德哲学成了任何试图分析我们文化的道德状况的人，所面临的两种真正的理论选择之一。为什么是这样？对这个问题的充分回答要求我首先就我自己的论点做进一步的说明，其次对尼采的洞见有所评论。

我的论点的一个关键部分是，现代道德话语和实践只能被 110
理解为来自古老过去的破碎了的残存之物，并且，在这一点被很好地理解之前，它们给现代道德理论家所造成的不可解决的问题将始终是不可解决的。如果道德判断的义务论特性乃是那种与现代性的形而上学极不相容的神法概念的幽灵，并且，如果目的论特性也是与现代世界同样极为疏远的有关人的本性和活动的概念的幽灵，那么就不难预料，理解并为道德判断划定明确地位的问题，既会持续不断地出现，又会持续不断地显示出对哲学解决的冷淡。这里，我们所需要的不仅是哲学的敏锐，而且是人类学家在最足称道的用以观察其他文化的那种眼光，这种眼光使他们能够鉴别出那些文化的居民觉察不到的残存物和无法了解的东西。培养我们自己的眼光的一条途径可能就在于探究，我们的文化道德状态的诸多困境，是否不同于迄今为止我们认为是迥异于我们自己的那些社会秩序的困境。对此，我想举18世纪末、19世纪初的太平洋岛国为例。

库克船长在其第三次航海日志里，记录了操英语者有关波利尼西亚人的“禁忌”(taboo)(这个词还有很多种不同形式)一词的最初发现。英国海员对波利尼西亚人散漫的性生活习惯不无惊奇，但他们更为惊奇地发现，波利尼西亚人在诸如男人和女人一起吃饭这样的行为上却规定了严苛的禁令。当水手们询问为什么禁止男人和女人一起吃饭时，他们被告知这是“taboo”。可是，当他们进一步追问“taboo”是什么意思时，他们却一无所获。显然，“taboo”并非简单地意指“被禁止”；因为说某物——人或实践或理论——是“taboo”，也就是提出某种特殊的理由来禁止它。然而，是何种理由呢？对此，不仅库克船长的水手们百思不得其解，而且从弗雷泽和泰勒到弗兰茨·斯坦纳和玛丽·道格拉斯的人类学家们也不得不为此伤透脑筋。不过，从他们的努力中产生了两个关键性的发现。首先，库克船长的水手们没能从土著受询人那里得到任何明确的答案，这一事实具有重要意义。这间接地表明——当然，任何假设在某种程度上都是臆测——土著受询人自己并不真正理解他们所使用的这个词，而且下述事实强化了这一假设：四十年后的1819年，卡米哈密哈二世轻易地废除了夏威夷岛上的各种禁忌，而且他的做法没有引起任何社会性后果。

可是，波利尼西亚人能够使用一个他们自己并不真正理解
111 的词语吗？正是在这个问题上，弗兰茨·斯坦纳和玛丽·道格拉斯发人深省。因为他们异口同声地指出，禁忌规则——并且

唯独禁忌规则——通常具有一个分为两个阶段的历史。在第一阶段,它们深嵌在一种赋予它们以可理解性的语境当中。由此,玛丽·道格拉斯认为,《旧约·申命记》中的禁忌规则就隐含了一种特定类型的宇宙论和分类学。剥除禁忌规则的原初语境,它们立即就有可能变成一套独断专横的禁令;诚然,当原初的语境消失、那些使禁忌规则最初得以理解的背景信念不仅被放弃而且被遗忘之时,从特性上讲它们也就变成了独断的禁令。

在这样一种情境中,规则被剥夺了任何能够确保其权威的地位,并且,如果它们不马上获得某个新的地位,那么对它们的解释与合理性论证就都成了问题。当一种文化的资源过于贫乏以致无法完成重释的任务时,合理性论证的任务就不可能了。因此,卡米哈密哈二世之战胜禁忌(并且由此造成了一个很快由新英格兰新教传教士们的陈词滥调来填补的道德真空)相对说来就容易了一些。但是,假如波利尼西亚人的文化能够得到分析哲学的赐福,那么显然,禁忌的意义问题就会以多种方式得到解决。其中一派会说,"taboo"显然是一种非自然属性的名称;并且恰恰是那导致摩尔把善视为这样一种属性的名称,以及普里查德和罗斯把"义务的"与"正当的"视为这样一种属性的名称的同一种推理,可用来表明"taboo"也是这样一种属性的名称。另一派无疑会争辩道,"这是 taboo"与"我不赞成这,你也别赞成"的意思大致相同;并且恰恰是那导致史蒂文森和艾耶尔认为"善"首先具有一种情感主义用法的同一种推理,可用来支持情感主义有关"taboo"的理论。此外,大概还会有第三派意见产生,他们会认为,"这是 taboo"这个句子的语法形式掩盖了一种可普遍化的定言命令。

这个想象出来的争论,其无的放矢源于争论各派共同预设的前提:那套他们正在研究其地位与合理性的规则,为研究提供了一个具有严格界限的主题，并为一个自主的研究领域提供材料。可是，从我们所立足的现实世界的观点出发，我们知道，事情并非如此，实际上，除了把禁忌规则视为先前某个更为精致的文化背景的一种残存物，我们没有任何别的方式可以理解它的
112 特性。由此，我们也认识到，任何理论，想要阐明18世纪波利尼西亚人的禁忌规则而又不顾及这些禁忌规则的历史，必然是一种虚假的理论；唯一真实的理论是那种展示了其在那个时间点上的不可理解性的理论。而且，那唯一充分真实的故事将是这样一种故事，它不仅使我们能够在处于良好秩序中的一套禁忌规则和实践，与这类规则和实践已成碎片并被抛进混乱无序之中这两者之间做出区分，而且使我们能够理解那个使后一状态从前一状态中产生出来的历史变迁。只有关于某一特定历史的著述才会提供我们所需要的东西。

而现在，为了加强我本人早先的论证，必须不屈不挠地进一步追问：我们思考诸如摩尔、罗斯、普里查德、史蒂文森、黑尔和其他真正的分析的道德哲学家的方式，与刚才思考想象出来的他们在波利尼西亚的对应者的方式，为什么应该完全不同？我们思考善、正当、义务等词的现代用法的方式，与我们思考18世纪末波利尼西亚人“taboo”一词的用法的方式，为什么也应该完全不同？并且，为什么我们不该把尼采看作欧洲传统的卡米哈密哈二世？

因为，尼采的历史成就在于，他不仅比任何其他哲学家——他在盎格鲁-撒克逊情感主义与大陆存在主义中的对应者——都更为清楚地理解了，原来旨在作为求得客观性的东西事实上只是主观意志的表达，而且更为明确地认识到这一点给道德哲学所带来的问题的性质。诚然，尼采不适当地将他那个时代的道德判断的状况普遍化为道德本身的性质（稍后我将证明这一

点）；并且，尼采所建构的“超人”（übermensch）乃是既荒谬又危险的狂想，对此我已做了正当而又严厉的批评。然而，值得注意的是，即使这种建构也肇始于一种真正的洞见。

在《快乐的科学》的一个著名段落中，尼采一方面嘲笑了将道德奠基于内在道德情感和良心之上的想法，另一方面也讥讽将道德奠基于康德的定言命令和可普遍化性质之上的企图。在五个敏锐、机智而又中肯的段落里，他既摈弃了我所说的为一种客观道德寻求合理基础的启蒙筹划，也动摇了后启蒙文化中普通的道德行为者对于其道德实践与话语处于良好秩序之中的自信。然后，尼采又继续面对这一破坏所造成的问题。其论证的基本结构如下：对于道德，除了意志的表达之外，别无他物，那么我的道德只能是我的意志的产物。因而诸如自然权利、功利、最 113
大多数人的最大幸福之类的虚构不可能有任何立足之地。现在，我必须自己创造“有关善的东西的新清单”。“然而，我们想成为我们现在所是的那种人——全新的、独一无二的、举世无双的人，我们为自己立法，创造我们自己。”[①]18 世纪那种理性的并且获得合理性证明的自律道德主体是一种虚构、一种幻觉；所以，尼采瓦解了它，让意志取代理性，让我们以某种巨人、英雄般的意志行为使我们自己成为自律的道德主体；由于其品格，这种意志行为使我们想起古风时代贵族的我行我素——它高于被尼采视为灾难的奴隶道德；由于其效果，它又可能成为新纪元的先知。那么现在的问题是，如何以一种全然原创性的方式构建和发明一种有关善的东西的新清单和一种法则；这是每一个人都必须面对的问题。这个问题将构成尼采道德哲学的核心。因为尼采的伟大之处恰恰在于，他对这个问题的不懈的严肃追求，而

① 尼采：《快乐的科学》，沃尔特·考夫曼英译（1974），第 266 页。

不在于他的那些无足轻重的答案，而这种伟大之处使他成了最重要的道德哲学家，假如最终唯一能替代尼采道德哲学的是，那种由启蒙哲学家及其后继者所阐述的道德哲学的话。

从另一方面看，尼采也是当代最重要的道德哲学家。因为我已证明，当代把它自己表现为就其主流而言是韦伯式的；并且我还指出，韦伯的核心思想范畴预设了尼采的核心论点。因此，尼采先知般的非理性主义——称之为非理性主义，是因为尼采的问题尚未解决，而他的解答又公然反抗理性——依旧内在于我们文化的韦伯式管理方式之中。无论何时，每当那些沉浸在当代科层制文化中的人试图透彻了解其所是所为的道德基础时，就会发现那深受压抑的尼采式前提。从而，我们有可能自信地预言，在这个表面上未必真实且由科层制管理的现代社会语境中，将会周期性地爆发恰恰由那种先知式的非理性主义所激发起来的社会运动，而尼采思想正是这种非理性主义的先驱。诚然，恰恰因为并且仅就当代马克思主义实质上也是韦伯式的而言，我们也能够预期左翼的先知式非理性主义。60 年代学生的激进主义许多都属于这种非理性主义。[2]

这样，韦伯和尼采就一起为我们提供了对于当代社会秩序
114 的关键理论表达；但是他们如此清楚地描述的乃是当代社会景象中宏观的和主导性的特征。正因为他们在这一方面是如此富有成果，所以就可能无助于解释这些特征在世俗的日常事务中的微观情状。幸好，我们已经有了一种日常生活的社会学作为韦伯和尼采思想的严格对应者，这就是由戈夫曼所精心阐述的

---

② 有关左翼尼采主义的理论观点参见 K. P. 帕森斯和 T. 斯特朗的论文（载于 R. 索罗门编《尼采：批评论文集》，1973）以及 J. 米勒的专著《历史与人的存在》（1979）。

互动的社会学(sociology of interaction)。

严格地说,体现在戈夫曼社会学中的核心对比与体现在情感主义中的核心对比是一致的。这也就是我们的话语表面上的意义与观点和它们实际用法之间的对比、行为的外观表象和被用来获得这些表象的策略之间的对比。戈夫曼叙述的分析单位始终是那努力在一个由角色构成的境遇中实现其意志的个体的角色扮演者。戈夫曼式的角色扮演者的目标是效率,而成功在戈夫曼的社会体系中也无非是那被视为成功的一切,再无其他。因为戈夫曼的世界缺乏有关成就的客观标准;之所以这么说,是因为根本不存在任何文化或空间使之得以诉诸这样的标准。标准是通过交互作用并在交互作用本身中被建立起来的;道德的标准似乎只具有维持某些类型的交互作用的功能,而这种功能总是受到过分膨胀的个人的威胁:“在任何社交活动中,标准总是被确立为个人在多大程度上允许自己被交谈所控制、在多大程度上允许自己沉迷于交谈之中。他将被迫阻止自己,以免因情感和冲动而变得忘乎所以,以至于威胁到那些已经在交互作用中为他建立起来的感情界限。……如果这个人确实过于沉溺于社交话题并且给其他人这样一种印象,觉得他对于其情感与行为缺乏一种必要的自我控制的分寸……那么他人就可能把注意力从谈话转向这个交谈者身上。一个人的过分热切会造成另一个人的疏远。……过分好事的意愿乃是儿童、自命不凡的女人以及一切权贵所习惯的暴虐形式,他们无时不把自己的情感置于那使社会安全地交互作用的道德规则之上。”③

因为成功就是一切被视为成功的东西,所以我的成功与否都受到他人的关注;表现(presentation)作为一种主题(或许是最

③ E. 戈夫曼:《互动的礼仪》(1972),第122—123页。

重要的主题)具有重要性。在戈夫曼的社会世界中,对人来说,善就在于拥有荣誉,而荣誉恰恰是任何体现并表达他人之关切
115 的东西。这种观点是亚里士多德在《尼各马可伦理学》里正确地加以拒斥的。亚里士多德拒斥这一论点的理由甚为重要。他说,我们给予他人荣誉,是因为他们的品质或行为配享荣誉;因此,荣誉至多是一种次要的善。那使人们获得荣誉的东西必定是更为重要的。然而,在戈夫曼的社会世界里,功德的归属本身就是人为的社会现实的一部分,其功能在于帮助或容纳某个努力扮演着角色的意志。戈夫曼的社会学有意贬抑那些把现象看作比现象更多的东西的自负要求。这是一种要让人忍不住要称之为犬儒主义的社会学——当然是在现代而非古代的意义上。但事实上,如果戈夫曼的人类生活画像是一幅真实的画像,那么根本不可能存在诸如犬儒漠视客观功德那样的事情,因为根本就不存在诸如客观功德那样的东西可供犬儒来漠视。

在以亚里士多德为代言人的社会中(以及此后许多不同的诸如冰岛英雄时代和西非沙漠贝督因人的社会中的荣誉观念),正因为荣誉与价值是以亚里士多德所注意到的方式被连接起来的,所以其荣誉观念非常不同于我们在戈夫曼著作中所发现的任何东西,也非常不同于我们在现代社会中所发现的几乎任何东西。在许多前现代的社会中,一个人的荣誉乃是由于他以及他的家人和亲属在社会阶层中有其适当的地位,而为他以及他的家人和亲属所应得的东西。诋毁某人也就是不承认他以这种方式所应得的东西。因此,"侮辱"成了一个重要的社会观念,而且在许多诸如此类的社会中,受某种类型的侮辱是值得以死相争的。彼得·伯格及其合作者④

④ 彼得·伯格、布里吉特·伯格、汉斯弗雷德·凯尔纳:《无家可归的心灵》(1973)。

已经指出了这样一个事实的重要性，即，在现代社会中，我们如果受到侮辱，那么既得不到法律的保护，又无法求助于任何类似于法律的东西。侮辱已被移到了我们文化生活的边缘，在那里，它们是私人情感而非公共冲突的表达。毫不奇怪，这就是戈夫曼的著作所留给它们的仅有的位置。

把戈夫曼的书（特别是《自我在日常生活中的呈现》、《遭遇》、《互动的礼仪》以及《策略性的互动》）与《尼各马可伦理学》相比较是非常重要的。在前面的论证中，我曾强调了道德哲学与社会学之间的密切联系；而正如亚里士多德的《伦理学》与《政治学》对道德哲学与社会学有同样多的贡献一样，戈夫曼的书也隐含了一种道德哲学。之所以如此，部分是因为它们是对一个特定社会——这个社会本身就把一种道德哲学结合进了其独特的活动和实践模式之中——内的行为方式的一种透视；部分是因为戈夫曼自己的理论立场所预设的那种哲学承诺。并 116
且，既然戈夫曼的社会学声称它所表明的恰恰不是人性在某些高度具体的条件下能够成为什么，而是人性必定是什么，从而向来是什么，因此很显然，戈夫曼的社会学隐然声称亚里士多德的道德哲学是虚假的。这并不是戈夫曼本人提出或需要提出的问题。然而，戈夫曼的伟大先驱和预言者尼采，却在《道德的谱系》和其他地方提出并卓越地处理了这个问题。除了美学上的问题之外，尼采很少明确地提到亚里士多德。他的确从《尼各马可伦理学》中借用了有关“有伟大灵魂的人”的名称与观念，虽然在他的理论语境中这个词已与亚里士多德的完全不同。不过，他对道德史的诠释清楚地表明，亚里士多德的伦理学与政治学理论也必须归入衰颓了的权力意志的所有伪装之列，这些伪装肇始于苏格拉底所制造的虚假转折。

当然，这并不是说如果亚里士多德的道德哲学是正确的，那么尼采的道德哲学就是虚假的,反之亦然。从一种更强有力的意义上说,由于其各自的历史作用,尼采的道德哲学与亚里士多德的道德哲学形成颉颃之势。因为,如我前面指出的,恰恰由于从 15 世纪向 17 世纪过渡时期,以亚里士多德的思想为其理智核心的道德传统被抛弃了,为道德寻求新的合理的世俗基础的启蒙筹划才应运而生;并且,恰恰由于这一筹划失败了,其理智上最为强大有力的倡导者(尤其是康德)所提出的观点经受不住理性的批判,尼采及其存在主义和情感主义的继承人才能够对以往一切道德发动了表面上看似成功的批判。因此,尼采观点的可辩护性最终变成了对这样一个问题的回答,即,拒斥亚里士多德从一开始就是正确的吗?因为,假如亚里士多德的伦理学和政治学观点——或者某种非常类似于此的东西——能站得住脚,那么尼采的整个事业就会毫无意义。这是因为,尼采观点的力量取决于这样一个核心论点的正确与否:对道德的一切合理辩护明显都失败了,从而对道德信条的信奉需要根据一系列掩盖了意志之根本的非理性现象的合理化来予以解释。我自己的论证迫使我赞同尼采:启蒙哲学家们从未成功地提供任何可据以质疑其核心论点的理由;他的警句比他那些展开了的论证甚至更有致命的威力。但是,如果我前面的论证是正确的,那么启蒙筹划的失败本身无非是拒斥亚里士多德传统的一种历史后果。而这样一来,关键的问题就变成了:亚里士多德的伦理学,
117 或某种非常类似于此的东西,究竟能否得到辩护?

认为这是一个巨大而复杂的问题这种说法过于轻描淡写。因为将亚里士多德与尼采区分开来的是许多非常不同的问题。在哲学理论的层次上,既有道德理论的问题,又有政治学和哲学心理学的问题;并且,两人彼此所面对的无论如何不是单纯的两种理论,而是两种不同的生活方式的理论表述。在我的论证中,

亚里士多德主义的作用，并不完全归因于它的历史重要性。在古代和中世纪的世界中，它总是与其他的观点相冲突，并且，那使它本身成为最好的理论诠释者的各种生活方式，还有其他一些成熟的理论家为之张目。诚然，没有一种学说能像亚里士多德主义那样在如此广泛多样的语境中为自己辩护：希腊的、伊斯兰的、犹太的以及基督教的；因此，当现代性向旧世界发起攻击时，其最有眼光的解释者认识到，正是亚里士多德主义必须被推翻。虽然所有这些历史事实都非常关键，但与亚里士多德主义之为最有哲学力量的前现代道德思想模式这一事实相比，就显得无足轻重了。如果有人要为一种前现代的道德和政治观点辩护以反抗现代性，那么他要么使用某些类似于亚里士多德主义的术语，要么什么也不用。

因此，哲学论证与历史论证相结合所揭示的是，人们要么全然追随启蒙筹划的各种不同思想的抱负及其崩溃直至仅剩下尼采式的诊断与尼采式的疑难，要么主张启蒙筹划不仅是错误的，而且从来就不该产生。再没有第三种选择。说得更具体一点，那些处于当代道德哲学常规课程之核心的思想家——休谟、康德和密尔——没有能够提供任何别的选择。因此，毫不奇怪，今天的伦理学教育在学生的心灵中只留下了破坏性的怀疑主义的印迹。

可是，我们应该选择哪一种？又应该如何选择？这就是尼采的另一项功绩，他把他对启蒙时代各种道德学说的批判与这些学说没能充分地重视（更不用说回答了）这样一个问题联系了起来，这就是：我要成为何种人？从某种意义上说，这是个不可回避的问题，因为每一个人都在生活中以实践的方式对此做出了回答。然而，对于那些独特的现代道德学说而言，这只是个间接地遇到的问题。按照他们的立场，首要的问题只涉及规则：

我们应该遵循什么规则？我们为什么应该服从这些规则？而一旦我们回想起将亚里士多德的目的论排除出道德世界所造成的
118 后果，就不会对这个问题感到惊讶。德沃金最近指出，现代自由主义的核心观点是，从公共立场上看对人来说有关善的生活的问题或人类生活的目的问题是无法系统地加以解决的。在这些问题上，个人可以自由地赞成什么或反对什么。因此，道德与法律的各种规则既不可能来源于某个更根本的善的概念，也不应该根据这种概念来证明其合理性。我相信，当德沃金做上述辩解时，他已辨识出一个不仅为自由主义同时也为现代性所主张的特殊立场。规则成了社会生活的首要概念。特性角色的品格之所以越来越受到褒奖，只因为它们会引领我们去遵循正确的规则。罗尔斯，最晚近的现代道德哲学家之一，宣称“美德就是感情，也就是说，它们是与有一种较高层次的欲望所规范的那些气质和性情相关联的，在这种情形中，行动的欲望就来自相应的道德原则”。[5] 另外，他还把根本的“伦理美德”界定为“依据正当的基本原则去行动的强烈的和正常有效的欲望”。[6]

因此，按照现代的观点，美德的正当性取决于规则和原则的某种在先的正当性；假如后者很成问题（事实上也的确如此），那么前者必定也很成问题。然而，假如在论述道德问题的过程中，现代性尤其是自由主义的代言人错误地排列了评价性概念的次序，假如为了理解规则的功能与权威，我们有必要首先关注美德，那么我们就应当以一种完全不同于休谟、狄德罗、康德或密尔的方式开始我们的探究。有趣的是，尼采和亚里士多德都赞同这一点。

---

⑤ J. B. 罗尔斯：《正义论》（1971），第 192 页。

⑥ 同上，第 436 页。

而且很显然，如果我们想要有一个新的研究起点，以便将亚里士多德主义全部质疑一遍，那么就必须把亚里士多德本人的道德哲学，不仅仅看作在其本人著作的主要文本中所表述的那些东西，而且也是对过去的优良传统予以继承和总结的一种尝试，从而反过来又是激发后来许多思想的源泉。这就是说，有必要撰写一部有关美德概念的简史，在其中，亚里士多德提供了一个核心的焦点；这部美德概念的历史为一整套行动、思想和话语的传统（亚里士多德只是其中的一个部分）孕育了资源。这个传统我早些时候称之为“古典传统”，它关于人的看法，我称之为“关于人的古典观点”。这就是我现在要着手进行的任务，其起点为决定尼采与亚里士多德之间的问题提供了一个最初的考察案例，这真是无巧不成书，因为尼采把自己视为荷马时代贵族
使命的最后继承者——这些贵族的行为与美德为诗人提供了素 119
材，而我们的研究主题不可避免地以他们为出发点。因此，从对尼采而言的诗的正义的严格意义上，我们对以亚里士多德为其核心人物的古典传统的考察，就从对《伊利亚特》所描绘的英雄
社会中诸美德的性质的考察开始。 120

第 10 章　英雄社会中的诸美德

在希腊、中世纪或文艺复兴等所有那些其道德的思想与行动，都是根据我所说的古典构架的某个样式而被建构起来的文化中，讲述故事是道德教育的主要手段。在基督教、犹太教或伊斯兰教盛行的地方，宗教故事都是最重要的；而每一种文化也都有其自身特有的故事；不过，这些文化中的每一种，无论希腊还是基督教，还拥有一系列来源于并讲述着自身已消逝了的英雄时代的故事。在公元前 6 世纪的雅典，正式背诵荷马史诗被确立为一种公共庆典；史诗本身大体成形不会晚于公元前 7 世纪，但它们所讲述的是一个甚至比这还要早得多的时代。公元 13 世纪的冰岛基督徒撰写的英雄传说，是公元 930 年以后一百年间的事件，也就是基督教最初传入的前后期，当时斯堪的纳维亚的古老宗教仍然十分繁荣。公元 12 世纪，克郎曼可诺伊斯修道院的爱尔兰僧侣在《夺牛长征记》中写下了爱尔兰北部厄尔斯特英雄们的故事，故事中的某些语言使学者们能够将它们的年代上溯至公元 8 世纪，但故事中的某些情节却被安排在数世纪前、爱尔兰尚未改宗基督教的时代中。荷马史诗或冰岛传奇或厄尔斯特的英雄故事（诸如泰恩·波·库安格），究竟在多大程度上为我们提供了有关它们所描述的社会的可靠的历史证据？——上述情形中的这同一个问题引起了大量完全相似的学术争论。幸好我不必将自己卷入这些论辩的细枝末节里去。对我自己的论辩来说，重要的是一个相对说来无可争辩的历史事实，即，这类叙事确实提供了关于其最后写就的社会的或充分或不充分的历史记忆。它们不仅为当代有关古典社会的讨论提供了一种道德背景、一种有关现在已被超越或部分被超越但其信念与概念依然具有部分影响力之道德秩序的说明，而且提供了一种与当代的发人深省的对比。因此，理解英雄社会——无论它是否真的存在过——是理解古典社会及其后继者的一个必不可少的部分。那么，英雄社会的主要特征是什么？ 121

关于荷马史诗中的社会，M. I. 芬莱写道："社会的基本价值是既存的、先定的，一个人在社会中的位置以及随其地位而来的特权与义务也是既存的、先定的。"①芬莱关于荷马史诗中的社会的描述，对于冰岛或爱尔兰等其他英雄社会的形式同样真实。每一个个体都在一个明晰而又高度确定的角色与地位系统内，拥有一个既定的角色与地位。其关键结构是亲属结构与家庭结构。在这样一个社会里，一个人通过认识他在这些结构中的角色而知道自己是谁；而且通过这种认识，他还了解了他应尽何种义务（what he owes）以及每一其他角色与地位的占有者应对他尽何种义务（what is owed to him）。古希腊语中的"dein"以及与此相似的古英语中的"ahte"，一开始并不明确区分"应当"（ought）和"欠或负有义务"（owe）；而冰岛语中的"skyldr"一词则把"应当"与"有亲缘关系"（is kin to）联系在了一起。

但是这并不仅仅意味着，每一地位都被规定了一系列的义务与特权。而且，人们对于需要以什么行为来履行这些义务与特权，以及什么行为不能合乎要求，也有一种清楚的认识。因为行为就是所需要的东西。在英雄社会里，一个人的所作所为就

---

① M. I. 芬莱：《奥德修斯的世界》（1954），第 134 页。

是这个人本身。赫尔曼·弗兰克尔这样描述荷马史诗中的人物:“一个人和他的行为是同一的,并且他使自己完全充分地表现在行为中;他毫无城府。……在史诗有关人物言行的记载中,人所具有的一切(或人所是的一切)都得到了表达,因为他们无非就是自己的言行与经历。”[②]因此,判断一个人就是判断其行为。要印证有关一个人的美德与罪恶的判断就看他在一特定境遇中所表露的具体行为;因为美德恰恰就是维持一个自由人的角色,并在其角色所要求的那些行为中显示自身的那些品质。弗兰克尔就荷马史诗的社会中的人所说的那些特征,对于以其他英雄形象出现的人同样有效。

后来才被译成“美德”(virtue)的“aretê”一词,在荷马史诗中用来表示任何种类的优秀(excellence);快跑选手展现了他双脚的 aretê[③],儿子可以因为任何种类的 aretê——如作为运动员、作为士兵以及因为心智能力——而胜过其父亲[④]。这种美德或优秀的概念比我们最初接触它时更使我们感到生疏。我们不能承认力量在这样一种人的优秀的概念中的核心地位,或者,勇敢是主要美德之一,也许是最主要的美德。与我们的美德概念无法相容的是,英雄社会中勇敢及其类似美德的概念和友谊、命运、死亡等概念的紧密关联。

勇敢是重要的,因为它不仅是个人的一种品质,而且也是维系家庭和共同体所必需的品质。荣誉(Kūdos)属于战斗或竞赛中的优胜者,作为被其家庭与共同体所承认的一种标志。其他一些与勇敢相关的品质,由于它们在维系公共秩序方面所起的

② 赫尔曼·弗兰克尔:《早期希腊的诗歌与哲学》,M. 哈达斯与 J. 维里司英译(1975),第 79 页。

③ 《伊利亚特》20.411。

④ 同上 15.642。

作用,也赢得了公众的承认。在荷马史诗中,狡诈就是这样一种 122
品质,因为当缺乏勇敢或勇敢不能成功的时候,狡诈却可能卓有成效。在冰岛的英雄传奇中,辛辣的幽默感与勇敢有密切联系。传说在公元 1014 年的克郎达伏战役中,布里安·博鲁打败了一支海盗部队,当其他人都慌忙逃窜时,有个叫索尔斯坦的斯堪的纳维亚人,不但没跑还留在原地不慌不忙地系着鞋带。一个名叫克塞法德的爱尔兰军官问他为何不跑,他回答说:“今晚我不能回家,我住在冰岛。”因为这个玩笑,克塞法德饶了他的命。

成为勇敢的人就是成为别人可信赖的人。因此勇敢也就成了友谊的一个重要成分。在英雄社会中,友谊的缔结是以亲属关系为范本的。有时,友谊是被正式立誓的,由此,立誓人相互承担兄弟般的义务。谁是我的朋友、谁是我的敌人,就像谁是我的亲属那样界线分明。友谊的另一成分是忠诚。我的朋友的勇敢使我确信他有能力帮助我和我的家人;而我的朋友的忠诚则使我确信他还有这种愿望。我的家属的忠诚是家庭统一的基本保证。因此,对于在家庭中构成决定性关系的妇女来说,忠诚是最主要的美德。安德洛玛刻与赫克托尔、佩涅洛佩与奥德修斯这两对夫妻的友爱(philos),不比阿基里斯与帕特洛克罗斯这两位好友逊色。

我希望,上述解释已经清楚地表明,对英雄社会中的美德的任何充分的说明,都不可能脱离其在此社会结构中的语境,正如对英雄社会的社会结构的任何充分的说明,都不可能不包括对英雄美德的说明一样。但这种说法仍然掩饰了重要的一点,即,道德与社会结构在英雄社会中实际上是一回事。这里只有一套社会关系。道德作为某种独特的东西尚未出现。评价的问题就是社会事实的问题。正是由于这个原因,荷马总是提起关于做什么和如何判断的知识。除了例外,这样的问题并不难回答。

因为既定的规则不仅分派了人们在社会阶层中的位置以及相应的身份,而且也规定了他们应尽的义务和别人对他们应尽的义务,以及如果他们不尽责应受到怎样的处置与对待、他们又应怎样处置与对待他人的不尽责。

如果一个人在社会阶层中没有这样一个位置,那么不仅不可能从他人那里获得承认和回应,不仅别人不知道他是谁,而且
123 连他自己也不知道他是谁。正是因为这一点,英雄社会通常都给外来的陌生人指定一种明确的地位。在希腊语中,"外人"(alien)与"客人"(guest)是同一个词。陌生人必定受到有限但却明确的接待。当奥德修斯遭遇独目巨人族时,对于他们是否拥有"themis"(荷马的 themis 指的是为一切文明人共有的习惯法)的问题,是通过考察他们如何对待陌生人来回答的。事实上,他们吃掉陌生人——也就是说,在他们眼里,陌生人没有任何公认的人的身份。

这样,我们就可以指望在英雄社会里对这样一种对比的强调,这就是,既有勇敢及其相关美德又有亲属与朋友的人的期望,和缺乏所有这一切的人的期望之间的对比。然而,等待这两种人的都是死亡——这也是英雄社会的核心主题。生命是脆弱的,人是脆弱的,之所以如此,是因为这里蕴含了人类境遇的本质。因为在英雄社会里,生命就是价值标准。如果某人杀了你,我的朋友或兄弟,那么把杀你的人置于死地就是我对你负有的债务,而当我对你偿付了我的债务,被我杀死的那个人的朋友或兄弟也就欠了那个人的债,即要置我于死地。我的亲属和朋友越多,我就越易于招致这种杀身之祸。

另外,在这个世界上还存在许多任何人都无法控制的力量。激情时而显现为非人的力量,时而显现为诸神,并侵害人的生命。阿基里斯的狂怒既瓦解了他和其他希腊人的关系,也使阿

基里斯本人陷入混乱。这些力量和亲情、友谊的规则一起，构成了不可抗拒的模式。愿望与狡诈都不能使人逃避它们。命运是一种社会现实，而预知命运具有重要的社会作用。无独有偶，预言家和占卜者在荷马的希腊、传说时代的冰岛和前基督教的爱尔兰都同样兴盛。

因此，那些为所当为的人稳步踏向他的命运和死亡。人生的尽头是失败而非胜利。理解这一点本身就是一种美德，因为理解这一点是勇敢的一个必要组成部分。然而，这类理解包含着什么？假如人们把握了勇敢、友谊、忠诚、家庭、命运和死亡之间的联系，他们又能理解什么呢？无疑，人类生活具有一种确定的形式，它包含了某种故事。诗歌与传奇不仅仅叙述了人间世态，而且在其叙事形式中，诗歌与传奇捕捉到了一种已经呈现在它们所叙述的生活中的形式。 124

亨利·詹姆斯写道："除了决定事件之外，品格还能是什么呢？而除了阐明品格之外，事件又能是什么呢？"但是在英雄社会中，相关的品格只能在诸事件的连续中得到展示，而连续本身又必定例示着某些模式。英雄社会与詹姆斯观点的一致之处在于，品格与事件不能彼此独立地被描述。因此，要理解作为一种美德的勇敢，就不仅要理解它可能如何在品格中得到展示，而且要理解它在某类既定故事里能够具有什么位置。因为英雄社会中的勇敢，不只是对付特殊的伤害与危险的一种能力，而且是对付一种特殊模式的伤害与危险的一种能力，个体生命在这样一种模式里找到了他们的位置，并且这类生命反过来又例示了这种模式。

因此，史诗与传奇所刻画的是一个已经体现了史诗或传奇之形式的社会。其诗歌所阐明的是其在个人和社会生活中的形式。这种说法仍然无法确定是否真的有过诸如此类的社会；但它至少意味着,如果真的有过这样的社会,那么只能通过它的诗歌来充分地理解它们。当然,诗歌与传奇并不单纯是它们所要刻画的那个社会的翻版。因为很显然,诗人或传奇作者自称具有一种其所描写的角色所没有的理解力。诗人并不受制于限定着其角色们的本质条件的那些限制。对此,《伊利亚特》尤其值得注意。

正如我前面从一般意义上所谈到的英雄社会那样,《伊利亚特》的英雄们并不难以知道彼此之间所负的责任或义务;当他们面临犯错的可能性时,他们就感到“羞愧”(aidôs),并且假如他没有注意到这一点的话,其他人总是会随时使他明了公认的看法。荣誉是具有同等地位的人们授予的;没有荣誉,一个人就毫无价值。诚然,荷马史诗的角色们绝无可能使用某种他们所能获得的词汇之外的东西,来看待他们自身的文化与社会。他们所使用的评价性表述是相互交叉界定的,其中每一个都必须依据其他表述来予以解释。

让我用一个危险的却发人深思的类比。《伊利亚特》中控制行为与评价性判断的那些规则,和国际象棋的游戏规则极其相似。一个人是否是个好棋手,是否擅长于设计残局,在某特定局势中所走的一步棋是否正确,都是事实问题。象棋游戏隐含着棋手们对于如何下棋的认同,并且游戏本身部分地是由这种认同所构成的。在象棋的用语范围内,说“只有走这步棋能将死对方,但这是正确的下法吗?”是毫无意义的。因此,说这话并明白自己所说的话的人,必定使用了某种其定义超出了象棋
125 之外的“正确”概念,比如某人下棋的目的是想跟小孩逗乐而非想赢棋,可能就会这样问。

这个类比之所以危险,原因之一就在于,我们的确是出于多种多样的目的来玩国际象棋这样的游戏。但我们决不能追问:

《伊利亚特》中的角色是出于什么样的目的而遵从他们所遵从的规则、谨守他们所谨守的训诫？事实毋宁是，只有在这些规则和训诫的框架之内，他们才能够设计他们的目的；并且正因为此，这个类比在另一方面讲也是失败的。所有的选择问题都在框架之内发生，但框架本身却因此而不能被选择。

因而，在现代性情感主义自我与英雄时代的自我之间有着最鲜明的对照。英雄时代的自我恰恰缺乏我们已经看到的、被某些现代道德哲学家视为人的自我之本质特征的东西：那种把自身与任何特定立场或观点分离开来、撤退出来，从而站在这种立场或观点之外来看待和判断这种立场或观点的能力。然而在英雄社会中，除了外在的陌生人，再无“外在”的东西。一个人若试图脱离他在英雄社会中的既定位置，那就是试图使自身在这个社会中消失。

身份在英雄社会中包含特殊性与责任性（allountability）。对于是否履行了那处在我的位置上的任何人对他人都应负有的责任，我是有责任的，而且这种责任性只因死亡而告终。一直到死我都必须做我不得不做的事。而且这种责任性是具体的。正是对特定的个人，为着特定的个人并与特定的个人一起，我必须做我所应当做的事情；而且，正是对于这同一些和其他的个人（他们乃是同一地方性共同体的成员），我才负有责任。英雄式的自我本身并不希求普遍性，尽管在对英雄社会的追溯中我们可以认识到这种自我的成就中的普遍性价值。

因而，英雄美德的践行既要有一种特定的人，又要有一种特定的社会结构。正因为如此，对英雄美德的考察乍看之下，似乎与对道德理论和实践的任何一般性探究毫不相干。假如英雄美德的践行，需要一种现在已无可挽回地失去了的社会结构——事实正是这样，那么它们与我们又有何关联呢？如今再也不可能有赫克托尔或戈斯里了。然而我们的回答是,我们不得不从英雄社会中学习的东西或许是双重的:首先,一切道德总在某种程度上缚系于社会的地方性和特殊性,现代性道德作为一种摆脱了所有特殊性的普遍性的渴望只是一种幻想;其次,美德只能
126 作为一种传统的一个部分而为我们所继承,并且,我们对它们的理解来自一系列的前辈先驱,其中英雄社会就是其最初的源头。如果真是这样,那么现代性引以为豪的价值选择的自由,与英雄社会中这类选择的缺失之间的对比会显得非常不同。因为从最终植根于英雄社会的那样一种传统的观点来看,价值选择的自由更像是那些其人的实质近乎消失的幽灵的自由,而非人的自由。

正是这种选择的缺失所提供的确信,在某一层面上使得《伊利亚特》的注释家的任务变得相当容易。什么是 aretê,什么不是就不难确定;对《伊利亚特》中诸如此类的问题人们毫无分歧。可是,当辞典编纂者编完其目录时,一个更困难的问题却出现了。我已指出,体力、勇气与才智都在优秀之列。在《奥德赛》中,佩涅洛佩对我们称之为其魅力的东西她却称之为其 are-tai(德性)。不过,更令我们困惑的是,在《奥德赛》里旺盛(prosperity)也被说成是一种优秀。正如我们已经看到的,aretê 观念的统一性存在于那能使一个人尽职尽责的概念中;并且不难看出,旺盛以及幸福在荷马史诗中尚有一种不同的意义。当萨尔佩冬在海船大战中记起他在吕西亚的果园和麦田时,他认识到,正是因为他和格劳科斯是勇士中的最杰出者所以才配享这些好东西。于是,旺盛就成了战争中所获成就的一种副产品,这就产生了这样一个悖论:那些追求着使他们享有以果园、麦田和纳娶安德洛玛刻或佩涅洛佩为代表的幸福的人,追求着一个其最终结局是死亡的过程。

在荷马那里，死亡是一种纯粹的恶；而最大的恶却是死后尸体遭到污辱的死亡。这后一种恶要由死者的尸体和他的亲戚家属一同来承受。反之，通过举行葬礼，家庭与共同体在其成员死后能够恢复其完整性。因此丧葬礼仪与丧葬游戏乃是道德体系中的关键环节，而被理解为哀悼能力的悲伤则是人的一种根本情感。

正像西蒙·威尔所清楚认识到的那样，《伊利亚特》中奴隶的境况近乎死亡的状态。[5] 奴隶是某种随时都可能被杀死的人；他们处在英雄共同体之外。那被迫乞求其所必须具有的东西的乞怜者也一样，他让自己受制于另一个人，从而使自己成了潜在的尸体或奴隶。因此，只有在极迫不得已的情况下，才可能去做 127
一个乞怜者。只有当赫克托尔的葬礼被剥夺，继而其尸体又遭凌辱的时候，作为国王的普里阿摩斯才被迫成为一个乞怜者。

成为一个乞怜者，成为一个奴隶，成为疆场上的一个刀下之鬼，都意味着他已经被打败了；而失败就是荷马英雄的道德界域，越此，则什么也看不到，什么都不存在。但是，失败并不是荷马史诗的道德界域，而且正因为这种差别，吟唱《伊利亚特》的荷马超越了他所刻画的那个社会的诸多限制。因为荷马所追问的什么是胜利、什么是失败的问题，他的角色们并不追问。这里再一次说明，与后来的游戏概念以及游戏中胜利或失败的概念进行类比是多么危险而又不可避免。因为我们现在的游戏，像我们现在的战争一样，都渊源于荷马式 agôn（竞技或战斗），但基本方面却又大不相同，因为胜利或失败的概念在我们的文化中的意义已大不相同。

---

⑤ S. 威尔："《伊利亚特》或力量之诗"，载《修订》，S. 霍尔华斯与 A. 麦金太尔编（1983）。

胜利也可能是失败的一种形式,写《伊利亚特》的诗人看到了这一点,而他的笔下的人物们却没有看到。诗人不是理论家;他没有提出一般性的公式。但他自身的认识的确比史诗中最明智的角色具有更高的普遍化与抽象化水平。比如阿基里斯,当其与普里阿摩斯和解之时,无从以任何像荷马向他人讲述他们那样的方式申述自己。因此,《伊利亚特》所探讨的乃是阿基里斯与赫克托尔都不可能探讨的问题;史诗要求获得一种它所描述的那些角色不可能具有的理解形式。

当然,我就《伊利亚特》所谈的并不适用于所有英雄史诗;但却符合某些冰岛传奇的实际。诚然,在诸如晚出的《尼雅尔斯传奇》中,传奇作者力图把那些能够超越传奇世界价值观的角色与不能超越这种价值观的角色区分开来。在《戈斯里传奇》中,传奇作者所理解而他的角色们却没能理解的是,失败有时也可能是胜利的一种形式,这正好可以作为《伊利亚特》洞见的一种补充。戈斯里被放逐多年,最终与他的妻子和妻妹并肩战死沙场,他们三人杀死或重创了想要以戈斯里的首级换取赏金的十五人中的八人,失败的显然不是戈斯里。

因此,这类英雄史诗表征了一种社会形式,其道德结构有两个要点。首先,这种结构体现了一种具有三个相关的核心要素的概念体系:(1)为社会角色(所有个体都置身其中)所要求的事物的概念;(2)那些能够使个体去做他或她的角色所要求的事情的品质,亦即优秀或美德的概念;以及(3)人类境况的脆
128 弱和受制于宿命与死亡的概念,因此做有德者就不是逃避脆弱与死亡,而是主动担当他们所应得的东西。如果不参照其他两者,这三个要素中的任何一个都不可能得到完全的理解;但它们之间的关系不仅仅是概念的关系。毋宁说,所有这三个要素都只有在一个更大的单一框架内才能够找到其各个相关的位置,脱

离这一框架，我们就不可能理解它们的相互意义。这一框架就是史诗或传奇的叙述形式，一种体现在个体道德生活和集体社会结构中的形式。英雄社会的结构乃是上演过了的史诗叙述。

正如我先前曾指出的，除了构成其世界观的那些概念所提供的之外，史诗中的角色别无任何手段来观察人类与自然界。但正因为这个缘故，他们毫不怀疑实在就是如他们所表现给自身的那样。他们把他们宣称为真理的世界观呈现给我们。英雄世界所隐含的认识论是一种彻头彻尾的实在论。

诚然在一定程度上，正因为英雄社会的文学作品有过这种宣称，所以难以承认尼采后来对其贵族阶层所做的随心所欲的刻画。写作《伊利亚特》的诗人与传奇作者们隐然地为其自身的、与尼采的透视主义（perspectivism）极不相容的观点要求一种客观性。可是，假如诗人与传奇作者们并非原始的尼采主义者，他们所刻画的角色又会怎样呢？这里又一次清楚地表明，尼采不得不把遥远的过去神话化以支持他自己的想象。尼采所刻画的是贵族的自我做主；荷马和传奇所显示的却是适应于并为某一特定角色所要求的诸断言方式。自我在英雄社会中只有通过其角色才成为其所是者；它是一种社会的创造而非个人的产物。因此，当尼采筹划着将其自身的19世纪个人主义与古老的过去相联系时，却暴露出那貌似历史研究的东西实际上只是一种富有创造性的文学性建构。尼采以他自己的一系列个人主义虚构取代了他极为不屑的启蒙时代的个人主义虚构。但这并不意味着人们不会成为不再受欺骗的尼采主义者；正如尼采提出的，作为一个尼采主义者的全部重要性就在于胜利地、最终不受欺骗地成为诚实的人。这可能会诱使人们轻易地下结论说，任何愿意成为真正的尼采主义者的人都将不得不比尼采走得更远。但实际上仅此而已吗？

当代的尼采主义者，由于拒斥其当下的文化环境（就像尼采拒斥威廉时代的德国），并且由于其发现尼采所赞美的过去
129 是虚构而非事实，被指责为一个热望超越与过去的一切联系的存在者。然而，这样一种超越可能吗？无论我们承认与否，我们是过去所造就的，并且我们，即使在美国，不可能把那些在我们与我们的各个历史组成时期的联系中所形成的成分从我们自身中清除出去。如果真是这样，那么即使是英雄社会，也仍然是我们的无可逃避的一部分，因而，当我们把它放在我们道德文化的形成过程中来重述时，我们所叙述的就恰恰是我们自己的历史。

任何试图撰写这一历史的人都必然会遇到马克思的这样一种主张，即，希腊史诗之所以对我们仍然具有影响力，是因为希腊之于文明的现代犹如孩童之于成人。这是设想过去与现在的关系的一种方式。它能否公正地看待我们与《伊利亚特》的关系，仍然是个问题。对此，只有当我们探究了那些同时将我们与《伊利亚特》所植根的世界分离和连接起来的社会道德秩序的中间阶段之后，才能予以回答。这些中间阶段将对英雄时代的两个核心信念提出质疑。它们将迫使我们在与英雄社会截然不同的各种复杂性形式的语境中追问，人生之为一个整体能够被展示为一场胜利或失败，这是否依然真实？胜利与失败究竟意味着什么？此外，它们还要求我们回答，英雄时代的叙事形式是否不仅仅像儿童在讲故事，因此，尽管道德话语可以使用寓言和比喻来帮助不发达的道德想象力，但在其持重的成年期，是否就应当抛
130 弃这种叙事模式而代之以一种推论性更强的文体和风格？

第11章　雅典的诸美德

荷马史诗或冰岛及爱尔兰传奇所表现的英雄社会，可能存在过，也可能没存在过，但相信其存在对于那些古典的和基督教的社会来说却至关重要，这些社会认为它们自己就是从英雄社会的各种冲突中脱颖而出的，并且，它们还部分地基于这样一种起源去界定他们自身的立场。没有一个公元前5世纪的雅典人能像阿伽门农或阿基里斯那样行动；也没有一个13世纪的冰岛人能像10世纪的人那样行动。克郎曼可诺伊斯的修道士完全不同于康乔波尔或库丘兰恩的僧侣。然而，那些后来社会的道德经典的核心部分却是英雄文学提供的；并且，正是从这些经典与现实实践相联系所包含的诸多困难中，产生了这些后来社会的许多关键的道德特征。

在柏拉图的许多早期对话中，苏格拉底曾就某些美德——《拉凯斯篇》中的“勇敢”，《欧绪弗洛篇》中的“虔敬”，《理想国》中的“正义”——的性质诘问某个或某些雅典人，并使他们确信其中的矛盾性。漫不经心的现代读者一开始很容易以为，柏拉图正在把苏格拉底的严谨与普通雅典人的粗疏两相对照；可是，当这种诘问模式一再出现时，人们就会提出另一种解释，即，柏拉图正在指出雅典文化中评价性语言使用的普遍的不一致性。当柏拉图在《理想国》中提出他自己对美德的完整和谐、前后一致的解说时，其部分策略就是要把荷马的遗产从城邦中清除掉。

要探究古典社会中的美德,起点之一就是在古典社会中的某种基本的矛盾性与荷马的背景之间确立一种联系。但是,事实证明这个任务已经完成,索福克勒斯在其所著的《菲罗克忒忒斯》中的工作或许最为突出。

奥德修斯和阿基里斯的儿子涅奥普托勒摩斯一起担负一项使命,以确保菲罗克忒忒斯的神箭有助于攻打特洛伊。奥德修斯在剧中的行为严格恪守《奥德赛》中控制其行为的相同准则。他善待朋友、打击敌人(这就合乎柏拉图在《理想国》开篇所拒斥的那种正义的定义)。如果以公开的方式并不能获得神
131 箭的帮助,他的狡诈就会设计欺骗的手段。《奥德赛》明确地将这种狡诈视为一种美德;并且很显然,英雄之所以赢得荣誉就因为他践行了这些美德。然而,涅奥普托勒摩斯却把奥德修斯欺骗菲罗克忒忒斯的策略看作不光彩的。希腊人曾完全错待了菲罗克忒忒斯,把他流放到兰姆诺斯岛上承受九年之苦;但菲罗克忒忒斯还是对涅奥普托勒摩斯与奥德修斯以诚相待。纵然他现在拒绝去帮助在特洛伊的希腊人,欺骗他也是错误的。索福克勒斯借奥德修斯与涅奥普托勒摩斯来使我们面对两种互不相容的荣誉概念、两种对立互竞的行为标准。关于这一冲突,索福克勒斯没有给我们提供任何解决方案,而这一点对于这部悲剧的结构来说至关重要;半神半人的赫拉克勒斯的介入打断而非完成了剧情,他将那些角色从绝境中挽救了出来。

在希腊悲剧中,神的介入,或至少是祈求神的介入,常常是暴露道德标准与词汇中的矛盾性的信号。请看《俄瑞斯忒斯》。古风时代和英雄社会的复仇法则,既命令又禁止俄瑞斯忒斯去杀死其母克吕泰涅斯特拉。雅典娜的介入以及她与阿波罗之间的争执的化解确立了一种正义概念,这种正义概念将道德问题的权威中心从家庭和家族转向了城邦(polis)。在《安提戈涅》

中，家庭的要求与城邦的要求呈现为正反对立、互不相容的要求。因此，我们不得不考虑的头等大事乃是，当基本的道德共同体不再是血缘团体而是城邦时，并且不仅仅是一般的城邦而是民主制的雅典城邦时，美德概念就有所区别了。

不过，认为荷马的美德观与古典时代的美德观之间的区别，仅仅根源于一套社会形式向另一套社会形式的转变，那就过于简单化了；对此，至少可以提出两个非常不同的理由。首先，单《安提戈涅》就足以表明，尽管血亲关系的形式与主张，在公元前5世纪的雅典和早先几个世纪有所不同，却依然根深蒂固。贵族家庭在诗歌和生活中都保留了大量的荷马风韵。但荷马式的价值观却不再限定道德的界域，正如家庭或血亲团体现在只是一个更大且非常不同的单位的一部分。君主也不再有了，纵然许多为君主所具有的美德仍被认为是美德。

仅依据变化了的社会语境而看不到诸美德概念中的差异的第二个原因是，美德概念现在已明显脱离了任何**具体**的社会角色概念。涅奥普托勒摩斯在索福克勒斯的戏剧中对待菲罗克忒
忒斯的方式，截然不同于他的父亲在《伊利亚特》中对待阿伽门 132
农的方式。在荷马那儿，荣誉问题乃是“什么是君王的分内”的问题；而在索福克勒斯这里，荣誉问题已成为“什么是一个人的分内”的问题。

不过，“什么是一个人的分内”的问题，在雅典——而非底比斯或科林斯更不用说波斯——的语境中被提出，似乎绝非偶然。刻画一个好人，根本上就是刻画这个人与其他人所处的关系，而绝大多数诗人与哲学家在其对这些关系的描述中，并不区分什么是普遍性、人类性的，什么是地方性、雅典人的。他们的主张通常都很鲜明；雅典之所以受到赞誉，是因为它最卓越地展现了人类应当具有的那种生活方式。然而这些赞誉把雅典的独

特性与荷马的独特性区分了开来。对于荷马史诗中的人物来说,除了诉诸体现在其自身共同体结构中的那些标准之外,再无任何外在的标准;而对雅典人来说,事情要复杂得多。他对美德的理解,本身就为他提供了一些标准,据此,他能够质疑其自身共同体的生活并探究这样那样的做法或政策是否正义。可是他还认识到,他之所以拥有对美德的理解只是因为他在共同体中的成员身份为他提供这种理解。城邦是监护人,是父母,是导师,纵然从城邦所学的东西可能导致对城邦生活的这样那样的方面提出质疑。于是,**做一个好公民与做一个好人**之间的关系就成了核心问题,而有关人类实践可能的多样性(无论希腊人的还是野蛮人的)的认识,为提出这样的问题提供了实际的背景。

当然,所有的证据都表明,绝大多数的希腊人(无论是否雅典人)都想当然地认为,自己城邦的生活方式无疑是人类最好的生活方式,即使他们有时也狐疑满腹;同样,他们还想当然地认为,希腊人所共有的东西显然优于任何野蛮人的生活方式。然而,什么是当时的希腊人所共有的呢? 什么又是雅典人所共有的呢?

A. W. H. 爱德金斯将合作性美德与竞争性美德相对照不无助益。他把竞争性视为荷马时代美德的特征,而合作性则是雅典民主制社会的体现。但是就在这一点上,问题变得复杂了,因为公元前5世纪和前4世纪道德分歧的产生,不仅仅是因为一套美德与另一套美德的对立,而且更主要的是因为,同一种美德的各种不同且互竞的概念同时并存,从而酿成了冲突。dikaiosunê(我们译为“正义”)的性质正好是这类分歧的主题。
133 而且,dikaiosunê——有关它的分歧可能是社会冲突的根源——被爱德金斯视为合作性的而非竞争性的美德之一。可是,尽管dikaiosunê这个词本身未在荷马史诗中出现,其意蕴却包含在荷马史诗中,我们在荷马史诗中实际见到的 dikê 和 dikaios 就是其渊源,并且,在荷马史诗中竞争性美德已经隐含着对合作性美德的接纳。正是因为 dikê 遭到了践踏,阿基里斯才会与阿伽门农闹翻,也正是因为 dikê 遭到了践踏,雅典娜才会帮助奥德修斯对抗求婚者。那么,那个变成了 dikaiosunê 的美德又是什么呢?

H. 罗埃德-琼斯认为:"dikê 的本义是指宇宙的秩序。"①而 dikaios 则指敬崇并且不侵犯这种秩序的人。因而这里用"公正"(just)来译 dikaiosunê,其困难是显而易见的;因为我们自己文化中的某些人在使用"公正"一词时,可能并不参照或相信宇宙中的道德秩序。不过,即使在公元前 5 世纪,dikaiosunê 与某种宇宙秩序之间的关系的性质也不像荷马史诗里表现得那样清楚。在那里,君王所(公认为不完善地)统治的秩序乃是诸神尤其是宙斯所(公认为不完善地)统治的更大秩序的一部分。成为 dikaios,在荷马史诗中就是不要冒犯这一秩序;因此在荷马史诗中,dikaios 的美德也就是去做这一公认的秩序所要求做的事情;在这个意义上,他的这一美德就类似于荷马时代的任何其他美德。但是到了公元前 5 世纪末期,对做既定秩序所要求的事情是否 dikaiosunê 提出疑问,是可能的;并且,在有关什么是按照 dikê 去行动,什么是 dikaios 的问题上产生根本性的分歧,也是可能的。比如在《菲罗克忒忒斯》中,无论涅奥普托勒摩斯还是奥德修斯,都宣称自己的论辩是 dikaiosunê,并且他们还就什么是 sophos(智慧的)、什么是 aischros(可耻的)的问题争论不休。

无疑,公元前 5 世纪的希腊人有一套被普遍接受的美德词汇,以及与此相应的同样被普遍接受的美德观念:友谊、勇敢、自

---

① H. 罗埃德-琼斯:《宙斯的正义》(1971),第 161 页。

制、智慧、正义——并且远不只这些。然而,在关于这些美德各自所要求的是什么,何以它们都被视为是一种美德的问题上,却存在着广泛的分歧。因此,那些不加反思地依据日常习俗、依据自己所受教育而行动的人,都极易发现自己陷入了苏格拉底的对话者常有的那种前后不一的矛盾中。当然,我过于简化了这种不一致性的各种原因和结果。即使英雄社会在公元前 9 世纪的希腊的确存在过,从那个社会向公元前 5 世纪的转变也比我所指出的远为复杂、层次也更多。美德概念的诸重要方面在公元前 6 世纪、前 5 世纪初和前 5 世纪末都有所不同,并且,每一
134 较早阶段都在其后继阶段里留下了烙印。现代学术争论与古代道德分歧都证明了这种影响。多兹、爱德金斯、罗埃德-琼斯——这个名单还可以列得更长——呈现了希腊道德世界观大致融贯一致的画面;每一种融贯一致的观点都不同于任何其他的观点,并且所有这些观点大体上似乎都是正确的。没有人充分地估计到这样一种可能性,即,希腊道德词汇和道德观念中的不一致性比我们所能发现和认识到的要多得多。有一个原因是显然的。太多的材料来自那些其道德词汇已被审慎整理和重新界定的文本,在这些文本中,许多语词都被赋予了一种它们早先并不具有的清晰含义。哲学家、诗人和历史学家全都可能以这种方式误导我们,但不通过他们我们就得不到什么材料。

因此我们必须慎重,不要过于随意地谈论"希腊人的美德观",这不仅是因为我们通常所说的"希腊人的"东西其实应该是"雅典人的",而且还因为即使雅典人的观点也是多种多样的。就我现在的目标而言,我至少需要考虑以下四种观点:智者们的观点,柏拉图的观点,亚里士多德的观点,以及悲剧作家尤其是索福克勒斯的观点。然而,对于任何一种观点,我们都应该牢记,我们正在探讨的是对不一致性的反应,一种在任何情况下

都是由不同的目的所激发的反应。不过，在考虑这四种观点之前，我想强调的是，至少有一点是它们所共有的。他们全都认为，美德应在 polis（城邦）中得以践行并依据城邦得以界定是理所当然的。在《菲罗克忒忒斯》中，菲罗克忒忒斯被放逐到荒岛上达十年之久，这一情节的实质在于，他不仅被驱离了人群，而且被剥夺了作为一个人的身份和地位：“失去城邦，你们留给我的就只是一具无伴无友、孤独寂寥的行尸走肉。”这不只是浮夸的修辞。把友谊、伴侣和城邦视为人性之本质成分的观念，对于我们来说是陌生的；并且，在我们与这种观念之间有一道巨大的历史性断裂。例如，被译成“孤独者”（solitary）的 erêmos，是我们的“隐士”（hermit）一词的前身；而对于基督教来说，隐士的生活可能是最重要的人类生活形式之一。另外，友谊概念本身也发生了持续的变化。可是，在索福克勒斯那个争讼纷纭的世界里，友谊、交往和城邦公民身份之为人性的本质方面却是无可争议的。并且，至少在这一点上，索福克勒斯与其他雅典人别无二致。

于是，美德在城邦的社会语境中有其位置，就成了雅典人共同的前提。所有的希腊人都认为，做一个好人至少与做一个好公民是紧密相连的。那使人成为好人和好公民的美德是什么？135
与此相应的恶行又是什么？当伊索克拉底称颂伯里克利时，他把他描绘成在 sôphrôn（节制）、dikaios（公正）与 sophos（智慧）诸方面优于所有其他公民。演说家与喜剧诗人一般都斥责自私和吝啬。自由人大胆直言并对自己的行为负责，对于希腊人来说是司空见惯的。一些作家赞扬品格的单纯与率直。愚钝与残忍常遭谴责，粗野也不例外。勇敢总受推崇。然而，如果这些就是最重要的美德，那么又是什么使它们成为美德的呢？

在回答这个问题的时候，如果我们只专注于我们也视之为美德的那些品质，或者，如果我们对希腊人彼此分歧的程度漠然视之,那么就有误入歧途的危险。因此我从以下两件事情入手:其一是要指出,谦卑、节俭和正直绝不可能出现在希腊人的德目表里;其二是要再次强调,对同一种美德仍有可能存在另外的解释。我们要考察的不仅是荣誉和正义,而且还有那被称为sôphrosunê(节制)的美德。起初,这是一种贵族的美德,是有权力但不滥用权力的人的美德。这种节制的一个方面就是控制自身情欲的能力,并且,当这个词被用于妇女时——对希腊人来说sôphrosunê是最适合于妇女的美德——这种能力,也只有这种能力受到了普遍的赞誉。可是很显然,伊索克拉底称颂伯里克利的首先不是这种能力。

当然,必须承认,伊索克拉底之称颂伯里克利为sôphrôn(节制)与认可伯里克利本人所归于雅典人的那些品质——不懈追求自身利益,奋斗不息且永无止境(按修昔底德的叙述)——并不矛盾。根据这种观点,仅就某人的目标而言,sôphrosunê并不必然意味着节制;毋宁说,伊索克拉底称颂的是对实现这些目标的手段方式的节制,这是一种在特定境遇下把握分寸、进退自如的品质。因此,sôphrosunê现在既能与贵族的节制、悠闲(hêsuchia)的理想相容,也能与雅典民主制的polupragmosunê(不必要的干涉)共处。不过polupragmosunê与hêsuchia这两种理想本身当然是尖锐对立的。所以现在sôphrosunê在两种不仅截然有别而且互不相容的道德体系中找到了位置。那么,polupragmosunê与hêsuchia在什么方面是对立的呢?

在品达[②]那里,hêsuchia是作为一个女神的名字出现的;她象征竞赛胜利者赛后平静时所享有的精神的安宁。对她的敬仰与这样一种观念紧密相连,即,我们的努力是为了得到平静,而不是

② 品达:《神颂》8.1。

为了无休止地从一个目的向另一个目的，从一种欲望向另一种欲望奋争。相反，polupragmosunê 不仅仅指为了许多事情忙忙碌碌，它还是一种能带来荣耀的品质。适合 polupragmosunê 生长的雅典社会环境自然也足以成为 pleonexia（贪婪）的温床。人们在翻译 pleonexia 的时候往往轻描淡写，以便使这个词所挑明的恶只不过是想要得到超出某人份额的东西。J. S. 密尔就是这样翻译它的，而听从密尔也就意味着模糊古代世界与现代个人主义之间的差异，因为我们决不会对“占有某人的分外之物是错误的”这个想法有任何疑问——怎么会有疑问呢？但事实上，这里被视为恶的乃是贪欲本身的恶，一种在现代个人主义（无论在其经济活动中还是在消费审美者的特性角色中）眼里根本不视其为恶的品质。尼采准确而又深刻地将 pleonexia 译为“有且欲有更多”（haben und mehrwollhaben），因为在现代世界，正如我们在后面会看到的，无限制地（simpliciter）占有更多的愿望（亦即贪欲本身）可能是一种恶的观念已逐渐消失。因此，密尔大概是误会了，因为 pleonexia 正是那种恶的名称。 136

对于那些由 pleonexia 控制的人来说，agôn（竞技）成了某种与游戏中或品达眼里的竞技完全不同的东西。它成了个人意志追求成功以满足其欲望的一种工具。当然，在任何以竞技为其主要活动的社会里，胜利者都将获得成功的奖赏，并且，他有可能实际上比其他人都更接近于满足自身的欲望，至少看起来是这样。但是，最受尊重的却是由他本人、共同体以及诗人一类的人所承认的那种成就和优秀（诗人的任务就是要颂扬这种成就与优秀）；正因为它们受尊重，奖赏与满足才会随之而来，而不是相反。

现在让我们考察一下 agôn（竞技）在古典希腊社会中的地

位。荷马史诗就是叙述了一系列竞技的故事集。在《伊利亚特》中,这些竞技的特性逐渐变化,直到阿基里斯与普里阿摩斯的对抗使人认识到,胜利也就是失败,在死亡的事实面前胜利与失败没有区别。这是对希腊文化中的道德真理的第一次伟大的阐发,稍后我们还必须考察其作为真理的地位。此刻我们只需指出,正是在 agôn(竞技)的语境中最终发现了这一真理。

agôn(竞技)的特性自然处于变化之中。首先,自公元前 776 年以降,四年一度的奥林匹克运动会使正在交战的城邦暂时休战,并且,所有的希腊共同体,无论多么分散,都竞相派出代
137 表。角斗、田径、赛马和铁饼得到了颂歌与雕塑的赞美。围绕这个中心,其他活动也蓬勃兴起:最初是且始终是宙斯神庙的奥林匹亚变成了一个保存比赛记录、储放条约协定的档案馆。作为与野蛮人相对的希腊人的未明言的定义变成了一个有资格参加奥林匹克运动会的共同体的成员。然而 agôn(竞技)作为一种核心体制不仅仅在于将不同城邦的希腊人全都结合到了一起,它也是每一城邦内部的核心,而 agôn(竞技)的形式正是在城邦的语境中一再变化。它所变成的竞技形式包括,希腊民主制下公民大会和法庭中的辩论,悲剧的本质冲突,喜剧情节中象征性的(并且极严肃的)滑稽场面,最后还有对话形式的哲学论辩。当我们把所有这一切都看作 agôn(竞技)的表现形式的时候,我们应该承认,政治的、戏剧的、哲学的范畴在雅典世界中的密切关系远较我们自己的世界为甚。政治学和哲学是以戏剧的形式塑造的,而戏剧的先入之见是由哲学和政治学提供的,哲学则不得不在政治和戏剧的舞台上提出自己的主张。在雅典,这三者的听众在很大程度上就是同一群人,而且听众本身又是集体演出者。戏剧作家是政府职务的担当者;哲学家则要冒受喜剧嘲讽和政治惩罚的危险。雅典人没有像我们那样设计一套制度,

把追求政治目的与戏剧表演相分离,或者,将这两者与哲学探究相割裂。因此我们缺乏任何公开的、普遍分享的公共模式,来表征政治冲突或者对我们的政治进行哲学式的审问,而雅典人却不缺乏。稍后,我们还必须更严格地关注,这些可能性是怎样对我们关闭的。但此刻我们不再赘述,还是言归正传吧。

我们已依次评述了各种不同且互竞的美德、对美德的各种不同且互竞的态度以及有关个别美德的各种不同且互竞的定义共处于公元前 5 世纪的雅典,而城邦与 agôn(竞技)却为这些美德的践行提供了人所共享的语境。正因为这些对立与矛盾是冲突的征兆,所以有关美德的各种对立且互竞的哲学理论应运而生,将那些根本的冲突公开化、明朗化,也就不足为奇了。而某类智者的观点或许是其中最简单、最激进的。

爱德金斯已经注意到柏拉图所刻画的色拉叙马霍斯与荷马英雄的粗鲁形象之间的相似性。“抓住色拉叙马霍斯,你也就发现了阿伽门农。”阿伽门农是荷马英雄的典型,他从未学到写 138
在《伊利亚特》中来传唤世人的真理;他只想胜利并为自己攫取胜利的果实。他要利用或征服所有其他人:伊菲革涅亚、布里塞伊斯、阿基里斯。柏拉图笔下的智者色拉叙马霍斯也属于这种类型:成功是行为的唯一目标,攫取为所欲为的权力是成功的全部内容。于是,美德也就很自然地被界定为一种能确保成功的品质。但是,对于智者来说(对于其他希腊人也一样),成功必须是在某个特定城邦里的成功。因此,关于成功的伦理学就与某类相对主义合流了。

所谓成功乃是说在某一特定城邦中是成功的;但不同的城邦可能有不同的美德概念。民主制的雅典所认为的正义可能不同于贵族制的底比斯或尚武的斯巴达所认为的正义。智者的结论是,在每一特定城邦中,美德就是在该城邦中被视为美德的东西。根本不存在"正义本身"这样的东西,而只有"雅典所认为的正义"、"底比斯所认为的正义"和"斯巴达所认为的正义"。这种相对主义,当其与那种认为美德是一种导致个人成功的品质的观点合流时,就使它的追随者陷入一系列相互关联的困难。

智者观点背后部分的最初动因似乎具有这样一种愿望:为公元前 5 世纪希腊人的主要评价性表达重新提供一种稳固且一致的界定,以作为教育青年,尤其是贵族青年获得政治成功的基础。但是,通过把美德的竞争性观念与定义抬高到其合作性观念与定义之上而获得的一定程度的一致性,结果却在其他方面造成了不一致性。通过接受其自身特定城邦的评价性语汇,智者有时会发现他自己所使用的各种表达本身就体现了一种非相对主义的立场,而这种立场与引导他使用这些语汇的相对主义格格不入。并且,智者不仅重新界定了诸如"正义"、"美德"和"善"等语词,以使它们指涉那些有助于个人成功的品质,而且为了获得这种成功又使用约定俗成的语汇,这样他就可能经常发现自己在一种情形下称颂正义,因为所谓"正义"无非指"符合强者利益的东西",而在另一情形下又把非正义置于正义之上来赞扬,因为正是通常所理解的非正义的实践才真正符合强
139 者的利益。

当然,在这种智者传统中并没有任何东西使持有此观点的人必然陷入这类不一致性——并因而成为其论辩对手的牺牲品;然而不一致性,只能通过对诸美德做出比许多智者所准备着手的更为激进的重新界定方可摆脱。

因此,在柏拉图的《高尔吉亚篇》中,高尔吉亚本人及其弟子珀卢斯由于这种不一致性而在辩论中被苏格拉底成功地击败,相反,卡里克勒斯就不可能遭此厄运。因为卡里克勒斯打算将其观点系统阐发贯彻到底,而不管推论的最终结果会是什么,

也不管会在多大程度上违反日常道德习惯。他的观点美化那种以其理智来统治并以其统治来满足其无穷欲望的人。苏格拉底虽能指出这一论点的种种难处,但无一能像他反对高尔吉亚和珀卢斯那样置这一论点于死地。

于是,卡里克勒斯似乎成功地为普通希腊人心灵的不一致性提供了一种解救之道。我们有什么好的理由不应该接受它呢？某些后来的作家——古代的斯多葛学派,现代的康德主义者——曾提出,对卡里克勒斯的唯一可能的回答在于,把善的东西(或现代作家所说的道德的善)与人的欲望之间的所有联系全部切断。他们认为,假如我们所应当做的也就是满足我们的欲望,那么卡里克勒斯无疑是正确的。柏拉图当然没有从这种立场出发去攻击卡里克勒斯;诚然,公元前5世纪或前4世纪的希腊人是否可能以一种系统的方式这样做,颇值得怀疑。因为柏拉图——至少在这一点上柏拉图与卡里克勒斯彼此认同,并且对希腊人的日常习俗也毫无异议——承认这样一种观点,即,美德与善的概念,和幸福、成功以及满足欲望的概念有着不可分割的联系。因此他不可能对卡里克勒斯所说的善的东西将导致幸福和欲望的满足的观点提出挑战;相反,他不得不对卡里克勒斯的幸福以及欲望的满足概念提出挑战。正是为了支持这后一挑战的需要,直接导致了《斐多篇》和《理想国》的灵魂学说;而这两篇对话中的灵魂学说就为一种互竞的美德概念与附随的德目表提供了基础。

如果说,在卡里克勒斯那里,欲望的满足是在对城邦的统治中、在僭主的生活中找到的,那么,在柏拉图那里,理性的欲望不可能在物质世界里实际存在的任何城邦中,而只能在一个具备理想制度的理想国家中,得到真正的满足。所以必须在理性的欲望所渴望的善与城邦的现实生活之间做一截然的划分。可

是，由政治途径获得的东西绝不能令人满足；令人满足的东西只
140 能由哲学而非政治来达到。前者是柏拉图在西西里岛最终学到的，但毫无疑问，他曾痛感他早就应当从苏格拉底之死中彻底领会这一点。尽管如此，美德概念仍然是个政治概念；因为柏拉图关于有德之人的论述与他关于有德公民的论述是不可分离的。诚然，这是一种掩饰，一个优秀的人不可能不是一个优秀的公民，反之亦然。然而，优秀的公民不会居住在任何现实的城邦中，雅典、底比斯甚或斯巴达。在这些地方，统治城邦的那些人本身并不是由理性统治的。那么，理性颁布了什么命令呢？

这就是，灵魂的每一部分均应履行其特定的功能。每一特定功能的行使就是一种特殊的美德。因此肉体的贪欲应接受理性所施加的约束，以这种方式被展示的美德就是 sôphrosunê（节制）。那对危险的挑战做出反应的勇敢美德，当其按理性的命令做出反应时就将自身展示为 andreia［勇敢（courage）］。而理性本身，当其受了数学与辩证法的训练以至于能够辨别何为正义本身、何为美本身以及何为凌驾于所有其他理念之上的善的理念时，就展现自己独特的美德 sophia（智慧）。但只有当第四种美德 dikaiosunê（正义）也被展示出来时，上述这三种美德才能够被展示出来；因为 dikaiosunê——按照柏拉图的解释，非常不同于我们现在的正义（justice）概念，尽管几乎所有的柏拉图译者都用“justice”来译它——恰恰就是给灵魂的每一部分分配其特殊功能的美德。

因此，柏拉图对诸美德的说明和重新定义源于一种复杂的理论，没有这种理论我们将不可能把握何为美德。他既拒斥又试图解释他的理论所必须展示的日常希腊人不适当的语言习惯与已遭败坏的言语实践。当某些智者将日常用法的多样性与不一致性转变成一种自诩一致的相对主义时，柏拉图所拒斥的不

仅是相对主义与不一致性，而且还有那种多样性。

前面我曾强调，柏拉图的理论将诸美德与一种理想的而非现实的城邦政治实践相联系；这里还应该强调，柏拉图宣称，他的理论既能够说明各种实际人格的和谐与不和谐，也能够解释各种现实城邦的冲突与不和谐。无论在政治领域还是在人格领域，冲突与美德都是互不相容、彼此排斥的。或许柏拉图视戏剧艺术为美德之敌人的观念就发源于此。当然，柏拉图的这种看法尚有另外的渊源，即，他的形而上学导致他把一切 mimêsis（模仿）、所有表演都视为从真正实在向幻象的堕落，他视艺术为说教工具的观点使他对许多史诗、戏剧的内容大为不满。可是他也深深地信奉这样一种看法，即，无论在城邦内部还是在个人身 141
上，美德都不可能与美德相冲突。不可能存在各种相互敌对、彼此竞争的善。然而正是这种被柏拉图视为不可能的东西使悲剧成为可能。

悲剧很早就已探讨在后荷马的框架之内可能产生的各种冲突。埃斯库罗斯依赖的是关于家族忠诚的各种互相矛盾的诫命，以及维系家族关系的宗教上的同样矛盾的诫命。然而却是索福克勒斯，尤其在《安提戈涅》与《菲罗克忒忒斯》中，系统考察了对各种互不相容的善的互竞的忠诚，从而在某种意义上，就美德本身提出了一系列关键而又复杂的问题。从表面上看，对于美德可以有对立的概念，对于何为美德可以有对立的解说；同样，对于一种特殊的品质应被视为美德抑或恶行的问题，似乎也可以有争论的余地。然而人们显然也有理由认为，在所有诸如此类的分歧中，至少有一派论辩是完全错误的，并且我们能够合理地解决所有这类争论，从而达到一种单一的可合理证明的美德理论与德目表。假如此刻事实正是如此，那么，至少在某些情形下拥有一种美德就会排斥对其他美德的拥有，这是否可能？

一种美德是否可能至少是暂时地与另一种美德相对立？做一个姊妹（安提戈涅）或朋友（奥德修斯）应该做的事，这种美德的践行是否可能与正义（克莱翁）或同情、真诚（涅奥普托勒摩斯）的美德的践行相冲突？对于这类问题，我们继承了两套系统的回答。

其中之一可以追溯到柏拉图。我们已经看到，对于柏拉图来说，诸美德不仅仅彼此相容，而且每一美德的呈现都要求所有美德的呈现。无论亚里士多德还是阿奎那，都重申了这一有关诸美德之统一性的有力论点，尽管在许多重要的方面他们与柏拉图意见相左，并且彼此也不尽一致。这三位哲学家有一个共同的预设，那就是，有一种宇宙秩序指定了每一美德在人类生活总体和谐体系中的位置。而道德领域中的真理就在于道德判断与这一系统秩序的一致性。

现代传统与此截然对立，它主张，人类利益的多样性与异质性，致使人们的追求不可能在任何单一的道德秩序中得到协调，从而任何社会秩序——要么尝试这样一种协调，要么把某一霸权利益强加于其他所有利益之上——都注定要蜕变为一种对人类状况的可怕束缚，并且极可能是一种极权主义的束缚。这就是以赛亚·伯林爵士竭力警示我们的观点，而如同我们前面
142 所说，韦伯的著述可谓其鼻祖。我认为，这个观点既需要一般利益的异质性，又需要美德的异质性，并且对这类理论家来说，对有关美德的对立主张的选择在道德生活中的核心地位不亚于对一般利益的选择。而当各种判断表达这类选择时，我们无法确定它们是真还是假。

索福克勒斯的旨趣，存在于他提出的一个同样难以为柏拉图主义者或韦伯主义者所接受的观点中。严重的冲突的确存在，在其中，不同的美德似乎向我们提出了各种对立互竞且不可

相容的要求。但我们的处境是悲剧性的，因为我们不得不承认双方的要求都具有权威性。有一种客观的道德秩序，但我们对它的各种感知却使我们不可能让互竞的道德真理彼此完全和谐一致，另外，对这种道德秩序和道德真理的承认也使得韦伯或伯林所敦促我们的那类选择成为不可能。因为做出选择，并不就使得我能够无视我所选择了要去反对的那种主张的权威性。

因此在索福克勒斯的悲剧冲突中，试图通过诉诸某个神灵并由神的裁决来解决冲突，也就不足为奇了。然而神的裁决总是结束而非化解冲突。这样，它就在对权威（一种宇宙秩序的权威和在对美德的承认中所包含的真理要求的权威）的承认与特定处境下我们的特定感知和判断之间留下了不可逾越的鸿沟。值得一提的是，索福克勒斯观点的这一方面只是其美德理论的一部分，而这种理论还有另外两个核心特征，对此，我也已经注意到了。

首先，道德主角与其共同体、社会角色所处的关系，既不同于史诗英雄也不同于现代个人主义。因为像史诗英雄一样，索福克勒斯悲剧中的主角，如果在社会秩序、家庭、城邦、特洛伊战场中没有其位置，就将什么也不是。他或她是社会造就的，但又不仅仅是社会造就的：他或她既属于社会秩序中的一个位置又超越这个位置。而他或她之所以如此，恰恰是因为遭遇并承认了我刚才所指出的那类冲突。

其次，索福克勒斯的主角的生活有其自身独特的叙事形式，恰如史诗英雄所有的那种形式。这里，我不是在提出一个无足轻重、显而易见的观点，即索福克勒斯的主角都是戏剧中的角色；我只是把一种类似于安尼·赖特②曾归之于莎士比亚的信

---

② 安尼·赖特：《莎士比亚与戏剧的理念》（1962）。

念归于索福克勒斯：他之所以以戏剧的叙事来刻画人类生活，是因为他认为人类生活已经具有这种戏剧叙事形式，并且是一种
143 特定类型的戏剧叙事形式。因此我还认为，英雄史诗与索福克勒斯的美德论述之间的差异恰恰变成了这样一种差异，即，何种叙事形式捕捉到了人类生活与行动的最核心的特征。而这又蕴含了这样一个假定，即，一般说来，对美德采取一种姿态也就会对人类生活的叙事特征采取一种姿态。何以如此，并不难理解。

如果我们把人生看作一个历经身心伤害与危险——人们可能以较好或较坏的方式遭遇和克服它们，并取得较大或较小程度的成功——的进程，那么诸美德将作为那样一些品质而找到其位置，即，拥有并践行这些品质在这一事业中一般都趋于成功，而恶的品质则相应地往往导致失败。从而，每个人的生活都将蕴含一个故事，其样态与形式将取决于人们把什么视为伤害与危险，如何理解与评价成功与失败、进步与倒退。要回答这些问题也就要或隐或显地回答何为美德、何为恶行的问题。对于这一系列相互关联的问题，英雄社会的诗人们的回答不同于索福克勒斯的回答；但这种关联在两者中是一样的，它揭示出，相信诸美德属于某一种类，与相信人类生活展现某一叙事秩序是如何内在地相关的。

通过进一步的考察，这种关联的性质得到了强化。刚才我将索福克勒斯的美德观一方面与柏拉图的做了对比，另一方面又与韦伯式个人主义的美德观做了对比。而在任一情形中，对美德的解说都与他们对人类生活的叙事形式的态度紧密相连。柏拉图不得不把戏剧诗人们从“理想国”里驱逐出去，多少就是因为他们的观点与他的观点相对立。（有人公正地评论说，《理想国》本身和早期的某些对话一样，就是一部戏剧性诗篇；不过其戏剧形式不属于悲剧，与索福克勒斯的不同。）而对于韦伯式

个人主义者来说,生活本身在这个意义上没有任何形式,除了我们在审美想象中愿意投射给它的之外。但这些问题目前必须搁置一边。相反,我们有必要先将索福克勒斯的观点做两方面的扩展。

首先是要再次强调,在索福克勒斯的戏剧冲突中,胜负未决的不单单是个人的命运。当安提戈涅与克莱翁发生争论时,氏族生活与城邦生活相互施压。当奥德修斯与菲罗克忒忒斯彼此
对抗时,最终被决定的却是希腊共同体的结局。正是那扮演其 144
角色、代表其共同体的个人才是戏剧的主角,这和史诗里是一样的。因此,在某种重要意义上说,共同体也是一个戏剧角色,它扮演其历史的叙事。

其次,与此相关,索福克勒斯的自我之不同于情感主义者的自我,无异于它和英雄式自我的差别,尽管方式更为复杂。索福克勒斯的自我超越了各种社会角色的限制,并且能够对那些角色提出质疑,但它始终是负有责任的,一直到死;而且,它要负责的恰恰是它将自身置于那些使英雄式观点不再可能的冲突中的方式。因此,索福克勒斯的自我存在的前提条件是:第一,它的确能够胜利或失败,拯救自己或走向道德毁灭;第二,存在着一种秩序,它要求我们去追求某些目的,并且,我们与这种秩序的关系为我们的判断提供真理性或虚假性。然而,真的有这样一种秩序吗?我们不能再耽搁了,立即从诗歌转向哲学,从索福克
勒斯转向亚里士多德吧。 145

第 12 章　亚里士多德对诸美德的解说

从我所采取的立场出发，来探讨亚里士多德对诸美德的解说的任何努力，一开始就面临一个问题。一方面，他是以自由的现代性（liberal modernity）之声与之相抗衡的唯一主角；因而我显然必须赋予其极其独特的美德理论以核心地位。另一方面，我已说明我不仅想把他看作一个单个的理论家，而且还视其为一个悠久传统的代表，阐明了许多先驱者与后继者在不同程度上也已阐明了的问题。然而把亚里士多德作为一个传统的一部分，甚至作为其最伟大的代表，却是一种极不符合亚里士多德本意的举动。

亚里士多德当然承认他有先驱者。的确，他试图撰写以往哲学的历史，并使这一历史在他自己的思想那里达到顶峰。可是，他所拟想的他的思想与那些先驱者的关系却是，他们的谬误或至少是残缺不全、有所偏颇的真理，被他的包罗万象的真理性解释所取代。按照亚里士多德本人的观点，从真理的角度来看，一旦**他的**著作得以完成，那么**他们的**成果就可以弃置不顾而不会有丝毫的损失。但是，以这种方式进行思考势必排斥思想传统的观念，至少排斥我想追溯的那种思想传统。因为这样一种传统的概念，其核心是，过去绝非某种只应被遗弃的东西，相反，现在只有作为对过去的注释与回应才是可理解的；在这些注释与回应中，过去（如有可能且如有必要）得到修正与超越，而这种修正与超越的方式，又反过来使现在被将来某种更为充分恰当的观点所修正与超越成为可能。因此，传统概念体现了一种与亚里士多德格格不入的知识论。根据这种知识论，每一特定理论或道德的、科学的信念体系，只有作为一个历史序列的一名成员才是可理解的、可辩护的（仅就其是可辩护的而言）。在这样一个序列里，很难说后来者就一定优越于先行者；一种传统可能止步不前甚或倒退衰微。但是当一种传统秩序良好、稳步发展时，就始终有某个因素累积到传统上。并非现存的一切在将
来都同样会被推翻，而且很难想象现存理论或信念的某些因素 146
会被抛弃，除非作为一个整体的传统也被抛弃。例如，在我们今日的科学传统中当代生化理论对细胞与分子之间关系的探讨，就是如此；在古典传统内部亚里士多德对某些核心美德的探讨，也是如此。

可见，亚里士多德的重要性只有依据一种他本人不承认，也不可能承认其存在的传统才能被确定。正因为亚里士多德与其他希腊思想家一样，缺乏任何我们所说的那种特定的历史感，从而这不仅妨碍他承认自己的思想乃是某种传统的一部分，而且严重限制了他的叙事观。因此，将亚里士多德对诸美德的解说，与我所揭示的出现在史诗和悲剧作家中的有关美德和叙事形式之间的关系的论点相结合的任务，不得不等待那些受过圣经文化的熏陶，从而能够历史地思考的亚里士多德的后继者去完成。但这是一个极其漫长的等待过程。某些对于古典传统来说至关重要的问题，从亚里士多德本人那里不可能得到任何答案。然而，正是亚里士多德的美德理论把古典传统建构成一个道德思想的传统，并且在很大程度上牢固地确立了他的诗人前辈们只能断言或暗示的东西，从而使古典传统成为一种合理的传统，而无须屈从于柏拉图对社会世界的悲观主义态度。不过，我们还

应一开始就注意到,我们所拥有的亚里士多德的思想,其形式本身使得有关其内容的学术争论——有时是不可解决的——不可避免。另外,近来有人提出,亚里士多德的成熟观点蕴藏在《欧德谟伦理学》中[①],而并非如几乎所有学者所相信的那样,包含在《尼各马可伦理学》中。关于这个问题的争论将持续下去[②],但幸运的是,我无须介入其中。因为我将亚里士多德置诸其中的那个传统,是一个把《尼各马可伦理学》作为其经典文本的传统。

《尼各马可伦理学》——据波菲里讲是题献给亚里士多德的儿子尼各马可的,但也有人说是尼各马可编辑的——是一系列最卓越的讲课笔记;而正因为是讲课笔记,所以也就有许多缺陷,比如时而简练、时而繁复、时而随意征引,我们几乎能够不时地从中听到亚里士多德说话时的语音语调。这种声音威严而又独特;但是它不想仅仅代表亚里士多德本人的声音。“对这样一个问题我们要说些什么呢?”而非“我要说什么呢?”乃是其最频繁的提问方式。谁在他所写的这个“我们”名下? 亚里士多
147 德并不认为自己是在发明一种美德理论,而只是明确表述了一种隐含在有教养的雅典人的思想、言谈与行为中的美德观点。他寻求的是最好城邦的最好公民的理性之声;因为他主张,城邦是人类生活中的美德能得到真正而又充分展现的唯一政治形式。因此,一种哲学的美德理论是这样一种理论,其主题已经隐含在前哲学的理论之中,并且为当时最优秀的美德实践所预设。这并不就意味着,因为哲学必然具有一个社会学的或(亚里士

---

① 安东尼·肯尼:《亚里士多德的伦理学》(1978)。

② T. 伊尔文:《评安东尼·肯尼的〈亚里士多德的伦理学〉与〈亚里士多德的意志理论〉》,载《哲学杂志》第 77 期(1980),第 338—354 页。

多德概念说)政治学的起点,那种实践以及隐含在实践中的前理论就是规范性的。

每一种活动、每一种探究、每一种实践都旨在某种善;因为我们用“善”来意指那种为人类本性所趋的目的。亚里士多德在《尼各马可伦理学》中的最初论证,预设了 G. E. 摩尔所说的“自然主义谬误”根本不是什么谬误,而且,关于什么是善的陈述——以及什么是正义或勇敢或优秀的陈述——恰恰是一种事实陈述。人类,和所有其他物种的成员一样,有一种特殊的本性;这一本性决定了他们具有某些目的或目标,使他们自然地趋赴于一种特殊的 telos(目的)。善就是基于他们的独有的特征来界定的。因此,亚里士多德的伦理学,如他自己所阐明的,以他的具有形而上学意味的生物学为先决条件。这样,亚里士多德就给自己布置了一个任务,为那种既具有地方性与特殊性——定位于 polis(城邦)并部分依据 polis(城邦)的特征来定义——又具有宇宙性与普遍性的善提供一种说明。这对立两极间的紧张,在《尼各马可伦理学》中时刻能感觉得到。

那么,善对人类究竟意味着什么呢?亚里士多德强有力地反对把善与金钱、荣誉或快乐相等同的做法。他称善为 eudaimonia——这个词经常引起翻译上的困难:有福(blessedness)、幸福(happiness)、幸运(prosperity)。它是当一个人自爱并与神圣的东西相关时所拥有的良好的生活状态以及在良好的生活中的良好的行为状态。但是,当亚里士多德最先将人的善称为 eudaimonia 时,却在有关 eudaimonia 的内容的问题上留下了太多的空白。

严格地讲,美德是这样一些品质,拥有它们就会使一个人获致 eudaimonia,缺少它们则会妨碍他趋向于这个目的(telos)。然而,尽管将诸美德的践行描述为以获得对人而言的善为目的的一种手段并不为错，但这种描述模棱两可。亚里士多德并没有在其著作中明确地区分两类不同的目的-手段关系。当我们提到某个事件、状态或活动是另一些事件、状态或活动的手段时，一方面我们可能是说，作为一个偶然事实，世界就是被如此安排的：假如你能够引发第一类事件、状态或活动，那么第二类
148 事件、状态或活动就必定发生。目的与手段都能够不依赖对方而得到充分的界定；并且，我们可以用许多截然不同的手段去获得同一个目的。可是，诸美德的践行并非这种意义上的一种以对人而言的善为目的的手段。因为那构成对人而言的善的，是一种处于最佳状态的、完美的人类生活，诸美德的践行则是这种生活的必要的、核心的部分，而非为了保证这样一种生活所采取的纯粹准备性的实践。因此，如果不先参照诸美德，我们就不可能充分地界定对人而言的善。从而，在亚里士多德的框架内，说不践行诸美德也还可能有某种获得对人而言的善的手段，是毫无意义的。

践行诸美德的直接结果，便是一种在正当的行为中所进行的选择，亚里士多德在《欧德谟伦理学》里写道："美德乃是有目的的选择之目的的正确性的原因。"③当然，这并不意味着，缺乏相应的美德就不会有正当的行为。要明白这一点，不妨考虑一下亚里士多德对这样一个问题的回答：一个在很大程度上在品格的美德方面缺乏足够训练的人，会是一种什么样的人？这部分取决于其天赋的品质与才能；某些个体有一种遗传性的自然禀赋，偶尔也能做某种特定美德所要求做的事。但是我们不能将这种幸运的天赋与相应美德的拥有相混淆；因为，正是由于缺

---

③ 亚里士多德：《欧德谟伦理学》1228a1，安东尼·肯尼英译，参见安东尼·肯尼：《亚里士多德的伦理学》（1978）。

乏系统的训练和原则的指导,即便是这类幸运的个体,也会成为其自身情感与欲望的牺牲品。而成为其自身情感与欲望之牺牲品的方式却不一而足。一方面,人们可能缺少任何手段来调控自己的情感与欲望,不能合理地决定何者该培养与鼓励,何者该禁止与抑制;另一方面,在许多情形下,人们缺乏那些能够使对某物的欲望而非真正善的东西得到抑制的性好(disposition)。美德就是那些不仅按一定方式行动,而且按一定方式感觉的性好。有美德地行动并非像康德后来所认为的那样,是去违背爱好(inclination)地行动;而是根据由美德的培养所形成的爱好去行动。道德教育就是一种"情感教育"。

当然,有教养的道德主体在有德性地判断或行动时,必定知道自己正在做什么。因此,他之所以做合乎美德的事,就因为它是合乎美德的。正是这一事实将诸美德的践行与某些并非美德而只是美德之伪装的品质的践行区分开来。例如,训练有素的 149
士兵,可能在某一特定境遇下做出所要求的勇敢举动,但这不是因为他是勇敢的,而是因为他训练有素,或者——用腓特烈大帝的格言来代替亚里士多德的例子——因为他对自己军官的恐惧甚于对敌人的恐惧。然而,真正有美德的人的行为却是以正确、合理的判断为基础的。

因此,亚里士多德对诸美德的解说预设了一个重要区别,即,任何特定个体在任何特定时间里所视为善的东西,与对他之为一个人来说真正善的东西之间的区别。正是为了获得这后一种善,我们才践行美德,并且,我们是通过选择用以获得那一目的的手段来做到这一点的。这里的"手段"同时包括前面所描述的那两种意义。这类选择需要判断,从而美德的践行要求一种在适当的地点、适当的时间,以适当的方式判断并做适当的事情的能力。这类判断的实践不是对规则的一种常规化的应用。

因此,对现代读者来说,亚里士多德思想中最明显、最惊人的不足或许是:《尼各马可伦理学》通篇都很少提到规则。而且,亚里士多德把服从规则的那部分道德,看作服从城邦所颁布的法律——只要城邦应该颁布的话。这种法律绝对地规定并禁止某些行为,而这些行为属于一个有德性的人可以做或者要抑制着不去做的行为。因此,认为某类行为是绝对禁止的而不论其处境或结果如何,乃是亚里士多德观点中至关重要的部分。亚里士多德的观点是目的论的,但并不就是后果论的。而且,亚里士多德就绝对禁止的行为所举的例子与犹太法的戒律——一种乍看之下完全不同的道德体系的戒律——非常相似。他对法律言之甚少,尽管他强调习惯性、地方性的正义法则与自然的、宇宙的正义法则都是存在的。他的意思很可能是要强调,自然的、宇宙的正义绝对禁止某类行为;但是对冒犯所给予的惩罚,城邦与城邦之间却可能大不相同。尽管如此,他就这个问题仍然谈得极为简略,近乎隐晦。由此看来,似乎有必要以一种更为普遍的方式追问——而不是将那些超出亚里士多德文本的观点强加给亚里士多德——亚里士多德有关诸美德在人类生活中的地位的观点怎么会需要参照自然正义的绝对禁令?并且,在提出这个问题的时候,我们应该牢记亚里士多德所强调的,诸美德不仅仅在个人生活中,而且也在城邦生活中有其位置,个人只有作为政治动物(politikon zôon)才是真正可理解的。

后一看法意味着,要阐明美德与法律的道德性之间的关
150 系,就要考察在任何一个时代建立一个共同体——为了实现一种共同的筹划,这一筹划旨在产生某种被所有那些参与这一筹划的人公认共享的善——所要涉及的东西。作为这样一种筹划的现代例子,我们可以考虑学校、医院或艺术馆的建立与发展;而在古代世界,典型的例子则是宗教团体、远征队或城邦的建立

与发展。那些参与这类筹划的人必须发展两种不同类型的评价性实践。一方面，他们必须看重——作为优点加以赞扬——精神和性格中那些有助于实现其共同善的品质。也就是说，他们必须承认某一系列品质为美德，与此相对的一系列缺点为恶。然而他们还必须能够辨识出某些行为会损害并危及这样一种秩序，它们至少在某些方面、某些时候妨碍善的获得，从而破坏共同体的连接纽带。这类违法行为的典型例子可能是滥杀无辜、偷盗、伪证与背叛。在这样一种共同体中所颁布的德目表会教导其公民何种行为将给他们带来功绩与荣誉；而违法行为一览表则教导他们何种行为不仅被视为恶的，亦且是不可容忍的。

对这类违法行为的反应必然是这样一种反应，它促使犯罪者将自己驱逐出共同体。犯罪者对共同体纽带的侵犯，必然因这一侵犯而得到共同体的确认，如果共同体本身尚未腐朽的话。因此，从根本上讲，犯罪者已经驱逐了他或她自己，已经由于其自身的行为遭受了惩罚。这一驱逐是永久的（通过死刑或终身流放），还是暂时的（通过有期限的监禁或流放）将取决于具体的违法行为的严重程度。对违法行为之严重性的广泛认同，乃是这样一个共同体的组成要素，正如对诸美德之性质与意义的同样广泛的认同也是共同体的组成要素。

之所以同时需要这两种类型的实践，是因为这样一个共同体的个别成员，可能以两种截然不同的方式不能担当其作为一成员的角色。一方面，他可能只是不够善；也就是说，他可能在美德方面有严重缺失，以至于他对共同体共同善的获得的贡献微不足道。可是，某人可能在这方面有所不足，却并不做共同体的法律所载明的任何具体的违法行为；的确，可能恰是因为他的 151
缺陷使他不至于违法乱纪。胆小可能是人们不敢行凶的原因；虚荣与自夸有时也可能导致人们说真话。

相反，犯法对共同体的不利，就不单单是不够善所造成的危害。这是以一种完全不同的方式产生的危害。诚然，尽管德性极高的人比别人更不易于犯重罪，但一个勇敢、谦和的人偶尔也可能行凶杀人，他之犯法与一个胆小者或自夸者之犯法毫无区别。有意作恶和没能行善不是一回事。然而，这两类过失是紧密相关的。因为两者都在某种程度上损害了共同体，使其共同的筹划更难以成功。违法行为破坏了那些使得对善的共同追求成为可能的关系；有缺陷的品格，一方面可能使有的人更易于违法，同时又使他不能够对那种善的获得做出贡献，而没有这种善，共同体的共同生活就毫无意义。这两者都是恶，因为他们都是对善的剥夺，但却是两种完全不同的剥夺。由此，如果一种美德理论同时又是有关这样一种共同体的道德生活之说明的本质部分，那么仅靠其自身永不能是完整的。而我们已经看到，亚里士多德承认，他的美德理论必须由对那些被绝对禁止的行为的某种说明来予以补充，哪怕是很简短的说明。

不过，美德与法律还有另一种至关重要的联系，因为只有那些拥有正义美德的人才有可能知道如何运用法律。所谓公正也就是给予每一个人其应得的东西；从而正义美德在一个共同体里兴盛的社会前提是双重的：关于应得赏罚有合理的标准，同时关于这些标准是什么也存在着社会性地建立起来的认同。与应得相符的赏罚分配大部分显然是由规则支配的。无论城邦内公职的分配还是对犯罪行为的惩罚，都是由城邦的法律所指定和载明的。（请注意何以亚里士多德会认为法律与道德并非如现代社会那样是两个分离的领域。）但是，部分地因为法律是普遍的，所以当具体案例产生时，人们并不清楚，应该如何运用法律，正义所要求的是什么。因此势必会出现没有现成公式可套的情形；正是在这类情形中，我们的行为不得不“依据正确的理性”

(kata ton orthon logon)[4]——罗斯却将这个短语误译成“依据正 152
确的规则”。(由一个通常总是谨小慎微的亚里士多德著作的翻译者所造成的这一误译或许并非不重要;因为它反映了现代道德哲学家对于规则的普遍的非亚里士多德式的成见。)亚里士多德在这里所要表达的意思,可以用一个当代的例子加以有效地说明。有一次,我为渥姆帕诺印第安部落与马萨诸塞州马什比镇之间的一场官司撰写诉讼状。渥姆帕诺印第安人声称,其部落在镇区的土地被非法地和违宪地征用了,因此他们向法院起诉要求归还。(其实此案已由陪审团做出过不利于渥姆帕诺人的判决,只是判决有明显的漏洞。)过了很长时间法院才公开审理这一诉讼,而听证会本身又不会很快结束。在初等法院败诉的一方几乎都必然要提出上诉,上诉的过程又极其漫长。就在这漫长的时间里,马什比镇的地产价格骤降,这时候想出售某些地产几乎不太可能。这就给那些房产所有者,尤其是某些阶层的房产所有者,例如退休的人们,造成了普遍的困难;这些人本指望能够合法地卖掉其房产而移居他处,也许靠近他们的孩子,他们还想用卖房所得的钱来重建他们的生活。在这类情况下,正义所要求的是什么?我们应该注意到,当代道德哲学家最近提出的两种以规则来表明的正义概念不可能对我们有任何帮助。约翰·罗尔斯主张“社会和经济的不平等应该这样调整,以便使最少受益者得到最大利益……”[5],而罗伯特·诺齐克则断言“如果一个人根据获得和转让方面的正义原则有权得到他的财产,那么这个人的财产就是正义的……”[6]。然而,马

④ 亚里士多德:《尼各马可伦理学》1138b25。

⑤ J. 罗尔斯:《正义论》(1971),第 302 页。

⑥ R. 诺齐克:《无政府、国家与乌托邦》(1974),第 153 页。

什比的问题牵涉到一段时间，在这段时间里，我们既不知道根据获得与转让原则谁拥有正当的所有权，因为这正是要由当前这个法律案子来决定的；我们也不知道在马什比哪一方是最少受益的群体，因为这也得取决于案子最终的结局如何。如果案子朝一个极端走，那么渥姆帕诺人将变成马什比最富有的群体；但要是朝另一个极端走，那么他们就仍然是最贫穷的。可是，部落的申诉者们想出了一个解决方案，即，住宅所占面积等于或少于一英亩的所有地产可免于起诉。（马什比镇议会经过首轮公开表决拒绝了这一让步。）说这一方案只是某一规则的应用是十分困难的；诚然，由于任何规则的应用都不可能给予小房产主们以正义，想出这样的方案实属迫不得已。这个方案乃是粗略而又便当的推理的结果，它包含这样一些考虑：由这类地产所构成的有争议土地的比例，以及，如果免于考虑的地产面积固定在一
153 英亩（而非或多或少）后受影响居民的人数。“依据正确的理性”判断其实也就是对或多或少的判断，而亚里士多德就试图用或多或少之间的中庸概念，来赋予各种美德以一种普遍的特征：勇敢在鲁莽与怯懦之间，正义在实施不正义与忍受不正义之间，慷慨在挥霍与吝啬之间。因此，对于每一种美德，都有两种相应的恶。并且，脱离具体的环境，就不可能充分确认那被归于恶的东西：同一种行为在一种处境下是慷慨，在另一种处境下却是挥霍，而在第三种处境下则成了吝啬。因此，在有德性的人的生活中，判断有着不可或缺的作用；而在那些单纯守法或循规蹈矩的人的生活中，判断没有也不可能有任何作用。

因此，核心的美德是 phronêsis（智慧）。与 sophorosunê 一样，phronêsis 原本也是贵族时代表达赞扬的词汇。人们用它来刻画那种知道何为其所应得并对求得其所应得感到自豪的人。后来它的意思逐渐普遍化，泛指那种在特殊情形下知道怎样下

判断的人。phronêsis 是一种理智美德(intellectual virtue);但正是这种理智美德,没有它,任何品格美德(virtues of character)都不可能得到践行。亚里士多德对这两类美德的区分,最初依据的是获得这两种美德的不同途径的对比;理智美德是通过教育获得的,品格美德则来自习惯性的行为实践。我们是通过公正或勇敢地行动而变得公正或勇敢的;但我们在理论或实践上变得聪明却是系统教育的结果。不过,这两种道德教化是紧密相关的。当我们把我们最初天赋的性情转变成品格美德时,我们是通过"依据正确的理性"逐渐锻炼这些性情来达到的。理智的运用使得某种自然性情与相应的美德有了根本的区别。相反,实践理智(practical intelligence)的运用要求有品格美德相伴随;否则,从一开始它就会堕落成为仅仅把手段与任何目的(而非那些对人来说真正善的目的)联系起来的某一狡诈能力而已。

于是,按照亚里士多德,品格的优秀与理智是不能分开的。这里,亚里士多德提出了一种与现代主流观点本质上针锋相对的看法。现代观点一方面表现在诸如"乖宝贝,让那些人自作聪明去吧"那样的陈词滥调中,另一方面也表现在康德那样的深邃思想中。康德区分了善良意志(单单拥有它就是道德价值的充分必要条件)与他所说的极为突出的天赋——知道如何将一般规则应用到特殊情形中去的天赋,缺少这种天赋就是所谓愚笨。因此,对于康德来说,一个人可以既是善的又是愚笨的;
但对亚里士多德来说,某些种类的愚笨排斥善。而且,真正的实 154
践理智反过来也要求有善的知识,诚然其本身就要求其拥有者有一种善:"……显然,除非他是善的,否则他不可能具有实践理智。"⑦

⑦ 亚里士多德:《尼各马可伦理学》1144a37。

前面我曾指出，现代社会的实践与理论，在这一点上追随的是康德而非亚里士多德。这不足为奇。因此，那些对现代戏剧脚本如此本质的特性角色、那种以价值中立的方式使手段与目的相一致的专家，以及那些比比皆是、没有实际精神缺陷的道德行为者，在亚里士多德的体系中甚或在整个古典传统内没有任何真正的对应者。在实践理智与伦理美德之间的联系已被牢固建立起来的任何文化中，的确难以拟想科层制专业知识技术的“崇高性”。

亚里士多德求助于实践理智与品格美德之间的这种结合关系来论证，一个人不拥有全部其他美德，就不可能拥有任何一种成熟形态的品格美德。很难说亚里士多德在使用“全部”一词时是严肃认真的——显然，一个在社会上并不友善的人可能是真正勇敢的，而友善当然也像勇敢一样被亚里士多德归入美德之列——但他的确就是那么说的。[⑧] 不过，不难理解为何亚里士多德主张核心的美德彼此密切相关。公正的人不会陷入与正义美德相对应的两种恶之一的 pleonexia（贪婪）之恶中。可是为了避免 pleonexia（贪婪），人们显然必须拥有 sôphrosunê（节制）。勇敢的人不会陷入鲁莽与怯懦之恶；但是“鲁莽的人似乎又是自夸者”，而自夸却是与自诚美德相对的恶习之一。

诸美德之间的这种内在关联，说明了为什么它们不能给我们提供若干据以判断特殊个体之善恶的明确标准，相反，它们所提供的不如说是一种复杂的尺度。在一个以人的善为其共同目的的共同体中，这种尺度的应用显然要以这个共同体对善与诸美德的广泛认同为前提条件，并且，正是这种认同使得公民之间的联结成为可能。而在亚里士多德看来，这种联结构成了 polis

---

⑧ 亚里士多德：《尼各马可伦理学》1145a。

(城邦)。这种联结是友谊的联结,而友谊本身就是一种美德。亚里士多德所设想的那类友谊,体现了对一种善的共同的承认与追求。这种共同的承认与追求乃是任何形式的共同体——无论家庭还是城邦——最本质、最首要的构成要素。亚里士多德说:“立法者们似乎把友谊当作一种比正义更为重要的目标。”[9]
其理由显而易见。正义是在一个已经构建起来的共同体内进行 155
赏罚并补救赏罚中出现的过错的美德;而友谊却为共同体的最初构建所必需。

那么,怎样才能将亚里士多德的这一观点与他的一个人不可能有许多这类朋友的论断协调起来呢?尽管对公元前 5—前 4 世纪雅典人口的各种估计相差很大,但成年男性公民显然数以万计。如此大规模的人口如何可能对善有一种共同的看法?友谊如何可能成为他们之间的纽带?答案无疑是,由小的朋友群体之网构成,这里的“朋友”是亚里士多德意义上的那种朋友。于是,我们应该把友谊看作在创造与维系城邦生活的共同筹划中分享一切,这是一种体现在个人诸特殊友谊之当下性中的分享。

这种将政治共同体当作一项共同筹划的观念,与现代自由个人主义世界格格不入。虽然偶尔我们也这样去设想学校、医院或慈善组织,但对这样一种共同体形式——如亚里士多德所说的 polis(城邦),它关注生活的整体,关注人的善本身而非这样那样的善——我们却毫无概念。无怪乎友谊已被划归私人生活的领地,从而与过去相比,显得苍白无力。

当然,按照亚里士多德的观点,友谊包含爱。但是,这种爱是在一种依据对善的共同信奉与共同追求而得以界定的关系中

⑨ 亚里士多德:《尼各马可伦理学》1155a24。

产生的。在这种关系中爱是第二位的，虽然不能说它不重要。以现代的眼光来看，爱通常是核心问题；据说我们的朋友就是那些我们喜爱甚或非常喜爱的人。在大多数情况下，“友谊”已经成为一类情感状态而非社会或政治关系的代名词。E. M. 福斯特曾指出，如果要在背叛国家与背叛朋友之间做出选择，他希望自己有勇气背叛国家。而以亚里士多德主义的观点来看，任何能够确认这样一种对立的人都没有国家、没有 polis（城邦）；他是“乌有乡”的公民，无论他生活在何处，都是灵魂的流放者。的确，从亚里士多德主义的观点来看，现代自由政治的社会只能呈现为一群为了共同防卫而捆在一起的“乌有乡”公民的集合体而已。他们最多拥有以互利为基础的低级的友谊形式。他们缺乏友谊的纽带显然与这类自由社会所自诩的道德多元论有密切的关系。他们抛弃了亚里士多德主义（无论其古代的还是中世纪的形式）的道德统一性原则。

当然，初看上去，现代自由主义观点的代言人似乎能很轻松地反驳亚里士多德主义。他可能会雄辩地证明，亚里士多德对人类善的复杂性仅仅提供了一种过分简单、过分统一的观点。只要看看雅典社会的现实，更不用说作为一个整体的希腊社会或古代世界的其他部分的现实，我们实际所发现的，就是对于价
156 值多元性、各种善之间的冲突，并不形成单一、融贯、有序的统一体的诸美德的承认。亚里士多德的描述至多是一种理想化，可以这么说，他总是倾向于夸大道德的融贯性和统一性。因此，他就诸不同美德与恶之间的内在关联的具体多样性而不得不论证的诸美德的统一性观点，似乎并不支持任何类似于他所说的“所有美德在善人的品格中的统一性与不可分离性”那样的强式结论。

我已指出，对于这后一种指责，我们恐怕难以否认。但值得

考虑的是，为什么亚里士多德要在这一点上坚持一种即使从他自己的观点来看似乎也非必然的强式结论。亚里士多德的美德统一性信念是其道德哲学中直接承继自柏拉图的少数几个部分之一。和柏拉图一样，这一信念乃是他们对于冲突——尽管是善的个体的内在冲突——的敌意和否定的一个方面。柏拉图与亚里士多德都将冲突视为恶，不过，亚里士多德视之为一种可以消除的恶。所有美德都彼此和谐，而个体品格的和谐又在城邦的和谐中得以再生。内战是最大的恶。和柏拉图一样，对于亚里士多德来说，人的善的生活本身是单一的和统一的，由不同层级的善统合而成。

因此，冲突只不过是个人品格的缺陷或不明智的政治安排的结果。这一观点不仅影响到亚里士多德的政治学，而且还影响到他的诗学甚至知识论。在所有这三个方面中，agôn（竞技）在荷马时代的核心地位现在被取代了。正如冲突不再是城邦生活的核心并且还被视为是对这种生活的一种威胁，亚里士多德所理解的悲剧，也截然不同于那种将悲剧冲突视为最本质的人类处境的荷马式的悲剧观——在亚里士多德看来，悲剧英雄之所以失败，是因为其自身的缺陷而非由于人类境遇的无可挽回的悲剧性；并且，辩证法也不再是真理之道，绝大多数情况下它只是一种有助于探究的半正式的程序。所以，苏格拉底用辩证法与特定的个体争论，柏拉图撰写对话，而亚里士多德却创作说明性的演讲和论文。在亚里士多德的神学观与埃斯库罗斯或索福克勒斯的神学观之间，自然也存在一种相应的显著对比；对亚里士多德来说，埃斯库罗斯与索福克勒斯意识到悲剧僵局时都 157
诉诸神明，这不可能产生任何现实意义。亚里士多德所说的永恒不变、非人格的神明，其形而上沉思为人类提供了独特且终极的 telos（目的），但其本身不可能对人类有任何兴趣，更不用说人类的困境了；它无非是永恒地思考自身并只意识到自身的思想。

既然这种沉思是人的终极 telos（目的），是 eudaimôn（幸福）的人的生活中的本质目标和必不可少的成分，那么，在亚里士多德有关人本质上是政治的观点与人本质上是形而上的观点之间就存在某种紧张。要变得 eudaimôn（幸福），物质的先决条件与社会的先决条件都是必要的。家庭与城邦使形而上的人类筹划成为可能；但它们所提供的善，尽管必要，尽管本身就是人类生活整体的一部分，从形而上的角度看却是次要的。不过，在亚里士多德讨论个别美德的许多章节中，美德的拥有与实践最终从属于形而上沉思的观点却显得怪异，似乎不甚合适。[⑩] 比如，我们再考虑一下亚里士多德有关友谊的讨论。

也许是出于对柏拉图在《吕锡斯篇》中讨论友谊的回应，亚里士多德区分了三类友谊：源于互利的友谊、源于互乐的友谊以及源于对善的共同关切的友谊——这里的善是共同的，从而不会相互排斥。前面我已强调，正是这第三种友谊才是真正的友谊，并且为家庭中夫妇间的关系、城邦中公民间的关系提供了典范。因此，善的人在其永恒理性的沉思中最终所获得的自足性，并不意味着他就无需朋友，正如这种自足性并不意味着他无需一定水平的物质财富一样。与此相应，一个建立在正义与友谊之上的城邦，唯有使它的公民能够享受形而上沉思的生活，才可能是最好的城邦。

在这一形而上学的和社会的结构内，自由的地位又如何呢？

---

⑩ 有关这个问题的卓越讨论，参见 J. L. 阿克里尔《亚里士多德论幸福》（1974）与 S. R. L. 克拉克《评安东尼·肯尼的〈亚里士多德的伦理学〉》，载《哲学季刊》（1979），第 352—355 页。

对于亚里士多德深广的论证结构至关重要的是，奴隶和野蛮人不可能获得美德，从而也得不到对人而言的善。何为野蛮人？不仅仅是那些非希腊人（他们的语言在希腊人听来就像“ba，ba，ba”），也包括那些没有城邦从而显然也没能有政治关系的
人。何为政治关系？它是自由人相互之间的关系，也就是一共 158
同体中那些成员（既包括统治者也包括被统治者）之间的关系。自由的自我同时是政治的服从者和政治的主权者。因此，要介入政治关系，也就要求从任何服从的地位中解放出来而获得自由。自由是诸美德的践行与善的获得的先决条件。

我们无须为这一部分结论而跟亚里士多德争辩。真正令我们不满的是，亚里士多德将非希腊人、野蛮人与奴隶贬低为不仅没有政治关系，而且没有能力也没有资格拥有政治关系。我们可以把他的这一观点与下述看法联系起来，即，只有富人和身居高位者才能获得某些关键美德，比如慷慨与大度；工匠和商人构成下层阶级，尽管他们不是奴隶。因此，从亚里士多德的美德范畴表出发，就不可能看到工匠技艺与体力劳动的实践所特有的优秀。

亚里士多德的这种盲目性当然不是他个人的事，而是其文化的一般的（尽管不是普遍的）盲目性的一个部分。它与另一种形式的局限性紧密相关。在亚里士多德的笔下，似乎野蛮人与希腊人各自都有固定不变的本性，这种看法使我们再一次认识到他对人性的理解的非历史特征。个体作为一个物种的成员具有一种 telos（目的），但是根本不存在一种有关城邦或希腊或人类向 telos（目的）进军的历史。历史确实不是一种高尚的探究形式——其哲学意义不如诗歌，因为它真正渴望探讨的是个体，而在亚里士多德看来，即使诗歌也以类为对象。亚里士多德清楚地意识到，他所说的真正科学的、构成 epistêmê［知识］的那

种知识——通过从某些第一原理逻辑地引申出来之普遍必然的真理所把握到的关于本质本性的知识——根本不是那种有关人类事务的知识。他知道适当的概括只是抓住了大多数(epi to polu),因此他对它们的看法与我前面有关现代社会科学家的概括的论断不谋而合。然而,尽管有这种认识,他显然觉得没有必要去进一步探究概括的性质问题。这大概就是下述悖论的根源之所在:将城邦社会生活形式视为人性之规范的亚里士多德,自己却是那摧毁了作为自由社会的城邦的马其顿王权的奴仆。亚
159 里士多德不理解城邦的短暂性,因为他对一般意义上的历史性了解很少或者根本就不了解。因此,对他来说,包括人们可能从奴隶或野蛮人的状态向城邦公民过渡的方式等问题都不会产生。按照亚里士多德的观点,有些人“天生”就是奴隶。

诚然,亚里士多德美德理论中的这些局限性并不必然损害其为了理解美德在人类生活中的地位而提出的一般框架,更不会损害其许多更具体的洞见。其中有两点值得任何一种美德理论重视。首先是快乐在人类生活中的地位问题。亚里士多德把快乐描述为是伴随成功的活动而来的,这使我们既能够理解,为什么把快乐——或愉快或幸福——当作人生的 telos(目的)似乎合情合理,但同时又能够理解,为什么这会是个错误。亚里士多德所确认的那种快乐从特征上讲是伴随活动中优秀的获得而来的东西。这样的活动可能五花八门:写作或翻译诗歌,做游戏,执行某个复杂的社会计划。而可称得上优秀的将总是与我们目前的行为标准有关。因此,一般说来,寻求优秀就是旨在做那种会使人快乐的事情,并且自然也就得出这样的结论:我们力求做那种会给我们带来快乐的事情,所以快乐、愉快或幸福就是我们行动的 telos(目的)。然而,必须指出,正是引导我们得出这种结论的同样的亚里士多德的那些思想,又严禁我们接受任

何将快乐、愉快或幸福作为指导我们行动的准则的观点。恰恰因为快乐具有高度的特殊性——前面讨论边沁的功利主义时，我就同时强调了快乐的特殊性与异质性——是伴随着每一种不同类型的成功实现了的活动而来的，所以快乐本身并没有给我们提供任何充分的理由去从事这类活动而不是那类活动。

而且，我具体喜欢什么显然取决于我是何种人，而我是何种人显然又涉及我的美德与恶习的问题。把亚里士多德主义从我们的文化中驱逐出去之后的18世纪，有一段时期，无论在哲学著作中还是在墓碑上都存在一种相当普遍的看法，即，美德无非就是那些我们碰巧发现的普遍地使人愉悦或有用的品质而已。这种看法的荒谬性在于这样一个事实：我们所发现的普遍地使人愉悦或有用的东西是什么，将取决于我们的共同体中普遍地拥有和培养的美德是什么。因而，美德绝不能依据愉快或有用来界定或辨识。对此，有人可能会反驳说，就人类之为具有特殊环境的特殊生物种类而言，确实存在一些有用或使人愉快的品质。有用或愉快的标准是由作为动物的人——先于或没有任何 160
特定文化的人——确立的。然而，没有文化的人是一种神话。我们的生物本性显然对所有文化的可能性都有所限制；但是，只具有生物本性的人乃是一种我们迄今尚一无所知的造物。我们在历史中活生生地遭遇的只是具有实践理智的人——而我们已经看到，这是一种由美德体现出来的理智。并且，正是在实践推理之性质的问题上，亚里士多德提供了另一个与美德的特性密切相关的讨论。

亚里士多德关于实践推理的论述从本质上讲无疑是正确的。它有以下几个重要方面。首先，亚里士多德主张，实践三段论的结论应该是一种特定的行为。这种认为论证可以行为而告终的观点，显然冒犯了休谟以及后休谟的哲学偏见；按照这种偏见，唯有陈述（或据某种更为糟糕的看法，唯有句子）可以有真理价值，并且可以进入那些在一定程度上界定了演绎论证的一致性与不一致性的关系。然而，陈述本身之所以拥有这些特征，只是因为它能够表达各种信念；而行为当然也能像话语那样准确地表达信念，尽管并不像话语那样总是清楚明白、毫不含糊。正因为且只因为如此，我们才会对一既定主体的行为与其陈述之间的不一致感到困惑。例如，我们会为某个人的这样三件事情而困惑：首先，他想保持身体健康；其次，他既真心主张着凉和淋湿可能有害其健康，又确信冬天保持温暖干燥的唯一办法是穿上外套；最后，他习惯于在冬天不穿外套外出。因为他的行为显然体现了一种与他所表达的其他信念极不一致的信念。假如某个人整个就这么不一致，那么，在周围人眼里他很快就会成为一个不可理喻的人。对这种人我们不知道如何是好，因为我们决不想再去辨别他的所作所为或者他的所言所语的真义。因此，亚里士多德对实践三段论的解释，可以说是为人的理智行为的各种必要条件提供了一种陈述，而且，其方式必定为任何真正人的文化所支持。

根据亚里士多德的观点，实践推理有四个本质要素。第一个要素是行动者的欲望与目标，为其推理所预设但并不表现在推理中。没有这些，推理也就没有任何语境，大前提与小前提也就不能充分地确定行动者要做的是哪类事情。第二个要素是大前提，它断言从事或拥有或寻求某某事情的结果，是那类对某某人来说是好的或被某某人所要求的事情（行动者所表达的三段
161 论属于后一种描述）。第三个要素是小前提，在那里，行动者根据知觉判断，断言这就是所要求的那类事情的一个实例或时机。而结论，正如我已说过的，就是这种行动。

这种解释又把我们带回到实践理智与美德的关系问题上。

因为为行动者的实践推理提供前提的各种判断，将包括有关对于像他这样的人做什么或成为什么是善的之类的判断；而一个行动者做出并实践这类判断的能力，将取决于构成其品格的是什么理智美德、伦理美德和恶习。对于这种联系的确切性质，只能由一种比亚里士多德对实践推理的论述更为全面的解释来予以阐明；他的论述相当简略，需要解说与诠释。不过，他所说的足以表明，从亚里士多德主义的立场来看，理性何以不可能成为激情的奴隶。因为，伦理学的宗旨就在于教育激情使之符合于那种被理论推理视为 telos（目的）来追求的东西，符合于那种被实践推理视为在任何时间和地点都是正确的行动。

在这一论述过程中，我们已看到，亚里士多德对诸美德的解说有很多地方都值得认真商榷。其中有一些涉及亚里士多德理论中不仅必须被拒斥，而且这种拒斥不会牵连到我们对其整个理论的态度的部分。例如我已指出的，亚里士多德对奴隶制的毫无道理的辩护。然而，至少还有三方面的问题，如果不予以令人信服地回答，就会危及亚里士多德理论的整个结构。第一个方面涉及亚里士多德的目的论以他的形而上的生物学为先决条件的方式。如果我们拒斥这种生物学——而且我们必须拒斥——那么还能有什么办法可以维护这种目的论呢？

现代某些对亚里士多德的美德理论深表同情的道德哲学家，在这里看不出任何问题。他们主张，为了证明一种有关美德与恶习的理论的合理性，我们只须就人类的繁荣与幸福在于什么的问题提供某种非常一般的解释。于是，美德就可以适当地被界定为促进这种繁荣与幸福所必需的那些品质，因为，无论我们在这个问题上具体有何分歧，我们都应该能够合理地认同何为美德何为恶。这种观点忽略了有关人类的繁荣与幸福究竟何在，以及对于这个问题的各种对立的、互不相容的信念如何产生

162 各种对立的、互不相容的德目表等问题上的深刻冲突在我们的文化史中的地位。亚里士多德与尼采,休谟与《新约》,代表了在这些问题上的对立的两极。因此,任何充分的目的论学说都必须为我们提供某种有关 telos(目的)的清楚而又可辩护的解释;而任何充分的、一般性的亚里士多德主义理论又必须配备一种能够取代亚里士多德形而上的生物学的目的论学说。

第二方面的问题涉及伦理学与城邦结构的关系。如果说亚里士多德美德理论的很多细节,都以那早已消失的古代城邦的社会关系语境为先决条件,那么,如何可能把亚里士多德主义设计成一种可以在一个没有了城邦的世界中存在的道德呢?换言之,作为一个亚里士多德主义者,却以一种历史的眼光将城邦视为在一系列社会政治形式中唯一(即使是非常重要的一个)能够在其中并通过它发现和教育那种可以将诸美德实例化的自我,而自我也能在其中找到其竞技场,这是否可能?

第三方面的问题源于亚里士多德对柏拉图关于个体心灵和城邦都是统一、和谐的这样一种信念的继承,并因而将冲突视为某种必须加以避免或控制的东西。我现在所提的这个问题,最初是根据亚里士多德与索福克勒斯之间的对抗来表述的。正如我已指出的,对亚里士多德来说,叙事的悲剧形式之发生,当且仅当存在一个有缺陷的英雄,这是一种因为没有充分地拥有或践行某种美德而产生的实践理智中的缺陷。在一个人人都足够完善的世界里是不会有悲剧英雄的。显然,亚里士多德的这一观点,部分源于他的道德心理学,部分源于他本人对悲剧尤其是《俄狄浦斯王》的阅读。然而,假如前面我对索福克勒斯的解释是正确的,那么亚里士多德的道德心理学导致他误解了索福克勒斯。因为悲剧的冲突当然可以在一定程度上采取这样的形式,即,它们之所以发生,是因为安提戈涅与克莱翁、奥德修斯与菲罗克忒忒斯的各种缺陷；但是，构成这些个体的悲剧性对立与冲突的，却是在他们的相遇中表现出来的善与善的冲突，它先在于并独立于任何个体的特征；而对于悲剧的这一侧面，亚里士多德在《诗学》中没有看到也不可能看到。对立与冲突在人类生活中具有核心地位，这种观念的缺失也使得亚里士多德看不到人类美德知识的一个重要来源和人类美德实践的一个重要环境。

伟大的澳大利亚哲学家约翰·安德生告诫我们："对一种社会制度，不要问'它适合什么目的或目标？'而要问'它是什么 163
冲突的舞台？'"[11]如果亚里士多德对城邦和个体行动者都提出了这样的问题，他就会另有资源来理解美德和为美德提供语境的社会形式的目的论特征。因为，正是通过冲突，并且有时唯有通过冲突，我们才懂得了我们的目的和目标是什么，这就是安德
生的洞见——一种索福克勒斯式的洞见。 164

[11] J. A. 帕斯摩尔：《约翰·安德生与20世纪哲学》，约翰·安德生著《经验哲学研究》(1962)"导论"，第 xxii 页。

第 13 章　中世纪的各种观点与事件

现在，我们就前述一系列问题转向亚里士多德主义传统中稍后一些的著作家们。但在我们向某些中世纪著作家提出这些问题之前，须先交代两点。首先是要强调这样一个事实，即，我这里试图勾勒的美德思想传统，不可混淆于那仅仅注释亚里士多德文本的狭义的亚里士多德主义传统。当我在本书第 5 章首次提到这一传统时，我使用了一个同样易生误解的措辞——“古典道德”，之所以同样易生误解，是因为“古典”一词过于宽泛，正如“亚里士多德主义”过于狭窄。不过，尽管这一传统不易命名，但也不难以辨认。亚里士多德之后，只要有可能，它就始终以《尼各马可伦理学》和《政治学》为其经典文本，然而，它从未全然沉溺于亚里士多德而不能自拔。因为，这一传统将自己与亚里士多德的关系始终设定为一种对话而非单纯赞同的关系。

当与亚里士多德相隔 18 至 19 个世纪的现代世界，开始系统地弃绝古典人性观并最终随之一起弃绝了许许多多于道德而言的关键要素时，这恰恰是把它作为亚里士多德主义来弃绝的。路德说亚里士多德是“把教会引入歧途的小丑”，从而为这场反对亚里士多德主义的运动定了调。而当霍布斯解释宗教改革时，就视之为部分归因于“教士们的德行的堕落”，部分却源于

“把哲学与亚里士多德的学说掺入宗教”。[1] 事实上，很显然——这也就是我首先要交代的第二点——中古世界与亚里士多德的相遇相当晚，并且，即使是阿奎那，也只是在亚里士多德著作的译本中与他相遇；而当中古世界与亚里士多德真正相遇时，他也只是为一个在中世纪已屡被讨论的问题提供了至多是部分的答案。这个问题就是，在人类生活有被太多的理想、太多的生活方式的冲突所撕裂之危险的文化中，如何培育、教化人性？

对我们来说，在所有那些掩盖中世纪真相的神话思维方式中，最让人误入歧途的，莫过于那种将中世纪刻画成铁板一块的 165
基督教文化的思维方式，而这不仅仅因为中世纪的成就也属于犹太教和伊斯兰教。中世纪文化，就其毕竟还是一个统一体而言，乃是多种截然不同且相互冲突着的成分的一种脆弱而又复杂的平衡。因此，要理解诸美德的理论与实践在其中的地位，就必须辨识中世纪文化中若干截然不同且相互冲突着的线索，每一线索都把自身的压力与张力施加于这个整体。

第一条线索源于这样一个事实，即，中世纪社会光从我所说的英雄社会到它自身的转变的方式就是多种多样的。日耳曼人、盎格鲁-撒克逊人、挪威人、冰岛人、爱尔兰人以及威尔士人，都有一段前基督教的过去值得追忆，而且，他们的许多社会形式、诗歌与故事都表现了那些过去。这些形式与故事通常都基督教化了，以至于异教的武士首领能够以基督教骑士的面貌出现而无须多大改变。基督教与异教的各种成分通常也共存于不同程度的妥协与紧张之中，很像荷马价值观与公元前5世纪城邦价值观的共存。在欧洲，冰岛的英雄传奇，爱尔兰的泰恩·

① 霍布斯:《利维坦》1,12。

波·库安格故事与费安那传说，以及已被基督教化的亚瑟王传奇，逐渐扮演了与荷马史诗极为相似的角色。因此，对英雄社会的追忆两度出现于我尚在鉴别的传统中：一次是作为公元前5—前4世纪雅典社会的背景，一次是在中世纪盛期的背景中。正是这两度出现，使得英雄社会的道德观点成了我们所关切的这一传统内部道德反思的必然起点。所以，中世纪的秩序不可能拒斥英雄式的德目表。对家庭和朋友的忠诚，维系家族或军事远征所要求的勇敢，以及一种接受了道德的制约与宇宙秩序的约束的虔敬，是其核心的美德，它们在一定程度上是基于诸如传奇中复仇规则那样的惯例来界定的。

例如，在中世纪早期的日耳曼法律里，只有秘密地杀死一个不明身份者才构成谋杀罪。一个众所周知的人杀死另一个众所周知的人，并不触犯刑法而只是家族复仇的适当反应。而两类杀人间的这种区分直到爱德华一世统治下的英格兰似乎仍保留着。这也不仅仅是与道德相对的法律的事情。中世纪的道德化，恰恰在于创造了有关对错的一般范畴和理解对错的一般模式——而法律的规则就来源于此。这些范畴与模式能够取代古代异教那些独特的结合纽带与分裂方式。许多现代作家反观过
166 去时，总觉得神裁判法是一种迷信；然而，当神裁判法最初被引入时，它的功能恰恰也在于，以一种崭新的方式将私人的和地域的生活中的罪过，置入一种公共的和宇宙的语境之中。

因此，当12世纪的神学家和哲学家明确提出异教的诸美德与基督教的诸美德之间的关系问题时，这一问题就远远超出了理论的范围。诚然，正是古典文献的重新发现，以及古典文献的一份怪异的汇编（包括马克罗比乌斯的、西塞罗的、维吉尔的）的重新发现，首先引发了这一理论问题。可是，诸如索尔兹伯里的约翰、彼得·阿伯拉尔或康切斯的威廉等学者所竭力反抗的

异教,在一定程度上就存留在他们自身以及他们的社会内部,即使其存在方式截然不同于古代世界。而且,他们所提出的解答,必定转变成一门无论修道院或正规教会学校还是各个大学都必修的课程。他们中的某些人甚至还成了极有影响力的教师:托马斯·贝克特在巴黎求学时阿伯拉尔正手执教鞭,而康切斯的威廉则是英格兰亨利二世的私人教师。很有可能就是康切斯的威廉撰写了《道德哲学论》,这本教材主要吸收了西塞罗《论义务》中的思想,但对其他古典作家也广征博引。

对古典传统的这种接纳,即使是以如此残缺不全地复原的形式进行的,其过程与一种在不同程度上影响了整个中世纪的基督教的训导完全背道而驰,那种训导将所有异教教义都斥为魔鬼的作品而加以摈弃,并试图在《圣经》中找到一个全能的向导。路德的确就是这一中世纪传统的继承者。然而,这一传统对异教的消极摈弃,却使有关12世纪或其他任一特定的社会世界中基督徒的生活方式的问题变得不可解决。这个问题是要将《圣经》的启示转变成对于同时代的各种选择的一系列具体入微的分辨,而完成这个任务所需要的诸概念类型与探究模式都不是《圣经》本身所能提供的。当然,有些时候,同时代的世俗世界所提供的东西只应得到彻底的拒斥,例如罗马帝国统治下的犹太教、基督教共同体在不得不面临要他们对皇帝顶礼膜拜的威胁时所进行的抵制。这些就是殉难的时刻。但是,在基督教历史的很长时期内,这种总体上的非此即彼的方式并不是世俗世界对抗教会时的选择;基督徒必须学习的恰恰不是如何像殉道者般地去死,而是如何适应日常生活的各种形式。对于12世纪的著作家来说,这个问题是从美德的角度被提出来的。如何使正义、审慎、节制与勇敢这四种核心美德的实践适应于神学的诸美德——信仰、希望与慈爱?美德的这一分类早在14世纪 167

便已出现在拉丁语作家和方言作家的作品中了。

阿伯拉尔的《伦理学》(约作于1138年)在恶与罪之间所做的根本区分,就是为了回答这个问题。阿伯拉尔采纳了波依修斯传授给他的亚里士多德的美德定义,用来为恶提供一个相应的界定。另外,在阿伯拉尔的《哲学家、犹太教徒与基督徒之间的对话》中,作为古代世界代言人的哲学家,列举并用西塞罗而非亚里士多德的术语界定了几种核心的美德。阿伯拉尔对哲学家的指责不仅是甚或主要是一个具有积极意义的谬误;他强调,异教的道德观忽略了许多不该忽略的东西,异教的美德理论即使在其最杰出的代表人那里也是不完全的。这种不完全既归因于哲学家的至善概念不够允当,也归因于哲学家有关人类意志和善恶之间关系的信念不尽合宜。但阿伯拉尔想要强调的却是后者。

基督教需要的不仅仅是品格的缺陷或恶的概念,而且是违犯神法或罪的概念。个体的品格在任何既定时刻都可能是诸美德与诸恶的混合,而这些性情就会预先决定意志朝这个或那个方向运动。不过,意志总是有赞成或反对这些刺激因素的余地。甚至拥有了恶也并不一定产生任何具体的错误举动。一切取决于意志内在活动的品格。因此作为善与恶之角斗场的品格,就仅仅成了外在于意志的又一种环境。道德的真正角斗场是意志的角斗场,也仅仅是意志的角斗场。

道德生活的内在化及其对意志与法律的强调不仅可追溯到《新约》文本,还可追溯到斯多葛主义。为了揭示美德伦理与某类法律伦理之间的张力,有必要考察一下其斯多葛鼻祖。

与亚里士多德不同,斯多葛学派认为,aretê 本质上是个单数表达式,一个人要么拥有全部美德,要么一无所有;某个人要么拥有 aretê 所要求的完满性[在拉丁文中,virtus(优秀)和 bon-

estas（完善）都被用来译 aretê］要么什么也没有。人有了美德才有道德价值；没有美德，人就毫无道德价值。这里不存在任何中间层级。既然美德要求正确的判断，因此按照斯多葛主义的观点，善人必定也是有智慧的人。不过，他的行动倒不一定是成功的或有效的。做正确的事并不必然产生愉快或幸福、身体健康或功名利禄或任何其他形式的成功。然而，所有这一切都不是真正的善；它们只是在被有着正当意志的行为者在正当行动中所运用时，才是无条件的善。只有这样一种意志才是无条件的 168
善。因此，斯多葛主义放弃了任何有关 telos（目的）的概念。

一种正当行为的意志所必须遵从的标准，乃是体现在自然本身中的法则的标准、宇宙秩序的标准。因此美德也就是同时在内在性情与外在行动上与宇宙法则的一致。这种法则对于任何有理性的存在者都是同一的；它与地域特殊性或环境毫无关系。善人是宇宙的公民；他与其他一切集体、城邦、王国或帝国的关系都是次要的和偶然的。因此，斯多葛主义要求我们坚决抵制物理世界与政治环境，同时，它又要求我们的行动合乎自然。这里不无自相矛盾的迹象，但并不使人产生误解。

因为一方面，美德发现目标与意义在其自身之外；过好的生活就是过神性的生活，也就是服务于宇宙的秩序而非其私人的目标。而且，仅就每一个体而言，做正当的事就是根本不考虑自己的长远目标而行动，单纯为了正当的事而做正当的事。无论柏拉图、亚里士多德还是除他们之外的索福克勒斯、荷马所理解的那种美德的多元性及其在善的生活中的目的论次序都消失了。一种单一的美德一元论取而代之。因此，斯多葛主义者与亚里士多德后来的追随者彼此之间从未停止过论战，也就不足为奇了。

斯多葛主义当然不只是希腊和罗马文化中的一个插曲；它

为欧洲所有那些后来的伦理道德确立了一种模式，这些道德援引法则概念为其核心以至于将美德概念彻底置换了出去。这一对立形式——我在上一章讨论由消极禁止的法律规则所构成的那部分道德，与关注美德推动我们趋赴的积极的善的那部分道德之间的关系时就已提出——应当令人称奇；尽管随后的道德史已使我们对之习以为常而不可能再有任何的惊讶。在讨论亚里士多德对自然正义的简短评论时，我曾指出，一个将其生活展示为直接指向一种共同的善（这种善为其提供共同的任务）的共同体，必须同时依据美德与法则来阐明其道德生活。这一点或许是理解斯多葛主义的一条线索；因为，假定这样一种共同体形式消失了，正如作为政治生活形式的城邦首先被马其顿王国，后来被罗马帝国取而代之，那么，美德与法则之间的任何可理解
169 的关系也都会消失。不会再有任何真正共同分享的善；唯一的善将是诸个体的善。并且，对任何私人的善的追求——在这些环境里通常且必然易于和他人的善发生冲突——显然会与道德法则的要求格格不入。因此，假如我信奉这法则，我就必须抑制个人的自我。法则的目的不可能在于获得某种超出法则之外的善；因为现在似乎已不存在任何诸如此类的善了。

如果我是对的，那么斯多葛主义就是对一种特定的道德与社会发展形态的反应；这种发展形态惊人地预示了现代性的某些面相。因此，我们应该预料到——实际上我们已经发现——斯多葛主义的重现。

其实，每当诸美德开始失去其核心地位，斯多葛主义的思想与行为模式就立即重现。斯多葛主义始终是西方文化中最持久的道德可能性之一。不过，它之所以没有为那些后来将道德法则概念变成道德之全部内容（或几乎全部内容）的道德学家提供唯一的甚或是最重要的模式，是因为另一种更严苛的法则伦

理,即犹太教的法则伦理,改变了古代世界的信仰。当然,得以如此流行的是以基督教形式出现的犹太教。但是,把基督教看成本质上是犹太教的那些人,诸如尼采和纳粹,却以其满怀敌意的目光察觉到了一个被现代许多自诩为基督教的朋友的人所无法察觉的真理。因为,无论在《新约》还是在《旧约》中,“托拉”始终是上帝颁布的律法;并且,根据《新约》的观点,作为弥赛亚的耶稣既是立法者又是我们必须遵从的仲裁者,罗马天主教特伦托会议也以法令的形式强调了这一点。卡尔·巴特至少在这一点上也曾赞同特伦托会议,他写道:“耶稣若不是审判官,也就不是救世主。”

那么,一种毫不宽容的法则伦理如何可能与任何美德概念相关呢?阿伯拉尔之返归内心,以其同时代人的观点来看,是拒绝面对这样一些任务,即,为他们对这一问题所做的姿态提供具体的语境。我们已经看到,按照阿伯拉尔的立场,外在的社会世界只不过是一系列不定的、偶然的环境;可是,对阿伯拉尔的许多同时代人来说,正是这些环境决定了道德的任务。因为他们并不是生活在一个其制度环境基本不成问题的社会中;12 世纪是一个亟须创造各种制度的时代。索尔兹伯里的约翰对政治家品格问题的热衷就绝非偶然。12 世纪尚须发明的还有这样一种制度性的秩序,在这一秩序内,神法的命令能够更为容易地被人倾听,并且在修道院外的世俗社会中生生不息。于是,美德的 170
问题就变得不可回避:哪种人能做到这一点?哪类教育能培养这种人?

只有通过这类问题,才有可能理解阿伯拉尔与诸如里尔的阿兰之间的差异。在 1170 年的著作中,阿兰认识到,异教作家与其说是提出了一种对立的道德体系,不如说是为回答各种政治问题提供各种途径。异教作家所讨论的诸美德都是有利于创造和维系世俗社会秩序的品质;但慈爱能把这些品质转变成真正的美德,而这些美德的践行则通向人的超自然的目的地——天国。因此,阿兰开创了一场综合古代哲学与《新约》的运动。他对柏拉图和西塞罗文本的处理,预示了阿奎那对那些直到12世纪末和13世纪才看得到的亚里士多德的部分著作的利用;不过与阿奎那不同,阿兰强调美德的政治与社会意义。

那么,哪些政治问题的解决需要美德的实践?这些问题涉及这样一个社会,在那里,公平的中央司法管理部门、各类大学和其他维系学术与文化的手段,以及城市生活特有的那种礼仪,都仍处于产生的过程当中。而支撑这一切的社会制度绝大部分还有待创建。它们赖以存在的文化空间,也还有待于在那声言要把一切都纳入习俗和地方权力之极端的当地乡村共同体的特殊主义主张与教会的普遍主义主张之间的某个地方定位。可供这一任务之用的资源极其稀少:各种封建制度,修道院的戒律,拉丁语言,从前罗马人的秩序观念与法律观念,以及12世纪新兴的文化——如此单薄的文化怎么能够控制如此多的行为,又怎么能够创建如此多的制度?

答案部分在于:通过在世俗与神圣、地方与国家、拉丁语与方言、乡村与城市之间制造这类适当的紧张甚或冲突,从总体和长远的观点来看,这类紧张与冲突是创造性的而非破坏性的。正是在这类冲突的语境中,道德教育才得以展开、诸美德才受重视并被重新界定。这一过程有三个方面值得强调,为此,我们不妨依次考察忠诚与正义的美德、军人与武士的美德以及纯洁与忍耐的美德。

不难看出,忠诚在封建社会的等级制度中必定有其关键地位;同样易于理解的是,一个混杂着各种互竞主张并容易产生压
171 迫的社会需要正义。然而,对谁忠诚?从谁那里得到正义?我

们看看英王亨利二世与大主教托马斯·贝克特之间的冲突。两人都是精力充沛、性情暴躁而又鲁莽冲动的人。每人都代表一种伟大的事业。尽管亨利首先关心巩固王权,但当他以一种比以往更为稳固、更一体化、更公平和公正的法官与公务员体系,取代了封建采邑、自给自足和地域习俗时,他所采取的方式就从根本上扩展了法律的统治。相反,贝克特所代表的不仅仅是对教会权力的操纵,无论他如何热衷于此。在主教与教皇权力的专断性中隐藏的是这样一种主张:人的法律是神的法律投下的影子,法律制度体现着正义的美德。贝克特代表着对一种绝对标准的诉求,这种标准超越一切世俗的、特殊的法典。按照这一中世纪的观点——古代的观点也一样——现代自由主义在法律和道德之间所做的区分根本没有存在的余地,而之所以如此,乃因中世纪的王国与亚里士多德所设想的城邦之间共有的某种东西。这两者都被设想为是人们在其中共同追求那种人类的善的共同体,而不仅仅是为每一个体角逐其自身私人的善提供竞技场——现代自由主义国家就是这样看待自己的。

可见,正如其他许多前现代的社会一样,在大多数古代和中世纪的世界中,个人是通过其特定角色予以识别并且是由这种角色构成的。这些角色将个人缚系在各种共同体中,而且唯有在这些共同体中并通过这些共同体,才能够获得人所特有的那种善;我是作为这个家庭、这个家族、这个氏族、这个部落、这个城邦、这个民族、这个王国的一名成员而面对世界的。除此之外,别无他“我”。对此,有人可能会反驳说:你那不朽的灵魂又如何呢?确实,在上帝眼里,我是一个个体,先在于我的角色并和我的角色相分离。但这一反驳蕴含了一种误解,这种误解部分源于柏拉图的灵魂观念与天主教的灵魂观念之间的混淆。对于柏拉图主义者以及后来的笛卡尔主义者来说,那先在于一切肉体存在与社会存在的灵魂，必然具有一种先在于一切社会角色的同一性；可是，对于天主教以及稍早的亚里士多德主义者来说，肉体与灵魂并非两种互相连接着的实体。我就是我的肉体，并且我的肉体是社会的，是在这个共同体中有着特定身份的父母所生的。对天主教来说有所不同的是，无论我可能属于哪个世俗共同体，我亦被视为天国的永恒共同体的一个成员，我在其
172 中亦有一角色，因为这个共同体在尘世的代表就是教会。当然，我也可能被任何这类形式的共同体所驱逐，背叛了它或因别的什么缘故丧失了我在其中的位置。我可能成为一个流放者、陌生人、流浪汉。但这些也属于已被指定了的社会角色，是在古代和中世纪的共同体内得到承认的。然而，正因为我始终是一个有序的共同体的一部分，我才必须寻求人类的善，而在这种意义的共同体中，孤独的隐士或荒山上的牧羊人和城市里的居民一样，都是一个共同体的一个成员。因此，孤独已不再是菲罗克忒忒斯所体验的那种。个人带着他的共同体角色作为其自我的部分定义，甚至进入他的离群索居状态。

因此，当亨利二世与贝克特相互遭遇时，彼此都不得不承认，对方不仅仅是一个个体的意志，而且是一个作为一种权威角色之承载者的个体。贝克特不得不承认在司法上他对国王负有义务；因此，当国王于 1164 年向他发布他无法屈就的归顺令时，贝克特明智地将自己置于一个视死如归的殉难者的角色中。在这一壮举面前，世俗权力至少也震颤不已；甚至找不到一个勇士将皇家法庭充满敌意的判决书递交给这位大主教。贝克特最终被置于死地，但亨利本人最后也不可避免地要求告解以示忏悔，并且，所谓告解还不包括为了与教皇亚历山大三世求得和解所做的一切。因为在与教皇和解的一年多前，当他听到贝克特的死讯时，当即闭门斋戒，悲切忏悔；而且，两年以后，他到坎特伯

雷教堂公开忏悔，并接受牧师们的鞭笞。亨利与贝克特的争执，发生在一个双方对人的正义与神的正义的问题完全认同的框架之内。亨利与贝克特的争执之所以可能，只因为他们在什么构成了敌手的胜利和失败的问题上有着深刻的认同；他们过去的历史把他们带到这个争执点上，并且他们还占据着国王与大主教的位置。所以，当贝克特被迫进入一个他能够戏剧性地承担殉难者的角色时，对于殉难的准则、意义和后果，他与亨利毫无分歧。

因此，在这一争执和后来的亨利八世与托马斯·莫尔的争执之间，存在着一种根本的差别。后一争执所讨论的恰恰是，各种事件应当如何被解释？亨利二世与托马斯·贝克特处在一个单一的叙事结构中；而亨利八世、托马斯·克伦威尔与托马斯·莫尔、波尔主教却处在对立的概念世界中，讲述着各种有关其所作所为的截然不同而又互不相容的故事。在中世纪的争执中，对叙事理解的认同也表现在对诸美德与诸恶的认同上；但在都铎王朝(1485—1603)的争执中，中世纪的认同框架已经消失。而中世纪的亚里士多德主义者试图阐明的正是这一框架。

当然，在这样做的时候，他们不得不承认亚里士多德一无所知的那些美德。其中有一种美德值得特别的注意。这就是神学 173
上的慈爱美德。亚里士多德在考察友谊性质的时候曾得出结论说，善人不可能是恶人的朋友；并且，既然真正的友谊其纽带是对善的共同的忠诚，因此亚里士多德的结论并不奇怪。然而，处于《圣经》宗教之核心的却是对那些有罪的人的爱的概念。那么，亚里士多德的思想范畴中遗漏了什么以至于这样一种爱的概念在其中显得不可思议？在试图理解美德伦理与法则伦理的关系的过程中，我就已指出，为使这种关系可以理解所需提供的语境，是一个由为获得共同的善的共同筹划所构成的共同体，因此必须同时承认一类有助于获得这种善的品质(亦即美德),和另一类破坏这种共同体形式所必需的关系的行为(亦即应由共同体法律提起公诉的违法行为)。对后者的适当反应是惩罚,而这也就是人类社会对这类行为所做出的一般反应。然而,在与亚里士多德截然不同的圣经文化中,可以得到另一种反应,那就是宽恕。

那么,宽恕的条件是什么?它要求,罪犯承认法律对其行为与举动的裁决是公正的,正如人们承认适当惩罚的正义性那样;因此"告解"与"惩罚"同出一源。于是罪犯可以被宽恕,假如被害人有如此意向的话。宽恕的实践预设了正义(司法)的实践,但两者有根本的区别。从特征上讲,正义(司法)的实践是由法官——一种代表整个共同体的非个人权威——主持的;而宽恕却只能由被害人一方施与。宽恕所展现的美德是慈爱。在亚里士多德时代的希腊语中,没有一个词可以被准确地译成"罪"、"忏悔"或"慈爱"。

从《圣经》的观点来看,慈爱不仅仅是要被添加到德目表上去的又一种美德。它所包含的内容从根本上改变了对人来说的善的概念;因为那获得了善的共同体必然是一个调和而成的共同体。因此它是一个具有其独特历史的共同体。在讨论英雄社会中诸美德的概念与功能的时候,我强调了这种概念与功能和那种把人类生活理解为体现了某种叙事结构的方式之间的关联。现在,我们不妨试着概括一下这个论点。每一种特殊的美德观都与某种特殊的有关叙事结构或人的生活结构的观念紧密相连。在成熟的中世纪框架中,有关远征或旅行的故事是其主
174 要的叙事样式。人本质上是在旅途中。他所追寻的目的,是某种一旦达到就能弥补其一生全部过错的东西。这种有关人的目的的观念至少在两个根本方面显然不属于亚里士多德。

首先，亚里士多德认为人生的 telos（目的）应该是某一种生活；目的不是某种在将来某个时候被达到的东西，相反，它是我们在建构我们整个生活的过程中所获得的东西。诚然，作为 telos（目的）的善的生活在对神圣事物的沉思中达于顶点，因此，无论对亚里士多德还是中世纪来说，善的生活趋向于一个顶点。然而，如果诸如 J. L. 阿克里尔那样的学者说的不错[②]，那么，亚里士多德对沉思的地位的讨论仍然没有超出善的生活之为一个整体的理论，在这个整体中，人类多种多样的优秀必须是在各个不同的相关阶段达到的。这就是为什么一种几乎完全怙恶不悛的生活最终可以得到救赎的观念在亚里士多德的体系里毫无位置的原因；背负十字架的窃贼的故事无法用亚里士多德的术语去理解，其原因恰恰在于，对亚里士多德来说，慈爱并不是一种美德。其次，人生是一次其间要遭遇和克服多种形式的恶的远征或旅行，这种观念要求一种恶的概念，对此，亚里士多德的著作中至多只是有所暗示而已。按照亚里士多德的观点，“有（是）恶的”亦即“没有德性的”。品格的一切恶劣性都是缺陷，都是丧失。因此，很难用亚里士多德的术语去区分没能行善与故意作恶、亨利二世的品格与吉尔司·德·雷兹的品格、潜在于我们每一个人身上的这样或那样的品格。圣奥古斯丁必须以亚里士多德所没有的方式面对这一维度的恶。奥古斯丁追随新柏拉图主义传统，将所有的恶都理解为善的欠缺（丧失）；不过，他在意志对恶的同意中看到了人性的恶，这是一种先在的同意，因为每一系列具体明确的选择都以同意为先决条件。恶与人的意志都以某种方式成了这种样子以至于意志能够以恶为乐。这种恶被表现在对神法和作为神法之投影的人法的违抗之中；因为

---

② J. L. 阿克里尔：《亚里士多德论幸福》（1974），第 16—18 页。

同意恶恰恰就是执意违法。

因此,人的生活在其中得以体现的叙事有一种形式,在这种形式中,主体(可能是一个人,也可能更多,例如以色列人民或罗马公民)负有一个使命,而这一使命的完成就在于他们对人类之善(human good)的特殊的占有;但多种多样内在外在的恶阻碍着这一使命的完成。美德就是那些使恶能被克服、使命能被完成、旅行能被终结的品质。因此,尽管美德的概念仍然是目
175 的论的,但它至少在两个重要方面(且不说基督教及奥古斯丁所理解的恶)完全不同于亚里士多德的美德概念。

首先,亚里士多德认为,获得人的善(亦即 eudaimonia 幸福)的可能性可能被外来的灾祸所破坏。他允诺,美德在很大程度上使人能够克服不幸,但对巨大的不幸——诸如被普里阿摩斯排除在 eudaimonia(幸福)之外的面貌丑陋、出身卑微、没有子嗣等——却无能为力;但是中世纪观点中最要紧的莫过于,不仅相信没有人因为这些不幸特征而被剥夺人的善,而且相信,只要我们不成为恶的帮凶,无论什么恶发生在我们头上也不可能把我们排除在人的善之外。

其次,从某种意义上说,中世纪的目光是历史性的,而亚里士多德则不可能。中世纪把我们对善的追求不是仅仅定位于某些特定的语境——亚里士多德就把这种追求置于城邦之内——而是定位于那些本身就有一个历史的诸语境之中。向着善运动也就是在时间中运动,从而这种运动本身又可能把对于什么是向着善运动的新的理解牵涉进来。研究中世纪的现代历史学家常常强调中世纪历史编纂学的缺点与不足;而且,中世纪最伟大的著作家们用来描述被他们视为人生的那种旅行的各种叙事都是虚构的、寓言式的。可是,这部分地归因于,中世纪思想家们把《圣经》的基本历史框架看作一个可令他们安心的框架。他

们的确缺乏这样一种历史概念,即,历史有赖于对历史是什么这一问题的一种持续不断的发现与再发现;但是,他们并不因此而缺乏人的生活是历史性的生活的概念。

因此,根据这种中世纪的观点,美德就是那些使人能够在其历史旅途中幸免于恶的品质。我已强调,中世纪社会一般都是冲突的、无法纪的、多元性的社会。约翰·加德纳曾这样描述贡特的约翰(英王爱德华三世的四子)圈子里的人:“他们对他们的世界渴望的是法律和秩序、稳固和不容挑战的君主制,或者用但丁的话说,‘一种决定多数人意志的意志’;而他们在自己周围看到并强烈憎恨的却是动荡、价值沦丧、争斗迭起、尊卑混杂、没有一致只有纷争——正如乔叟在他对波依修斯的一首诗的卓越阐述中所说的,一种宇宙性的性错乱。”[3]这段话揭示了中世纪道德生活观的普遍的暧昧性。

但另一方面,一种理想化的世界观却渗入了这种生活。这种世界观认为世界是一个统一和谐的秩序,其中,世俗世界是永恒世界的映像;任何细微的纲目都在事物的秩序中有其适当的位置。这种理智的整体系统观在但丁和阿奎那那里找到了其最卓越的表达,但却是大量普通的中世纪思想所不懈追求的。诚 176
然,且不说中世纪的生活,即使中世纪的思想也发现它很难成为全然系统性的。这不仅因为将封建的东西与从英雄社会和基督教那里继承下来的东西相互协调有一定的难度,而且《圣经》与亚里士多德之间也存在着紧张。阿奎那在其论美德的文章中,依据的就是那已经成为习惯的诸基本美德(审慎、正义、节制、勇敢)的框架与神学诸美德的三位一体结构。但是,那又怎么样,例如“忍耐”?阿奎那援引圣·詹姆斯的《使徒书》“忍耐有

③ 约翰·加德纳:《乔叟的生平与时代》(1977),第227页。

其完美的作为”④,并考虑是否因此而不该把忍耐列为一种主要的美德。然而后来他又援引西塞罗来反对圣·詹姆斯,并且主张所有其他美德都包括在这四种基本美德之内。然而,如果这种主张是正确的,那么阿奎那显然就不能用基本美德的拉丁名称,来完整地指涉亚里士多德用希腊语对等词所指涉的东西,因为一种或更多的基本美德本身必须同时包含忍耐以及另一种被阿奎那明确承认的《圣经》上的美德,即谦卑。可是,在亚里士多德的美德理论里只有一处提到了某种类似于谦卑,但被视为恶的东西,而忍耐则根本没被亚里士多德所提及。

即使这样也还没有揭示出中世纪美德理论中应当被发现的那种范围与多样性。当乔托在帕杜阿描绘诸美德与诸恶时,他是成双配对地来呈现它们的,以原创性、想象性的视觉表现形式再现这些对偶本身,就可能是一种新的再思形式;而贝伦森则指出,在其表现诸如贪婪与不义等恶的壁画中,乔托回答了这样的问题:在唯一的为每一种恶所支配的人的外表之下,有意义的特征是什么?他以图画所作的回答显示出,他对诸恶的看法似乎既反对亚里士多德的体系,但同时又以亚里士多德的体系为先决条件。没有什么能比这更显著地表明中世纪思想的异质性。

因此,甚至理想的综合在某种程度上也是危险的。在中世纪,为了使诸美德对中世纪生活中的各种冲突与恶产生影响而进行的实践,对于诸美德的等级次序问题,在不同的环境下造成了极为不同的看法。忍耐与纯洁可能变得非常重要。纯洁之所以至关重要,是因为中世纪世界承认,对至善概念的任何把握都会极为轻易地因世俗的迷乱而丧失殆尽;而忍耐之所以同样至关重要,是因为它是在恶面前耐心容忍的美德。一个深受这些

---

④ 阿奎那:《神学大全》,qu. LXI, art. 3。

观点影响的14世纪英国诗人，在一首题为《珍珠》的诗中，描写了一个梦见其死去女儿的鬼魂的男人，发现自己爱女儿甚于爱
上帝；而在另一首题为《忍耐》的诗中，先知约拿起初由于上帝 177
推迟毁灭古亚述国首都尼尼微而苦恼，因为这使人们对他约拿的预言发生了怀疑，但最后他领悟到，那个邪恶的世界之所以能得以幸存只是因为上帝是忍耐的并且不轻易动怒。中世纪意识承认其所把握的至善概念始终是脆弱的并且总是受到威胁。因此，在中世纪世界中，不仅美德的框架被扩展到了亚里士多德的视野之外，而且最为重要的是，人的生活中的独特叙事要素与诸恶的品格之间的结合成了中世纪意识的最前沿，而且不光是使用《圣经》的术语。

因此，这里不得不提出一个根本性的问题。既然中世纪的理论和实践，在很大程度上与亚里士多德提出的某些核心观点相冲突，那么，如果说这种理论和实践毕竟还是亚里士多德式的，这是在什么意义上说的呢？或者，换言之：不正是我对中世纪美德思想的解说使得一个典型的亚里士多德主义者（诸如阿奎那）成了在中世纪极为与众不同的人物？事实上正是这样。而且有必要指出阿奎那美德理论的几个核心特征，这些特征使得阿奎那成了我所描述的历史中的无法意料的边缘人物。这并不是要否认阿奎那作为一名亚里士多德阐释者所起的关键作用；阿奎那对《尼各马可伦理学》的评注无人可比。然而，在某些关键点上，阿奎那却采用了一种很成问题的模式来讨论诸美德。

首先是他的包罗万象的分类体系，对此，我已有所提及。阿奎那以一种详尽无遗、前后一贯的分类体系的方式提出了他的德目表。如此巨大的分类体系总是应当引起我们的怀疑的。诚然，像林奈或门捷列夫那样的科学家，以其卓越的直觉可能把握到经验材料的分类秩序，并且为后来的理论所证实；然而当我们

的知识是纯粹经验性的时候，我们必须小心谨慎，不要把我们从经验中学到的东西与从理论中推知的东西（哪怕是从真实的理论中推知的）相混淆。我们有关美德的知识，大部分都是这样一种意义上的经验知识：如果我们想了解真诚或勇敢是何种品质，其实践意味着什么，它造成了何种障碍，又要避免什么，等等，我们只能主要通过观察别人以及我们自己对它的实践。并且，既然我们必须经过教育才会有美德，而我们中的大多数人在一生的相当一段时期，是不完全且不均匀地接受美德的教育，因此我们整理美德知识的方式必然有一种经验上的凌乱性，尤其在每一种美德的实践与所有其他美德的实践的关系问题上，更
178 是如此。有鉴于此，阿奎那对诸美德分类的处理以及随后对诸美德统一性的处理都引出了一些问题，但在其文本中我们找不到任何答案。

因为一方面，他的分类体系有两部分理论背景：其一是对亚里士多德宇宙论的重述，其二是基督教与神学。然而，我们有充分的理由拒斥亚里士多德的物理与生物科学，而且基督教神学中关注人的真实目的而又与亚里士多德的形而上学无关的那一部分，按阿奎那本人的解释，是信仰问题而非理性问题。我们不妨以这种观点去考虑一下阿奎那的这样一种主张，即，如果我们遇到真正的道德冲突，那也总是因为我们自己原先的某个错误行为。显然，这是冲突的一个来源。然而，它也包括安提戈涅与克莱翁、奥德修斯与菲罗克忒忒斯甚或俄狄浦斯的冲突吗？它也包括亨利二世与托马斯·贝克特的冲突吗？因为我们必须明白，对于这些境遇我所给出的解释即使只是大体正确，那么这些冲突的每一个都可以像在两人之间那样真实地在一单个的个体内部发生。

阿奎那的观点和亚里士多德相似，并非起因于人的缺陷，罪

恶与过错的悲剧。可是,与亚里士多德不同,它是这样一种神学信仰的结果,这种神学主张上帝把世界与人类都造成善的,只是因为人类意志的各种活动才产生了缺陷。当这样一种神学与亚里士多德的自然知识理论结盟时,它就要求一种同时包含物理秩序与道德秩序的 scientia(科学)——在这种知识形式中,每一纲目都可以在一个演绎性的层级体系中定位,而占据这一体系之最高位置的则是一系列具有明确可知的真理性的第一原理。不过,任何持有这种亚里士多德知识观点的人都有一个疑问,这个疑问吸引了许多注释者。因为,按照亚里士多德本人的解释,政治学与伦理学的各种概括并不像人们希望的那样适合于这样一种演绎说明。它们并不普遍必然地有效,而只是 hos epi to polu(一般地与大部分地)有效。可是,假如这是正确的,那么我们就不应该指望能够给出(或想要能够给出)阿奎那所给予我们的那种美德理论。

这里至关重要的问题既是道德上的又是认识论上的。阿奎那的当代追随者 P. T. 吉奇以下述方式提出了美德的统一性问题。[5] 假如有人声称某个其目的与意图通常是恶的人(例如一个聪明而又有献身精神的纳粹分子)拥有勇敢的美德。那么,吉奇说,我们应当回答,要么他拥有的并不是勇敢,要么在这种情形下勇敢不是一种美德。显然,任何持有类似于阿奎那的美德统一性观点的人都会做出这样的回答。然而,它错在哪里?

我们不妨考虑,在对这样一个纳粹分子进行道德教育的过 179
程中要涉及什么,事实上又涉及了什么:有许多恶他必须放弃,有许多美德他必须学习。谦卑与慈爱对他来说在大多数意义上(如果不是在每一种意义上)都会是新的。但是,关键在于,对

⑤ P. T. 吉奇:《论美德》(1977)。

于他已知的在灾害与危险面前同时避免怯懦与过度鲁莽，他无须放弃也不必重学。而且，恰恰因为这样一个纳粹分子并不缺乏诸美德，他与那些有任务重新教育他的人之间才有一个道德接触点，并且在此基础上才有所建树。否认这种纳粹分子是勇敢的或说他的勇敢不是一种美德，就抹杀了在这样一种人身上需要进行道德再教育的东西与无须进行道德再教育的东西之间的区别。因此，我认为，如果对道德上的亚里士多德主义的任何一种重述必然都信守一种有关美德统一性的强式观点（不仅阿奎那如此，亚里士多德本人也是这样），那么这种重述就会有一个严重的缺陷。

因此，我们必须同时强调，阿奎那对亚里士多德美德理论的重述，并不是唯一可能的重述，而且阿奎那也不是代表性的中世纪思想家，即使他是中世纪最伟大的理论家。而我本人对中世纪在运用、扩展和修正亚里士多德的过程中所呈现的多样性与凌乱性的强调是要从本质上理解，中世纪何以不仅是我正在描述的道德理论与实践的传统的一部分，而且标志着这一传统中的一种真正的推进。尽管如此，这一传统中的中世纪阶段，在很大意义上属于亚里士多德主义，而不仅仅持基督教的立场。当有人问迈蒙尼德为什么上帝在《旧约·摩西五经》中制定了如此多的节日时，他回答说，这是因为节日为友谊的产生和发展提供了机会，而亚里士多德已经指出，友谊美德是人类共同体的纽带。无论从基督教还是犹太教以及伊斯兰教的角度来看，圣经历史的观点与亚里士多德的观点在美德理论中的这种连接正是
180 中世纪独有的成就。

第 14 章　诸美德的性质

对于我迄今为止所叙述的这一历史，可能会有这样一种反应，即认为，即使在我所勾勒的这一相对一贯的思想传统之内，关于其中的任何一种美德概念恰恰也存在太多截然不同而又互不相容的想象，以至于这一概念甚至这一历史都不可能有任何真实的统一性。荷马、索福克勒斯、亚里士多德、《新约》以及中世纪思想家们彼此之间千差万别。他们给我们提供了各种截然不同、互不相容的德目表；对于诸不同美德的重要性他们各有不同的排列次序；并且，他们还有截然不同、互不相容的美德理论。如果我们再考虑更晚近的西方著作家们对美德的看法，那么这一包容了种种差异与不相容性的清单将进一步延伸下去；而假如我们将我们的研究扩展到日本或美洲印第安文化，那么这些差异还会变得更为巨大。我们实在不难得出结论说，有许多对立互竞且不可相容的美德概念，然而即使在我已勾画的这一传统范围内，也绝不存在任何单一的核心概念。

要建构这样一个结论，最好的方式莫过于从考察对各个细目——这些细目已由不同的作者在不同的时间和地点归入其美德目录——的极为不同的列表开始。而对于这些美德目录中的某一些，诸如荷马的、亚里士多德的以及《新约》的，我多少都已经提到了。恕我冒重复之讳，回顾一下它们的某些关键方面，然后介绍两位更为晚近的西方作家，本杰明·富兰克林与简·奥斯汀，以做进一步的比较。

首先以荷马为例。荷马的美德(aretai)清单中至少有一些细目，今天我们中的大多数人都根本不会视其为美德(virtues)，体力是最明显的例子。对此，有人可能会回答说，或许我们不应该用我们的"美德"(virtue)一词来翻译荷马中的"aretê"；而且很有可能，如果我们采用这种译法，那么荷马与我们本身之间的显而易见的惊人差异乍一看去似乎已被消除。因为我们可以毫不奇怪地承认，拥有体力就是拥有一种优秀。但事实上，我们并没有消除荷马和我们本身之间的差异，相反，我们只是给这一差
181 异进行重新定位。因为我们现在似乎在说，荷马的 aretê(优秀)概念是一回事，而我们的美德(virtue)概念完全是另一回事，因为一种特殊的品质在荷马眼里可以是一种优秀，但不是我们所说的美德，反之亦然。

然而很显然，荷马的德目表不只是与我们的不同；它与亚里士多德的德目表也有显著的差异。而亚里士多德的德目表当然也不同于我们的。首先，正如我前面指出的，希腊语中的某些表示美德的词语不易译成英文，更确切地说，这些英译文偏离了希腊语。另外，考虑一下友谊作为一种美德在亚里士多德德目表中的重要性是何等不同于我们！或者，phronêsis(智慧)的地位又是何等不同于荷马和我们！心灵从亚里士多德那里获得了肉体在荷马那里获得的那种尊崇。但是，亚里士多德与荷马之间的差异不仅仅在于他们各自的德目表中有的细目被归入，有的则被遗漏。事实证明，他们的差异还表现在两个德目表排序的方式上，哪些细目被置于人类优秀中相对核心的地位，哪些被置于边缘。

再者，诸美德与社会等级秩序的关系也发生了变化。对荷马来说，人类优秀的典范是武士；而对亚里士多德来说则是雅典

的贵族。的确，按照亚里士多德的看法，某些美德只能为那些家财万贯者和身居高位者所有；有些美德是穷人所不可企及的，即使他是个自由人也不例外。而这些美德在亚里士多德眼里乃是人类生活的核心美德；例如“慷慨”（megalopsuchia 的任何译法都不能令人满意）与“大度”就不仅是美德，而且是亚里士多德体系中相当重要的美德。

这里，必须立即指出的是，与亚里士多德的德目表形成最显著对比的，既不是荷马的，也不是我们的，而是《新约》的德目表。因为《新约》不仅称颂亚里士多德一无所知的那些美德——信仰、希望与爱——而且提都不提诸如 phronêsis（智慧）那样对亚里士多德来说至关重要的美德，相反，它还把被亚里士多德视为一种与慷慨相对的恶的品质（即谦卑）作为一种美德来加以称颂。此外，既然《新约》极为明确地把富人看作命定要受地狱之苦，因此很显然，那些关键美德不可能为他们所有；相反，它们是奴隶可以获得的。再者，《新约》与荷马以及亚里士多德的差异，当然不仅仅在于其德目表所包括的那些细目，而且还体现在它对诸美德的层级排列上。

现在，我们回过头来将迄今所考察的所有这三个德目表——荷马的、亚里士多德的以及《新约》的——与两个相当晚近的德目表——其一可以从简·奥斯汀的小说中获得，另一则是本杰明·富兰克林为其自己制定的——做一比较。简·奥斯汀的德目表中有两点格外显眼。首先是她赋予她所说的“坚 182
贞”美德以重要意义（在后面的章节中我还要详述这一美德）。在某些方面，坚贞在简·奥斯汀德目表中所扮演的角色，类似于 phronêsis（智慧）在亚里士多德德目表中的角色；拥有它乃是拥有其他诸美德的先决条件。其次是她把亚里士多德所说的合群美德（他说这一美德没有任何名称）仅仅视为一种真正的美德的影像,这种真正的美德就是她所说的友善。因为,按照亚里士多德,人们践行合群美德是出于对荣誉和利害的考虑;而简·奥斯汀则认为,这种美德的拥有者对人本身能够且必然有一种真实的情感(这里重要的是,简·奥斯汀是个基督徒)。不要忘了亚里士多德本人也曾将战争中的勇敢视为真正勇敢的一种影像。这样我们就看到了美德问题上的另一类型的分歧;亦即,人类品质中哪些是真正的美德,哪些仅仅是美德的影像。

在本杰明·富兰克林的德目表中,我们发现,它与我们已经考察过的这些德目表几乎都不一样。富兰克林把诸如整洁、沉静与勤勉等对我们的考察来说完全陌生的品质包括在美德之内;他显然认为进取本身就是美德的一部分,而对绝大多数古希腊人来说这是 pleonexia(贪婪)之恶;他把从前被视为无足轻重的某些美德看作主要的美德;不仅如此,他还重新界定了某些常见的美德。富兰克林在他编辑的作为其有关个人道德的解释体系之一部分的“十三德”目录中,他通过引用一条格言来阐明一种美德,遵从相应的格言也就是某种美德本身。就贞节而言,他引用的格言是“极少性生活,除非为着健康或生育——永远不要因此而导致单调乏味和体弱身虚,或伤害你自己或他人的安宁与名誉”。这显然不是从前的作家们所指的那种“贞节”。

这样,从这五种美德理论中我们积累了一大堆数目惊人的差异和不相容性。这就使我开头所提的那个问题变得更为迫切。假如不同的作者在不同的时间和地点(但都在西方文化史的范围内)将如此不同的德目系列或类型纳入他们的德目表中,那么我们有什么理由假定,他们真的希望列出完全相同的美德细目,并且,的确存在某种共有的概念? 另一种考虑增强了对这一问题的否定性回答的可能性。不仅这五位作者中的每一个都列举了不同种类的美德条目,而且这些德目表中的每一个都体现了——并且就是——关于何为美德的一种截然不同的理论上的表达。

在荷马史诗中，美德是一种品质，这种品质的显现，使人们
能够严格履行其定义明确的社会角色所要求的义务。首要的角 183
色是武士之王，而一旦我们承认这里关键的美德必须是那些使一个人能够在战斗和竞技中获胜的美德，那么荷马列举的武士之王所践行的那些美德也就不难理解了。由此可见，除非我们首先已认明荷马社会中关键的社会角色以及每一角色所规定之义务，否则我们不可能识别荷马的诸美德。任何担任某某角色的人当为之事的概念先在于美德的概念；后者只有通过前者才有实际的应用。

然而在亚里士多德对诸美德的解说里，事情则完全两样。虽然某些美德只为某些类型的人所有，但诸美德之附系于人不是因为其所占据的社会角色，而是因为人本身。正是作为一物种的人的 telos（目的）决定了什么样的人类品质是美德。可是，我们不要忘了，尽管亚里士多德将诸美德的获取与践行视为达到一目的的诸种手段，但这里手段与目的的关系是内在的而非外在的。我称一手段对于一既定目的是内在的，是说如果脱离对诸手段的特征描述就不可能充分地描述目的。诸美德和 telos（目的）——亚里士多德所说的对人来说善的生活——的关系即是如此。诸美德的践行本身就是对人来说善的生活的一个至关重要的组成部分。亚里士多德本人在《尼各马可伦理学》中，并没有在目的的内在手段与外在手段之间做出区分，但是这一区分对于我们理解亚里士多德的意图是本质性的。这一区分是由阿奎那在捍卫圣奥古斯丁的美德定义的过程中明确提出的；显然，阿奎那相信，当他这样做时他是在维护一种亚里士多德主义的观点。

《新约》的美德理论，纵然在内容上与亚里士多德的大相径庭（亚里士多德肯定不会敬仰耶稣基督，而圣保罗则会令他惊恐万状），其逻辑和概念结构却与亚里士多德的完全一致。和亚里士多德相似，《新约》也认为，一种美德就是这样一种品质：其践行导致人的 telos（目的）的实现。对人来说的那种善当然是一种超自然的善而非仅仅是自然的善，不过超自然救赎并完善自然。其次，诸美德之为手段与目的——人类与来世的神圣王国合一——的关系也是内在的而非外在的，这与亚里士多德那里的情形毫无分别。当然，正是这种相似性允许阿奎那把亚里士多德与《新约》加以综合。这种相似性的一个关键特征在于，对人来说善的生活（the good life for man）的概念之先在于美德概念，与荷马所说的社会角色概念之先在于美德概念，其方式意义完全一致。同样，前一概念的应用方式决定了后一概念的应用方式。这两种情形中的美德概念都是从属性的、次要的概念。

184 简·奥斯汀的美德理论的旨趣属于另一类型。C. S. 刘易斯正确地强调了其道德观中基督教精神是何等根深蒂固，吉尔伯特·赖尔同样正确地强调了她对索尔兹伯里和亚里士多德的继承。事实上，她的观点也融合了某些来自荷马的因素，因为她关注社会角色的方式既不同于《新约》，也不同于亚里士多德。因此，她的重要性就在于，她发现把各种乍看之下迥然不同的美德理论结合起来是可能的。但此刻我们暂时不去评估简·奥斯汀所做综合的意义。相反，我们必须首先注意一下本杰明·富兰克林的美德理论所显示出来的那种截然不同的理论风格。

富兰克林的美德理论，和亚里士多德一样，是目的论的；但与亚里士多德不同的是，它又是功利主义的。根据富兰克林在其《自传》中论述，诸美德是达到一目的的手段，不过他又视手段-目的关系为外在的而非内在的。美德的修养所服务的目的是幸福,但幸福被理解为在费城并最终在天国里获得成功与繁荣。美德总该是有用的,而富兰克林的美德理论就是不断地强调功利乃是个人行为的标准:“要节俭,除非有利于他人或你自己;亦即,不要浪费任何东西”,“要静默,除非有益于他人或你自己。切忌闲谈”,以及我们已经看到的,“极少性生活,除非为了健康或生育……”。当富兰克林访问巴黎时,他被巴黎的建筑惊呆了:“大理石、瓷器与镀金饰物被浪费却毫无功用。”

这样,我们至少遇到了三种非常不同的美德概念:美德是一种使个人能够履行其社会角色的品质(荷马);美德是一种使个人能够朝实现人所特有的 telos(目的)而运动的品质,无论这目的是自然的抑或超自然的(亚里士多德、《新约》、阿奎那);美德是一种有利于获得尘世或天国的成功的品质(富兰克林)。我们应该把这三者看作对同一事物的三种截然不同、彼此对立的解释吗?或者相反,它们是对三种不同事物的不同解释?也许,道德的结构在古风时代的希腊、公元前 4 世纪的希腊以及 18 世纪的宾夕法尼亚是如此不同,以至于我们应当认为它们体现了各种极为不同的观念,这些观念的差别从一开始就被一个代代相传的词语(即 virtue)的历史偶然性所遮蔽;在观念上的同一性与相似性丧失后的很长一段时间内,由于语言上的表面相像,这个词就使我们误入了歧途。我们最初所提的问题,以其双重的分量,又摆在了我们的面前。

然而,尽管我已经阐述了证据确凿的案例以证明,不同理论
之间的差异与互不相容性,至少表明不存在任何单一的、核心的 185
并且要求普遍忠诚的美德概念,但我仍应当指出,我简要勾勒的这五种道德学说恰恰体现了这样一种普遍忠诚的要求。诚然,正是这些理论的这一特征使得它们超出了社会学或博古家们的旨趣。这里的每一种学说所伸张的不仅是理论上的霸权,而且

还有一种制度上的霸权。对于奥德修斯来说,独眼巨人族之所以遭到谴责是因为他们没有农业,没有 agora(公民大会)和 themis(法律)。对于亚里士多德来说,野蛮人之所以遭到谴责是因为他们没有 polis(城邦)从而也无法从事政治活动(politics)。对于信仰《新约》的基督徒来说,教会之外没有任何救世主。并且,我们还知道,本杰明·富兰克林发现费城而非巴黎更适合诸美德,而对简·奥斯汀来说,诸美德的试金石是某一类型的婚姻,更确切地说,是某一类型的海军军官(她指的是,某一类型的英国海军军官)。

因此现在,我们可以把问题直截了当地提出来了:我们能否从这些对立互竞、多种多样的主张中清理出一种统一的、核心的美德概念,对于这一概念我们能够给出一种比迄今所有其他解释都更为有力的解释?我将证明,事实上我们能够发现这样一种核心概念,并且,它最终为那个我已写就其历史的传统提供其概念的统一性。诚然,它将使我们能够在有关美德的诸多信念中明确地区分出,哪些真正属于这一传统,哪些不是。它或许是个复杂的概念,那也不足为奇,因为它的各个不同部分来源于这一传统的发展中的各个不同阶段。因此,这个概念本身在某种意义上就体现了作为其造就者的那一历史。

这个美德概念的特征之一已经从目前的论证中清晰地呈现出来了,那就是,它的运用总是需要承认对于社会和道德生活中的某些特征的某些先在的解说,因为对它的界定与解释必须依据这些先在的解说。因此,在荷马的理论中,美德概念从属于社会角色概念,在亚里士多德的理论中,它从属于作为人类活动之telos(目的)的、对人来说是善的生活概念,而在更晚近的富兰克林的理论中,它又从属于功利概念。那么,在我即将给出的美德理论中,是什么以一种相似的方式提供了阐明美德概念所需的必要背景？正是在回答这一问题的过程中，我所说的核心的美德概念的复杂的、历史的、多层面的特征才变得清晰起来。假如我们想理解这个核心的美德概念，那么在这个概念的逻辑发展中，至少有三个阶段必须依次逐一认明，而且所有这三个阶段都有其自身的概念背景。第一阶段要求一种有关我所说的"实践"的背景解说，第二阶段要求一种有关我已经描述过的个人生活的 186
叙事秩序的背景解说，而第三阶段则要求对"是什么构成了一个道德传统"的问题给予比我迄今为止所做的更为充实的解说。每一个较后的阶段都以前一阶段为先决条件，反之则不然。每一个较前的阶段不仅被后一阶段所修正，根据后一阶段而被重新解释，而且为后一阶段提供本质性的要素。这一概念发展中的进程与这一概念形成其核心的那一传统的历史紧密相关——虽然这一进程并不以任何直接的方式重复那一传统的历史。

在荷马（从更一般的意义上讲，在英雄社会）的美德理论中，一种美德的践行所展现的那些品质，既为扮演一社会角色所要求，也为在某个明确的社会实践领域中展现优秀所必需：优秀就是像阿基里斯那样善于打仗或竞技，像佩涅洛佩那样善于维持一个家庭，像涅斯托尔那样善于在公共大会上提出建议，像荷马本人那样善于讲述传说。而当亚里士多德论及人类活动的优秀时，他也间或（虽然不总是）提到某些明确的人类实践类型：吹笛，或战争，或几何学。我想指出的是，这一关于某类特殊实践的观念——它为诸美德的展现提供了竞技场，并且，诸美德依据它去获取其基本的定义——对于确认一种核心的美德概念的整个计划至关重要。不过我得立即补充两点警告。

首先是要指出，我的论证不会以任何方式隐含"诸美德仅在我所说的实践的过程中被践行"的意思。其次是要提醒读者，我将在一种非常特殊的意义上使用"实践"一词，而与通行的日常用法（包括我本人先前的用法）不尽一致。那么，我将以它来意指什么呢？

我想用“实践”来意指任何融贯的、复杂的并且是社会性地确立起来的、协作性的人类活动形式，通过它，在试图获得那些既适合于这种活动形式又在一定程度上限定了这种活动形式的优秀标准的过程中，内在于那种活动的利益就得以实现，结果，人们获取优秀的能力以及人们对于所涉及的目的与利益的观念都得到了系统的扩展。“三连游戏”不是这种意义上的实践的一个例子，凭技艺踢出一个球也不是；但足球赛是，国际象棋也是。砌砖不是一种实践，但建筑术是。种萝卜不是一种实践，但农作是。物理学、化学、生物学的研究，历史学家的工作，绘画与音乐，也都是实践。在古代和中世纪世界中，人类共同体（家
187 庭、城邦、国家）的创造与维系，一般也被看作我这里所界定的那种意义上的实践。因此，实践的范围是宽广的：艺术、科学、游戏，亚里士多德意义上的政治，家庭生活的产生与维系，全都属于这一概念。不过，实践的确切范围的问题还不是这一阶段最重要的问题。相反，我想解释一下我的定义中所涉及的几个关键术语，首先是实践的内在利益（good）概念。

让我们考虑这样一个例子。我想教一个智商很高的七岁孩子下国际象棋，虽然这孩子没有任何特别的欲望要学这种游戏。不过，他对糖果有一种十分强烈的欲望却又很少有机会得到。因此，我就告诉这孩子，假如他每周和我下一次象棋，我就会给他价值五十美分的糖果；而且，我还告诉这孩子，我会始终让他难以取胜，但取胜又不是完全不可能，所以，如果他赢了，他会得到另一份价值五十美分的糖果的额外奖赏。就这样我促使这孩子去下棋并争取获胜。但是请注意，只要单纯是糖果为这孩子提供了下棋的充分理由，那么他就没有任何理由不采取欺

骗的手段,假如他能够成功地行骗的话。然而,我们还可以指望,有朝一日,这孩子会在下棋所特有的利益中,在某种高度特殊的分析技巧、战略想象和竞争刺激的获得中发现一系列崭新的理由——不是仅仅为了在一特殊场合赢棋,而是力图在象棋游戏所要求的任何方面表现优秀。这时候,如果这孩子还要使用欺骗的手段,他将打败的就不是我,而是他自己。

因此,下棋就有可能获得两种利益。一方面,存在那些由于社会环境的机缘而外在地、偶然地附系于下棋或其他实践的利益——就方才虚构的那个孩子而言是糖果,就现实中的成人而言是诸如权势、地位与金钱等利益。为了获得这类利益,始终有多种途径可供选择,从而,这类利益的获得永远不是只通过从事某种特殊的实践。另一方面,国际象棋的实践也存在某些除了 188
通过下棋或其他某种特定类型的游戏而不可能以任何别的方式获得的内在利益。我们之所以称之为内在的,理由有二:首先,正如我已指出的,是因为我们只能依据象棋或其他某种特定类型的游戏并借助于这类游戏中的例子来指明它们(否则,我们用来表述这类利益的词汇的贫乏,就迫使我们采取诸如我本人使用"某一高度特殊类型的"这样的权宜之计);其次是因为它们只能由参与上述这种实践的经验来鉴定和承认。因此,那些缺乏相关经验的人就不能胜任内在利益的评判者。

显然,这对于所有重要的实践样式来说都是事实:例如,我们看看从中世纪末到18世纪在西欧发展起来的肖像画实践。成功的肖像画家能够获得许多刚才所界定的那种意义上的外在于肖像画实践的利益——名声、财富、社会地位,甚至偶尔在宫廷有一定的权力与影响。但是,这些外在利益不可混淆于内在于这一实践的那些利益。这里的内在利益产生于这样一种广泛的努力,亦即表明怎么可能通过以一种全新的方式教导我们

“把我们墙上的图画视为被描绘的对象本身(人物、风景等等)”[②],而使维特根斯坦的格言“人体是人心的最好画像”[③]成为真实的。维特根斯坦格言的易生误解之处在于它忽略了乔治·奥威尔的观点“50岁时每个人都有其应得的面容”中的真理性。从乔托到伦勃朗,画家们所学习表现的是,如何可能按照肖像主体应得的面容来描绘任何年龄的面容。

起初,在中世纪,圣人画像中的面容是一种圣像(icon);画像上的基督或圣彼得的面容,与实际上处于某一具体年龄的耶稣或彼得的面容之间的相似性问题甚至尚未产生。与这种肖像画技法对立的,是15世纪某些法兰德斯和德意志绘画中的相对自然主义。浓重的眼睑,覆着白巾的头发,嘴边的皱纹,显然代表某位特定的妇人,不是现实中的就是想象中的。相似性僭取了圣像关系。然而,到伦勃朗却似乎有了综合:自然主义肖像现在被表现为一种圣像,但却是一种崭新的、从前不可想象的圣像。与此相似,17世纪某类法国画中的神话面容在一种截然不同的历史更替中变成了18世纪的贵族面容。在所有这两个历史更替中,肖像画与形体画的实践至少获得了两种不同的内在利益。

首先是作品的优秀,这既是画家们工作的优秀,又是每一幅画本身的优秀。这一优秀(excellence)——动词“优于”(to excel)恰好暗示了它——必须予以历史地理解。在朝向并超越各种类型与模式的优秀的进程中,发展的更替接续找到了它们的意义与目标。当然,既有进步的更替接续也有倒退的更替接续,而且进步也几乎不该被理解为直线性的。然而,正是在参与种

② 维特根斯坦:《哲学研究》178e。

③ 同上205e。

种维系进步和对各种问题做出创造性反应的努力中，将会发现肖像画实践的第二种内在利益。因为艺术家们在对肖像画方面的优秀的追求中所发现的，正是某种生活的善——而对于肖像 189
画来说是真实的东西，对于一般的美术实践来说也是真实的。就作为画家的某个人而言，这种生活可能并不构成其生活之全部，但是，在很大意义上或至少就某一时期而言，这种生活吸引着他甚至不惜牺牲一切，例如高更就是这样。然而，正是这画家所过的他作为一个画家的那部分生活，才是绘画的第二种内在利益。并且，对这些内在利益的评判，至少要求有某种只能被画家或某个愿意系统地学习肖像画家必须教的那些东西的人所获得的能力。

一种实践包含优秀的各种标准、对各种规则的服从以及利益的获得。要进入一种实践，就是要承认那些标准的权威性，并且用它们来评判我自身行为表现的不足。将我自己的态度、选择、偏好与品味屈从于这些标准，当即就部分地明确了这种实践。各种实践当然都有一历史：游戏、科学与艺术全都有历史。因此，标准本身并非不可质疑，然而我们不可能在不承认目前已知的最好标准的权威的情况下，就进入一种实践。例如，在开始学习音乐时，如果我不承认我自己还没有准确的判断力，我就永远学不会听巴托克最后的四重奏，更不用说欣赏了。在开始学玩棒球时，如果我不承认别人比我更清楚何时投快球何时不投，我就永远学不会欣赏漂亮的投球，更不用说自己去投了。在诸实践领域，无论利益的权威还是标准的权威，其运作的方式都排除了主观主义和情感主义对判断所作的任何分析。体验（品味）是有争议（De gustibus est disputandum）的。

现在，我们可以注意一下，我所说的内在利益与我所说的外在利益之间的一种重要差别。我所说的外在利益的特征在于，每当这些利益被人得到时,它们始终是某个个人的财产与所有物。而且,最为独特的是,某人占有它们越多,剩给其他人的就越少。有时候这是必然的,例如权力与名声;有时候却是偶然环境使然,例如金钱。因此,外在利益从特征上讲乃是竞争的对象,而在竞争中则必然既有胜利者也有失败者。内在利益诚然也是竞争优胜的结果,但它们的特征却是,它们的获得有益于参与实践的整个共同体。所以,当特纳变革了海景画技法或
190 W. G. 格雷斯以一种全新的方式发展了板球技术的时候,他们的成就增进了整个相关共同体的利益。

然而这一切与美德概念有何关系?事实上,上述讨论的结果是,我们现在能够给美德下一个最初的,即使是不完整的和暂时的定义:美德是一种获得性的人类品质,对它的拥有与践行使我们能够获得那些内在于实践的利益,而缺乏这种品质就会严重地妨碍我们获得任何诸如此类的利益。这个定义稍后还须扩充和修正。不过,作为第一个近乎完美的定义,它已经阐明了美德在人类生活中的地位。因为不难证明,就所有这些主要美德而言,没有它们,就会妨碍我们获得实践的内在利益,并且是以一种非常特殊的方式妨碍我们,而不仅仅是一般性地妨碍。

在我们与其他实践者相关的实践中,我们只有委屈自己才能获得实践的利益,这属于我已经概述过的那种实践概念——对此,我们在现实生活中已经习以为常,无论我们是画家、物理学家、橄榄球队的四分位手,甚或只是名画、第一流实验、精彩的过人技术的欣赏者。我们不得不学会承认什么东西应归于什么人;我们不得不准备冒险去做实践过程中所要求的任何可能危及自我的事情;并且,我们也不得不认真聆听他人对我们自身不足的指责并同样认真地晓之以事实。换言之,我们不得不承认正义、勇敢与诚实的美德乃是任何具有内在利益和优秀标准的

实践的必要成分。因为不承认这一切，而愿像我们所虚构的那个孩子那样在其学棋之初就想行骗，就会极大地妨碍我们获得优秀的标准或实践的内在利益，从而使得这种实践本身除了作为获得外在利益的手段之外，毫无意义。

我们还可以另一种方式阐明这同一个问题。每一种实践都需要有那些参与者之间的某种关系。而现在美德就是那样一些利益，通过参照它们（不论我们是否愿意）我们才确定我们与那些和我们共有着各种实践的目的与标准的其他人的关系。我们不妨举例说明一下，何以某些人际关系必须参照美德。

A、B、C、D 四人是朋友，其友谊建立在亚里士多德认为是首要的共同追求某种善（利益）的基础之上。用我的术语来说，他们共同参与一种实践。D 死了，但死因不明；A 发现 D 的死因并将真相告诉了 B 却对 C 撒了谎。C 发现了 A 在撒谎。这时 A 191
就不可能合理地宣称他与 B 和 C 保持着完全相同的友谊关系。通过对一个人讲真话而对另一个人撒谎，他已经在一定程度上明确了这种关系中的一个差别。当然，A 尽可以用许多方式来解释这一差别；也许他不想让 C 痛苦，但也许只是为了欺骗 C 而已。然而，作为说谎的一个后果，现在有某种差别存在于这一关系之中。因为他们在对共同善（利益）的追求中的相互忠诚已成问题。

只要我们共同分享实践所特有的标准与目的，我们都通过参照诚实与信任的标准来界定我们彼此之间的关系，无论我们承认与否；与此相似，我们同样也参照正义和勇敢的标准来界定这种关系。假如 A 教授给予学生 B 和 C 的成绩是他们的论文所应得的，但给 D 的成绩则因为他被 D 的蓝眼睛所吸引或厌恶 D 的头皮屑而有所不同，那么，无论他是否希望如此，他已经确定他与 D 的关系不同于他与班上其他学生的关系。正义要求我们根据统一的非个人的标准去处理他人的功过赏罚;在个别情况下违背正义的标准,就会以某种特殊的或显示区别的方式去界定我们与相关人员的关系。

“勇敢”的情况稍有不同。我们之所以视勇敢为一种美德,是因为在实践中如此重要、如此频繁地对个人、共同体与理想事业的忧虑与关切,要求有这样一种美德的存在。假如有人说他关心某个个人、共同体或理想事业,但又不愿意冒险使自身利益受到损害,那么,他的忧虑与关切的真实性就有问题了。勇敢,甘冒自身之险的能力,因其与忧虑和关切的这种关联,在人类生活中有其作用。这并不是说,一个没有真正关切之心的人也就是个懦夫。而只是在一定程度上说,一个有真正关切之心而又没有能力冒自身之险的人,无论对自己还是对他人,只能用“懦夫”来界定自己。

因此,我认为,从实践所赖以维系的那些关系类型的角度看,诚实、正义与勇敢——或许还有其他——乃是真正的优秀,是我们界定我们自己和他人所必须依据的美德,而不论我们个人的道德立场或我们社会的具体准则可能是什么。因为,我们认识到,我们不可避免地要以这类利益来界定我们的关系,同时我们也承认,不同的社会有且已经有不同的诚实、正义与勇敢的准则,但这两种认识完全可以相容共存。路德教的虔敬派教育他们的孩子相信,一个人应该在任何时候对任何人都讲真话,无
192 论环境或后果是什么;而康德就是他们的孩子之一。传统的班图人的父母亲,教育他们的孩子不要对不认识的陌生人讲真话,因为他们相信这会使他们的家庭遭受魔法的伤害。在我们的文化中,我们中的许多人都被教以不要对老来俏的老太婆说真话。然而,所有这些准则都体现了对诚实美德的承认。有关正义与勇敢的各种不同准则也是如此。

因此,实践可以在有着非常不同的准则的各种社会里盛行;但实践绝不可能在这样一些社会里兴盛,在这些社会中,美德不被重视,虽然为统一的目标服务的各种社会事业机构与专门技术可能会持续良好地发展。(关于为了一个统一的目的而动员起来的各种社会事业机构与专门技术和实践之间的对比,过一会我还要详述。)因为,实践所特有的那种合作、那种对权威和成就的承认、那种对标准的尊重以及那种冒险都要求:例如,(1) 评判自己与他人时的公正——我上面所举的那位教授所缺乏的那种公正;(2) 无情的诚实,没有它就不可能施行公正——我所举 A、B、C、D 的例子中所缺乏的那种诚实;(3) 愿意信任这样一些人的判断,这些人在实践中的成就使他们成了评判这些判断中所预设的公正与诚实的一种权威;(4) 时常冒各种危及其自我甚至危及其成就的风险。我决不认为,伟大的小提琴家不可能是邪恶的,或者,伟大的国际象棋手不可能心胸卑劣。在需要美德的地方,邪恶也可以兴盛。事实上,那些邪恶的、心胸卑劣的人为了在实践中得势必然依赖他人的美德,同时也就放弃了获得那些内在利益的经验,而这种经验甚至可能奖赏给那些并不十分出色的象棋手和小提琴家。

为了进一步给美德在实践中定位,现在有必要通过做两种重要的对比,来更清楚地阐明实践的性质。我希望目前的讨论能够澄清,一种有目的的实践永远不仅仅是一系列专门技术,哪怕这些技术被指向某个统一的目标,或者这些技术因其自身的缘故有时受到重视或赞赏。实践中最独特的东西一定程度上就在于,专门技术所服务的——每一种实践都需要专门技术的运用——相关的利益与目的,由于人类能力的扩展以及出于其自身内在利益——这些内在利益部分地限定了每一种特殊的实践或实践类型——的考虑,而被改变和充实的方式。实践永远没有亘古不变的目标——绘画没有这类目标,物理学也没有——
193 相反,各种目标本身却被实践活动的历史所改变。因此,每一种实践均有其自身的历史,而且是一种与相关专门技术的改进截然不同的历史。这一历史维度与美德有着至关重要的联系。

进入一种实践就是进入一种关系,这种关系不仅涉及其当代实践者们,而且也涉及先于我们进入这一实践的那些人,尤其是其成就将实践范围扩展到目前这个程度的那些人。因此,正是传统的成就与权威(更不待言)才是我们现在所面对且必须学习的。而对于这种学习以及它所体现的与过去的关系来说,正义、勇敢与诚实的美德之成为先决条件,和它们之作为维系实践内部诸现存关系的先决条件,其方式与理由完全相同。

当然,不只是专门技术应当与实践进行对比。实践也绝不可被混淆于社会制度机构(institution)。象棋、物理学与医学是实践;象棋俱乐部、实验室、大学与医院是社会制度机构。社会制度机构从特征上讲必然关心我所说的外在利益。它们沉溺于获取金钱与其他物质利益;它们依据权力与地位来建构,并且将金钱、权力与地位作为报酬予以分配。它们也不可能做别的什么事情,如果它们要维持的不仅是它们自身,而且还有它们所负载的各种实践的话。因为没有社会制度机构的支撑,任何实践都不可能存活多长时间。诚然,实践与社会制度机构——从而还有实践的外在利益与内在利益——的关系是如此密切,以致社会制度机构与实践非常鲜明地形成了一种单一的因果次序,其中,实践的理想与创造性始终易受社会制度机构的贪得性(acquisitiveness)的伤害,对实践的共同利益的协作性关注也始终易受社会制度机构的竞争性的伤害。在这种情境下,美德的本质功能是很明显的。没有美德,没有正义、勇敢与诚实,实践就不可能抵御社会制度机构的腐蚀力。

而假如社会制度机构的确有腐蚀力,那么各种形式的人类共同体(从而也包括社会制度机构)的构建与维系本身就具有实践的一切特征,并且是一种与美德的践行有着特别密切关系的实践所具有的一切特征,这体现在两个重要方面:美德的践行本身就倾向于要求对社会与政治问题有一种高度确定的态度;并且,我们始终是在某个有其自身独特的社会制度机构形式的特殊的共同体内学习或未能学习践行美德。当然,在自由个人主义的现代性立场和我所勾勒的古代与中世纪的美德传统的立 194
场看待道德品格与政治共同体的关系的方式之间,存在一种根本的区别。对于自由个人主义来说,共同体只是一个竞技场,在那里,每一个人都在追逐其自身所选择的善的生活概念,而政治制度机构的存在则提供了使这类自我决定的活动成为可能的那一程度的秩序。政府与法律是或应当是在各种对立互竞的有关对人来说善的生活的观念之间保持中立,并且因此,尽管增进对法律的遵守乃是政府的使命,但按照自由主义的观点,灌输任何一种道德观却绝非政府的合法功能。

相反,按照我所概述的古代与中世纪的独特看法,政治共同体不仅需要美德的践行以维系自身,而且,使孩子成长为有德性的成年人是父辈权威的使命之一。这一类推的经典表述是苏格拉底在《克里同篇》中做出的。当然,接受苏格拉底有关政治共同体和政治权威的观点,并不意味着我们应当将苏格拉底归于城邦及其法律的那种道德功能归于现代国家。诚然,自由个人主义观点的力量部分来源于这样一个明显的事实,即,现代国家总的说来,的确不适于像任何一种共同体的道德教育者那样行动。但是,现代国家产生的历史本身显然是一部道德的历史。假如我对美德与实践以及社会制度机构的复杂关系的解释是正确的,那么,除非我们所撰写的实践与制度机构的历史同时也是美德与罪恶的历史,否则这种历史不可能是真实的。因为实践保持其整一性的能力,取决于美德在维系社会制度机构形式(它们乃是实践的社会承担者)时得以存在和践行的方式。实践的整一性究其原因就在于美德的践行,至少通过某些在其活动中体现了这种整一性的个人践行美德;相反,社会制度机构的腐败至少在一定程度上总是诸恶的一种后果。

当然,美德本身反过来也得到某些类型的社会制度机构的抚育和另一些类型的社会制度机构的伤害。托马斯·杰斐逊认为,唯有在小农社会美德才能兴盛;而亚当·弗格森则更深刻地看到,现代商业社会的各种制度机构至少危及某些传统美德。弗格森类型的社会学正是我所做的有关美德的概念性解释的经
195 验上的对应物,它旨在揭示美德、实践与社会制度机构之间的经验上的因果联结。因为这种概念性的解释具有浓厚的经验蕴含;它提供了一种能够在具体案例中得到验证的解释框架。而且,我的论点尚有另一方面的经验内容;它意味着,如果没有美德,那么在实践诸语境中,就只能认识到我所说的外在利益,而根本认识不到内在利益。而在任何只承认外在利益的社会中,竞争性将是最显著的,甚至是唯一的特征。在霍布斯的自然状态理论中我们看到有关这样一种社会的杰出描述;而特恩布尔教授有关艾克人(IK)④命运的报告则意味着,社会的现实确实以最可怕的方式证实了我和霍布斯的观点。

可见,美德与外在利益和内在利益的关系截然不同。拥有美德——而不只是其外表与影像——是获得内在利益的必要条件;但拥有美德也可能全然阻碍我们获得外在利益。这里我应

④ 艾克(IK):非洲一民族,他们被剥夺掉了其传统生活模式的经济基础,结果其成员从合作性的个人变成了只关注自己的好攻击性的个人。——译注

该强调的是，外在利益真正说来也是利益。它们不仅是人类欲望的特有对象，其分配赋予正义与慷慨的美德以意义，而且没有人能够完全蔑视它们，除了那些伪君子。然而，众所周知，诚实、正义与勇敢的修养时常会使我们得不到财富、名声和权力。因此，纵然我们可以希望，通过拥有美德我们不仅能够获得优秀的标准与某些实践的内在利益，而且可以成为拥有财富、名声与权力的人，可美德始终是实现这一完满抱负的一块潜在的绊脚石。因此，不难预料，假如在一特定社会中对外在利益的追求变得压倒一切，那么美德观念可能先受些磨损，然后也许就几近被全然抹杀，虽然其仿制品可能还很丰饶。

现在我们必须追问，对美德的核心观念的这部分解释——我必须强调我目前所给出的一切只是这样一种解释的第一阶段——在多大程度上忠实于我所描述的传统？例如，在多大程度上、在哪些意义上它是亚里士多德主义的？有幸的是，就两种意义而言，它不属于亚里士多德主义，而且这个传统里的其他许多成分也不同于亚里士多德。首先，尽管这一美德理论是目的论的，但它无须遵奉亚里士多德的形而上的生物学。其次，正因为人类实践的多样性以及随之而来的利益的多样性（美德就在对这些利益的追求中得到践行）——利益常常互不相容从而会提出对立互竞的主张要我们遵奉，所以冲突也不会只由个人品 196
格的缺陷而起。然而正是在这两个问题上，亚里士多德的美德理论最容易受到攻击；因此，假如最终证明，这种社会目的论解释能够像其本人的生物学目的论解释那样，为亚里士多德对美德的一般解释提供支持，那么，与亚里士多德本人的这些差异，完全可以被视为是强化了而非削弱了对一般意义上的亚里士多德主义观点的证明。

在我所提出的解释中至少有三个方面是明显地亚里士多德

主义的。首先,为了其完整性,它要求对那些恰是亚里士多德美德理论所要求的区分与概念做出有说服力的阐明:例如,自愿、理智美德与品格美德之间的区分,这两种美德与自然能力和情感的关系,以及实践推理的结构。如果我自身的解释是靠得住的话,那么在所有这些问题上,某种非常类似于亚里士多德的观点必须得到捍卫。

其次,我的解释能够容纳亚里士多德对于愉快和快乐的看法,但有趣的是,它与任何功利主义的观点,尤其是富兰克林的美德理论不相容。要探讨这些问题,我们不妨考虑,如何回答某个已经考虑过我对实践的内在利益与外在利益之间的差异所做的解释的人所提出的"愉快或快乐属于哪类?"的问题,答案是:"某些属于内在利益,某些属于外在利益。"

某个在一实践中获得优秀的人(善于下棋或踢球,成功地完成物理学中的一项研究或绘画中的一种实验性模式),特别地享受到他的成就以及成就过程中的活动所带来的快乐。另一种人也一样,尽管他没有完全获得成功,但他的所玩、所思、所行的方式均趋向于这样一种成功。正如亚里士多德所说,活动的快乐与成就的快乐不是行动者的目的所在,相反,快乐是以这样一种方式伴随着成功的活动,即,获得成就的活动与令人快乐的活动是同一种状态。因此,追求成就也就是追求快乐,反之亦然;并且因此,很容易将追求优秀与追求这种特殊意义上的快乐相混淆。不过这种特殊的混淆全然无害;有害的是将这种特殊意义上的快乐与其他形式的愉快混为一谈。

因为某些种类的愉快显然就是与特权、地位、权力以及金钱相随的外在利益。并非所有的愉快都是伴随获得成就的活动而来的那种快乐;有一些是与任何活动都无关的心理或身体状态的愉快。这类状态——例如,不断地混合着品尝英国牡蛎、辣椒

和法式寡妇辣瓜对正常味觉的刺激——可以作为外在利益、作 197
为能够用金钱买到或借助特权得到的外在酬报来追求。因此用内在利益与外在利益的划分来对愉快进行归类就既简洁又确切。

恰恰是这种分类，在富兰克林那种全然建立在外在关系与外在利益基础之上的美德理论中，找不到任何位置。因此，尽管通过这一阶段的论证有可能声称，我的解释的确抓住了作为我所勾勒的独特的古代与中世纪传统之核心的美德概念，但同样明显的是，美德概念远远不止一种，而接受富兰克林的立场甚至任何功利主义立场都必然拒斥这一传统，反之亦然。

D. H. 劳伦斯很早就注意到这种不相容性的一个至关重要的意义。当富兰克林断言“极少性生活，除非为了健康与生育……”时，劳伦斯回答道，“永远不*利用*性生活”。这就是美德的特征：为了有效地产生作为美德之酬报的内在利益，应该不计后果地践行美德。因为最终证明——并且至少在一定程度上是更具经验事实性的主张——尽管美德恰恰是那些容易导致某类利益的获得的品质，然而，除非我们践行它们却完全不考虑在任何特定的偶然环境下它们是否会产生那些利益，否则我们根本不可能拥有这些美德。我们不可能真正地勇敢或诚实，而只是偶然如此。而且，我们也已经看到，美德的修养往往可能并经常是妨碍了作为人世间成功之标志的那些外在利益的获得。通向在费城成功的道路与通向天堂的道路毕竟不可能重合。

此外，现在我们能够指出任何功利主义观点都具有的一个致命困难，作为我早先论述的补充。功利主义不可能接纳实践的内在利益与外在利益的区分。这种区分不仅没有被任何一位古典功利主义者所指出——在边沁的著作中或密尔、西季威克的著作中都找不到这种区分——而且，内在利益与外在利益不是彼此可公度的。因此,以单一的功利公式或功利概念为基础的总和利益(summing goods)概念——更不用说以我所说的那种愉快或快乐为基础的总和幸福概念——无论富兰克林的或边沁的或密尔的,都毫无意义。尽管如此,我们还是应当注意到,虽然这种区分与密尔的思想格格不入,但当他在《功利主义》中
198 区分“高级”愉快与“低级”愉快时,他正试图做出某种类似于这种区分的区分,这种假设是可能的并且绝无袒护他的意思。我们最多只能说“某种类似于这种区分的区分”;因为密尔早年所受的教育给了他一种有关人的生命与力量的有限的观点,这些教育使他不适于(例如)欣赏游戏,恰恰因为这些教育使他适于欣赏哲学。不过,以扩展人的力量的方式追求优秀乃是人生的核心,这种观念显然不仅扎根于密尔的政治与社会思想中,也表现在他和泰勒夫人的生活中。假如要在人类中选择我所理解的美德的范例,肯定会有很多名字值得提及,比如,圣本笃、阿西西的圣方济各、圣特雷萨的美德,以及恩格斯、爱琳娜·马克思、托洛茨基的美德。而密尔的美德肯定也像其他人一样必然会居于其中。

第三,我的解释之所以是亚里士多德主义的,是因为它以一种亚里士多德主义所特有的方式将评价与说明结合在一起。从亚里士多德主义的立场去鉴别某些行为是否彰显一种或多种美德,永远不只是在做评价;它也是为了说明为什么产生了那些行为而非另外某些行为时所要采取的第一步。因此,无论对于柏拉图主义者还是亚里士多德主义者来说,一个城邦或一个个体的命运可以通过引证僭主的非正义或其保卫者的勇敢来予以说明。诚然,如果不提及正义与非正义、勇敢与怯懦在人类生活中的地位,那么真正可说明的东西就会微乎其微。这就意味着,现代社会科学——其方法论准则是将“事实”与所有评价相分

离——的许多解释计划注定要失败。因为某人是不是勇敢的或正义的这样一个事实,不可能被那些接受了这一方法论准则的人承认为“一个事实”。在这一点上,我提出的美德解释与亚里士多德的美德理论完全一致。不过现在,有人可能会追问:你的解释可能在许多方面是亚里士多德主义的,但它不是在某些方面错了吗?请考虑以下重要反驳。

我对美德的界定在一定程度上是依据它们在实践中的地位。但有人可能会指出,某些实践——某些合乎我所说的那种实践的融贯的人类活动——是恶。所以,某些道德哲学家在讨论这类美德理论时就认为,酷刑与施虐受虐狂的性行为也可以是实践的样本。然而,假如正是这种性好维系着实践而某些实
践又导致恶,那么这种性好如何可能是一种美德?对此,我的回 199
答分为两个部分。

首先,我愿意承认,可能有的实践——在我所理解的实践概念的意义上——只是恶而已。但还没有什么能使我相信这样的实践的存在,事实上我相信无论酷刑还是施虐受虐狂的性行为都不符合我的美德理论所使用的那种实践概念。不过,我不想把我的证明建立在这种不确信上,特别是因为,作为一个偶然的事实,许多类型的实践在特定条件下显然可能产生恶。因为实践的范围包括艺术、科学以及某类智力游戏或体育比赛。而同样显然的是,所有这些实践在某些条件下都可能是罪恶之源:获胜或赢的欲望会使人堕落,一个人可能如此专注于他的绘画以致对家庭漠不关心,起初是正义的战争结果却导致野蛮的暴行。但这意味着什么呢?

这当然不是说,我的解释蕴含着,要么我们应当原谅或宽恕这类恶,要么美德的任何结果都是正当的。我确实应该承认,勇敢有时支持非正义,忠诚使杀人成性的侵略者更肆无忌惮,慷慨

有时削弱了行善的能力。然而否认这一点就会悍然无视我在评论阿奎那的美德统一性理论时所引证的那些经验事实。因此，对美德的界定与解释，从一开始就需要参照一种实践概念，丝毫不意味着赞成所有条件下的所有实践。美德之被界定不是依据善的和正当的实践，而是依据实践——如上述反驳所预设的，但这也不意味着或蕴含着，在特定时间和地点实际发生的实践无须道德批评。而且，这类批评的资源并不匮乏。首先，用一种美德的诸要求来批评一种实践并无任何的不一致性。正义可以一开始就被界定为一种其特定方式对于维系实践是必须的性好；但这并不意味着在追求一实践的诸要求时侵犯正义不应受到谴责。此外，我在第 12 章中已经指出，美德伦理需要道德法则概念作为其补充。其需要也必须由实践来满足。然而，有人可能会反问，难道这一切不就隐含着必须进一步解释实践在某种更大的道德语境中的地位？而这不是至少意味着对于美德的核心概念还有比依据实践所能阐明的更多的东西？毕竟我已强调，人类生活中的任何一种美德的范围都扩展到了作为其最初定义
200 根据的实践之外。那么，美德在人类生活的更大领域里的位置又是什么呢？

前面我曾强调，任何以实践为基础的美德解释都只能是一种不完全的、初步的解释。需要什么来补充它呢？迄今为止，我的解释与任何一种可以称得上是亚里士多德主义的解释的最显著的差异在于，尽管我决没有将美德的践行局限于实践的语境中，但正是依据实践我才确定了它们的意义与功能。而亚里士多德却是依据一种可以被称为善的整体人生的观念来确定美德的意义与功能的。那么，"一个缺少美德的人还会缺少什么？"对这个问题的回答超出了我目前所谈的所有内容。因为，这样一个人不仅会在各种具体方面丧失那种通过参与实践就能够获

得的优秀，以及那种为维系这类实践所需要的人际关系；而且，被视为一个整体的他自身的生活或许也是有缺陷的；他的生活不会是人们在试图回答“对于这种人来说，什么是最好的生活?”时所要描述的那种生活。而想要回答这个问题至少必须首先回答亚里士多德本人的问题，即，“什么是对人来说善的生活?”不难看出，仅以目前所概述的美德概念为其动力的人类生活会有三个方面的缺陷。

首先，它会被太多的冲突和太多的专断所充塞。前面我曾指出，以利益（或善）的多样性为基础的美德理论的优点在于，它允许有悲剧冲突的可能性，而亚里士多德的美德理论则不然。但即使在那种许多场合都富有美德、循规蹈矩的人的生活中，当一种忠诚指向一个方向，另一种忠诚指向另一个方向时，悲剧冲突也有可能产生。一种实践的各种主张与另一种实践的各种主张如此互不相容，以致人们可能发现自己在以一种任意专断的方式左右摇摆而不是进行合理的选择。T. E. 劳伦斯似乎就是这样。维系美德能够在其中兴盛的那种共同体所需要的献身与某一特定实践（例如艺术）所需要的献身可能是不相容的。因此，在家庭生活的各种要求与艺术的各种要求之间就可能存在某些紧张——高更逃往波利尼西亚既解决又没有解决这个问题；在政治的各种要求与艺术的各种要求之间也可能存在这类紧张——列宁拒听贝多芬既解决又没有解决这个问题。

如果有德性的生活不断地被各种选择所打碎，而在这些选择中，一种忠诚意味着对另一种忠诚的明显武断的放弃，那么实践的内在利益其权威似乎最终源于我们的个人选择；因为当各种不同的利益从截然不同、互不相容的方向发出召唤时，“我” 201
不得不在其对立互竞的要求之间做出选择。无选择标准的现代自我显然在那种与亚里士多德的世界完全不同的语境中又重现了。通过回到“为什么利益与美德在我们的生活中都有权威?”的问题并重申本章前面所讨论的内容,可以在一定程度上反驳这一指控。不过,这种反驳只会部分地成功;独特的现代选择观念的确已经再现,即使其运作的范围比它通常宣称的更为有限。

其次,没有一种至上的整体人生(被设想为一个统一体)的telos(目的)概念,我们的某些个别美德的观念必然总是部分的、不完全的。我们不妨考虑这样两个例子。按照亚里士多德的观点,正义是从“给予每一个人以其应得的赏罚”的角度被界定的。应得奖赏也就是已经以某种实质性的方式对那样一些利益的获得做出了贡献,对这些利益的分享与共同追求为人类共同体提供了基础。但是,如果我们想要评估相对的应得赏罚,就必需以某种方式对实践的内在利益进行排序和评价。这样一来,对亚里士多德正义概念的任何实质性应用,都要求对利益以及超越于多种多样的利益之上的善有一种理解。正义如此,忍耐也一样。忍耐是毫无怨言专注等待的美德,但对任何事情都如此等待就根本不是忍耐的美德。将忍耐视为美德预设了对这样一个问题有某种充分的回答,即,等待什么?对此,我们能够在实践的语境中给出一种不甚完全的回答(尽管对许多目标来说是充分的):匠人对于难处理材料的忍耐,教师对于笨拙学生的忍耐,政治家谈判时的忍耐,全都是不同种类的忍耐。但是,假如那材料恰恰太难处理、那学生过于笨拙、那谈判太不顺利,又会怎么样呢?我们是否始终应当在某一点上只好放弃对实践本身的兴趣?忍耐美德的中世纪代表们宣称,在某些类型的境遇中,忍耐的美德要求我决不放弃某个人、某种使命;因为他们认为,在这些境遇中,我对那个人或那种使命的态度应该体现出上帝对其造物的忍耐态度。然而,当且仅当忍耐服务于某种至上的善、某种有权将其他利益置诸从属地位的telos(目的),这才是可能的。结果，忍耐美德的内容取决于我们如何在一等级秩序中排列各种利益，并且更取决于我们是否能够合理地排列这些特殊的利益。 202

到目前为止，我已经表明，除非有一种目的，它通过构成整体人生的善（被设想为一个统一体的人生的善）而超越实践的有限利益，否则，不仅某种毁灭性的专断将侵犯道德生活，而且我们也将无法充分地澄清某些美德的语境。这两种考虑被第三种考虑所强化，即，至少有一种为传统所承认的美德，除了参照人生的整体性之外不可能得到任何说明——这就是正直或坚贞的美德。克尔凯郭尔说过，“心灵的纯洁在于向往一个东西”。整体人生中的目标的这种单一性观念不可能有任何运用，除非整体人生也是单一的。

因此很显然，我以实践为依据对美德的初步解释，抓住了亚里士多德主义传统关于美德所教导的东西，但远不是全部。同样显然的是，要为这一传统做出一种更为充分适当且可以合理辩护的解释，必须提出一个其答案已为亚里士多德主义传统所预设的问题，这个答案在前现代的世界中如此广泛地被分享，以致从未以任何详尽的方式被明确地阐述过。这个问题就是：是否，把每一个人的生活设想为一个统一体是能够合理证明的，由此我们可以试着指明每一种这样的生活都有它的善，并且由此我们可以理解美德的功能就在于使个体能够将他的生活创造成这样一种统一体而非那样一种统一体？ 203

第 15 章　诸美德、人生的统一性与传统概念

任何想把每一个人的生活视为一个整体、一个统一体——其品格为诸美德提供一个充分的 telos(目的)——的当代尝试都会遭遇两种不同的障碍,一种是社会的,一种是哲学的。社会的障碍源于现代性把每一个人的生活分割成多种多样的部分,每一部分都有其自身的行为规范与模式。由此,工作与闲暇相分离,私人生活与公共生活相分离,团体的与个人的相分离。由此,无论童年还是老年都已被扭曲而与人生的其他部分相分离,结果变成了两个不同的领域。所有这些分离都已经实现,因此人们教导我们去思考和感受的,恰恰是那经历了所有这些部分的个人其人生每一部分的特殊性而非其人生的统一性。

哲学的障碍来自两种不同的倾向,一种主要(虽然不仅仅是)寄居于分析哲学内,而另一种则扎根于社会学理论和存在主义中。前者倾向于原子主义式地思考人的行为并且基于简单成分去分析复杂的行为与交互行为。因此,“基本行为”(a basic action)概念在多种语境下重复出现。各种特殊行为的特性是作为更大整体的部分而获得的,这种观点与我们现在占主导地位的思想方式大相径庭,但如果我们想要开始了解一种生活如何可能不只是个别行为与事件的一个序列,我们就必须至少考虑一下这种观点。

同样,当个人与他所扮演的角色截然分离(这种分离不仅是萨特的存在主义的特征,而且也是达伦多夫社会学理论的特征)时,或者当个人生活的不同角色(或准角色)规定之间相互分离,以致生活只是一系列不连贯的事件(这就是我前面提到 204 的戈夫曼社会学理论所说的自我特征的清除)时,我们再也看不到人生的统一性了。在第3章中我亦已指出,无论萨特的还是戈夫曼的自我概念都是现代性思想与实践模式的典型特征。因此,我们会毫不奇怪地承认,以这种方式设想的自我不可能被视为亚里士多德的美德的载体。

因为,在萨特模式中,一个与其各种角色相分离的自我,丧失了亚里士多德的美德在其中运作的社会关系域——假如它们还运作的话。美德生活的范式被划归萨特借《恶心》中的安东尼·洛根丁的嘴以及萨特自己在《存在与虚无》中所谴责的那些陈规陋习之列。实际上,对于习俗社会关系的非本真性的自我拒斥,就是萨特理论中把正直诚实所缩减成为的东西。

同时,将自我清理到一系列界限分明的角色扮演领域,就没有给可以真正算作亚里士多德意义上的美德的那些性好的践行留下任何地盘。因为美德不是一种使人只在某种特定类型的境遇中获得成功的性好。所谓一个好的委员或好的主管或赌徒的"美德",是在某些场合职业性地运用的职业技艺,它们可能是有效的,但绝不是美德。我们能够期望某个真正拥有一种美德的人在非常不同的境遇类型中表现这种美德,但在许多这样的境遇中,我们不能像期望一种职业技艺那样期望一种美德的践行是有效的。赫克托尔在告别安德洛马刻和迎战阿基里斯时展现了同一种勇敢;爱琳娜·马克思在她与她父亲的关系中、在她与职业工会会员共事过程中,以及在她与艾夫林的纠葛中展现的也是同一种同情。某人生活中的一种美德的统一性,只有作为一种单一的生活(一种可以作为一个整体来设想和评价的生活)的一个特征才是可理解的。因此,正如本书前些部分所讨论的,现代性的兴起伴随着道德的变迁与破碎,独特的现代道德判断观点突现过程中的每一阶段,也都伴随着独特的现代自我概念突现过程中的相应阶段;所以现在,在界定特殊的前现代美德概念时,也就有必要讨论一下与之相随的自我概念,这个自我概念的统一性存在于一种将出生、生活与死亡作为叙事的开端、中间与结尾连接起来之叙事的统一性中。

这样一种自我概念或许并不陌生。恰恰因为它在我们自己
205 的历史前辈的文化中发挥了关键性的作用,所以,假如它频频出现在我们的许多思维和行为方式中却始终没被认识到,也不会有什么奇怪。因此,我们最好首先考察,我们对于人的行为与自我的某些最信以为真却也明显正确的概念性洞见,以便表明,在一种叙事模式中考虑这种自我是何其自然!

人类行为的同一片段能以许多不同的方式进行准确的描述,这对于哲学家和普通行为者来说都是概念上的老生常谈。对于“他在做什么?”的问题,“挖地”、“从事园艺”、“锻炼”、“为过冬做准备”或“讨好他的妻子”等回答可以同等真实和适切。这些回答中的某一些将说明行为者的意图,其他一些则说明他的行业无意中所达到的后果,而在这些无意的后果中,有些可能是行为者意识到的,有些则没有。必须立即指出的是,要回答“我们应该如何理解或解释一特定行为片段?”的问题,必须首先回答“有关‘他在做什么?’的问题的这些不同而又准确的回答是如何彼此相关的?”因为,如果某人的首要意图是在入冬前整治好花园并且只是无意中锻炼了身体又取悦了妻子,那么我们就有一种类型的行为需要解释;但是,如果行为者的首要意图是通过锻炼身体来取悦妻子,那么我们又有另一种类型的行为需要解释,

并且我们将不得不从一种完全不同的方向去理解和解释。

在前一种情况下,事件已被定位于一年一度的家务活动中,并且行为体现了一种意图,这种意图以某一具有独特叙事历史的特定类型的家庭兼花园背景为其先决条件,而在这一背景的独特的叙事历史中,这一行为片段现在就成了一个事件。而在后一种情况下,事件已被定位于一桩婚姻——一种非常不同的社会背景——的叙事历史中。这就是说,我们不能脱离意图来描述行为,而且我们也不能脱离背景来描述意图,因为正是背景使得那些意图无论对于行为者本人还是他人都可以被理解。

这里,我是将“背景”(setting)一词作为一个涵涉相对较广的术语来使用的。一种社会背景可能是一种制度机构,也可能是我所说的一种实践,或者,它还可能是其他某人的社会环境(milieu)。但是,按照我下面的理解,背景概念的核心在于,一种背景就有一个历史,而个体行为者的诸历史不仅定位于,而且不得不定位于这个历史的范围之内,因为没有背景及其历时变化,个体行为者及其历时变化的历史将是不可理解的。当然,同 206
一个行为可能属于一种以上的背景。这种情况至少可以两种不同的方式发生。

在我前面所举的例子中,行为者的活动既可以是家务活动的历史的一部分,又可以是其婚姻的历史的一部分,两个历史碰巧交叉在一起。家庭有其自身绵延数百年的历史,这和某些欧洲农庄的历史是一样的,而农庄有其自身的生活,纵然各个不同的家庭在各个不同的时期栖居其中;婚姻当然也会有其自身的历史,婚姻的历史本身就预设了婚姻制度的历史已经到了某一特定的点上。如果我们想以任何正确的方式将某个特定的行为片段与一个行为者的各种意图联系起来,从而也与这个行为者所处的背景联系起来,那么我们必须以一种确切的方式去理解,有关行为者行为的多种多样正确的描述是如何彼此相关的；首先我们应该辨识哪些特征为我们提示了一种意图，哪些没有，然后对这两部分中的细目做进一步的分类。

当涉及多种意图的时候，我们必须知道哪种或哪些意图是首要的，也就是说，就这些意图而言，假如行为者另有打算，他就不会做出这种行为。因此，如果我们知道一个男人正在从事园艺并自称以锻炼身体与取悦妻子为目的，然而，在对下述问题有所了解之前，我们并不知道该如何去理解这个人现在的行为：假如他继续相信从事园艺是有益健康的运动，但他又发现他从事园艺不再取悦他的妻子，那么他是否还会继续从事园艺？并且，假如他不再相信从事园艺是有益健康的运动，但继续相信这能取悦妻子，那么他是否还会继续从事园艺？此外，假如他既不相信从事园艺是有益健康的运动，也不相信能取悦妻子，那么他是否还会继续从事园艺？这就是说，我们必须同时了解，什么是他的确定的信念，这些信念中哪些是有因果效应的；也就是说，我们必须知道，某些与事实相反的假言陈述是真的还是假的。而在我们知道这一点之前，我们不知道该如何去准确地描述这个行为者现在的行为。

再考虑另一个同样平凡的例子。对“他在做什么？”的问题，有这样一系列不相矛盾的正确回答：“写一个句子”，“完成他的书稿”，“为行动理论讨论会撰稿”，“试图获得终身教职”。这里，我们可以按照所指涉的时间绵延来给各种意图排序。每一种较近期的意图只能通过参考某些较远期的意图才是可以理解的；并且，只有当依据较近期意图对行为的描述也是正确的时候，依据较远期意图对行为的描述才可能是正确的。因此，只有
207 当我们了解了被援引的各种较远期和最远期意图及其与较近期意图的关系时，才能够充分适当地描述行为。于是，我们再一次

被卷入撰写一个叙事的历史。

这样一来,我们就必须同时从因果关系和时间关系的角度给这些意图排序,并且这两种排序方式都要涉及背景,而通过使用诸如“园艺”、“妻子”、“书稿”和“终身教职”等基本性词语,事实上已经间接地涉及了背景。另外,对行为者各种信念的准确鉴别,将是这一任务的一个本质性要素;这一点上的失败就意味着整个计划的失败。(这种结论似乎显而易见;但它已经产生了一个重要的后果。根本不存在任何先在并独立于诸意图、信念和背景而被确认的“行为”。因此,行为科学的筹划具有一种神秘且多少有点诡异的特征。这并不是说这样一种科学是不可能的;而是说,除了像 B. F. 斯金纳所希望的那种有关尚未得到解释的物理运动的科学之外,它就什么也不是。考察斯金纳的问题决不是我现在的任务;但值得注意的是,斯金纳主义者对科学实验可能是什么一无所知;因为实验概念显然是一种满怀意图与信念的行为。因此,与意图、信念和背景的研究相脱离的政治科学的筹划注定要彻底失败。值得一提的是,当“行为科学”这一术语在《福特基金会 1953 年年度报告》中第一次被富有影响地使用时,“行为”一词的定义既包括“明显的行为”也包括“诸如态度、信念、期待、动机和渴望等主观行为”。但《报告》的措辞似乎暗示,它正在给两套不同的细目进行归类,以做独立的研究。但假如我们目前的论辩是正确的,那么就只有一套细目。)

现在我们考虑一下上述有关意图、社会背景和叙事历史的相互关系的论证究竟意味着什么。我们只有援引两种或隐或显的语境才能确认一特定的行为。我们将行为者的各种意图,按照它们在这个行为者历史中的作用而置于因果的和时间的秩序当中;同时,我们也参考了这些意图在它们所隶属的一种或多种背景的历史中的作用。当我们这样做的时候,当我们在确定行为者的各种意图在一种或多种方向上有什么样的因果效应、他的近期意图怎样成为或没有成为远期意图的要素的过程中，我们自己也在续写这些历史。一种特定的叙事历史结果成了描述
208 人类行为的基本的和本质的样式。

重要的是，现在我们明白了，我们上述论证所预设的观点，不同于那些建构了各种行为理论的分析哲学家的观点。他们的理论以人的“一个”行为的概念为核心。这样一来，人的诸事件的演进过程就被看作诸个别行为的一个复杂的序列，而这自然又产生了这样一个问题：我们如何把人的诸行为个体化？这里有一些这类概念赖以存在的语境。例如，菜谱上的行为恰恰就是以某些分析哲学家设想一切可能的行为的方式被个体化的。“取六个鸡蛋。然后在一个碗里打碎。加上面粉、盐、糖，等等。”但是，这类序列的关键在于，其中的每一要素只有作为一序列中的一个可能要素才是一个可理解的行为。而且，甚至这样一个序列也需要一种语境才是可理解的。假如我在讲述康德伦理学的途中，突然把六个鸡蛋打碎在一个碗里并且加面粉和糖，同时一直没有停止我对康德的解释；只要借助于我正在仿效《番尼农夫烹饪手册》所规定的程序这一事实，就可以发现，我的行为不可理解。

对此，有人可能会反驳说，我肯定做出了一个行为或一系列行为，即使不是一个可理解的行为。但是，对于这种反驳，我想说的是，可理解的行为的概念比行为本身的概念更为根本。不可理解的行为乃是可理解的行为的位子的失败了的候选者；而将不可理解的行为与可理解的行为混为一类，然后依据这两套行为共有的细目来描述行为的特征，也就忽视了上述区分，从而大错特错。同时，它也忽视了可理解性概念的核心意义。

可理解性概念的重要性与这样一个事实紧密相关，即，在扎

根于我们在这个领域里的话语与实践之所有区分当中,人与其他存在物之间的区分是最基本的区分。人能够解释他们作为作者所撰述的东西;其他存在物则不能。将一个事件确认为一个行为,就是在诸多范例中将它归到一类描述之下,这类描述使我们能够把这一事件视为明明白白地(可理解地)来自某个当事人的诸意图、动机、情感与目的。因此,这也就是将一个行为理解为某种某个人必须对之负责任的东西,而要求行为者对这个行为做出一种合理的解释始终是恰当的。当一个事件显然是某一行为人的有意图的行为,但我们却不能这样确认它时,我们在理智上和在实际上都颇感困惑。我们不知道如何反应;我们不知道如何解释;我们甚至不知道如何最低限度地将它描述为一个可理解的行为;我们在人可以解释的东西与单纯自然的东西 209
之间所做的区分似乎已经消失。而这类困惑确实在许多不同的境遇下发生:例如,当我们进入各种完全不同的文化甚或我们自身文化内的完全不同的社会结构中时,当我们遇到某些类型的精神病人时(诚然,正是这类病人的行为的不可理解性导致他们被作为病人来对待;而对于行为者本人以及所有其他人来说只要是不可理解的行为就被正当地理解为一种疾病)。此外,在日常生活中,这类困惑也时有发生。我们看这样一个例子:

我正站着等候公共汽车,边上的年轻人突然说道:“普通野鸭的名称是 Histrionicus histrionicus histrionicus。”他所说的这个句子的意思毫无问题;问题在于,如何回答这样一个问题,即,他说这句话的时候究竟怎么了?假如他只是时时胡乱地叨咕这类句子,那么也许是疯癫的一种可能形式。但假如以下情况最终证明是真实的,那么我们就会认为他的言说行为是可以理解的。他把我误认为是昨天在图书馆碰到的某个人,这个人曾问他:“你知道普通野鸭的拉丁文名称吗?”或者,他刚从心理医生那里回来,医生鼓励他通过与陌生人交谈来消除他的羞怯感。“可我该说什么呢?”“噢,什么都行。”或者,他是一名苏联间谍,正在预定的接头地点等候,并且说了这句选择不当却能使跟他接头的人认出他来的暗语。所有这些情形都是通过寻找言说行为在一叙事中的位置,而使言说行为成为可理解的。

对此,有人可能会答复说,提供一种叙事并不必然使这样一个活动成为可理解的。这里所需要的只是,我们能够确认相关的言说活动类型(比如,“他在回答一个问题”)或他的话语所服务的目的(比如,“他试图吸引你的注意力”)。然而,言说活动和目的也是有的可以理解,有的不可理解。假如公共汽车站的那个人解释他的言说行为,说“我在回答一个问题”。我答道:“可我从未问过你任何问题,更不用说和你的回答有关的问题。”他说:“噢,我知道这一点。”这下他的行为又变得不可理解了。此外,我们还可以很容易地举出类似的例子来表明,单纯这样一个事实——一个行为服务于某类公认的目的——并不足以使一个行为成为可理解的。无论目的还是言说活动都需要语境。

对话是最常见的语境类型,通过参照它并在其中,言说活动与目的成了可理解的。对话在人类世界中无所不在的特征使得它易于避开哲学的注意。然而,从人类生活中去掉对话,那还会剩下什么?我们不妨考虑在听懂一个对话并发现它是可理解的抑或不可理解的过程中所涉及的东西。(发现一个对话是可理解的并不等于理解了它;因为我无意听到的对话本身可能是可理解的,但
210 我可能无法理解它。)假如我聆听另外两个人之间的一场对话,那么,我把握这场对话的线索的能力将包括一种把对话带到某个出自一系列显示对话之融贯程度与种类的描述的东西之下的能力:“醉后的胡乱争吵”,“严重的理解上的分歧”,“悲剧性的相互误解”,“对彼此动机的喜剧性的甚至有点滑稽的误会”,“双方观点

的深入交换”,“彼此争取主动的交锋”,“无聊的饶舌”,等等。

诸如“悲剧的”、“喜剧的”以及“滑稽的”等语词的使用,对于这类评价并非无关紧要。我们像对待文学叙事那样为各种对话配置风格样式。诚然,一场对话就是一部戏剧作品,哪怕是很短的一部,其中,参与者不仅是演员,而且还是合作者,他们在认同与分歧中设计其作品的模式。因为对话不仅像戏剧和小说那样属于某种风格样式,而且它们也像文学作品那样有开端、中间和结尾。它们也表现得跌宕起伏、抑扬顿挫;时而高潮迭起,时而风平浪静。在较长的对话里,可能有离题话和次要情节,甚至离题话和次要情节里还有离题话和次要情节。

然而,如果这一点对于对话来说是真实的,那么对于战斗、棋赛、求爱、哲学讨论会、餐桌上的家庭、商议合同的商人,总之,一般的人类事务与交往来说,也是真实的。因为对话,广而言之,乃是人类交往的一般形式。对话行为并不是人类行为的一个特殊的种类或方面,即使语言使用与人类生活的形式,使得人们像使用他们的语词那样频繁地使用他们的行为来为他们说话。因为只有当这些行为是那些拥有语词的人的行为时,这才是可能的。

这样,我就把特殊而言的对话和一般而言的人类行为同时作为发生了的叙事呈现出来。叙事不是那些反思着各种事件的诗人、剧作家和小说家的工作,这些事件本没有任何叙事次序,它们是由歌手或作者强加的;叙事形式既非伪装物亦非修饰品。芭芭拉·哈迪也提出了相似的主张,她说:“我们在叙事中做梦,在叙事中做白日梦,我们通过叙事来记忆、预期、希望、绝望、相信、怀疑、计划、修改、批评、建构、闲聊、学习、恨和爱。”[①]

---

① 芭芭拉·哈迪:《走向小说的诗学:叙事的进路》,载《小说》第2期(1968),第5—14页。

本章开始时，我曾主张，在成功地确认并理解他人的行为的过程中，我们总是趋向于将特定的事件放到一系列叙事性历史的语境中，这些历史同时包括所涉及的各个个人的历史和他们在其中活动与经历的背景的历史。现在我们明白了，我们之所
211 以能够以这种方式使他人的行为成为可理解的，是因为行为本身具有一种基本的历史特征。而叙事形式对于理解他人的行为之所以是适当的，是因为我们全都经历了我们生活中的叙事，而且我们就依据我们所经历的叙事来理解我们自己的生活。故事在被讲述之前就已被人们活生生地经历过了——虚构的除外。

当然，这一点已被最近的争论所否认。路易斯·O.明克对哈迪的观点提出了异议，他主张："故事不是被经历的而是被讲述的。生活没有任何开端、中间与结尾；有相聚，但事情的发生却属于我们后来告诉自己的那个故事，也有别离，但最后的别离只是在故事里。希望、计划、战斗和观念都是存在的，但只有在回顾性的故事里，希望没有被实现、计划流了产、战斗是决定性的、观念是潜在的。只有在故事里，哥伦布发现了美洲；并且也只有在故事里，因为缺少一枚钉子一个王国消失了。"②

对此我们应做何评论？当然，我们必须承认，只有通过回顾，希望才能被描述为未实现的、战斗是决定性的，等等。可是，我们在生活中对它们的描述绝不比在艺术中少。而且，对于那些主张生活中没有任何结局或最后的别离只在故事里发生的人，我们可以立即反驳道："可是，难道你从未听说过死亡吗？"在安德洛马刻悲叹未实现的希望和最后的别离之前，荷马肯定没有讲过赫克托的传奇故事。有无数个赫克托和无数个安德洛

② 路易斯·O.明克：《作为理解模式的历史与小说》，载《新文学史》第1期(1970)，第541—558页。

马刻，他们的生活体现了荷马史诗同名人物的生活形式，但他们却从未引起过任何诗人的注意。事实上，当我们把一个事件视为一开端或结局时，我们就赋予了它一种可能有争议的意义。是恺撒之死抑或菲里皮战役[3]抑或元首政治的建立标志着罗马共和国的终结？答案无疑是，像查理二世一样，这是一个漫长的垂死状态；但这个答案意味着，罗马共和国终结的实在性不亚于前面任何一个事件的实在性。奥古斯都称帝，或网球场宣誓[4]，或在洛斯阿拉莫司建造原子弹的决定，都在一种至关重要的意义上构成了种种开端；同样，公元前 404 年的和约[5]，苏格兰议会的废除，滑铁卢战役构成了种种终结；此外，还有许多事件既是终结又是开端。

生活有开端、中间与结尾，同样也有各种风格样式和穿插现象。我们先考虑一下，托马斯·贝克特的生活属于何种风格样式？这是在我们能够决定应该如何撰写他的生活之前，必须提出并予以回答的问题。（按照明克的矛盾观点，只有当他的生活被写就以后才可能提出这个问题。）根据某些中世纪的看法，
托马斯的生涯是依据中世纪圣徒传的规范来描述的。在冰岛的 212
《托马斯传奇》里，他被描述成一个传奇英雄。在多姆·戴维·诺勒斯所写的现代传记里，他的故事是一出悲剧，托马斯与亨利二世有着悲剧性的联系，他们两人都符合亚里士多德的要求——英雄就是具有致命弱点的伟人。现在，我们显然可以合理地追问，坎特伯雷的修士威廉、冰岛传奇的作者和剑桥大学钦

③ 菲里皮战役：公元前 42 年，安东尼与屋大维在希腊卡瓦拉州境内的菲里皮击败布鲁姆与卡修斯。——译注

④ 法国大革命初期召开三级会议期间，法国无特权的第三等级的戏剧性挑战行动，由此迫使国王路易十六作了让步。——译注

⑤ 伯罗奔尼撒战争结束。——译注

定讲座的荣休教授,究竟谁的描述是正确的?显然后者是正确的。托马斯生活的真实风格既非圣徒传亦非传奇,而是悲剧。同样,对于现代叙事主体,诸如托洛茨基的生活或列宁的生活,苏联共产党的历史或美国总统制的历史,我们也可以追问:它们的历史属于何种风格?换言之,有关其历史的何种类型的解释能够既是真实的又是可理解的?

我们不妨再考虑一下,一个叙事是如何可能被穿插到另一个叙事中去的。戏剧和小说里都有很多众所周知的例子:《哈姆雷特》的戏中戏,《雷特冈特列忒》中的维里漫游传说,《埃涅阿斯纪》第二卷中埃涅阿斯对迪多的叙事,等等。然而,现实生活中同样有很多众所周知的例子。比如,请注意作为大主教和枢密大臣的贝克特的生涯被穿插在亨利二世统治下的方式,玛丽·斯图亚特的悲剧性生活被穿插在伊丽莎白一世的生活之中的方式,或者,美国南部邦联的历史被穿插在美国历史中的方式。人们可以发现,他或她同时是许多叙事中的一个角色,这些叙事中的某一些就穿插在其他叙事当中。又或,一个看起来是可理解的叙事——某人在其中扮演一角色——可能整个地或部分地转变成了一个讲述诸不可理解事件的故事。这后一种情形就发生在卡夫卡的小说《审判》与《城堡》里的同一个角色 K 身上。(卡夫卡没能结束他的小说绝非偶然,因为结局概念像开端概念一样只有依据可理解的叙事才有其意义。)

前面我曾提到,行为者不仅是演员而且还是作者。现在我必须强调,行为者作为演员所能具有的可理解的行动与言谈,深受这样一个事实的影响,即,我们至多是我们自身叙事的合作者。我们只在想象中体验和实践我们所喜欢的故事。在生活中,正如亚里士多德和恩格斯所指出的,我们总是处于某些约束之下。我们登上一个并非我们自己设计的舞台,并且,我们发现

自己参与一个并非我们主谋的行动。我们每一个人作为自身戏
剧的主角，在他人的戏里扮演着配角，而每一出戏都受到其他戏
的约束。在我的戏里，或许，我是哈姆雷特或鬼魂或至少是那可
能会成为王子的猪倌，可对你来说，我只是一名绅士或至多是帮
凶，而你是我的大臣波洛涅斯或我的掘墓人，可对你自己来说，
你是英雄。我们每个人的戏都相互制约，使整体不同于诸部分， 213
但仍然是戏剧性的。

使可理解性概念成为行为概念与叙事概念之间的概念性联结纽带，其中所涉及的问题同样复杂。一旦我们理解了它的重要性，那么，主张行为的概念从属于可理解的行为的概念，也许就不足为奇了；从而，也不难理解，那具有至高实践意义的“一个”行为的概念始终是一种潜在地易生误解的抽象。一个行为乃是在一个可能的或现实的历史、或许多诸如此类的历史当中的一个瞬间。“一个历史”的概念与“一个行为”的概念同样根本，谁也少不了谁。然而，对此，我不得不指出，萨特否认的恰恰就是这一点——事实上，他那抓住了现代性精神的整个自我理论要求他这么做。在《恶心》中，萨特让安冬尼·洛根丁不仅像明克那样主张叙事截然不同于生活，而且认为，以一种叙事的形式呈现人的生活始终是对生活的歪曲。不存在，也不可能存在任何真实的故事。人的生活是由那些漫无目的、杂乱无章的个别行为构成的；讲故事的人回顾性地将一种它们原先并不具有的秩序强加给这些事件。显然，如果萨特/洛根丁是正确的——我用“萨特/洛根丁”来将他与其他众所周知的人物诸如萨特/海德格尔以及萨特/马克思相区别——那么我的核心论点必然是错误的。尽管如此，在我的论点与萨特/洛根丁的论点之间还是有一个重要的契合点。我们一致认为，一个行为的可理解性与它在一叙事序列中的位置是同一的。只是萨特/洛根丁主张，

人的行为本身是不可理解的偶发事件:正是为了实现这一主张的形而上学蕴含,洛根丁被引入小说,并且对他的实际影响是,他本人写作历史传记的计划流产了。这个计划不再有什么意义。要么他将写点真实的事情,要么写一个可理解的历史,但这两种可能性相互排斥。萨特/洛根丁是正确的吗?

我们可以两种方式发现萨特观点的错误之所在。首先,我们问:剥离了任何伪造的叙事秩序的人类行为会是什么样子?萨特本人从未回答过这个问题;令人惊奇的是,为了表明真实的叙事绝不存在,他自己写了一个叙事,虽然是虚构的。然而,我自己所能发现的唯一先于所谓叙事的曲解之人性本身(an-sich)的图画,是约翰逊博士在其法国旅行记中提供给我们的那种脱节混乱的序列:“我们在那儿伺候女士们——莫尔维勒
214 的。——西班牙。乡镇上满是乞丐。在第戎他找不到去奥尔良的路。——法国的交叉道非常糟糕。——五个士兵。——女人们。——士兵们逃走了。——上校不会因为一个妇人而失去五个士兵。——当地司法官员未经上校允许不能抓士兵,等等,等等。”⑥我认为这里所描述的都是真实的,也就是说,描述所说的先于任何被强加的叙事形式之行为,将始终就是呈现某个可能叙事的明显脱节的诸部分。

我们还可以另一种方式讨论这个问题。我所说的“一个历史”乃是一个戏剧性的叙事,其中的角色们同时也是作者。角色们当然从不严格地从一开始就进入叙事;他们从叙事的中间插入,通过过去发生的人和事,故事的开端已经产生并朝着他们前进。但是,当于连·格伦菲尔或爱德华·托马斯于1914—1918年战争期间逃离法国时,他们所演出的叙事丝毫不亚于墨

⑥ 转引自菲利普·霍布斯包姆:《查尔斯·狄更斯导读》(1973),第32页。

涅拉奥斯(奥德修斯的牧羊奴)和奥德修斯出逃时所演出的叙事。虚构的角色与真实的人物之间的区别,不在于其行为的叙事形式,而在于他们在多大程度上参与了这一形式以及他们自身行为的创作。当然,正如他们不可能随心所欲地开始,他们也不可能完全随心所欲地继续;每一角色都受到其他角色的行为以及作为其行为之先决条件的社会背景的制约,马克思在《路易·波拿巴雾月十八日》中有力地指出了这一点,这部著作即使没有对人类生活之为戏剧性的叙事做出全然令人满意的解释,也仍然是经典性的。

我称马克思的解释不甚完满,部分因为他希望,人类社会生活叙事的呈现方式能够相容于这样一种生活观:生活是以特定的方式为规律所支配,并且是可以预言的。然而,关键在于,在一个戏剧性的叙事的任何既定之点上,我们都不知道下一步会发生什么。我在第8章主张的那种不可预言性为人类生活的叙事结构所要求,而且,社会科学家所发现的经验性的概括与探究,提供了一种可与这一结构完全相容的对于人类生活的理解。

这种不可预言性与所有生活叙事的第二个最为重要的特征——某种目的论特征——相互共存。我们过着我们的生活,既是各自独立的,又是相互关联的,并且着眼于某种可能的、共有的未来概念,其中,某些可能性召唤我们向前,某些则将我们拒之门外,某些似乎已经与我们无缘,某些却不可避免。所有的现在都渗透着对某个未来的某种想象,并且这种未来的想象总是以一种 telos(目的)——或多种多样的目的或目标——的形 215
式呈现自身,而现在的我们要么正向这个目的运动,要么没有。因而,不可预言性与目的论作为我们生活的组成部分同时共存;和虚构的叙事中的角色们一样,我们不知道下一步会发生什么,可是我们的生活具有某种朝着我们的未来筹划自身的形式。由此，我们所经历的叙事，也就同时具有了一种不可预言的特征和一定程度的目的论特征。如果我们个人生活以及社会生活的叙事要可理解地持续下去——而这两类叙事都可能堕入不可理解性之中——那么始终存在两种情形：对于这故事如何能够持续下去会有各种限制，并且，在这些限制的范围之内也存在无限多的方式使它能够持续下去。

于是，一个核心的论题开始出现：人不仅在他的小说中而且在他的行为与实践中，本质上都是一种讲故事的动物。他不是天生地而是通过他的历史逐渐变成了渴望真实的讲故事者。但是，对人来说，关键的问题不是关于他们自身的著作权的问题；如果我能够回答先在的“在哪个或哪些故事里我们发现自己是其中的一分子？”的问题，那么我只能回答“我要做什么？”的问题。我们进入人类社会，带着一个或多个被加之于我们身上的角色——我们被征召进入了这些角色——并且，我们必须了解这些角色究竟是什么，以便能够理解他人是如何对我们做出反应的，而他们又是如何轻易地理解了我们对他们的反应的。正是通过倾听这样一些故事——邪恶的继母，无家可归的孩子们，善良却误入歧途的国王，喂养孪生兄弟的狼群，没有得到遗产而独立自强的弟弟们，将遗产挥霍殆尽而离乡背井、与猪为伍的哥哥们——孩子们知道了何为孩子，何为父母，他们降生其中的那部戏剧的角色分配可能会怎样，这个世界的方向是什么。失去这些故事，孩子们的言语和行为都会变成没有脚本而又渴望张嘴的口吃者。因此，除了通过构成社会之最初戏剧资源的那些储存的故事，我们无从理解任何社会，包括我们自己的社会。神话，在其最原初的意义上，乃是一切的核心。维科是正确的，乔伊斯也是正确的。而从英雄社会到其中世纪后裔的那一道德传统——按照这个传统，讲故事在美德教育中具有关键作用——

显然也是正确的。

前面我曾指出,“一个”行为总是一个可能的历史中的一个事件;现在我想对另一个人格同一性的概念提出一点相关的建议。德雷克·帕菲特和其他人最近让我们注意严格的同一性标准(那是非此即彼的事情,例如,狄齐伯恩的申请者要么是狄齐伯恩最后的继承人,要么不是;最后继承人的财产要么属于这个申请者,要么这个申请者不是继承人——莱布尼茨矛盾律的应 216
用)与人格的心理连续性(那是“差不多”的事情,例如,就记忆、理解力与判断反应而言,50 岁的我与 40 岁的我是一样的吗?差不多)之间的对比。然而,对于作为演出叙事中的角色的人来说,最关键的是,尽管只拥有心理连续性的资源,我们却必须能够对归之于我们身上的严格的同一性负责。对其他人而言,我在任何时候都永远是我已经是的那个东西——并且我在任何时候都可能被要求对此负责——无论我现在可能发生怎样的变化。我的同一性——或同一性的阙如——绝不能建立在自我的心理连续性或不连续性的基础之上。自我占据一个其统一性是作为一个角色的统一性被给予的角色。这里,经验主义者或分析哲学家与存在主义者再次出现严重的分歧。

经验主义者,诸如洛克或休谟,试图单纯依据心理状态或心理事件去解释人格同一性。而在很多方面既是其继承人又是其批评者的分析哲学家,则努力解决这些状态与事件和从莱布尼茨矛盾律来理解的严格同一性之间的关系。他们都没有看到,一种背景被忽略了,而缺少背景就使这些问题变得不可解决。那种背景是由一个故事的概念以及故事所需要的那种角色的同一性提供的。正如一个历史不是诸行为的一个接续序列,相反,行为概念是为了某种目的而从一个现实或可能的历史中抽离出来的一个瞬间概念,同样,一个历史中的诸角色也不是诸个人的集合,而一个个人的概念就是从一个历史中抽离出来的一个角色概念。

因此,叙事性的自我概念的需要是双重的:一方面,我是在我历经从生到死的故事的过程中被他人所合理地认为是的那个存在;我是一个历史的主体,这个历史是我自己的而不是任何别的人的,并且有其自身独特的意义。当某人抱怨——如那些试图自杀的人就是这样——他的生活无意义时,他经常(或许,特别地)抱怨他们的生活对他们来说已变得不可理解,生活缺乏任何意义,不再朝一个顶点或 telos(目的)运动。因此,在其生活中的那些决定性时刻这样做而非那样做的意义对于这类人似乎已经全然丧失。

前面我曾指出,要成为历经某个从生到死的叙事的主体,就是要说明构成一个可叙事的生活的各种行为与经验。也就是说,对于某人此前的生活中的任何一个时刻的所作所为、遭遇或见闻始终可以被要求给予某种解释。当然,某人可能因为遗忘
217 或者大脑受损或者在相关时刻没有充分关注而不能给予中肯的解释。但是,说某一种描述中的某人(如“城堡的囚徒”)与另一种截然不同的描述中的某人(蒙特·克里斯托伯爵)是同一个人,恰恰就是说,要求他给予一种可理解的叙事解释——使我们能够理解何以他在不同的时间、不同的地点却是同一个人并且被作如此不同的描述——是有意义的。因此,人格同一性正是角色统一性的先决条件,而角色统一性又是叙事统一性所必需的。没有这种统一性也就不存在任何可被讲述的故事的主体。

叙事性的自我的另一方面与此相关:我不仅自己能够解释,而且还总是能够要求别人给出一种解释,能够向别人提出这种问题。我是他们的故事的一部分,正如他们是我的故事的一部分。任何一个生活的叙事都是相互连结的叙事系列的一部分。

而且,这种对解释的要求与给予本身就在构成叙事的过程中发挥了重要作用。追问你的所作所为及其理由,陈述我的所作所为及其理由,考虑你对我的所作所为的解释与我对我的所作所为的解释之间的差异,反过来也考虑我对你的所作所为的解释与你对你的所作所为的解释之间的差异,这些就是几乎所有最简单、最基本的叙事的本质要素。因此,没有自我的可解释性(accountability),构成所有最简单、最基本的叙事之诸事件的那些连续就不可能发生;而没有自我的可解释性,叙事就会丧失使叙事以及构成叙事的行为具有可理解性所必需的那种连续性。

有必要指出,这里我并不是主张,叙事概念或可理解性概念或可解释性概念比人格同一性概念更为根本。叙事、可理解性与可解释性诸概念预设了人格同一性概念的适用性,正如它预设了它们的适用性,也正如所有那三个概念各自都预设了其他两个概念的适用性。它们的关系是一种相互预设的关系。由此显然可以推知,独立于叙事、可理解性与可解释性概念去阐明人格同一性概念的任何尝试都注定要失败。事实上,所有这类尝试都已失败。

现在我们可以回到作为我们研究人的行为与同一性的性质之起点的那个问题:人生的统一性何在?答案是,其统一性就在于那体现在某个单一生活中的叙事的统一性。追问“什么是对我来说的善?”就是追问我怎么能够最大可能地经历这种统一性并使它趋于完满。追问“什么是对人来说的善?”也就是追问对前一问题的所有回答必定共同具有的东西是什么。但是现在,有必要强调,正是对这两个问题的系统追问并且试图同时以 218
语言和行动做出回答,为道德生活提供了其统一性。人生的统一性就是一种叙事探寻的统一性。探询有时会失败、受挫、被放弃或涣散;而人生也可能以所有这些方式而告失败。不过,在作为一个整体的个人生活中，胜败的唯一标准也就是在一种已叙述的或要被叙述的探寻中的胜败的标准。但探寻什么？

我们有必要回顾一下中世纪探寻概念的两个关键特征。首先，没有某种至少是部分地确定的终极目的（telos）概念，探寻就不可能有任何开端。这就要求某种对人来说善的概念。但是从何处去抽取这样一种概念呢？恰恰是从引领我们试图超越诸美德的有限概念——那是我们在实践中并通过实践而得到的——那些问题中去抽取。正是在对这样一种善的概念——一种使我们能够评定其他的利益，使我们能够扩展我们对诸美德之目标与内容的理解，使我们能够理解正直与坚贞在生活中的地位的善的概念——的寻求中，我们对本质上是探寻善的那种生活做出了最初的界定。然而，其次，很显然，中世纪的探寻概念根本不是寻找某种其特征已被充分界定了的东西，像矿工寻找金子，地质学家寻找石油。正是在这种探寻的过程中，并且通过遭遇和克服那些为探寻提供其插曲与事件之各种特殊的伤害、危险、诱惑与迷乱，这种探寻的目标最终得到了理解。探寻始终既是一种有关所寻找的目标之特征的教育，又是一种处于自我认识中的教育。

因此，诸美德就要被理解为这样一些性好，它们不仅能维系实践，使我们能够获得实践的内在利益，而且还会通过使我们能够克服我们所遭遇的那些伤害、危险、诱惑和迷乱而支持我们对善做某种相关的探寻，并且为我们提供越来越多的自我认识和越来越多的善的知识。因此，德目表将包括为维系男人们和女人们能够在其中共同追求善的那种家庭与共同体所需要的诸美德，以及有关善的特征的哲学探究所必需的诸美德。这样，我们就得出了一个有关对人来说的善的生活的临时结论：对人来说善的生活，是在寻求对人来说善的生活的过程中所度过的那种

生活,而这种寻求所必需的美德,则是使我们能够更为深入广泛 219
地理解对人来说善的生活的那些美德。通过将美德与对人来说善的生活相关联而不仅仅与实践相关联,我们也就完成了我们的美德理论的第二阶段。但是我们的探究尚需第三个阶段。

因为,我永远不能仅仅作为(qua)个体去追寻善或践行美德。这部分是由于过善的生活要具体地随环境的变化而变化,即使它是完全相同的善的生活概念并且体现在个人生活中的也是完全相同的一系列美德。一个公元前5世纪的雅典将军所说的善的生活,不会与一个中世纪的修女或17世纪的农夫所说的善的生活完全相同。但这不仅仅是因为不同的个体生活在不同的社会环境中,而且,我们都是作为特定社会身份的承担者与我们自己的环境打交道的。我是某个人的儿子或女儿,又是另外某个人的表兄或叔叔;我是这个城邦或那个城邦的公民,又是这个或那个行会的成员;我属于这个家族、那个部落、这个民族。因此,对我来说是善的东西必然对占据这些角色的人来说也是善的。这样,我就从我的家庭、我的城邦、我的部落、我的民族的过去中继承了多种多样的债务、遗产、正当的期望与义务。这些构成了我的生活的既定部分、我的道德的起点。这在一定程度上赋予我的生活以其自身的道德特殊性。

从现代个人主义的观点来看,这种思想可能显得怪异甚至令人惊愕。从个人主义的观点来看,我是我自己选择而成的那种存在。如果我愿意,我总是能够对那些被视为我的存在之纯粹偶然的社会特征提出质疑。从生物学意义上讲,我是我父亲的儿子;但我不可能为他的所作所为负责,除非我或隐或显地选择了承担这类责任。从法律的意义上讲,我是某一国家的公民;但我不可能为我的国家的所作所为负责,除非我或隐或显地选择了承担这类责任。那些声称“我从未拥有过奴隶”而拒绝为奴隶制对美国黑人造成的后果负任何责任的现代美国人，就表达了这种个人主义。而另外一些现代美国人的立场却更为微妙，他们愿意为这类后果承担一种经过精密计算的责任，也就是通过他们自身作为个体而间接地从奴隶制中获取的利益来衡量。在这两种情形中，“作为一个美国人”本身并没有被看作个人道德身份的一部分。所以，现代美国人绝不会对下面这种态度感到吃惊：有的英国人说“我从未对爱尔兰有过任何不义之举；为什么重提那古老的历史，好像它跟我有什么关系似的？”而年轻的德国人则相信，1945 年以后出生，就意味着纳粹对犹
220 太人的暴行与他跟他的犹太同龄人的关系毫不相干；按照这种态度，自我与它的社会的、历史的角色和情状没有任何联系。而如此超然的自我，当然与萨特或戈夫曼眼中的那种能够不具有任何历史的自我极相契合。这与叙事性的自我观的对照是很鲜明的。因为我的生活的故事始终穿插在我从其中获得我的身份的那些共同体的故事中。我与生俱来就有一个过去；而试图用个人主义的模式将我自身与这个历史切断，也就是要扭曲我现在的各种关系。历史身份的拥有与社会身份的拥有是重合的。注意，对我的身份的反叛始终是表达这种身份的一种可能的模式。

还应注意这样一个事实，即，自我必须在诸如家庭、邻里、城邦、部族等共同体中并且通过它在这些共同体中的成员资格去发现它的道德身份，这并不意味着自我必须接受这些共同体形式的特殊性在道德上的各种限制。不从这些道德的特殊性出发，就无从开始；正是从这类特殊性出发的向前运动构成了对善、对普遍性的探寻。然而，特殊性永远不能被简单地抛在一边或抹杀掉。摆脱特殊性进入那属于人本身的全然普遍准则的领域，这种观念无论以 18 世纪康德哲学的形式出现还是以现代某些分析的道德哲学的面貌出现，都是一种幻象，并且是一种伴随

着沉痛后果的幻象。当人们过于轻易、过于彻底地将事实上是其部分的、特殊的事情与某种普遍原则的事情相等同时,他们常常得不偿失。

因此,我之所是,本质上就是我所继承的东西,一种以某种程度呈现在我的现在之中的特定的过去。我发现自己是一个历史的一部分,并且一般而言,无论我是否喜欢它,无论我是否承认它,我都是一个传统的承载者之一。当我方才描述实践概念的时候,应该注意到,实践总是有其历史,而且,在任何既定时刻,一个实践是什么,取决于一种通常是代代相传的理解模式。因此,就诸美德维系实践所需的各种关系而言,它们必须维系的不仅有与现在的关系,而且还有与过去甚至将来的关系。不过,各种特殊的实践借以传承并重塑的那些传统,永远不能独立于各种更大的社会传统而存在。那么,是什么构成了这类传统?

这里,我们很容易被保守主义政治理论家们对传统概念所做的意识形态使用所误导。从特征上讲,这类理论家都追随柏克将传统与理性、传统的稳定性与冲突相对照。但这两种对照都令人困惑。因为所有的推理都发生在某个传统的思维模式的 221
语境之内,通过批判与创新而超越在这一传统内迄今为止的各种思维限度;中世纪的逻辑学是这样,现代物理学也是这样。而且,当一个传统状况良好时,它在一定程度上总是由一种有关利益的论辩所构成,而对这种利益的追求赋予这一传统以特殊的意义与目标。

因此,当一个制度机构——例如大学或农场或医院——是一个实践传统的载体时,其共同的生活,部分而又主要是由一种关于大学是什么且应该是什么或何为好的农场或何为好的医疗的持续不断的论辩所构成的。各种传统,当其生机勃勃之时,就体现出冲突的连续性。诚然,当一个传统变成了如柏克所理解的那样，那么它总是垂死的或者已经死了。

现代性个人主义在其自身的概念框架内，当然不可能为传统概念找到任何用武之地，除了作为一种敌对的概念；因此，它太乐于把传统概念丢弃给柏克主义者；那些忠实于柏克本人信念的柏克主义者，在政治上信奉一种能够证明1688年寡头革命之正当性的传统概念，在经济上却坚持自由市场的学说与制度，并且试图将这两者结合起来。这一不适当搭配的理论上的矛盾并不排除其在意识形态上的有用性。但结果是，现代保守主义者绝大部分都致力于维护陈旧的而非新近的自由个人主义观点。他们的学说类似于那些自诩的自由主义者所标榜的那种自由主义与个人主义。

因此，一个活生生的传统就是一个历史性地扩展了的、社会性地具体体现了的论辩，并且是一个在一定程度上恰恰有关构成这一传统的那些利益的论辩。在一个传统内部，对利益的追求往往延伸至几代人，有时甚至是许多代人。因此，个人对善的追寻，从一般性和特殊性上讲，都在一个由那些传统——个人的生活是其一部分——所界定的语境之内发生，而且这一点无论对于各种实践的内在利益还是单一生活的利益来说都是真实的。这里，叙事的穿插现象再一次显示出它的决定性意义：我们时代中一种实践的历史，穿插在把这一实践的目前形式传递给我们的那个传统的更大更长的历史中，并且依据这一更大更长的历史才变得可以理解；我们每一个人自身生活的历史，一般地且特别地穿插在许多传统的更大更长的历史中，并且依据这些更大更长的历史才成为可理解的。我不得不说“一般地且特别地”而非“永远”，是因为传统在衰微、分解和消失。那么，是什
222 么在维系并强化这些传统？又是什么在削弱并摧毁它们？

扼要回答是：相关美德的践行或没有践行。诸美德发现，它

们的意义与目标不仅在于维系获得实践的各种内在利益所必需的那些关系、维系个人能够在其中找到他的善作为他的整个生活的善的那种个体生活形式，而且在于维系同时为实践与个体生活提供其必要的历史语境的那些传统。缺乏正义、缺乏诚实、缺乏应该、缺乏相关的理智美德——这些都败坏着传统，正如它们败坏着那些从传统获得其生命同时又是传统的当代体现的制度机构和实践。承认这一点当然也就承认另一种美德的存在，这种美德越少出现，其重要性也就越明显——这就是对自己所隶属或面对的各种传统有一种充分的领会的美德。这一美德不可混淆于任何形式的保守主义好古癖；我并不赞成那些选择了厚古薄今、因循守旧的保守主义角色的人。相反，事实不如说是，对传统的充分领会是在对未来可能性的把握中显示自身的，并且正是过去使这些未来可能性有益于现在。各种活着的传统，恰恰因为它们继续着一个尚未完成的叙事，所以就面对一个未来，而这个未来的未决而可决的特征（就它有这种特征而言）恰恰又源于过去。

在实践推理中，这一美德的拥有，并不十分明确地显示在能为我们的实践推论提供各种大前提的一系列概括或准则的知识中；相反，有没有这种美德，表现在行为者在了解怎样在许多相关的准则中间做选择以及怎样将它们运用于具体的境遇时所拥有的那种判断能力之中。波尔主教有此美德，玛丽·都铎则无；蒙特罗斯有，查理一世则无。波尔主教与蒙特罗斯侯爵所拥有的实际上是这样一些美德，它们使它们的拥有者能够同时追求他们自身的善和他们作为其承载者的那个传统的善，甚至在具有悲剧必然性与两难选择的境遇中也是如此。在美德传统的语境中所理解的这类选择，非常不同于第 2 章讨论的各种争论中的对立和不可公度的诸道德前提的现代信徒所面对的那些选择。那么,差异何在呢?

人们(例如 J. L. 奥斯汀)通常认为,要么我们能够承认对我们的实践忠诚提出不相容的主张之各种互竞对立且不相容的利益的存在,要么我们能够信奉某种决定性的有关对人来说的那
223 种善的生活的概念,但这是两个相互排斥的选择。没有人能够毫不矛盾地同时持有这两种观点。这一争论所没有看到的是,对于个人来说,还可能存在更好或更糟的方式历经善与善的悲剧性对抗。并且,要知道什么是对人来说善的生活,就必需了解什么是历经这类境遇的更好和更糟的方式。没有什么东西能够先验地排除这种可能性;而这就意味着在诸如简·奥斯汀那样的观点中,隐藏了一个有关悲剧性境遇之特征的尚未承认的经验前提。

悲剧性境遇中对立互竞的善之间的选择与现代不可公度的道德前提之间的选择的区别在于,个体所面临的两种做出取舍的行动过程都必须被视为导向某种本真的、实在的善。通过选择其中之一,我丝毫没有减损另一主张向我提出的要求;并且因此,无论我怎么做,都会留下我应当做而没有做的事情。和萨特或黑尔所描述的道德行为者不同,悲剧的主角不是在选择忠诚于一种道德原则而非另一种道德原则,也不是在诸道德原则之间确定某个优先的原则。因此,这里所涉及的"应当"与以现代方式所理解的道德原则中的"应当"具有不同的意义和力量。因为悲剧主角不可能做他所应当做的每一件事。和康德不同,这个"应当"并不蕴含"能够"。而且,把这类应然判断的逻辑拟订成某种形态的微积分,以便产生一种道义逻辑的样式的任何企图都必定要失败。④

---

④ 参见巴斯·C. 范·法拉森:《价值与心的命令》,载《哲学杂志》第 70 期(1973),第 5—19 页。

然而很显然，悲剧主角的道德使命完成得是好是坏，与他的取舍选择无关——假如他并没有什么**正当**的选择可做的话。悲剧主角的行为可能是英雄式的或非英雄式的、慷慨的或吝啬的、优雅的或卑劣的、审慎的或鲁莽的。要较好地而非较糟地完成他的使命，就既要做就他作为个体而言较好的事情，又要做就他作为父母或子女或公民或行会成员或所有这些角色而言较好的事情。悲剧性两难困境的存在并没有对这样一种观点提出疑问或反列，即，诸如“以这种方式做这件事对 X 和/或他的家庭、城邦或行会会更好”这种形式的断言可以具有客观的真实性或虚假性；这跟非此即彼、互不相容的治疗方式的存在并没有对这样一种观点提出了质疑是一样的，即，诸如“以这种方式对他施以治疗对他和/或他的家庭会更好”形式的断言可以具有客观的 224
真实性或虚假性。[5]

当然，这种客观性的先决条件是，我们能够理解“对 X 来说的善”的观念，以及同源于有关 X 生活的统一性的某个概念的那些观念。对 X 来说何为较好或较糟取决于为 X 的生活提供其统一性的那个可理解叙事的特征。无怪乎，对于个人生活缺乏任何这样一种统一的概念，就成了现代否认道德判断（尤其是将美德或恶归于个人的那些道德判断）的实在性的基础。

前面我曾主张，每一种道德哲学都有某种特定的社会学作为其补充。这一章我试图阐明的是美德传统所要求的那种对于社会生活的理解，它非常不同于科层制个人主义文化中占主流地位的那些理解。在这种文化内部，美德概念变成了边缘性的概念，而美德传统仅仅在那些存在于这一核心文化的边缘的社

⑤　参见塞缪尔·古登普兰在《道德实在论与道德两难》中从不同观点出发而又予人启发的讨论，载《亚里士多德学会年刊》（1979—1980），第 61—80 页。

会群体的生活中仍保留其核心地位。而在这一文化之核心的自由主义或科层制个人主义内部,各种新的美德观念出现了,美德概念本身也发生了变化。那么现在我就转向叙述这一变化的历史;因为,我们只有理解它已被证明容易发生何种蜕化,才能够
225 充分地理解美德传统。

第16章　从诸美德到美德以及追寻美德

几乎在本书的一开始我就指出，如此众多的当代道德论争之无休无止、不可解决的特征，源于构成这类论争的参与者所持之大前提的那些异质且不可公度的概念的多样性。在这种概念的混合杂陈中将会发现，多种多样的美德概念，与诸如功利和权利那样的现代概念倾轧竞争，以多种多样的方式发挥着功能。然而，无论就美德概念相对于其他道德概念的地位而言，还是就哪些性情应该被涵括在德目表里或各种特殊的美德所加的各种要求而言，人们都缺乏任何明确的认同。当然在某些个现代亚文化内部，诸美德的传统构架的变体还残存着；但当代公共论争的这些状况却使这些亚文化中代表性的声音在试图参与其中时，人们都过于轻易地依据那种有淹没我们之虞的多元论来解释且错误地解释它们。这种误解乃是自中世纪末迄今这一漫长历史的产物；其间，主要的德目变了，诸个别美德概念变了，美德本身的概念也变得不同于从前。这是势所必然。正如我在前面两章所表明的，为传统的美德理论提供必要背景的叙事统一体和实践这两个概念本身，在这同一时期也被置换掉了。文学史家从奥尔巴赫到加德纳都已经追溯过这样一个过程：在其中，叙事的文化地位逐渐被降低，叙事的解释模式也已经转变得足以让萨特和威廉·伽斯那样截然不同的理论家们都有可能认为，叙事的形式不是把讲故事与人类生活的形式连结在一起,而恰恰是把叙事从生活中分离出来,并将它限定在一个所谓专门而又独特的艺术领域。

艺术与生活的对比甚至对立——其实经常是诸如此类的理
226 论家们的前提而非结论——为包括叙事在内的艺术之免除其道德任务提供了一种方式。而且,现代性把艺术降低到本质上是少数人的活动与旨趣的地位,更有助于防止我们对我们自身做任何叙事性的理解。但是,既然不排除生活本身就不可能最终彻底地排除这样一种理解,那么它就持续不断地在艺术中重现:在19世纪的现实主义小说中,在20世纪的电影中,在每日晨报上为阅读提供融贯性的背景情节摘要栏中。然而,把人生作为一个叙事统一体来思考,就是以一种与现代文化中主导性的个人主义与科层制模式完全不同的方式思考。

而且,一种本身具有内在利益的实践的概念,如果按照我曾试图理解它的那种方式去理解的话,也同样被移到了我们生活的边缘。当我最初引入这一概念时,我所依据的是来自艺术、科学和游戏的各种例子,同时也指出,在家庭、家族、部落、城邦和王国中,人类共同体的创造与重新创造,被视为一类与古代和中世纪时期而非近现代世界意义相同的实践。政治,按照亚里士多德的设想,是一种本身就具有内在利益的实践,但按照詹姆斯·密尔的设想则不定。而且,栖身于近现代世界的绝大多数人所做的那类工作,都不能基于一种本身就具有内在利益的实践的性质去理解,对此我们有非常充分的理由。现代性的发生,其关键时刻之一乃是生产走出了家庭。只要生产性劳动在家庭结构内部发生,就不难把这种工作正确地理解为维系家庭共同体以及由家庭所维系的更大形式的共同体的要素。当且仅当劳动走出家庭并且服务于非人格的资本时,劳动的领域才趋于跟一切分离，而只服务于动物性的生存、劳动力的再生产以及制度化了的贪欲。Pleonexia（贪欲）——亚里士多德体系里的一种恶——现在却是现代生产性劳动的驱动力量。主要体现在这类劳动（例如在生产流水线上）中的各种手段—目的关系必然外在于劳动者所追求的那些利益；结果，这类劳动也被排除在本身就具有内在利益的诸实践的范围之外。相应地，实践也随之被移到了社会和文化生活的边缘。艺术、科学与游戏之被视为劳动，仅仅是对于一小撮专家而言的：其他大多数人只能在闲暇时间作为旁观者或消费者附带地受益。曾经作为一个社会之核心 227
的参与实践的观念，现在却是审美消费的观念，至少对于大多数人来说是这样。

因此，审美者、科层制管理者（组织现代劳动的基本工具）及其在社会上的同类成为现代社会的核心特性角色所经由的历史过程（我在第3章里扼要描述的过程），与人生统一体的叙事性理解和实践概念之被驱逐到现代文化的边缘所经由的历史过程，最终是完全同一的。在这一历史中，一方面是社会生活形式的变化：市场、工厂以及最终科层制不断地重新确立对个人的支配，个人有时自认为是独立的理性存在者，自我规定其道德立场，有时又自认为是各种环境的紊乱产物，其幸福必须是为它而设计的；另一方面是诸美德在概念和实践上的巨大变化，现在我就来探讨这个问题。

如果你从人生绝大部分时间在其中过活的那些领域中，抽离掉人生的叙事统一体和具有内在利益的实践等背景概念，那么诸美德还能成为什么呢？对亚里士多德主义的明确而又彻底的拒斥——这是那些其结果导致诸美德丧失其概念背景的社会变化在哲学层面上的对应者——到17世纪末使得人们不可能为诸美德提供任何类似于传统的解释或合理性证明。然而，对诸美德的称颂与实践通常仍然以高度传统的方式弥漫渗透于社会生活之中，纵然任何想为诸美德在那种生活中的地位给予一种系统解释或证明的人，都遇到了全新的问题。的确，一旦诸美德与它们在思想和实践中的传统语境相隔离，那么也就为理解诸美德开辟了一条全新的道路，那就是将它们理解为性情(dispositions)；性情以两种方式中的任意一种方式而与新发明的社会机制，即个人的心理学相关：**要么**诸美德——或它们中的某一些——可以被理解为是个人的自然情感的表达，**要么**它们——或它们中的某一些——可以被理解为是约束和限制这同一些自然情感的某些破坏性后果所必要的性情。

正是在17世纪和18世纪，道德才开始普遍地被理解为是
228 为了消除人的利己主义所带来的各种问题，而道德的内容也开始在很大程度上被等同于利他主义。因为，正是在这同一个时期，人才开始被认为有几分危险的利己主义的天性；而正是当我们认为人具有危险的利己主义的天性时，利他主义才立即变得在社会上是必要的，但似乎又不太可能并且不可解释——如果某个时候它出现了。按照传统的亚里士多德主义的观点，诸如此类的问题根本不可能发生。因为诸美德的教育教导我的是，我作为一个人的善(利益)与那些在人类共同体中和我密切相关的他人的善(利益)是同一的。我追求我的善(利益)绝不会与你追求你的善(利益)有必然冲突，因为这善(利益)既非我所专有也非你所专有——善(利益)不是私有财产。因此，亚里士多德对人类关系的根本形式友谊的定义就基于共享的善(利益)。所以，在古代和中世纪世界，利己主义者总是某个在有关他自己的善(利益)何在的问题上犯了根本错误的人、某个因此而落到将自己逐出人类关系的地步的人。

然而，对17世纪和18世纪的许多思想家来说，人所共享的

善(利益)的观念乃是亚里士多德式的幻想;每个人就其本性而言都力求满足其自身的欲望。但假如真是这样,那么至少有很强的理由可以认为一个相互破坏的无政府状态就会随之而来,除非各种欲望受到一种更明智的利己主义形式的限制。正是在考虑这些根据的语境中,17 世纪和 18 世纪大量有关诸美德的思想应运而生。例如大卫·休谟就不得不区分自然美德——对于情感和欲望合理构成的人来说有用或适意或既有用又适意的品质——与人为美德——由社会和文化所建构以抑制用破坏社会的方式服务于我们通常所说的私利的那些情感与欲望之表现的美德。我们自然地发现他人中的慷慨对我们自己有用且适意;我们人为地在自己与他人中培养对正义规则的尊重,即使服从这些规则不可能总是对我们有直接的利益。但是,为什么我们会发现他人中某些对我们无用的品质却很适意——休谟对此深信不疑——并且为什么当服从规则对我们毫无利益时我们还服从规则呢?

休谟对这些问题的回答暴露了他的解释的软弱无力。因为在《人性论》里,当他的前提所要辩护的无非是年轻的拉摩的结论——也就是说,人们一般来说应该是正义的,这符合我们的长远利益——时,他也试图得出结论说,正义符合我们的长远利益。而且他在《人性论》和《道德原理探究》里不得不援引他所说的"交感的同情"(communicated passion of sympathy):我们发 229
现某种品质对他人适意我们也感到适意,因为我们的结构天然地就与那些他人同情共感。青年拉摩的回答会是:"有时我们这么做了,有时没有;而当我们没有这么做时,为什么我们应该这么做呢?"

以反驳休谟论点的形式重提狄德罗借拉摩之口道出的那些自我质疑,其重要性不仅在于无论如何休谟也无法超越 18 世纪的利己主义预设。它们所表明的是一个更为根本的弱点,考虑一下休谟对待各种互竞的德目表的态度,这个弱点就会变得非常明显。一方面,休谟有时的论调就仿佛有关何为美德何为恶行的认识只不过是向所有人开放的简单反省:“那种宣布品格与行为可爱或可憎、值得嘉许或该受责备的最后判决是可能的;它给它们打上荣誉或羞辱、赞许或非难的印记;它使道德成为能动的原则并且构成美德或幸福、罪恶或苦难——因此我认为,可能,这最后的判决就取决于某种自然使之遍及整个物种的内在感觉或情感。”①因此,当他考虑如何确定哪些品质应该纳入德目表中时,他指出:“人类头脑中如此普遍地具有的敏捷的感受性,使哲学家充分确信,他决不可能错误地构制这个目录或者遭致任何误置其沉思对象的危险:他只须进入他自己的心灵片刻,考虑一下他是否会愿意将这种或那种品质归于他……”关于诸美德,表面上看我们不可能犯错。然而,我们是谁?因为休谟还坚信,对诸美德的某些解释是错误的。第欧根尼、帕斯卡尔和其他主张他所憎恶的“僧侣的美德”的人以及前一世纪的平均主义者,全都遭到了休谟的严厉谴责。

休谟没有基于一种他在其他情况下所信诺的一般观点去对待诸如此类的例子:道德表面上的变化与差异完全被解释为相同的人性对各种不同的环境的反应。但一种根深蒂固的现实主义又迫使他承认许多不能如此处理的情形的存在。当然,他不能承认的是——囿于他本人对诸美德的理解——他甚至根本无法处理这些情形。如果我们考虑一下休谟所采取的对待它们的两种不相容的态度,其中的缘由就会一清二楚。

因为一方面,休谟坚持认为,对美德与恶行的判断,除了有

---

① 大卫·休谟:《道德原理探究》第1章。

关赞成与反对的情感的表达之外，别无他物。因此不可能存在 230 任何外在于这些情感的标准，通过诉诸这样的标准，我们可以对这些情感做出判断。休谟的确意识到了第欧根尼与帕斯卡尔所持的哲学理论导致——或如休谟所认为的，误导——他们相信存在这样一种标准。不过他自己的理论却必须排除这样一种标准的可能性。但与此同时，他又想谴责——有时甚至以最尖刻的措辞——那些对诸美德持有别种观点的人。我们或许会认为这类谴责是以休谟的形而上学观点为基础的。在一封致弗兰西斯·哈奇森的信[②]中，他表达了他自己的道德偏好："总的说来，我想从西塞罗的《义务论》而非《人的全部职责》里获取我的德目表。"他偏爱西塞罗甚于基督徒的作品，至少主要出于这样一个事实，即，他认为基督教的核心信仰在西塞罗所不可能有的方式和程度上陷入了谬误。而在这同一封信的前一部分里，休谟攻击了任何目的论的人性观，从而明确清除了任何种类的亚里士多德主义观点。然而，倘若休谟自己的美德观要得到辩护的话，就此而言某种形而上学观点的虚假性只是必要的，而不是充分的。而且休谟关于从"是"如何可能引申出"应该"的问题又不许他公然援引他本人对事物之本性的理解来补充这种不充分性。因此，尽管休谟可能在他所说的基督宗教的虚假性里找到谴责僧侣美德的信徒们的理由——例如，他谴责谦卑为无用——其最终的上诉法院只能是具有善的感受的人的情感、世间各种感情的共现。

因此，诉诸人类普遍的裁决实际上就是诉诸那些在生理与社会问题上与休谟有着相同的态度和世界观（Weltanschauung）

---

② 1739年9月17日信件B，载J. Y. T. 格雷戈编辑的《大卫·休谟书信集》，1932年版。

的人，前者无非是后者所戴的面具而已。一些人的情感比另一些人的情感更受偏爱。那么哪些人的偏好占优势？那些认可财产稳定性的人，那些仅仅因为贞洁对于确保财产只传给合法继承人是一个有用的机制而将妇女的贞洁理解为一种美德的人，那些相信时间的流逝赋予原本靠暴力和侵略而获得的财产以合法性的人。结果表明，休谟所说的普遍的人性观实际上却是汉诺威统治精英的偏见。休谟的道德哲学和亚里士多德的一样，以效忠于一种特定的社会结构为前提，不过是一种高度意识形态化的效忠。

这样，休谟就为事实上只是18世纪北欧部分地区的地方性道德要求普遍合理的权威的企图，提供了一个并不令人满意的支柱。毫不奇怪，为达到同一目的的各种互竞的尝试层出不穷。
231 其中的某一些，例如狄德罗的、康德的，我在前面亦已指出；现在我要关注另外一些。但在此之前，注意一下休谟美德理论的三个特征是重要的，因为正是这三个特征反复出现在18世纪和19世纪其他道德哲学中。

其一涉及对诸个别美德的特征的界定。在一个对于由对人来说的善所界定的共同体的善不再具有共同观念的社会里，关于何为对这种善的获得做贡献之任何实质性的观念也就不再可能存在。因此应得的赏罚的观念和荣誉的观念逐渐脱离它们原本扎根其中的语境。荣誉变得无非是贵族身份的一种标志，并且身份本身现在与财产如此牢固地连结在一起，而与应得的赏罚毫不相干。分配的正义也不再可能基于应得的赏罚来界定，因此取而代之的是基于某种平等（一种休谟本人也拒斥的筹划）或基于各种法定权利来界定正义。并且正义还不是唯一需要重新界定的美德。

在一个对亚里士多德的和《圣经》的价值观一无所知的世

界里，贞洁之为一种美德的任何观念——就这个词的传统意义而言——不会对主流文化的支持者产生些微的意义，而休谟将女性贞洁与财产相结合，仅仅是为贞洁寻找某个位置的一系列绝望努力的开端。其他美德的情况稍好一些，尽管因为功利无论对于休谟还是富兰克林来说都变成了一种美德的标志，所以功利概念的模糊性和普遍性影响到了任何有关“行善”的观念，特别是新的仁慈（benevolence）美德的观念。仁慈在18世纪所涵盖的，相当于基督教美德体系所归于慈爱（charity）的那一范围。但是，与慈爱不同，仁慈作为一种美德变成了他人事务中任何一种操纵性干涉的许可证。

休谟的美德理论在后来的思想与实践中反复重现的第二个特征，是有关诸美德与规则的关系的崭新观念。前面我曾谈到规则概念在何种程度上在现代个人主义道德中获得了一种新的中心地位。诚然，如今人们并不认为诸美德像在亚里士多德的体系中那样，拥有与规则或法律截然不同甚至对立的角色和功能，相反，它们仅仅是为向道德规则表示敬意所必要的那些性情而已。正义的美德，如休谟所界定的，无非是一种能够服从正义规则的性情。在这一点上，休谟将有许多后继者，康德与密尔均 232
在其中；一位本身就是这一现代传统的后裔的当代学者，实际上也基于道德原理的概念来界定美德的概念：“美德就是情感，亦即，为较高层次的欲望所规制之性情与喜好的相关蕴集，在此情况下，行动的欲望来自于相应的道德原理。”[3]绝非偶然的是，正是这位作者将我们对原理与美德的信诺从有关对人来说的善的任何实质性信念中分离出来。（请进一步参阅第17章）

休谟美德理论在后来变得格外显著的第三个特征是，复数

---

③ 罗尔斯：《正义论》，第192页。

的诸美德概念变成了主要是单数的美德概念。作为一种语言学现象,这是道德语汇逐渐被简单化和同质化的一般过程的一个方面。在亚里士多德的体系内,“道德的美德”(moral virtue)并不是同语反复的表述;但到了 18 世纪末“道德的”(moral)与“有美德的”(virtuous)开始作为同义词被使用。再往后,“职责”(duty)与“义务”(obligation)被视为在很大程度上是可以互换的,“尽责的”(dutiful)与“有美德的”(virtuous)也是如此。一旦普通的道德语言——甚至在日常言谈中——体现了一系列以一个复杂的道德体系为前提的严格区分,一种难以说清的语言混合体就随之生成。在这种趋势内部,当然会冒出新的更为专门化的语言区分:“不道德的”(immoral)与“罪恶”(vice)在 19 世纪逐渐与任何威胁到维多利亚时代婚姻圣洁性——这是那些一旦置身于家庭之外就很可能就恶棍的人们的最后避难所——的东西联系在了一起,从而在某些圈子里获得了一种独有的性的意味。“压制罪恶(vice)协会”对于压制不义或怯懦毫无兴趣。语言学上的这些扭曲转折所证明的是这样一个过程,即,在其中,道德语汇逐渐脱离于理解之任何明确的核心语境,并且可供竞争中的不同道德群体为其特殊且截然有别的目的之用。然而,当“美德”(virtue)一词变成首先是一个单数名词之时,这个过程仍未完结。因为起初这种语言上的变化是与一种非常明确的道德指向联系着的。

我在第 13 章中曾经指出,当目的论——无论亚里士多德的还是基督教的——被抛弃时,总有一种用斯多葛主义的某种翻版取而代之的趋势。现在,诸美德之实践不是为了某种在美德本身的实践之外的善。美德现在是——诚然不得不是——其自身的目的,其自身的酬报,其自身的动机。斯多葛主义倾向的核心是相信只有一种单一的美德标准,从而道德的成就就在于对

这一标准的完全服从。正如这一点在古代世界和12世纪反复 233
出现,18世纪斯多葛主义的各种翻版亦复如是。而这并不奇怪,因为斯多葛伦理学在18世纪的背景依托,就是一种近似于且受惠于古代斯多葛主义形而上学的自然学说。

对许多作者来说,自然犹如基督教的上帝。自然被设想为是一个主动地乐善好施的作用者;自然是我们的善的立法者。经常以这种方式思想自然的狄德罗,因而不得不提出这样的问题,即,自然既然如此仁慈和有力,又怎么能允许罪恶的产生?这种提问方式与基督教神学家们的恰好类似,即,在一个由全能仁慈的神所创造和统治的宇宙中怎么会有罪恶现象的存在?这样,狄德罗就比其他人更为清楚地揭示了,自然本身是以一种什么样的方式变成了一个新的神祇。自然带来和谐,自然颁定秩序,自然为我们提供生活的法则。因此,甚至某些基督教徒也乐于认为,其伦理学中至关重要的东西就是顺其自然地去理解和生活的准则。由此产生了斯多葛主义与基督教的奇特的混合,约翰逊博士就是最著名的例子。

在约翰逊的撰述中,他所说的斯多葛学派对人性估价过高的判断减轻了尤维纳利斯和爱比克泰德的影响,但在《漫步者》第6卷中他却得出结论说:“一个对人性知之甚少却想通过改变除其自身性情之外的一切而追求幸福的人,将在进一步的努力中浪费其生命,并加剧他本想祛除的悲伤。”诸美德的培养不可能带来更多的幸福。结果,当约翰逊称颂忍耐时,他的忍耐概念与中世纪忍耐概念之间的差距,丝毫不亚于休谟的正义概念与亚里士多德的正义概念之间的差距。因为正如我先前曾指出的,中世纪的忍耐美德是与希望的美德紧密相关的,忍耐就是做好等待的准备直到生活的希望得以实现。对于约翰逊来说——至少仅就今生今世而言——忍耐却是做好无希望地生活的准备。

希望必然被延缓到另一个世界。一个特殊的美德的概念,再一次以一种与对诸美德的一般理解的变化相应的方式变化了。

一种远为乐观主义的斯多葛主义变体,可以在作为自然神论者而非基督徒的亚当·斯密的著作中找到;而斯密对他之主要受惠于斯多葛学派的道德哲学也毫不隐讳。对斯密来说,诸美德分为两组。一方面有那么三个美德,如果某人完满地拥有
234 它们,就能使他完满地展现合乎美德的行为。“一个按照绝对审慎的规则、严格正义的规则和适当仁慈的规则行动的人,可以称得上是绝对有美德的人。”④当然我们应该注意到,有美德的再一次被等同于遵守规则的。当斯密转而讨论正义时,他却指责“古代的道德学家们”“没有努力去具体地列举有关正义的各种规则”。然而在斯密看来,对于这些规则是什么的认识——无论是正义的规则还是审慎或仁慈的规则——不足以使我们能够遵从它们;要遵从这些规则,我们尚需另一种完全不同的美德,亦即斯多葛学派的自制(self-command)美德,它使我们能够在情感诱惑我们背离美德的要求时,控制住我们的情感。

斯密的美德目录因而与休谟的不尽相同。现在,互竞且不相容的德目表已经变得越来越习以为常。变化的程度和种类也不局限于道德哲学。至少在英国,关于 17 世纪和 18 世纪通常的美德信念的认识的来源之一,乃是英格兰大教堂的墓碑或一般教堂与墓地的纪念碑。无论新教的不从国教者还是罗马天主教徒,在这一时期都不曾以系统的方式普遍地镌刻墓志铭,因此我们从墓碑上得知的信息仅涉及一部分人口,并且还是因为其宗教信仰而在表面上仍然信奉基督教目的论的那部分人。不过这使在殡葬中德目表的多样性程度更令人难忘。例如有一些休

---

④ 亚当·斯密:《道德情操论》VI. iii. 1。

谟式的碑文:胡佛·帕利泽爵士于1780年在自己的领地内为库克船长所立的纪念碑称库克拥有“一切有益、可亲的品质”。还有一些碑文,其中“道德”一词已经获得一种高度限定了的意义,以致要赞扬某人的美德你必不可只赞扬他或她的道德:“道德正直,仪态优雅,友谊持久,仁慈广被”——1797年圣詹姆士的皮喀蒂列教堂纪念弗兰西斯·拉姆爵士的碑铭的这种表述方式,表明有关具有伟大灵魂的人的亚里士多德式的理想依然活着。此外还有特征鲜明的基督教徒的碑文:“爱、和平、善、信仰、希望、慈爱、谦卑、真诚、温柔”——这是同一教堂于1817年归于玛格丽特·叶芝的美德。我们应该注意到,真诚是这一德目表中相对陌生的美德——其缘由莱昂内尔·崔林在《真诚与本真性》中做了精彩的分析,纪念库克的碑文追随休谟(当然还有亚里士多德),不仅称颂品格美德,而且赞扬有关实践判断的理智美德,而玛格丽特·叶芝的墓志铭或许暗示出,“做善良、可爱的姑娘,让别人去耍小聪明吧!”是最基本的准则之一。

显然,在日常生活中和在道德哲学中一样,亚里士多德或基 235
督教的目的论为一种基于情感的美德定义所取代,并不意味着一系列标准为另一系列标准所取代,而毋宁是向一种不再有任何明确标准的情境运动。无怪乎美德的支持者们开始为道德信念寻找另外的基础,从而各种形式的道德理性主义和直觉主义又重现了,它们以诸如康德——自认为是斯多葛学派最杰出的现代继承人——和普赖斯这样的哲学家为代言人,并且正是这些哲学家清晰地显示出向着规范伦理的不断的运动。亚当·斯密其实还允许这样一个道德领域的存在,即,在其中,规则不会为我们提供我们所需要的东西:总有一些模棱两可的情形,我们不知道如何运用相关的规则,从而情感的敏锐性必在其中引导我们。斯密攻击用伦理学判断行为之是非的整个观念,是刚愎自用到了即使在这样的情形中还要试图运用规则。相反，在康德的道德著作中，我们看到，道德并不就是服从规则的观念几乎消失不见了。从而道德哲学的各种核心问题开始集中到"我们如何知道哪些规则应该服从?"的问题上来。美德观念对于道德哲学家及其所栖居的这个社会的道德来说，已经边缘化了。

不过，这种边缘性尚有另一来源。18 世纪基于美德与情感的关系来定义美德的各类著作家，都已经将社会视为无非是个人在其中努力攫取对其有用或适意的东西的竞技场。他们因而倾向于排除任何将社会视为一个统一在共有的对人来说的善的观念（先于并独立于任何个人利益的总和）以及随之而来的对诸美德的共同实践之中的共同体的观念，但他们并不总是彻底地排斥这种观念。作为一种独有的特征，斯多葛主义有一个政治的向度，例如亚当·斯密毕生都是共和主义者。而斯密对于美德的先入之见与他的共和主义之间的结合，并不是某种为他自己的思想所独有的东西。共和主义在 18 世纪乃是回复一个美德共同体的筹划；然而它以一种从罗马而非希腊源头中经中世纪意大利诸共和国流传下来的习语，来设想这一筹划。马基雅维里将公民美德高抬到基督教和异教诸美德之上，表明了共和传统的一个方面，但也只是一个方面。这一传统的核心是公共的善的观念，它先于并且显著地独立于个人欲望和利益的总和。个人身上的美德无非就是承认公共的善为个人行为提供标准。诸美德则是维持这一至高无上的忠诚的那些性情。因此共和主义者——例如斯多葛主义——把美德（virtue）放在首位，而让诸美德（the virtues）次之。在 18 世纪的共和主义与 18 世纪的斯多葛主义之间是一种松散的联结；许多斯多葛主义者就不
236 是共和主义者——约翰逊博士热忱地效忠汉诺威主义——而许多共和主义者也不是斯多葛主义者。但是他们拥有一种相同的

习语，他们使用相同的道德语汇的各种资源，所以当我们遇到某个类似亚当·斯密那样同时拥有两种忠诚的人时，也就没什么奇怪的了。

共和主义因而代表了一种部分回复我所说的古典传统的努力。不过，它进入现代世界，却没有带来与古典传统在文艺复兴和现代早期之丧失名誉紧密相关的两个巨大的消极特征中的任何一个。正如我刚刚指出的，它没有用亚里士多德的习语说话，因此无须与一种失败了的自然科学观结盟。并且，它也没有因国家与教会的绝对专制主义的庇护而受损；这些专制主义在摧毁中世纪遗产的同时，企图用传统的语言自我包装，发明了诸如在16—17世纪臭名昭著的君权神授学说。

相反，共和主义从中世纪和文艺复兴时期的共和制度中继承了一种对于平等的激情。基内·布鲁克写道："团体精神根本上是平等主义的。行会、政治社团(parte)或民兵团体(gonfalone)的成员被认为拥有平等的权利和特权，并且对社团以及他们的同伴负有同等的义务。"[5]平等地受到尊重为人们效劳于组合共同体(coporate commnnity)提供了根据。这就是为什么共和主义者界定正义概念根本上基于平等，其次才依据公共的应得赏罚——一个必须再次为其寻找一个位置的观念。亚里士多德的友谊美德和基督教的邻人之爱在18世纪共同促成了新命名的博爱美德。并且，共和主义者的自由概念同样也属于基督徒，祷告者说上帝："Cui servire est regnare"，或者用译文来说就是"受人伺奉的上帝有完全的自由"，而基督徒关于上帝所说的正是共和主义者提到共和国时所说的。后来的一系列著作家——例如J. L. 塔尔蒙、以赛亚·伯林和丹尼尔·贝尔——在

⑤ 基内·布鲁克：《文艺复兴早期佛罗伦萨的市民世界》(1977)，第15页。

共和主义者对公共美德的这种信奉中看到了极权主义甚至恐怖统治的起源。对他们的论点做任何简短的答复必然都会不够充分,但我还是想反驳说,我真希望对美德的任何信奉能够如此强有力,以致它本身就足以产生这样惊人的效果。实际上正是对
237 美德的这种信奉被政治制度化的方式(对此我要稍微多说几句),而非这种信奉本身,造成了他们所憎恶的某些后果;而且,事实上,绝大多数现代极权主义和恐怖统治与对美德的任何信奉毫无关系。因此我认为 18 世纪的共和主义者对道德忠诚的诉求比这些著作家所暗示的要严肃得多。因此很值得进一步考察其美德目录,比如雅各宾派的。

自由、博爱和平等并不是雅各宾派仅有的美德。爱国主义与家庭之爱同样都是重要的:长久单身被视为美德的敌人。没能从事有益的生产性劳动或没能从事好的工作的人同样是美德的敌人。衣着朴素,居处简陋,定期出席其社团的活动并履行其他公民义务,在完成革命任务时勇敢、勤恳,都被视为美德。美德的标志是长发——理发是一种恶行,过分注重外表也是一种恶行——以及下巴上没有胡子,因为胡子使人联想到旧制度。[6]由此不难看出受到民主思想激发的手工艺人和小商人团体对古典理想的改造。亚里士多德的某些东西——更多的还有卢梭的东西——还活着,可是其文化力量却极为有限。为什么会这样?雅各宾派及其没落的真正教训在于,当你试图重新创制的那种道德的语言一方面不合普通大众的口味,另一方面又与知识精英格格不入时,你就不可能指望在整个国家的范围内重塑道德。以恐怖来强加道德——圣鞠斯特的解决办法——乃是那些已经瞥见这一事实却不愿予以承认的人的孤注一掷的权宜之计。

---

⑥ 参见理查德·科伯:《法国的革命心态》,载《第二身份》(1969)。

(因此我认为,正是这个缘故而非公共美德的理想滋生了极权主义。)要理解这一点就需要一条基本的线索,以表明为什么所有那些信奉古老的美德传统并试图重建美德的人会陷入困境。让我们简要考察一下其中的两个人,威廉·科贝特和简·奥斯汀。

科贝特——马克思所说的“旧英格兰的最后一个人和新英格兰的第一个人”——曾为改变作为一个整体的社会而战斗;简·奥斯汀则试图发现可以在其中过上美德生活的领地。科贝特回顾了其孩提时代的英格兰、1688 年寡头制结局前的英格兰以及更加遥远的宗教革命前的英格兰,将每一个阶段都看作向他自己那个时代衰微的过程中的一个阶段。同杰斐逊一样,科贝特相信小农是有美德的人的社会典型。“一般地讲,如果土 238
地的耕耘者不是人类中最有美德和最幸福的人,那么必有某种东西在共同体中起着作用以对抗自然的运作。”(自然制约着农民,因此他不得不机智行事:“村童比哲学家更了解一切生物的本性与特质。”当科贝特提到“哲学家”时,通常上指马尔萨斯和作为《国富论》作者的亚当·斯密——因为那时他已经开始用李嘉图的学说来解读这本书了。不嫉妒、爱自由、坚韧勤恳、爱国、诚实公正,是科贝特尤其称颂的美德。与产生一个有美德和幸福的共同体的倾向相抵触的“某种在共同体中起着作用的东西”,就是无所不在的 pleonexia(贪欲)(虽然这不是科贝特的词语)的影响,它以高利贷的形式(这是科贝特的词语)借助个人主义的经济与市场来危害社会;而在市场中,土地、劳动和金钱本身都已被转化成了商品。恰恰是因为科贝特透过人类历史的分界线,将目光投向个人主义和市场权力之前——卡尔·博兰尼所说的“巨变”之前——的过去,马克思才认为科贝特对于英国历史有其特殊的意义。

相反,简·奥斯汀辨识出了美德能够在其中继续践行的那个社会领域。这当然不意味着她看不到科贝特所鞭挞的那些经济现实。在她的全部小说中,随处可以得悉主人公们的钱财来自何处;我们看到,经济上追求私利,作为科贝特之核心观点的pleonexia(贪欲),比比皆是。这类事例如此之多,以致戴维·达切斯曾将她描述为“马克思之前的马克思主义者”。她笔下的女主人公们如果想要存活下去,就必须寻求经济的保障。但这恰恰不是因为外在经济世界的威胁;原因在于其女主人公们的telos(目的),是一种既在一种特殊的婚姻之内又在一种以这种婚姻为中心的特殊的家庭之内的生活。她的小说无论对于浪漫的年轻人还是对于父母与监护人,都是一种道德批判;因为,假如年轻人在通往婚姻的道路上没有学习他们所应该学习的东西,那么就有可能成为最恶劣的父母与监护人——例如愚蠢的本奈特夫人和不负责任的本奈特先生。然而,婚姻为什么如此重要?

直到18世纪生产走出家庭之时,妇女才基本上不再从事在性质和工作关系上与男人相近的工作,而是被分成了两类:一小群有闲妇女整日无所事事,因此不得不为她们创造一些职业——做做细致的针线活、阅读低劣的小说、创造机会聊天,当
239 时的男男女女都认为这些是“女性的本分”;还有一大批妇女却被宣判去从事烦琐的家务、磨坊或工厂的苦工,甚至卖淫。当生产还在家庭内部进行时,未婚的妹妹或姑姑是家庭的一个有用的、有价值的成员;毫不奇怪,“spinster”(未婚女人)从事纺纱劳动(spinning)。只是到了18世纪初,这个词才变成贬义的了;并且也只是在那时,未婚妇女才不得不对被迫从事繁重劳动的特定命运感到恐惧。因此拒绝哪怕是一桩糟糕的婚事也是一种需要巨大勇气的行为,这种行为正是《曼斯菲尔德庄园》的核心情节。简·奥斯汀的小说所隐含的一个基本情绪,就是D. W. 哈丁所说的她对于社会对待未婚妇女的那种态度的“有节制的憎

恨”:“她女儿作为一个既不年轻又不漂亮、既不富有而且未婚的女人,能如此讨人喜欢,真是非同寻常。对于要博得世人的欢心来说,贝茨小姐可以说处境糟糕透了。并且她也没有任何智力上的优势可以补偿她自己,或者威慑那些可能憎恨她的人在表面上尊敬她。她的青春无声无息地消逝了,她的中年又一心照顾风烛残年的老母和努力挣取一份微薄的收入。然而,她却是个幸福的女人,一个有口皆碑的女人。正是她自己难得的善良和知足创造了这样的奇迹。”你会注意到,贝茨小姐格外受偏爱是因为她格外善良。一般说来,如果你既不年轻又不漂亮、既不富有而且未婚,你通常就只有以你的智力优势去威慑那些不然就会蔑视你的人,从而赢得表面上的尊重。我们可以猜测,简·奥斯汀就是这样的。

当简·奥斯汀言及“幸福”的时候,就仿佛是一位亚里士多德主义者。吉尔伯特·赖尔相信她的亚里士多德主义——他认为这为了解其小说的道德倾向提供了线索——可能源于对索尔兹伯里的一种解读。C. S. 刘易斯同样公正地将她视为本质上是一个基督教作家。正是因为简·奥斯汀将基督教与亚里士多德的观点统一在一种确定的社会语境当中,才使得她成为我试图确认的那一有关诸美德之思想与实践的传统的最后的伟大而富有想象力的声音。她因此避开了 18 世纪各种互竞的美德目录,重建了一种目的论的观点。她的女主人公们通过在婚姻中追求她们各自的利益来追求善。海尔伯里和曼斯菲尔德庄园的几个有限的家庭,不得不充当希腊城邦与中世纪王国的替代物。240

因此,她就美德与恶行所说的许多东西从头到尾都是传统的。她和亚里士多德一样赞赏在社会上与人和睦相处的美德,尽管她无论在书信里还是在小说中对友善的美德评价更高,因为这种美德要求有一种关心他人本身的真挚的爱,而不仅仅在举止中体现出这样一种关心的印象。她首先是一个基督徒，因此对和睦相处的美德有一种深深的怀疑，因为它掩盖了真正的友善性的缺乏。她以亚里士多德的方式称颂实践理智，又以基督教的方式赞美谦卑。但是，她丝毫也没有再造这个传统；她不断地延续它，而在延续的过程中，她有三个核心的关注点。

第一个我已经提到。她以一种全新的方式来关注诸美德的虚假性——诚然，就她那个时代的道德气氛而言，她必然如此。道德在简·奥斯汀那里从来都不是对情感的单纯抑制与约束；尽管在诸如玛丽安娜·达希伍德等人那里它似乎就是这样子的，因为他们浪漫地将自己等同于某种主导性的情感，并且以一种与休谟极为不同的方式使理性成为情感的奴仆。道德的存在是为了教化情感；但道德的外在表象总有可能掩饰未受教化的情感。而且，玛丽安娜·达希伍德的执拗是一个牺牲品的执拗，而亨利·克劳馥与玛丽·克劳馥的表面的礼貌连同他们的优雅与妩媚——的确为未受道德教化的情感提供了一种掩饰——却既容易牺牲他们自己也容易牺牲他人。亨利·克劳馥是最典型的伪君子。他吹嘘他的扮演各种角色的能力，并且在一次谈话中公开宣称，他认为做一名牧师就在于装出一副牧师的样子。自我几乎——如果不是全部——被化解为自我的表象，不过，在戈夫曼的社会世界里变成自我之形式的东西，在简·奥斯汀的世界里仍然只是罪恶的一种征候。

与简·奥斯汀对虚假性的成见相对应的是，她赋予自我认识——一种只能通过忏悔方可达到的基督教式的自我认识，而非苏格拉底式的自我认识——以中心地位。她的六部伟大小说中的四部都有认识的场景，其中的男女主人公所认出的人是他或她自己。"直到此时此刻我才认识我自己"，伊丽莎白·本奈特说。"天晓得，她就这样一直欺骗自己并且活在其中！"爱玛沉吟道。自我认识对简·奥斯汀来说,既是一种理智美德又是一种伦理美德,并且正是因为它与另一种在美德清单中相对新颖的美德的密切关系才使它获得了中心地位。

当克尔凯郭尔在《非此即彼》中将伦理的生活方式,与审美的生活方式两相对照时,他认为,在审美的生活方式里,人生被分解为一系列分离的现在时刻,人生统一体消失不见了。相反, 241
在伦理的生活方式里,对未来的各种承诺与责任源于我们在其中接受了义务,承担了债务之过去的各个事件,这样,对未来的各种承诺与责任就以一种能够使人生成为一个统一体的方式将现在、过去与未来结合在了一起。克尔凯郭尔所指的统一体就是那种叙事的统一体,我在前一章里确认了它在美德生活中的核心地位。到了简·奥斯汀开始写作的时代,这种统一体不再可能被视为仅仅是一种有美德的生活的前提条件或语境。它使自身不断地得到强化,并且它在行动而非语言中的强化,就是简·奥斯汀所说的坚贞的美德。坚贞至少在《曼斯菲尔德庄园》和《劝导》这两部小说里至关重要,因为它是其中的女主人公的核心美德。简·奥斯汀在《劝导》里让安妮·艾略特无可辩驳地指出,坚贞是一种女人较之男人更容易实践的美德。没有坚贞,所有其他美德也都在某种程度上失去了其意义。坚贞被基督教的忍耐美德所强化,同时也强化了基督教的忍耐美德,然而它并不等同于忍耐,恰如忍耐被亚里士多德的勇敢美德所强化,同时也强化了亚里士多德的勇敢美德,但它并不等同于勇敢。因为,正如忍耐必然包含对于世界特征的认识,而勇敢并不必然就要求人们有这种认识,坚贞也要求对于独特的现代社会世界里某种威胁到人格统一性的东西有一种认识,而忍耐并不必然要求这种认识。

绝非偶然的是,最显著地展示了坚贞美德的两位女主人公,并不比简·奥斯汀的其他女主人公更有魅力，而很多评论家都发现其中之一的芳妮·普赖斯就毫无吸引力。然而，芳妮之缺乏魅力对于简·奥斯汀的意图来说至关重要。因为魅力是现代特有的性质，那些缺乏或假冒美德的人常常靠魅力而在独特的现代社会生活的各种境遇中蒙混过关。加缪曾把魅力界定为那种在任何问题被提出之前就已得到肯定回答的才能。伊丽莎白·本奈特甚或爱玛的魅力尽管真的很有吸引力，但也可能使我们在判断其品格时失误。芳妮毫无魅力；她只有各种美德，真正的美德，在保护她，因此当她违背监护人托马斯·伯特拉姆的意愿，拒绝嫁给亨利·克劳馥时，也只能是因为坚贞的要求所致。在拒绝这一婚事时，她要冒丧失灵魂之险，但她所换得的，将是整个世界。她追求美德是为了某种幸福而非功利。简·奥
242 斯汀借由芳妮·普赖斯，而拒绝了我们在大卫·休谟或本杰明·富兰克林那里所发现的另一种美德清单。

简·奥斯汀的道德观与她的小说的叙事形式正好吻合。她的小说采取的是一种讽刺性喜剧的形式。简·奥斯汀创作喜剧而非悲剧，其缘由与但丁一样；她是基督徒，并且她认为人生的 telos（目的）就蕴含在其日常形式之中。她的讥讽寓于她创作角色的方式里，而她的读者们则看到并说出与他们所意想的更多且不同的东西，从而他们和我们都在纠正我们自己。诸美德以及只有诸美德才能克服的各种危害和罪恶，既提供了一种能够在其中达到人生 telos（目的）的生活结构，又提供了一种能够在其中展开这样一种生活故事的叙事结构。因此，最终，任何特殊的美德理论都预设了一种同样特殊的有关叙事结构和人生统一体的理论，反之亦然。

从某种至关重要的意义上说，简·奥斯汀以及科贝特和雅各宾派，乃是古典美德传统的最后的伟大代表。事实证明，后来

的几代人并不容易理解她作为一个道德家的重要性,因为她首先是位小说家。而且在他们眼里,她不仅仅“只”是小说的撰述者,而且是涉及非常有限的社会世界的小说的撰述者。他们所没有观察到的,以及将她的洞察与科贝特和雅各宾派的洞察放在一起应该教会我们观察到的乃是,无论在她那个时代还是自此往后,必然只有非常有限的文化与社会空间能够提供有美德的生活。在绝大多数公共的和私人的世界里,古典的与中世纪的各种美德被现代道德所提供的各种粗鄙贫乏的替代物所取代了。当然,当我说简·奥斯汀在某种至关重要的意义上,乃是古典美德传统的最后的伟大代表时,我无意否认她有一些继承者。吉卜林在一篇现在很少有人问津的短篇小说中,卓有洞见地让他的角色说,简·奥斯汀是亨利·詹姆斯的母亲——其实说祖母或许更恰当。不过,詹姆斯描述了一个道德实体在其中越来越难以把握的世界——其本人小说的进展也验证了这一点。这种难以把握的性质既改变了私人生活的特征,也改变了公共生活的特征。它在公共生活中达到这种程度,特别地取决于一个特殊的美德概念——正义概念——的命运。那么现在,我开始讨论,我们的正义概念发生了什么? 243

第 17 章　正义之为一种美德：变化中的各种观念

当亚里士多德称颂正义是政治生活的第一美德时，他所采取的方式足以表明，一个对于正义观念缺乏实践上的一致性的共同体，必然也缺乏政治共同体所需的必要基础。然而，这样一种基础的缺乏必然也威胁到我们自己的社会。因为这一历史的结果——我在前一章里勾勒了其中的某些方面——不仅无法一致同意一种美德目录表，而且更为根本的是，无法一致同意美德概念在一个权利与功利观念也有其关键地位的道德体系之中的相对重要性。它还无法一致同意诸个别美德的内容和特性。因为，既然一种美德现在一般地被理解为是一种能够使我们遵从某些规则的性情或情感，那么对于这些规则应该是什么达成一致，始终是就个别美德的性质与内容达成一致的先决条件。但是，对于规则的先在的一致同意——如我在本书的前一部分所强调的——乃是某种我们的个人主义文化所无法保证的东西。对此，没有什么比正义的情形更为显著的，而且其后果也最为险恶。日常生活为它们所充斥，因此各种根本的争议也不可能得到合理的解决。请考虑这样一个争议，它为今日美国政治所特有——我以两个名为“A”与“B”的理想型态的角色之间的争论的形式讨论它。

A 可能拥有一家店铺，也可能是一名警官或建筑工人，努力从他的收入中攒下足够的钱，以便购买房子、送子女上本地的大学、为父母支付某类特殊的医疗费用。现在他发现,不断上涨的税收威胁到了他的所有筹划。他认为对其筹划的这种威胁是不正义的;他声称他有权利享有他所挣得的一切,任何其他人都没有权利剥夺他的合法所得,对此他有正当的财产所有权。他打算投票支持能够捍卫他的财产、他的筹划和他的正义观念的候选人担任政府公职。 244

B 可能是一名自由职业者,或社会工作者,或遗产继承人,财富、收入及机会的分配中的各种不平等的任意性使他耿耿于怀。更令他不满的是,作为权力分配中的各种不平等的一个结果,穷人和被剥削者对于改善其自身状况无能为力。他认为这两种类型的不平等都是不正义的,并且持续产生进一步的不正义。他的更为一般性的信念是,一切不平等都需要合理性论证,而不平等的唯一可能的合理性论证是,不平等促进经济增长,而经济增长则能改善穷人和被剥削者的状况。他得出结论说,在目前环境下,再分配税制将为公共福利事业和社会服务体系提供资金,因此是正义所要求的。所以他打算投票支持能够捍卫再分配税制和他的正义观念的候选人担任政府公职。

显然,在我们的社会与政治秩序的实际环境下,A 和 B 对于各种政策和政治家们的看法都会有分歧。但是,他们必须如此争执吗?答案似乎是,在某些类型的经济条件下,他们的分歧无须在政治冲突的层面上显明自身。如果 A 和 B 属于这样一个社会,在那里,经济资源使得 B 的公共再分配筹划能够得到一定程度的实现而不威胁 A 的私人生计的筹划,那么 A 和 B 有时可能会投票支持相同的政治家和政策。诚然,他们偶尔可能是同一个人。但是,假如实际情形是或变成了,经济环境使得 A 的筹划必然要为 B 的筹划做出牺牲,反之亦然,那么显然,A 与 B 所拥有的正义观念不仅在逻辑上彼此不可相容,而且所援引的理由都与对方所提出的那些理由不可公度,就像我在第 2 章里讨论的各方对那些争议所持的不同信念一样。

逻辑的不相容性不难确认。A 主张,正当的所得和所有权原则,应该限制再分配的可能性。如果应用正当的所得与所有权原则的结果是严重的不平等,那么容忍这样的不平等是为了正义而不得不付出的代价。B 主张,正当的分配原则应该限制合法的所得与所有权。如果应用正当的分配原则的结果,是借助税制或诸如国家征收的方式干预迄今为止这个社会中的合法所得与所有权,那么容忍这样的干预是为了正义而不得不付出的代价。我们可以顺便提一下——这在后面不会不重要——无
245 论 A 的原则还是 B 的原则,一个人或一群人得到正义所需的代价总是由另一个人或另一群人来付出的。这样,不同的可以确认的社会群体按照其各自的利益接受一个原则而拒斥另一个原则。没有哪个原则从社会或政治上讲是中立的。

此外,事情不单单是 A 和 B 提出了两个造成不可相容的实践后果的原则。他们各自陈述其申言所依据的概念的类型是如此不同,以致他们之间的争论是否以及如何能够得到合理解决的问题开始变得困难。因为 A 力求将正义观念的基础,建立在某种有关一个既定的人靠他已经获取和挣得的东西能够有权得到什么并且如何得到的问题的解释之上;B 则希望,将正义观念建立在某种有关每一个人对于基本需求和满足这类需求的手段的申言的平等性的解释之上。面对既定的一份财产或资源,A 会轻易地申言,这从正当性上讲是他的,因为他拥有它——他合法地获取了它,他挣得了它;B 会轻易地申言,这从正当性上讲应该是其他人的,因为他们更需要它,而假如他们没有它,他们的基本需求就得不到满足。然而,我们的多元主义文化没有任何权衡方法和合理标准,可以在以合法所得为基础的各种申言

与以需求为基础的各种申言之间做出抉择。于是这两类申言的确是不可公度的,而且,“权衡”道德申言的比喻,不仅不恰当而且易生误解。

正是在这一点上,近来分析的道德哲学做出了重要的申言。因为它渴望为具有冲突的利益的互竞中的诸派别提供可以诉诸的合理原则。而近来为实现这一筹划所做的最引人注目的两种尝试,都与 A 和 B 之间的论辩有特殊的相关性。因为罗伯特·诺齐克的正义理论[①],至少在很大程度上乃是对 A 的观点中的几个关键要素的一种合理阐明,而约翰·罗尔斯的理论[②],也是在相同的意义上对 B 的观点中的几个关键要素的一种合理阐明。因此,假如无论罗尔斯或诺齐克所强调的哲学理由最终哪个是合理的、有说服力的,那么 A 与 B 之间的论辩就会以这样或那样的方式得到解决,从而我本人对这场争论的描述将被证明为是极端错误的。

我从罗尔斯的理论开始。罗尔斯认为,正义的诸原则乃是那些将为一个“处于无知之幕背后”[③]的理性作为者所选择的原则,这个人并不知道他将在社会上占据什么样的位置——他的 246
阶级或身份将是什么?他将拥有什么样的天赋与能力?他的善的观念或他的生活目标将是什么?他的性情脾气将会怎样?他将居于何种经济、政治、文化或社会的秩序当中?罗尔斯主张,处于这种境遇之下的任何理性行为者之界定任何社会秩序中公正的利益分配,都将依据两条原则,而当这两条原则冲突时,则又基于一条规则来只赋予优先权。

---

① 罗伯特·诺齐克:《无政府、国家与乌托邦》,1974 年版。
② 约翰·罗尔斯:《正义论》(1971)。
③ 同上,第 136 页。

这第一条原则是:“每个人对于平等的基本自由的最广泛的总体系——这个总体系与一个相似的对所有人而言的自由的体系相容——拥有一种平等的权利。”这第二条原则是:“社会与经济的各种不平等应该这样来安排,以便它们同时(a) 是为了处于最不利地位的人的最大的利益,并且与共同的储蓄原则不矛盾(共同的储蓄原则是为了后代的利益做公平的投资),和(b) 依系于在机会公平平等的诸条件下各种公职与党派向所有人开放。”④第一条原则对于第二条原则具有优先性;自由只能为了自由的缘故而受到限制。并且正义一般地对于效率具有优先性。这样,罗尔斯就达到了他的一般观念:“社会的所有最首要的利益——自由与机会、收入与财富,以及自尊的基础——都应该平等地被分配,除非对这些利益的某些或全部的一种不平等分配有利于最少受益者。”⑤

许多批评罗尔斯的人,都将他们的注意力集中在罗尔斯从其关于“处于无知之幕背后”的理性行为者的原初地位的陈述中推演出其正义原则的方式上。这类批评不乏中肯之处,不过我不想细究它们,因为我认为,不仅一个处于某些诸如无知之幕这样的境遇之中的理性行为者的确会选择某些诸如罗尔斯所主张的正义原则,而且处于这样一种境遇之中也**只有**理性行为者才会选择这样的原则。在我后面的论辩中,这一点将变得很重要。但现在我暂且将它搁置一边,以便着手界定诺齐克观点的特征。

诺齐克宣称,“倘若这世界是全然正义的”⑥,那么有权拥有

④ 约翰·罗尔斯:《正义论》,第302页。

⑤ 同上,第303页。

⑥ 罗伯特·诺齐克:《无政府、国家与乌托邦》,第151页。

某物——占有它并按他们（也仅仅是他们）的意愿加以使用——的人就只有那样一些人：他们经由某个正当的原初获得行为正当地获得他们所拥有的东西，或者，他们经由某个正当的从他人那里转让的行为正当地获得他们所拥有的东西，而那些他人之拥有这东西，也是或者经由某个正当的原初获得行为，或者经由某个正当的从另外的人那里转让的行为……如此等等。换言之，对于“你为什么有权利如你所愿地使用那贝壳？”的问题的可合理辩护的答复，要么是“我在海滩上捡到的，在那里，它不属于任何一个人，而且那里还有很多留给其他人”（一个正当的原初获得行为），要么是“某个别人在海滩上捡到的，并且 247
自由地卖给或送给了某人，某人又给了另一个人……最后某个人自由地卖给或送给了我”（一系列正当的转让行为）。从诺齐克的观点可以推得他本人立即指出的结论：“有关完备的分配正义的原则只能是说，一种分配是正义的，如果每个人都有权利拥有他们在这种分配之下所拥有的东西的话。”⑦

诺齐克的这些结论，是从有关每一个体的不可剥夺的权利的诸前提推演出来的，但对于这些前提他本人却未提供任何论证。和罗尔斯的情形一样，我不想同诺齐克争论他如何从其前提推出其原则；相反，我依然想强调，只有从某个诸如此类的前提出发，才能合理地得出诸如此类的原则。这就是说，无论诺齐克的正义理论还是罗尔斯的正义理论，我想提的问题均不涉及其论辩的内在结构的融贯性。诚然，我自己的论辩要求他们的理论不缺乏这样的融贯性。

我想要表明的意思有三层：首先，罗尔斯的理论与诺齐克的理论的不相容性，其实反映了 A 的观点与 B 的观点的不相容

⑦ 罗伯特·诺齐克：《无政府、国家与乌托邦》，第 153 页。

性，从而至少在这一限度内，罗尔斯与诺齐克在道德哲学的层次上系统地阐明了诸如 A 与 B 这样不谙哲学的普通公民之间的分歧；但是，罗尔斯与诺齐克在哲学论证的层次上又再现了的同一类型的不相容性与不可公度性，却使 A 和 B 的争论在社会冲突的层次上变得不可解决；其次，无论 A 还是 B 的观点中，都有一个未被罗尔斯或诺齐克的理论所捕捉到的要素，一个从较早的以美德为核心的古典传统中幸存下来的要素。一旦我们反思了这两点，那么第三点也就凸显出来了，亦即，在这两点的结合中，我们拥有了一条重要的线索，通向罗尔斯与诺齐克在某种程度上共有的社会性预设。

罗尔斯使之成为最首要的，其实是与需求相关的平等原则。他所说的共同体中“最不利的”那部分人，也就是在收入、财富与其他利益方面其需求最严重、最匮乏的那些人。诺齐克使之成为最首要的，却是与权利相关的平等原则。对于罗尔斯来说，现在严重匮乏的那些人如何会变得严重匮乏，是无关紧要的；正义涉及的只是目前的分配模式，对此，过去是不相干的。对于诺齐克来说，只有关于过去已经合法地得到的东西的证据是重要的，目前的分配模式本身必然无关乎正义（尽管可能与友善或慷慨有关）。甚至这一点就足以表明罗尔斯与 B 是多么
248 接近、诺齐克与 A 是多么接近。因为 A 诉诸一种权利的正义来反对各种分配准则，而 B 则诉诸一种有关需求的正义来反对权利的准则。而且，同样显然的是，不仅罗尔斯的优先性与诺齐克的优先性之间不相容的方式，类似于 A 的观点与 B 的观点之间不相容的方式，而且罗尔斯的观点与诺齐克的观点之间不可公度的方式，同样也类似于 A 的观点与 B 的观点之间不可公度的方式。因为一种赋予需求的平等以优先性的申言，如何可能合理地与一种赋予权利以优先性的申言进行比较呢？如果罗尔斯

想要证明任何处于无知之幕背后的人——既不知道他的需求是否以及如何得到满足，也不知道他的权利是什么——应该合理地赋予有关需求的原则而非有关权利的原则以优先性，或许还援引合理抉择理论的原理来这样做，那么对此的直接的答复必然是，不仅我们永不处于诸如此类的无知之幕的背后，而且这使得诺齐克关于不可剥夺的权利的前提完好无损。而假如诺齐克想要证明任何分配原则，一旦强行实施，就可能侵犯我们每个人都有权利享有的自由——他的确就是这么证明的，那么对此的直接的答复必然是，在这样解释基本权利的不可侵犯的时候，他就故意回避了问题，以假定为论据进行狡辩，从而有利于其本人的论证，并且使得罗尔斯的前提完好无损。

然而，罗尔斯与诺齐克的理论中还有一个重要却消极的共同点。他们在其正义理论中既没有涉及应得(desert)概念，也不可能前后一贯地处理这个概念。但是，无论A和B都提到了应得(desert)概念——这里，必须注意的是，“A”和“B”不是我自己武断地杜撰出来的名字；他们的论辩忠实地再现了在最近的加利福尼亚、新泽西和其他地方的财政争议中实际所讨论的大量内容。A站在自身立场所抱怨的，不单单是他有权利拥有他所挣得的东西，而且靠他的艰苦劳动他应得它；B代表穷人和被剥削者所抱怨的是，他们的贫穷和匮乏是非应得的，从而是不正当的。显然，就与A和B相对应的实际生活中的人们而言，正是考虑到了应得，才使他们强烈地感觉到他们所抱怨的是非正义，而不是某种其他类型的错误或损害。

无论罗尔斯的理论，还是诺齐克的理论都没有在其关于正义与非正义的申言中为应得留出核心地位甚或任何地位。罗尔斯承认，常识的各种正义观点都将它与应得联系在一起，但是他主张，首先，除非我们已经阐明了正义的规则，否则我们不知道

什么人应得什么(因此我们不可能把我们对正义的理解建立在
249 应得的基础之上),其次,一旦我们阐明了正义的规则,结果却是,成问题的不是应得,而仅仅是合法的期望。[8] 他还认为,运用应得概念的尝试是行不通的——在这一点上,休谟的幽灵还在他的字里行间游荡。

诺齐克较不明确,但他的只以权利为基础的正义体系也不可能给应得留下任何位置。诚然,他讨论过有关非正义之矫正的原则的可能性,但他对此的论述是如此不确定、如此隐秘难解,从而对他修正其一般观点无法提供任何指导。无论如何,对于罗尔斯和诺齐克来说都显而易见的是,社会是由个体组成的,每一个体都带有其自身的利益,然后他们不得不走到一起,制订共同的生活规则。就诺齐克而言,存在有关一系列基本权利的额外的消极的限制。就罗尔斯而言,仅有的限制是由审慎的理性所强加的。因此,在他们的理论中,个体是第一位的,社会是第二位的,而且,对个体利益的确认优先并独立于个体之间的任何道德的或社会的纽带的建构。可是,我们已经看到,应得观念仅仅在这样一种共同体的语境中才有容身之处,亦即,这种共同体的首要的纽带乃是对于对人来说的善和对共同体来说的善有一种相同的理解,并且在那里,个体们通过参考这两种善而确认他们的基本利益。被罗尔斯明确地作为其观点之预设的是,我们必然期望在有关何为对人来说的善的生活的问题上与他人有分歧,从而必然将我们对此所可能具有的任何理解,从我们对正义原则的程式化中排除出去。只有那些从中每个人——无论他们对善的生活的看法是什么——都取得一份利益的善(或利益)才值得考虑。诺齐克的论辩同样缺乏运用应得概念所必需

⑧ 约翰·罗尔斯:《正义论》,第310页。

的共同体概念。要理解这一点必须进一步澄清两个问题。

第一个问题涉及罗尔斯和诺齐克所共有的社会性预设。在他们看来，我们仿佛是船只失事后被抛到荒岛上的，和一群其他个体在一起，彼此都不相识。这时必须制订出若干规则，以便在这样一种境遇之下最大限度地保护我们中的每一个人。诺齐克的关注权利的前提引入了一系列严格的限制；诚然，我们知道某些类型的相互干预是绝对禁止的。然而，我们之间的各种纽带也有一种限制，一种由我们私人的、互竞的利益所设定的限制。正如我在前面所指出的，这种个人主义的观点当然有其杰出的先驱：霍布斯、洛克（诺齐克非常尊重他的观点）、马基雅维 250
里和其他人。而且它本身就包含了某种关于现代社会的现实主义提示；的确，现代社会通常——至少在表面的显现上——无非是陌生人的集合，这些陌生人各自都在最小限度的约束之下追逐其自身的利益。当然，我们还发现，即使是在现代社会中，也很难以这种方式来考虑家庭、学校以及其他真正的共同体；并且，即使是我们对这些东西的思考，现在也日益受到各种个人主义观念的侵袭，特别是在法庭上。这样，罗尔斯与诺齐克就强有力地阐明了一个共同的看法，这种看法将进入社会生活设想为——至少从观念上讲——至少是潜在地理性的诸个体的自愿的行为，他们带有先在的利益，从而不得不追问"进入与他人的何种社会契约关系对于我是合理的?"毫不奇怪，这必然导致，他们的各种观点都排除了有关人类共同体的任何解说，而在这样一种共同体中，与对共同体在追求共同利益中的共同使命做出贡献相关之应得观念，能够为有关美德与非正义的判断提供基础。

应得也可以另一种方式被排除在外。我已经指出，罗尔斯的分配原则怎样将对过去的指涉排除在外，从而也排除了依据过去的行为与损害要求应得之申言。诺齐克通过使对权利合法性的关注成为从与正义相结合之过去中获得一种利益的唯一根据，也就排除了诸如此类的申言所可能依据的对于过去的指涉。使这一点变得重要的乃是，诺齐克的理论恰恰借助它所排除的东西来为关于过去的一种特殊神话的利益服务。因为，诺齐克理论的核心论点是，一切合法的权利都可以追溯到原初所得的合法行为。然而，即使真是这样，合法权利实际上也为数极少，而且在这个世界的很多地方根本不存在。现代世界的财产所有者并不是洛克式个体——他们做出了准洛克式(“准”字考虑到了诺齐克对洛克的修正)的原初获得行为——合法继承人；他们是这样一些人的继承者，其中包括窃取或使用暴力从平民手中夺得英格兰公共土地、从美洲印第安人手中夺得北美大片土地、从爱尔兰人手中夺得许多爱尔兰土地、从非日耳曼土著普鲁士人手中夺得普鲁士的那些人。这就是被意识形态性地掩藏在任何洛克式论点背后的历史真实。因此，任何矫正原则的缺乏，对于诸如诺齐克那样的论点来说并不是一个次要的小问题；它势必使诺齐克的整个理论无效——即使我们抑制住对于不可剥夺的人权的任何信念的压倒性的异议。

A 和 B 以不一致性为代价区别于罗尔斯和诺齐克。在把罗尔斯或诺齐克的原则与对于应得的诉诸相结合时，他们都显示出对于一种古老的、更为传统的、更为亚里士多德主义和基督教式的正义观念的执着。因此这种不一致性恰恰是对传统所残
251 存的威力与影响的礼赞，而这种威力与影响有两个不同的来源。在今日道德思想与实践的观念性杂烩中，来自这一传统的碎片——主要是美德诸概念——仍被发现处于诸如权利与功利等独特的现代和个人主义的各种观念的身旁。不过，这一传统也还以一种相对完整、较少扭曲的形式，存活在某些与其过去保持

牢固的历史联系的共同体的生活之中。因此,这一古老的道德传统在美国等地的某些爱尔兰天主教徒、希腊正教徒和正统派犹太人中间依然可以辨识出来,所有这些共同体都不仅通过他们的宗教,而且从他们的父辈在现代欧洲的边缘所赖以栖居的农庄和家庭结构中,继承了其道德传统。此外,从我强调中世纪背景,就得出结论说新教没有在某些地区成为这同一种道德传统的载体,也是错误的;例如在苏格兰,亚里士多德的《尼各马可伦理学》和《政治学》作为大学里的世俗道德教科书,与一种加尔文教神学和谐共处直至1690年前后,而在别的地方这两者通常针锋相对。还有,今日美国的新教徒共同体——无论黑人还是白人——尤其是那些居住在南方或来自于南方的人,都会在美德传统中认出其自身文化遗产的一个关键部分。

然而,即使在这样的共同体里,参与公共讨论的需要,也迫使人们在寻求所有人都可以运用和诉诸的共同的概念与准则的过程中,参与了这种文化杂烩。结果,这类共同体对于这一传统的忠诚始终有被侵蚀的危险,而且,如果我的论证是正确的,那么人们所寻求的只是一种狮头羊身龙尾的怪物。因为,对A和B的观点的分析,再次暴露了我们拥有太多全异的、互竞的道德观念——在这里是各种全异的、互竞的正义观念——而且,这一文化的道德资源也没有提供任何方式,来合理地解决它们之间的争端。道德哲学,如主流观点所理解的那样,如此忠实地反映了这一文化的各种争论与分歧,以致它的种种论争最终在与政治和道德争论本身完全相同的意义上是不可解决的。

由此可见,我们的社会不可能指望达成道德上的共识。出于非马克思主义的理由,当马克思反驳19世纪60年代英国贸易工联主义者时正确地认为诉诸正义是无意义的,因为所存在的各种互竞的正义观念是由各互竞群体的生活构成的,同时又

弥漫于各互竞群体的生活。当然,马克思错误地假定了正义观念上的各种分歧只是次要的现象,它们仅仅反映了经济上互竞
252 的各个阶级的利益。各种正义观念以及对诸如此类的观念的忠诚,在一定程度上乃是各个生活群体的各种生活的基本构成要素,而经济利益通常就是基于这类观念来界定的,反之则不然。但是,从根本上说,马克思还是正确地看到了处于现代社会结构内部的是冲突而非一致。这并不是说,我们过于依赖多种多样破碎的观念过活;而是说,这些观念同时被用来表达各种互竞的、互不相容的社会理想和政策,并且给我们提供一种其功能乃是掩藏我们的深层冲突的多元主义的政治修辞术。

由此,在宪法理论上也产生了一些重要的结论。诸如罗纳德·德沃金那样的自由主义著作家,希望我们将最高法院的功能看作援引一系列融贯的原则,其中绝大多数甚或全部都有道德含义,据此来评估具体的法律和具体的判决。持有这样一种观点的人势必会认为,最高法院依据这些认定的原则所做的某些判决是不充分的。巴克案就是我现在所考虑的那类判决中的一个例子。其中,最高法院法官们持有两种乍看之下极不相容的观点,而撰写判决书的鲍威尔法官乃是同时持有这两种观点的法官。然而,假如我的论证是正确的,那么最高法院的功能之一,必须是通过展示一种体现在其判决的不偏不倚之中的公正性,而在信奉互竞的、互不相容的正义原则之互竞的社会群体之间媾和。因此,在巴克案中,最高法院一方面禁止大学招生中有严格的种族配额,另一方面却又允许有所区别以有利于以前被剥夺了教育权的少数族裔。请设法想象一下在这样一种判决背后的一系列融贯的原则,而判决的别出心裁可能会(也可能不会)让你发现最高法院并不负有形式的不一致性之过。然而,即使做这样的尝试也不得要领。最高法院在巴克案中——如有

时在其他案件中那样——扮演了一个调停人或和解者的角色，但是它通过谈判协商打开了一条突破冲突僵局的道路，而不是援引我们共有的道德上的第一原则。因为我们的社会作为一个整体并没有这样的原则。

这显示现代政治不可能在道德上真正达成共识。事实就是这样。现代政治是借助其他手段而得以展开的内战，而巴克案就是这样一场战斗，它的先例乃是葛底斯堡和夏洛。亚当·弗格森道出了此中真相："我们不要指望任何国家的法律被制定得如同道德训诫……法律，无论民事的还是行政的，都是调整各方权利、确保社会安定的权宜之计。这种权宜之计适应于各种特殊的环境……。"⑨ 因此，任何社会的本性不应该光从其 253
法律来解释，而应该从那些被理解为其冲突之标识的东西来解释。我们的法律所表明的是社会冲突必须得到抑制的范围和程度。

然而，如果这一点不假，那么另一种美德也已经被置换掉了。爱国主义（Patriotism）不可能是它原来所是的那样，因为我们缺乏最完全意义上的 patria（祖国）。我这里所阐述的意思绝不能混淆于通常的自由主义对爱国主义的拒斥。自由主义者对于爱国主义经常——并不总是——持一种否定的甚或敌对的态度，部分是因为他们自认为他们所信奉的价值观是普遍的而非地方性的或特殊的，部分是因为他们颇有根据地怀疑，爱国主义在现代世界中通常是一副沙文主义和帝国主义在其背后得到助长的面具。但是我现在的意思并不是说爱国主义作为一种情感是好的或坏的，而是说，在发达国家中按其原来的方式实践作为一种美德的爱国主义不再是可能的了。在任何社会里，如果其

⑨ 亚当·弗格森：《道德与政治科学原理》第 2 卷，第 144 页。

政府并不体现或代表公民的道德共同体，而是一系列制度安排，以便将一个科层化了的统一体置于一个缺乏真正的道德共识的社会之上，那么政治责任的性质就变得全然模糊不清了。爱国主义作为一种美德，它现在或过去之被奠立，首先缚系于一个政治的或道德的共同体，其次才缚系于该共同体的政府；然而现在，作为一种特征，爱国主义之被践行是要在这样的政府中对这样的政府尽职。可是，当政府与共同体的关系受到政府的变化了的性质和社会中道德共识的缺乏的双重质疑时，难以再有任何清楚的、单一的、可教的爱国主义观念。对我的国家、我的共同体的忠诚——始终是一个核心的美德——逐渐脱离了对那个恰巧统治我的政府的服从。

正如对爱国主义的置换的这种理解，绝不能混淆于自由主义者对道德特殊性的批判，道德自我与现代国家的政府的这种必要的疏离，同样不能混淆于任何无政府主义者对国家的批判。我的论证绝没有提供——更不用说隐含——任何充分的理由来否认某些形式的政府是必要的、合法的；我的论证所要表明的是，现代国家并不是这种形式的政府。从我论证的前几部分应该可以看清，美德传统与现代经济秩序的各主要方面——尤其是它的个人主义、它的贪得无厌和它的将市场价值观抬高到社会的核心地位——格格不入。而现在变得明了的是，美德传统
254 还包含了对现代政治秩序的一种拒斥。这并不意味着，只有在政府中并通过政府来完成的那些仍待完成的任务并不太多：法律的统治——就其在现代国家中是可能的而言——必须得到维护，非正义与不正当的伤害必须得到认真对待，宽大慷慨必须得到践行，自由必须得到捍卫，所有这一切有时唯有通过政府制度机构的运作才是可能的。然而，每一项特殊的使命、每一项特殊的责任都必须靠其自身的功过来得到评价。现代系统的政治

观,无论自由主义还是保守主义,无论激进主义还是社会主义,从一种真正忠于美德传统的观点来看,都必须被拒斥,因为现代政治本身以其制度性的形式表达了对于这一传统的系统拒斥。 255

第 18 章　追寻美德:尼采抑或亚里士多德,托洛茨基与圣本笃

在第 9 章中我提出过一个严肃而又坦白的问题:我们应该追随尼采抑或亚里士多德?导致提出这一问题的论辩有两个核心前提。首先,今日道德的语言——从而在某种程度上也包括今日道德的实践——处于严重无序的状态。这种无序源于这样一种惯用语的主导性的文化力量,亦即,在其中,来自我们的过去的各种搭配失当的观念碎片,一起被运用于私人的和公共的论争之中。而以这种方式展开的各种争议的不可解决的特征,以及论战的每一方的明显的武断性,就使得这些论争格外引人注目。

其次,自从亚里士多德目的论的信念受到质疑以来,道德哲学家们试图对道德的性质与地位提供某种替代性的合理的世俗解释,然而,所有这些尝试,尽管给人多种多样的印象,实际上都失败了,而尼采最清楚地洞察到了这种失败。结果,尼采关于要彻底摧毁传承下来的道德信念和论辩的消极(无论我们考虑的是日常的道德信念与论辩,还是道德哲学家们的理论建构),尽管多少有些孤注一掷和华而不实,却有着某种合理性。除非对于以亚里士多德的美德教诲为其核心的那个道德传统的最初的拒斥原本是一种曲解,并且是错误的,除非那个传统能够得到合理的辩护,否则尼采的立场就有一种可怕的合理性。

即使这样,在当代世界中要成为一名聪明的尼采式人物亦

非易事。现代社会生活戏剧中那些特性角色,过于完美地体现了必然会被亚里士多德主义者与尼采主义者一致拒斥的道德信念与论证的观念与模式。科层制的管理者、消费性审美者、心理医生、异议人士及其无数的同类,占据了几乎所有能够从文化上得到确认的角色。为少数人所有的专门知识的观念与为每个人所有的道德作用的观念,乃是那些特性角色所演出的那部戏剧的前提条件。大叫一声皇帝没穿衣服,至少是仅仅耻笑一个人却取 256
悦了所有其他人;而宣称几乎人人都是破衣烂衫,则很难受到欢迎。不过,尼采主义者至少可以感到欣慰,因为他们尽管不受欢迎,却是正确的——除非拒斥亚里士多德传统原本是错误的。

亚里士多德传统在我的论证中占据两个不同寻常的位置:首先,因为我曾指出,现代道德的大部分仅仅作为一系列来自那一传统的残篇断章才是可以理解的,而现代道德哲学家没有能力完成其分析与合理性论证的筹划,与这样一个事实紧密相关:他们所处理的那些概念乃是这些残篇断章与不可理喻的现代发明的一种混合;但除此之外,拒斥亚里士多德传统也就是拒斥一种独特的道德,在这种道德中,规则——在现代道德观念中占主导地位——在一个更大的以美德为核心的框架里找到了其位置;因此,尼采拒斥和摈弃现代的各种规范伦理——无论功利主义的还是康德式的——其合宜性并不必然扩展到早先的亚里士多德传统。

而我最重要的论点之一就是,尼采对这一传统的攻击也完全失败了。这种说法的根据可以两种不同的方式来阐述。第一种方式我已经在第 9 章里指出了;如果所有那些被尼采视为对手的人都失败了,那么他就成功了。其他人可能是借助于他们的积极论辩的理性力量而获得成功的;但是,如果尼采胜了,他靠的却是对手没有出场。

他并没有胜利。在第14与15章里,我勾勒了为一个在其中亚里士多德的道德与政治文本被奉为经典的传统所可能做的合理辩护。对于尼采或尼采主义者来说,想步这种辩护之后尘未来势必会遭到反驳。那么为什么它不可能这样被驳倒呢?最好考虑第二种拒斥尼采主张的方式。尼采式的人——übermensch(超人)——在迄今为止的社会世界里无处可寻他的善,而只能自在地颁布他自己新的法律和他自己新的美德目录。为什么在迄今为止的社会世界里他永远找不到任何对他具有权威性的客观的善呢?答案并不难找。尼采的描绘清楚地表明,超人同时在关系与活动两方面都很欠缺。看看《权力意志》第962节中的一段评论吧:“一个伟大的人——一个自然以宏伟的风格建构和发明出来的人——他是什么?……如果他不能领
257 路,他就独行;因此而可能发生的是,他可以谩骂怒喝他在路上遇到的某些事物……他不需要任何‘同情’之心,而只要仆人与工具,在与人类的交往中,他总想把他们做成某种东西。他知道他是不可沟通的:他发现熟悉了就索然无味;并且,当人们认为他是什么的时候,他通常并不是什么。当他不自言自语的时候,他就戴上一副面具。他宁愿撒谎也不愿说真话:它要求更多的精神与意志。他的内心独立不羁,宠辱不惊,他自己的正义至高而无须他求。”

对“超人”特征的这种刻画,深深地扎根于尼采的这样一个论点之中:自希腊古风时代以来的欧洲社会的道德无非是权力意志的一系列伪装;因而,为这样的道德要求客观性是不可能得到合理的支持的。正因为如此,“超人”不能进入各种通过诉诸共有的标准或美德或利益来调解的关系之中;他是他自己唯一的权威,所以他与他人的关系必须是这种权威的行使。但是我们现在可以清楚地看到,如果我所捍卫的美德理论能够成立,那

么正是“超人”的孤立与自私，使他背上了他是他自己的自足的道德权威这样一个重负。因为，假如善（a good）的观念是基于诸如实践、人生的叙事统一体和道德传统那样的概念而得到阐明的，那么，利益（goods）以及与利益相随的法律与美德之权威性的仅有的根据，只能通过进入构成其核心纽带是一种共有的利益观点与理解之共同体的那些关系而被发现。如果有人切断自己与最初像学徒一样恭顺地在其中学习的共同活动的联系，将自己孤立于那些在诸如此类的活动中找到其意义与目的的共同体，就会使他自己不可能找到任何外在于他自己的善。这将使其本人背上那种构成尼采伟大之处的道德唯我论的罪名。因此我们不得不得出结论说，不仅尼采没有因为不与亚里士多德传统论战而赢得论辩的胜利，而且——或许更重要的是——正是从这一传统的角度来看，我们才能最深刻地理解处于尼采观点之核心的那些错误。

尼采观点的诱人之处在于其表面上的真诚。当我陈述那个有利于一种被修正和重述的情感主义的情形时，承认情感主义为真理的一个后果似乎是，一个真诚的人至少因为其易生误解的特征，而不想再继续使用过去道德的大多数语言。而尼采就是唯一没有从这个结论退缩的重要哲学家。此外，既然现代道德的语言深受诸如功利和自然权利那样的伪概念的累赘，那么从表面上看，似乎只有尼采的坚定性能将我们从诸如此类的概念纠缠中解救出来；然而，现在显而易见的是，这一解放所要付出的代价是卷入另一系列的错误之中。尼采的“超人”概念也 258
是个伪概念，纵然可能并不总是我前面所说的虚构。它代表了个人主义想要避免其本身的各种后果的最后努力。并且，尼采的立场原来就不是逃避自由个人主义现代性的概念架构的一种模式或替代物，而不如说是其内在展露中一个最有代表性的阶段。因此,我们可以预料自由个人主义社会会时不时地滋生出“超人”。呜呼!

因此,从某种意义上将尼采视为亚里士多德传统的最终对手是正确的。然而,现在的实际情形是,尼采的立场,最终不过是他自以为是其毫不留情的批判者的那种道德文化的另一方面。因此,总的来说,最根本的道德对立,是在这样那样的自由个人主义与这样那样的亚里士多德传统之间展开的。

两者间的差异相当深刻。它们从伦理学与道德延伸到对人类行为的理解,以致有关社会科学及其限度与可能性的各种互竞的观念,紧密相关于这两种可互替的看待世界的方式之间的对抗性遭遇。这就是为什么我的论辩不得不扩展到诸如事实概念、人事中可预言性的限度以及意识形态的性质等论题的原因。现在,我希望读者能够明白,在讨论这些论题的诸章节中,我并非仅仅概括了各种反对自由个人主义在社会中的体现的论辩,而且为各种有利于另一种看待社会科学与社会之方式——一种亚里士多德传统能够安之若素——的论辩奠定了基础。

我的结论非常清楚。那就是,一方面,尽管道德哲学有过三个世纪的努力,社会学有过一个世纪的努力,但我们对于自由个人主义观点仍然缺乏任何一致的、能够合理地予以辩护的陈述;另一方面,我们可以一种使得我们的道德的与社会的态度和信奉之可理解性与合理性都在理智上能够说服人的方式重述亚里士多德的传统。然而,纵然我认为这两个系列的论辩的分量与方向得以复原,但是看不到从三个截然不同的针对这一结论的观点中引申出来的三个截然不同的反驳,也不免失之轻率。

哲学中的论辩很少采取证明的形式;而对于哲学核心论题的最成功的论辩永远不会采取证明的形式。(证明的理想是哲学中相对无趣的一个。)相应地,那些想要抵制某个特殊结论的人却很少不用任何凭借。我想赶紧补充说明的是，我这么说并不意味着哲学中的核心问题都是不可解决的；相反，我们常常能 259 够在没有任何证明可得的领域确立真理。不过，一个问题之被解决，往往是因为争论的各方——或他们中间的某个人——退出争论，并且以一种系统的方式追问，什么是解决这一特殊类型的争论的适当合理的程序？我本人的看法是，道德哲学必须完成这一任务的时刻再一次到来了；但我不想自诩已在本书中着手此事。我对各种特殊论辩的消极和积极的评估，其实都预设了一种系统的合理性理论，尽管未在这里阐明。

我希望这一理论——将在下一本书里提出——能够且显然有必要展开，来反对那些把对我的核心观点的批评主要或完全建立在对这些论辩的一种不同且不相容的评估的基础之上的人。由自由个人主义的捍卫者——其中有些是功利主义者，有些是康德主义者；有些自豪地宣扬我界定过的那种自由个人主义主张，另一些则声称把他们与我所解释的自由个人主义联系在一起是一种误解，所有这些人彼此之间都互不买账——杂凑而成的一方似乎提出了这种类型的反驳。

第二个系列的反驳当然会涉及我对我所说的亚里士多德的或古典的传统的诠释。因为，显然，我所给出的解说在很多方面——某些还极为根本地——截然不同于其他人对亚里士多德道德立场的取用与阐释。并且在这里，我至少在某种程度上不赞成某些我最尊敬且使我受益匪浅的哲学家：如刚过世的雅克·马利坦和尚健在的皮特·吉奇。然而，如果我对道德传统之性质的解释是正确的，那么一个传统是由其自身各种内在的论辩与冲突所维系与发展的。而且，即使我的解释的很多部分经不起批评，但对这一点的证明本身又会强化那个我正努力维持与发扬的传统。因此，对于我视之为内在于我所捍卫的那个道德传统的那些批评，我的态度完全不同于我对待纯粹外在的批评的态度。后者绝非不重要，只是重要的方式不同。

第三，肯定还会有一些迥然不同的批评者，他们开始会在很大程度上赞同我就自由个人主义不得不说的那些东西，但他们不仅会否认亚里士多德传统是一个可行的选择，而且也不会承认，现代性的各种问题应该基于自由个人主义与亚里士多德传
260 统之间的对立来探讨。诸如此类的批评者将宣称，我们时代最关键的思想对立，是自由个人主义与某些形态的马克思主义或新马克思主义之间的对立。这种观点的最具思想说服力的倡导者，或许是那样一些人，他们追溯了从康德、黑格尔到马克思的思想谱系，并且申言，借助于马克思主义，就能够将人类自主性观念从其原本的个人主义程式中拯救出来，而且在一种可能的共同体形式——其中，异化已被克服，虚假意识已遭废弃，平等与博爱的价值观已经实现——的语境内得以重建。我对前两类批评者的答复在很大程度上已经或隐或显地包含在我的论著之中了。而对第三类批评的答复则有必要做进一步的阐明。我将其分为两个部分。

首先，马克思主义对一种独特的道德立场的申言，被马克思主义本身的道德历史削弱了其基础。在所有那些在其中马克思主义者不得不采取鲜明的道德立场的危机中——例如对待19 世纪末 20 世纪初德国社会民主党中伯恩斯坦修正主义的态度，或对待赫鲁晓夫对斯大林的颠覆以及 1956 年匈牙利叛乱的态度——马克思主义者总是退缩到康德主义或功利主义的各种相对直接的形式中去。这也并不奇怪。马克思主义内部从一开始就隐含了某种激进的个人主义。在《资本论》第一章里，当马克思界定“当日常生活的实际关系提供给人的无非是完全理智的和合理的关系”，会出现何种情形时，他所刻画的是“一个自

由的个人的共同体”;这些自由的个人全都自由地赞成生产资料的公有制,以及各种各样的生产与分配的准则。这种自由的个人被马克思描述成了社会化了的鲁滨逊;但是,马克思没有告诉我们,他是在什么基础上进入与他人的自由的联系的。马克思主义在这样一个关键问题上留下了一道空白,后来的马克思主义者没有谁充分地填补过它。无怪乎抽象的道德原则与功利事实上就是马克思主义者所诉诸的联合原则,从而,在其实践中,马克思主义者恰恰显示了在他人中被他们斥之为意识形态的那种道德态度。

其次,前面我曾指出,当马克思主义者趋向于权力的时候,他们总是容易变成韦伯主义者。这里,我所提到的马克思主义者当然是最好的马克思主义者,例如南斯拉夫或意大利的马克思主义者。在莫斯科掌权的集体“沙皇”的野蛮专制,可以被视为无关乎马克思主义的道德实质问题,正如教皇鲍尔吉亚的生活与基督教的道德实质毫不相干。然而,马克思主义偏偏自荐为一种实践指南、一种特具启发性的政治学。不过,也正是在这 261
一点上,马克思主义现在偶尔会有些微的助益。托洛茨基,在其生命的最后几个年头里,直面“苏联是不是一个任何意义上的社会主义国家?”的问题,同时还隐然地面对“马克思主义的范畴能不能照亮未来?”的问题。他本人把一切都寄托在有关苏联未来可能事件的一系列假设性预言的结果之上,这些预言仅在托洛茨基死后才得到验证。回到托洛茨基所面对的这两个问题,答案是显然的:托洛茨基本人的几个前提都隐含了苏联不是社会主义,而那本应照亮人类解放道路的理论实际上导向了黑暗。

马克思主义的社会主义骨子里其实是一种乐观主义。因为,无论它对资本主义和资产阶级的制度的批判可能是多么彻底,它都深信不疑地断言,在由那些制度所构成的社会里,一个更加美好的未来所全部需要的一切人与物的前提条件都正在积累之中。可是,假如发达资本主义的道德贫困真的像如此多的马克思主义者所赞同的那样,那么,未来所需要的这些资源从何而来呢?无怪乎在这一点上,马克思主义势必要创造它自己的"超人":卢卡奇的理想的无产者,列宁主义的理想的革命者。如果马克思主义不变成韦伯式的社会民主主义或残暴的专制主义,那么它就很容易变成尼采式的狂想。托洛茨基冷静的解决方案中最值得敬佩的方面之一,是其对所有这类狂想的拒斥。

一个严肃对待托洛茨基后期著作的马克思主义者,会被迫陷入一种与马克思主义传统截然异趣的悲观主义,并且在成为一个悲观主义者的过程中,他会在一个重要的方面不再是马克思主义者了。因为他将看到,现在没有任何其他可以忍受的政治与经济结构,能够替代发达资本主义的结构。这个结论当然与我自己的结论不谋而合。因为我同样不仅认为马克思主义作为一种政治传统已是强弩之末——这个主张已被现在都扛着马克思主义大旗的几乎是无限多样且彼此冲突的政治忠诚所证实(但这并不意味着马克思主义不再依然是现代社会理论的最丰富的思想资源之一),而且我相信,所谓强弩之末也是我们文化中所有别的政治传统的共同特征。这是前一章的论证所得出的结论之一。那么,这是否意味着,更具体地讲,我所捍卫的道德传统没有任何现实政治意义,更一般地讲,我的论证使我和任何其他接受它的人陷入一种普遍化了的社会悲观主义呢?绝对
262 不是这样的。

在两个历史时期之间做过分严格的类比始终是危险的;其中最易生误解的危险包括,在现时代的欧洲和北美与罗马帝国向黑暗时代衰微的那个时期之间所做的那些类比。但相似之处是存在的。当具有善良意志的男人与女人们抗拒支持罗马帝国

的使命,并且不再将文明与道德的共同体的延续等同于罗马帝国的维持时,早期历史的一个关键性的转折点就出现了。相反,他们为自己设定的目标——尽管对于自己的所作所为他们常常缺乏充分的自我意识——是建构道德生活能够在其中得以维系的各种新的共同体形式,从而使道德与文明也可以在即将到来的野蛮与黑暗时代里存活下去。倘若我对我们的道德状况的解释是正确的,那么我们还应该得出结论说,就现在的某些时刻而言,我们也已抵达这样的转折点。现阶段最要紧的,是建构文明、理智与道德生活能够在其中历经已经降临的新的黑暗时代而继续维持下去的各种地方性的共同体形式。而且,既然美德传统能够在从前的黑暗时代的恐怖中幸存下来,那么我们也不是完全没有根据地怀抱这种希望。然而,这一次,野蛮人不是远在边界上伺机进犯;他们已经统治了我们很长时间。而我们对这一点缺乏意识,恰恰是我们陷入困境的部分原因。我们正在等待的不是戈多,而是另一个——无疑是非常不同的人——圣本笃。 263

第 19 章　第二版跋

本书第一版的许多批评者使我在很多方面获益匪浅。有的人指出了从人名的混淆到有关乔托的一个事实性错误等多处硬伤；有的点到了为《追寻美德》提供论证连续性的历史叙事中的不充分性；有的反驳了我对现代尤其是当代社会状况的诊断；还有的以多种方式质疑了某些具体论证的实质内容与方法。

第一类批评不难答复：迄今为止所查出的所有错误都已在这一版里得到了更正。对此，我特别感激胡弗·罗埃德-琼斯和罗伯特·瓦希布罗特。回应其他类型的批评不仅是一项更为困难的任务，而且要求我针对批评者们源自多种学科的关注，去着手一系列长期的筹划。因为《追寻美德》有一个既是长处又是弱点的地方，那就是，在撰写过程中我有两个压倒一切的要务：既要陈述一个单一的有关美德在人类生活中之地位的复杂论点的总体结构，即使这样做导致了我是在勾勒而非充分地陈述那一论题内的各个从属性的论证；又要同时澄清我的论点如何不相容于通常学院里的学科划分——这些划分往往将思想弄得支离破碎从而扭曲或模糊了各种关键性的联系——即使从那些沉浸在每一门学院自主科目之中的人的观点来看，那就意味着某种巨大的不充分性。我希望这里所缺的至少某个部分将在《探究》、《分析与批判》以及《探测》等杂志中，我与多位批评者的交流里得到补充，而更多的不足将在《追寻美德》的续篇——我目前正在撰写的论“正义与实践推理”的著作中予以更正。不过，许多批评者使我确信，充分地重述作为论证总体架构之核心或前提条件的那些观点，至少能够缓解——如果不是消除的话——《追寻美德》一书的读者们的某些直接的不满。或许有那么三个不同的方面，这种需要最为紧迫。 264

1. 哲学与历史的关系

威廉·K. 弗兰克纳写道：“令我困惑的是没有把历史与哲学区分开来，或者说给人的印象是，历史的探究能够确立哲学的观点，麦金太尔似乎就是这么做的。”①弗兰克纳在这里所辩解的仍然是一种学院的正统观点，尽管和现代其他正统观点一样，它所留下的不过是一鳞半爪。按照这种观点，哲学是一回事，历史是完全不同的另一回事。重述观念之兴衰的任务归观念史学者，正如重述帝国之兴衰的任务归政治史学者。留给哲学家的任务却是双重的：就不同于哲学本身的主题事物——诸如道德——而言，哲学家的任务是要确定在那一特定领域中什么是合理性与真理的适当标准。如果哲学成了其自身的主题事物，则哲学家的任务是要用最好的理性方法确定什么是事实上真的东西。弗兰克纳所预设的，似乎就是这种学院式的劳动分工观念，因为当他提到情感主义是一种哲学理论时，他说：“只要我拥有正确的概念工具，即使不明白一种观点乃是一个历史发展的结果，我也能够理解这观点是什么；并且，就我所能明白的而言，即使不将它视为这样一种结果，我也能够评估其为真或假的地位，或相信其合理性。诚然，麦金太尔本人反驳情感主义的论

① 《伦理学》第93期(1983)，第500页。

证是从分析哲学中引申出来的；而且，他所说的为道德做合理性论证的现代努力已经失败且不得不失败的断言，只能由分析哲学而非某种历史来确立。”②

针对这种观点，我要强调的是，尽管为分析哲学家所青睐的那种论证，的确具有不可或缺的力量，但是，只有在一种特定的历史探究类型的语境内，这样的论证才能支持哲学家最希望为之辩护的有关真理与合理性的那类申言。正如弗兰克纳所指出的，我并非这类论证方式的首创者，他提到了黑格尔和科林伍德，不过他还应该提到维科。因为正是维科最先强调了这样一个不可否认的事实的重要性，那已是老生常谈了，即，道德哲学的主题事物——道德哲学家所探究的评价性与规范性的概念、准则、论证与判断——无处可寻，除了体现在特定社会群体的历史生活之中从而具有历史性存在的独特性格，亦即，在时间中所经历的同一性与变化，在制度化了的实践和具有多种多样活动形式的话语、互动和相互关系之中的表现。不属于任何特定社
265 会道德的道德是不存在的。有“公元前4世纪雅典的道德”，有“13世纪西欧的道德”，还有很多诸如此类的道德，但有过道德本身吗？

康德当然相信他已经成功地回答了这个问题。重要的是，无论弗兰克纳所捍卫的分析的道德哲学还是我所捍卫的历史主义，其关键部分都旨在回应对于康德的先验回答的批评。因为康德的论点是，人类理性的本性使得存在某些为所有有理性的存在者——无论在思想上还是在意志上——都必然赞同的原则与观念；这一论点遭到了两种截然不同的致命反驳。一方面，黑格尔以及随后的历史主义者都强调，康德所说的人类心灵的普

---

② 《伦理学》第93期(1983)，第500页。

遍和必然的原则，事实上只是人类活动与探索的某些特定的时代、地点与阶段所特有的原则。正如康德视之为自然科学本身的原则与预设的，原来只是牛顿物理学所特有的原则与预设，同样，康德视之为道德本身的原则与预设原来只是一种相当具体的道德——为现代自由个人主义提供了其特许权之一的世俗化了的新教道德——的原则与预设。康德对普遍性的申言就这样失败了。

第二类反驳的大意是，康德先验筹划所要求的必然性观念、先天性观念以及概念-范畴与经验的关系观念不可能被证实：后来对康德原来观点所做的哲学批评的历史，先由新康德主义后由逻辑实证主义对更为激进地这些观点所做的重述的历史，以及反过来对这些重述所做的批评的历史，乃是分析哲学发生史的核心。对于康德的筹划及其后继者（如奎因、塞拉斯和古德曼等人）的各种核心特征的最晚近的颠覆，已经由理查德·罗蒂做了记录，他指出了作为这种颠覆的结果，甚至对于什么是哲学的中心问题，分析哲学共同体内部的共识也大幅度地降低了。[③] 然而，这并不是唯一的甚或最重要的后果。

因为分析哲学的进展所成功地确立起来的是：在纯粹形式性的探究之外，除了与某些假设相应的原则，没有任何理由相信普遍必然的原则。笛卡尔的第一原理、康德的先天真理，甚至长久萦绕着经验主义的那些概念幽灵，全被逐出了哲学。结果，分析哲学变成了一门其权能仅限于研究推论（inference）的学科——抑或亚学科？罗蒂道出了这一点，他说："哲学能力的理 266
想是要在其所有相互推论关系中统观所有可能论断的整体，并

③ 理查德·罗蒂：《实用主义的后果》（明尼苏达，1982），第214—217页。

因此而能够建构或批评任一论证。”[④]而戴维·刘易斯则写道:“哲学理论从未被最终驳倒过。(或者说极少有过,哥德尔与盖蒂尔可能这样做了。)哲学理论从对其驳难中幸存下来——是有代价的……我们的‘直觉’仅仅是意见;我们的哲学理论也一样……哲学家的一个适当任务就是要使它们均衡相称。我们的共同任务是要发现有哪些均衡能经得起检验,但我们当中的每一个人却总是要最终依赖于其中的这一种或那一种……一旦已然造就的理论菜单摆在我们面前,那么哲学就是有关意见的事情罢了……”[⑤]

这就是说,分析哲学能够非常偶然地产生在消极性质的在实践上是决定性结果。它能在一些情形里表明,恰恰有太多的不融贯性和不一致性包含在某个观点之中,以致任何有理性的人都难以持久地持有它。不过,当两种互竞的备选观点,具有充足的值域和范围,并且每个支持者都愿意付出为确保融贯性与一致性所必要的代价时,它永远不能确立任一特殊观点的合理的可接受性。因此由那些比之罗蒂与刘易斯较少哲学自觉的作者所撰写的如此多的当代分析哲学著作,具有这样一种独特的风味,即,在其论证的段落中,为了确保最严格地轮流处理这些段落,他们运用了所能获得的所有最精巧的逻辑与语义学技术,但看起来这一切无非是将一系列松散地联系着的独断偏好修补在一起而已;当代分析哲学显示了一种深受弗雷格与卡尔纳普影响的表述方式与一种源于较为幼稚的存在主义形式的表述方式之间的奇异结合。

这个后果对于历史主义者来说首先意味着,由罗蒂、刘易斯

---

④ 理查德·罗蒂:《实用主义的后果》(明尼苏达,1982),第 219 页。

⑤ 戴维·刘易斯:《哲学文集》第 1 卷(牛津,1983),第 x—xi 页。

和弗兰克纳所代表的分析哲学家似乎下定了决心，继续将论证视为这样一种研究对象，亦即，它们抽离了它们在其中扎根并从中引申出其独特意义之活动与探索的社会历史语境。可是在这样做的过程当中，分析哲学家很容易从其康德主义前辈那里，继承那些从对康德本人的先验筹划观点的两个核心驳难的前一个 267
中产生出来的误解。因为，假如我们认为（例如）牛顿力学的原则与范畴满足合理性本身的诸要求，那么我们就难以理解，在17 世纪末、18 世纪初物理学研究的实际语境中，是什么使得它们合理地优越于其仅有的互竞者。

使得牛顿物理学合理地优越于其伽利略主义与亚里士多德主义前辈以及其笛卡尔主义互竞者的是，通过解决在其中那些前辈与互竞者根据其自身的进步标准没能取得任何进步的诸领域中的问题，它能够超越他们的各种局限性。因此，除了历史地依据牛顿物理学与它所挑战和取代的那些前辈与互竞者的相互关系，我们不可能道出它的合理的优越性何在。将牛顿物理学从其语境中抽离出去，然后追问它对于其他物理学的合理的优越性何在，那么你就会遇到难以解决的不可公度性问题。因此，了解牛顿与牛顿主义者实际上是如何逐渐地采纳并捍卫其观点，对于了解为什么牛顿物理学会被视为具有合理的优越性至关重要。物理科学的哲学取决于物理科学的历史。然而道德的情形也没什么两样。

道德哲学，尽管它们所想达到的目标不止于此，却始终在表达具有某种特定的社会观点和文化观点的道德：亚里士多德是公元前 4 世纪雅典一个阶层的代言人，康德——如我已经指出的——则为正在脱颖而出的自由个人主义的社会力量提供了一种理性的声音。但即使这样来阐明问题仍嫌不足，因为它依然将道德视为一回事，然而，任何特定的道德都有其作为核心的东西,如角色必须与行动性质如何相关的观念,有关规则应如何加以阐述的判断,等等,借此,行为的理由就或多或少充分地得到裁定。于是,纵然任何特殊的道德始终都比其隐含的哲学更重要,但是没有哪种道德忠诚不或隐或显地涉及某种哲学立场。道德哲学,在它们成为别的什么东西之前,乃是各种特殊道德要求获得理性忠诚之申言的明确表达。而这就是为什么道德的历史与道德哲学的历史是一个单一的历史的原因。从而,当互竞的道德做出互竞的、不相容的申言时,在道德哲学的层次上,总有一个问题,它涉及到这两种申言谁有能力完满地声称,对于其他申言具有合理的优越性。

那么应该如何裁决这些申言呢?和自然科学的情形一样,
268 不存在任何一般的永恒的标准。特殊的道德哲学和特殊的道德的合理的优越性,就凸显在那系统阐明特殊的道德之申言的特殊的道德哲学辨明和超越其互竞者的各种限度的能力上,这些限度能够为那互竞道德的拥护者所乐于信奉的合理标准所辨明——尽管实际上可能没有辨明出来。道德与道德哲学的历史乃是一个持续挑战某种先在的道德秩序的历史,一个其中哪一方在理性论辩上击败另一方的问题始终要被区别于哪一方保有或获得了社会政治霸权的问题的历史。并且,只有参考这一历史,合理的优越性的问题才能得到解决。以这种观点来撰写的道德与道德哲学的历史对于当代道德哲学事业是不可或缺的,正如科学的历史对于当代科学哲学事业是不可或缺的。

我希望,弗兰克纳和我的分歧的原因现在应该较为清楚了。他似乎主张,分析哲学的方法足以在道德哲学中确立什么是真的或假的、什么是有理由相信的东西,而历史性的探究是不相干的。我则不仅认为,历史性的探究是为了确立一种个殊的观点是什么所必需的,而且主张,任何既定的观点恰恰是在其历史的遭遇中，确立或没能确立其相对于某些特定语境中的特殊互竞者的合理的优越性。在此过程当中将运用分析哲学的许多技术与技巧；但只在极少的情况下这些技术能够充分地置疑一种观点。因此，当弗兰克纳正确地指出有时我也运用来自于分析哲学的论证去证明某个或某些理论失败了的时候，他不能指责我的某个观点不相容于我的历史主义或我对这样一种观点的拒斥，即，分析哲学永远不能为维护道德哲学中的任何建设性的立场提供充足的理由。

于是，如果我们理解了，情感主义乃是对直觉主义道德的理论化活动与一种特殊的道德判断练习之特殊的历史结合的回应，我们就能够理解，其申言不仅是关于道德判断中所使用的句子的永恒意义的主张（一个不太有道理的主张），而且——更重要的是——它们是关于可能在一个较宽或较窄范围的历史情势中被持有之道德判断的用法与功能的经验主张。这样，我们就能够理解，这种理论是如何发展起来的？在何种情势之下，以被弗兰克纳在哲学探究与历史之间的截然区分所模糊的方式来对这一理论进行理解和评价，才是适宜的？ 269

对此，或许可做如下答复。如果我们能撰写我设想过的那种哲学史——我在《追寻美德》中试图撰写的正是这种哲学史——那么在记录一种理论在合理的优越性方面的落败和另一种理论的胜利的时候，我们这些记录者必然也在复活判断一种理论合理地优越于另一种理论所依据的那种历史标准。这些标准本身就需要合理性论证，并且，这种合理性论证不可能由一个只能在提供了这些标准的合理性论证之后才被撰写的历史来提供。因此历史主义者也在偷偷地诉诸非历史的标准，那些或许应该会被提供要么是先验的要么是分析的合理性论证的标准，但这两种论证都已被我所拒斥。

这种答复并不成功。因为我们在关于什么使得一种理论合理地优越于另一种理论之各种理论方面的境遇，无异于我们在各种科学理论或道德与道德哲学方面的境遇。无论哪种情形，我们不得不希望的不是一种完美的理论，一种因为无可辩驳或几乎无可辩驳而必然为所有有理性的存在者都赞同的理论，相反，我们所希望的是在这类理论的历史中迄今为止所出现的最好的理论。因此，对于迄今为止最好的理论必须是何类理论的问题，我们应该努力提供迄今为止最好的理论：不多也不少。

这就意味着这类哲学史的撰述永无止境。在任何特殊的领域，无论是自然科学，还是道德与道德哲学，或理论的理论，对于迄今为止已经确立的最好的理论的某种新的挑战将会出现并取代它，这种可能性应该始终存在。因此，这种历史主义——不同于黑格尔的历史主义——包含了一种可错论（fallibilism）的形式；它是一种排除了对绝对知识的一切要求的历史主义。然而，假如某个特殊的道德体系成功地超越了其前辈的各种限度，同时为理解迄今为止的这些前辈提供了最好的工具，并且在面临各种互竞观点的持续挑战时，都能够以在吸取那些观点的长处的同时避免其弱点与限度的方式来修正自身，并且为这些弱点与限度提供迄今为止最好的解释，那么我们就具有可能是最好的理由确信，未来的挑战也会被战胜，界定道德体系之核心的那些原则是持久性原则。而这正是我在《追寻美德》中归于亚里士多德的基本道德体系的那种成就。

我过去和现在所做的这种类型的历史主义申言并没有被
270 足够清晰地表述出来；我所采用的有利于它的论证形式也没有得到充分的阐明。因为我不仅仅宣称，我所说的启蒙筹划按其自身的标准是失败的——既然其倡导者从未成功地具体说明一系列任何完全理性的行为者都不可能不同意的唯一可证明的道德原则——或者说,尼采的道德哲学按其自身的标准也是失败了的;我还宣称理解这些失败的根据只能由从亚里士多德的美德理论中产生出来的各种资源来提供,而亚里士多德的美德理论恰恰以我描述过的那种方式,作为迄今为止最好的理论从其独特的历史遭遇中凸显出来。但应该指出的是,在《追寻美德》中我没有断言到目前为止我已经证实了这一主张,现在也没有这么宣称。那么,还有什么是不得不做的呢?

安妮特·巴厄责备我没有理解休谟观点的力度[⑥];奥诺拉·奥尼尔认为我对康德的解释是断章取义并且过于简单化了。[⑦] 我对这两种抱怨深表同情,因为正是休谟与康德提出的两种截然不同的实践推理理论,向亚里士多德的体系及其所包含的实践推理理论发起了根本的挑战。并且,在这三种理论的关系得到澄清之前,《追寻美德》的核心主张不会以《追寻美德》的论辩性叙述所预设的历史主义的知识论所要求之方式予以确立。

最后,对于《追寻美德》中哲学与历史的联系方式,尚有一种类型截然不同的批评,是不能不注意的。弗兰克纳认为我对分析哲学估价不足;阿伯拉罕·伊德尔则认为我作为分析哲学家都过头了,并且指责我无非是"一个其异端仍受分析哲学传统束缚的异端分析哲学家"。[⑧] 其批评的要点是,首先,我把太多的注意力集中在各类人群有关其状况的明确的理论化活动、系统阐述了的概念以及传说的层次上,而没有足够地关注这些人群的实际的社会制度生活;其次,我的党派偏见导致我为了我自己的亚里士多德主义观点而扭曲了道德的实际复杂的历史。

---

⑥ 在即将发表在《分析与批判》上的一篇论文中。

⑦ 在即将发表在《探究》上的一篇论文中。

⑧ 《兹贡》(Zygon)第18期(1983),第344页。

弗兰克纳将我看作一个对历史有着额外的,并不全然相干之兴趣的不甚够格的分析哲学家,相反,伊德尔却将我看作一个拖着分析哲学累赘的不甚够格的社会史学家。因此,伊德尔的批评乃是弗兰克纳的批评的镜像,而这并不奇怪。

因为,正如我想撰写的那种哲学史在某些方面与分析哲学
271 的规矩决裂了,同样在其他方面它又可能以两种方式冒犯了学院式的社会史的金律:首先,我对理论和哲学的事业及其成败在历史中的影响所持的观点,远远超过了学院历史学家的一般估计。在这个领域里应该得到解决的问题都是涉及因果性影响的事实问题。它们包括诸如苏格兰启蒙运动的思想家对英国、法国和美国的社会、道德和政治变迁之影响的性质等问题。对这类问题的回答取决于对(例如)作为思想之载体的大学与学院的社会角色与效果所做的研究。历史性的研究最终将表明我把注意力放在明确的理论化活动、系统阐述了的概念以及传说上是错误的——这也许是可能的,但到目前为止我仍不信服。

其次,学院式社会史的叙事,倾向于依据一种预设了事实问题与价值问题之间的逻辑区分的方式来撰写,而《追寻美德》所提出的叙事理论却让我不得不否认这种区分。并且,构成《追寻美德》本身的核心叙事的那种哲学史,是从其本身所达到和支持的那个结论的角度来撰写的——假如其叙事是以我希望在《追寻美德》的续篇中详述它的方式而被详述的话。因此,《追寻美德》的叙事并不是偶然地或由于缺失而成了具有其自身审慎的片面性的党派叙事。

不过,伊德尔的两个指责在很大程度上显然也是正确的。《追寻美德》至多是间接地指涉的大量的社会制度史。实际上对于我在《追寻美德》中做了努力却未能成功写就的那种叙事来说是本质性的;而且,亚里士多德美德理论与柏拉图主义以降

的其他道德体系之间的关系史当然比我所考虑到的要复杂得多。因此,无论弗兰克纳还是伊德尔都通过指出我至少重视不足的那些问题,而对我和我的读者们发出了有益的警告。他们的评论使我永久受益。

2. 美德与相对主义问题

塞缪尔·谢弗勒对我的美德理论提出了重要的质疑⑨,斯坦利·豪尔沃茨与保罗·沃德尔也一样⑩;罗伯特·瓦希布罗特则认为,这一理论隐含着某种形式的相对主义是不可避免的。⑪既然只有成功地答复谢弗勒、豪尔沃茨和沃德尔提出的问题,我才能充分地回应瓦希布罗特的论辩,那么将他们对我的建设性论证的核心观点的怀疑放在一起来考虑,可能是最有成效的。272

我的美德理论历经三个阶段:首先,将诸美德视为获得实践的内在利益所必要的诸品质;其次,将它们视为有助于整个人生的善的诸品质;再次,显示它们与一种只能在延续中的社会传统内部被阐明和拥有之对人来说的善的追求之间的关系。为什么从实践开始?别的道德哲学家毕竟都是从考虑情感或欲望或者从阐明某种义务或善的观念入手的。无论哪种情形,其讨论很容易从一开始就为某种形式的手段-目的二分观念所左右,按照这种观念,一切人类活动,要么是已经给予或决定了的诸目的的手段,要么仅其本身就是值得做的,要么两者兼而有之。这一框架所忽略的是那些在其中目的必定被发现和重新发现、手段必

---

⑨ 《哲学评论》第 92 卷,第 3 期(1983 年 7 月)。

⑩ 《托马斯主义者》第 46 卷,第 2 期(1982 年 4 月)。

⑪ 《耶鲁法律杂志》第 92 卷,第 3 期(1983 年 1 月)。

定被设计出来以达到这些目的的发展中的人类活动模式;由此,它遮蔽了那些活动模式产生新的目的和新的目的观念之方式的重要性。那一类别的实践——如我所界定的——乃是那些活动模式的类别,而对于豪尔沃茨和沃德尔提出的为什么某些项目被括入这一类别而其他的则被排除(他们问,为什么建筑被括入而砌砖则被排除?)等问题的最简短的答复是,那些被排除的项目并不是诸如此类的活动模式。

因此,在任何美德理论中,从实践入手的重要性在于,美德的践行不仅就其本身的目的而言是值得的——事实证明,不关心诸美德本身的目的,你就不可能真正勇敢或正义等等——而且还有更深远的意义和目标,而正是在把握这种意义与目标的过程中,我们才从头开始逐渐地对诸美德做出评价。不过,诸美德并不以以下的方式与为它们提供了进一步的意义与目标的利益相关,也即,某种技艺与其成功的践行能够达成的目的相关的方式,以及某种技艺与其成功的践行就能使我们获得的我们所欲望的对象相关的方式。按照他的界定,康德极为正确地指出,道德律令既非有关技艺的律令也非有关审慎的律令。他的错误之处在于,以为唯一剩下选择就是,道德律令只能是他所说的绝
273 对律令。而这正是人们无须康德本人的任何附加理由就可能得出的结论——如果人们试图在实践语境之外理解诸美德的话。因为没有诸美德的践行就不可能获得的实践的内在利益,并不是特殊个人在特殊场合所追求的目的,而是为那些类型的实践所特有之优秀,人们借助于他在特殊场合追求其特殊目的或目标之方式所达到或没能达到、趋向或没能趋向之优秀,当我们的目标变化时,我们有关于它的观念也随时间而变化之优秀。

理解这一点是回应谢弗勒对我关于美德与实践之间的关联的论点之反驳的必要前提;“尽管麦金太尔否认从这一理论可

以推断出伟大的棋手不可能是邪恶的，但是我并不完全相信他有权利否认它，无论如何他似乎津津乐道于某个极不可能的事情，即，一个伟大而又邪恶的棋手不可能获得象棋方面的任何内在利益。”[12]在他归于我的那些观点上，谢弗勒是极为正确的，不过，当且仅当他所指的“内在利益”时才是如此也正是我所指的“内在利益”。而假如这两者一致，那么对谢弗勒的答复就清楚了。

设想一个技艺高超但只关心赢棋的棋手。他的技艺使他荣登大师之列。因此他是个伟大的棋手。但既然他所关心的只是赢棋——或许还有赢棋偶然带来的利益，诸如名声、威望与金钱——那么他所关心的利益绝非象棋或与象棋同类的游戏所特有，绝非内在于象棋实践的任何利益。因为他所能获得的恰恰是在任何其他有竞争和胜利者的领域都完全相同的利益，亦即胜利及其偶然的奖赏，如果他能够在那些领域达到相当的技术水平的话。因此，他所关心的以及作为他的利益而被他获得的东西，不是那种为象棋所特有的优秀，也不是那种随这样的优秀而来的愉悦，而是一种即使生手也可以在其自身的水平上获得的利益。因此谢弗勒的反驳失败了，美德与实践的关系，一旦我们更明确地将它区别于技艺与实践的关系，也就无须承受谢弗勒想要归咎于它的那些不幸后果了。

谢弗勒的反驳似乎还认为，由于我阐述得不够清楚而产生了另一个错误。因为他说，在我看来“诸美德的特征是参照一 274
种实践概念暂时地被界定的，并且这一暂时的理论又在后来的各个阶段得到修正与补充”。[13] 我本该澄清，我并不打算表

---

⑫ 《哲学评论》第92卷，第3期(1983年7月)，第446页。

⑬ 同上。

明——尽管我已经清楚地表明了——基于实践的最初的美德理论提供给我们有关一种美德的一个充分的观念，这种观念后来通过与整个人生的观念和延续中的传统的观念相结合，又得到了丰富与补充。事实毋宁是，没有任何人类品质会被视为一种美德，除非它满足那三个阶段中的每一个阶段所指定的条件。这一点很重要，因为有一些品质至少可以被理解为满足来自这种实践观念的那些条件，但是这些品质在第一阶段的检验中幸存下来，却在第二与第三阶段中失败了，所以不是美德。

我们来考虑诸如残酷和无情的品质的例子，并将它们与能够决断何时应当残酷或无情的品质区分开来。显然有很多实践——野外考察是一个例子——在其中无情和残酷地逼迫自己与他人的能力，不仅是达到目的的条件，而且也是存活下来的条件。这样一种能力可能要求培养对他人感受的麻木不仁作为其践行的条件；对他人感受的关心可以通过关心他人存活的方式来获得。把这些复杂的品质置换到参与创造和维系家庭生活的实践当中，你就拥有了抵御灾难的秘诀。在一种语境中似乎是一种美德的，在其他语境中似乎已成了一种罪恶。不过，这种品质在我的理论中既非美德也非罪恶。它不是美德，因为它不能满足如下要求所加的各种条件，即，一种美德应该有益于那种整个人生的善，而在这整个人生中，各种特殊的实践利益被整合进了一个为“对于像我这样的人来说什么是至善的生活？”的问题提供答案之诸目标的总体结构形式中。当然，也可能某些品质成功地满足了第二类要求，却无法满足第三阶段的各种要求，而在第三阶段，各种特殊的生活利益必定被整合进了一个由对善与至善的追求来激活的传统的总体结构形式之中。

我的美德理论对这第三阶段的描述，其方式在一定程度上似乎为很多批评者提供了相对主义责难的根据。罗伯特·瓦希

布罗特认为，我基于善的追求而对人类的善的界定——即使带 275
有我对前两个阶段的解释所提供的各种限制——与承认各种不同的、不相容的、互竞的美德传统的存在是可以相容的。在这一点上，他是正确的。接着，他却试图将我逼到一个两难境地上去。假设有两个互竞且不相容的道德传统在某个特殊的历史情境中彼此遭遇，要接受一个传统的各种申言势必与另一个传统的各种申言相冲突。那么，或者有可能诉诸某些独立于这两个互竞的传统且有合理根据的原则，或者对于它们的分歧不可能有任何合理的解决。然而，如果是前者，那么在根本的道德问题上就能够诉诸一系列其合理根据独立于各个传统的社会特殊性的原则；如果是后者，那么就不存在任何不内在于和相对于某个特殊传统的道德合理性。可是在那种情况下我们就没有任何充足的理由，去信奉和忠诚任一特殊的传统而非任何其他的传统。而既然我对启蒙筹划的拒斥，使我不得不否定来自两个选择中的前者的各种后果，那么看起来，我不可避免地要接受后一选择的那些后果。

这一论证的力量取决于这个二者选一的选言命题是否是包罗无遗的。它并非包罗无遗。因为有时至少可能的是，一个诸如此类的传统为了获得比其互竞者更有利的裁决，可以诉诸在两个互竞的传统中都有其重要性的考虑类型。那么，这些又可能是什么样的考虑类型呢？

如果两个道德传统能够相互承认在重要问题上提出了互竞论点，那么它们必然分有某些共同的特点。而既然与实践的某种关系、某种独特的人类利益（或善）的观念、某些源于一传统之本性的特征都将是这两个传统的特点，那么这也并不奇怪。有关一个传统的支持者们所诉诸的标准与另一个传统的支持者所诉诸的标准不可公度的问题，将来不会是，过去也不可能是在这样一种情境中所产生的仅有的问题。因此，每一个传统的支持者，有时至少有可能以他们自身的标准，去理解和评价他们的互竞者对他们的观点的界定。而且，没有什么能够妨碍他们发现，这些界定向他们揭示了迄今尚未注意到的他们自身观点的某些特点，或他们应该以其自身的标准来接纳却尚未接纳的某些考虑。诚然，也没有什么能够妨碍他们发现，互竞的传统对其自身的传统中的弱点、没有能力充分地阐明或解决问题、多种多
276 样的不一致性提供了中肯的解释；相反，其自身传统的资源却没能提供令人信服的论述。

诚然，即使按其自身的兴衰标准来衡量，各个传统有时也会衰微，而一次带有互竞传统的相遇可以这种方式，或者为努力以某种激进的方式重构某人的传统，或者为废弃它，提供充足的理由。但如我前面所指出的，还有这样一种情形，即，如果在这类连续的相遇中，一个特殊的道德传统在各种合理的考虑要么从传统内部要么从传统外部推动其支持者的时候，成功地重构了其自身，并且对于其互竞者和其自身的缺陷与弱点，提供了比那些互竞者所能够提供的——无论关于它们自身还是关于他者——更为中肯的解说，而且所有这一切当然都依据内在于这个传统的各种标准，亦即在那些兴衰过程中本身，将以多种多样的方式得到修正与扩展的各种标准，那么，这个传统的支持者们有资格在很大的程度上合理地确信，他们栖居其中并且将他们的道德生活的实质归之于它的那一传统将找到成功地迎接未来挑战的各种资源。因为，有关道德实在体现在其思想与行为模式之中的理论本身已经表明它是迄今为止最好的理论——就我赋予这个短语的那种意义而言。

对此，罗伯特·瓦希布罗特可能会认为我并没有回答他的反驳。因为我所说的这一切并没有以任何方式表明，这样的情

形会发生，也即证明了不可能找到任何合理的方式来解决两种互竞的道德和认识论传统之间的分歧，因此，相对主义立场有其坚定的根基。不过，我没有任何兴趣否定这一点。因为我的立场决定了，没有任何成功的先验论证事先会保证这样一种情境不可能发生。诚然，没有什么能给我们提供这样一种不涉及康德先验筹划的成功复活的保证。

毋庸赘言，《追寻美德》的核心论点是，亚里士多德的道德传统，是我们所拥有的关于一个传统其支持者有资格合理地高度确信其认识论与道德资源之最佳范例。然而，对亚里士多德的一种历史主义辩护注定要令某些狐疑满腹的批评者吃惊，因为这些人认为这不仅是一项堂吉诃德式的事业，而且是自相矛盾的。因为亚里士多德本人，正如我在讨论其美德理论时所指出的，并不是任何种类的历史主义者，尽管某些著名的历史主义者——包括维科和黑格尔——多多少少都是亚里士多德主义者。因此，要表明这里并无任何的自相矛盾乃是一个更为必要 277
的任务；但是要大规模地完成这一任务，也只能等待《追寻美德》的续篇了。

3. 道德哲学与神学的关系

许多批评者指出了作为《追寻美德》之核心的论辩性叙述的诸多不足。其中最显著的，是没有充分讨论亚里士多德的美德传统与《圣经》宗教及其神学的关系。杰夫瑞·斯道特指出了由此导致的某些不幸后果，其中有一个尤为重要。[14] 从《圣

---

[14] 杰夫瑞·斯道特：《没落者中间的美德》，载即将出版的《系统神学与宗教哲学新杂志》。

经》宗教与亚里士多德主义彼此相遇那一刻起，有关人的美德的申言与有关神法和神律的申言之间的关系问题，就要求一种回答。对《圣经》神学与亚里士多德主义的任何调和，都不得不认可对这样一种观点的辩护，即，只有一种其主要部分是由对法律的遵从所构成之生活，能够充分展现那些没有它们人类就不可能达到其 telos（目的）之美德。对这样一种调和的任何证明了的拒斥，都必须给出理由来否定这种观点。对这种观点的古典陈述与辩护当然是由阿奎那做出的；而对相反情形的最中肯的陈述却在一个被过分忽略了的现代古典学者哈里·V. 雅法对阿奎那注释的《尼各马可伦理学》的评注里。⑮

通过回避阿奎那将对《摩西五经》的神学忠诚与对亚里士多德的哲学忠诚相结合所产生的各种问题，我模糊了或扭曲了许多对于我后面的叙述来说本该是核心的东西：新教和詹森教派对亚里士多德传统的反应的复杂而又多变的性质，以及随后，康德为规范伦理学确立一个世俗的理性基础的努力，他尽管预设了上帝的存在，却隐含了不仅要拒斥亚里士多德主义，而且要将亚里士多德主义视为道德谬误的本源。因此我的叙述再次需要多种方式的补充与修正，如果我从中所得出的主要结论，能支持它们的合理性论证的申言的话。

因此，《追寻美德》，无论这个方面还是别的方面，都应该作为一部有待完善的著作来阅读，而如果说我现在还能够将这项工作向前推进的话，主要是因为如此多的哲学家——还有社会学家、人类学家、历史学家和神学家——以其友善而又犀利的批评有益于这项工作。

---

⑮ H. V. 雅法：《托马斯主义与亚里士多德主义》（芝加哥，1952 年）。

参 考 文 献

J. K. Ackrill, *Aristotle on Eudaimonia*, 1974 (阿克里尔:《亚里士多德论幸福》).

A. W. H. Adkins, *Merit and Responsibility*, 1960 (爱德金斯:《功过与责任》).

S. Andreski, *Social Science as Sorcery*, 1973 (安德雷斯基:《作为巫术的社会科学》).

G. E. M. Anscombe, 'Modern Moral Philosophy', *Philosophy*, 33, 1958 (安斯科姆:《现代道德哲学》)

R. Aron, 'Max Weber' in *Main Currents in Sociological Thought*, trans. R. Howard and H. Weaver, 1967 (阿隆:《马克斯·韦伯》).

Peter Berger, Brigitte Berger and Hansfried Kellner, *The Homeless Mind*, 1973 (彼特·伯格、布里吉特·伯格和汉斯弗雷德·凯尔纳:《无家可归的心灵》).

Egon Bittner, 'The Concept of Organization', *Social Research*, 32, 1965: 239—255(毕特纳:《组织的概念》).

——, *The Functions of the Police in Modern Society*, 1970 (《政策在现代社会中的功能》).

Gene Brucker, *The Civic World of Early Renaissance Florence*, 1977 (布鲁克:《文艺复兴早期佛罗伦萨的市民世界》).

Tom Burns, 'Industry in a New Age', *New Society*, 31, January 1963 (伯恩斯:《新时代的工业》).

Tom Burns and G. N. Stalker, *The Management of Innovation*, 1968 (伯

恩斯和斯托克:《创新的管理》).

Stephen R. L. Clark, ‘Review of The Aristotelian Ethics by Anthony Kenny’, *Philosophical Quarterly*, 1979: 352—355 (克拉克:《评安东尼·肯尼的〈亚里士多德的伦理学〉》).

Richard Cobb, ‘The Revolutionary Mentality in France’ in *A Second Identity*,1969 (科伯:《法国的革命心态》).

James C. Davies, ‘Towards a Theory of Revolution’, *American Sociological Review*, 27, 1962: 5—13 (戴维斯:《论一种革命理论》).

Alan Donegan, *The Theory of Morality*, 1977 (多纳甘:《道德理论》).

Ronald Dworkin, *Taking Rights Seriously*,1976 (德沃金:《认真对待权利》).

Rosalind and Ivo Feierabend, ‘Aggressive Behavior Within Politics, 1948—1962: A Cross-National Study’, *Journal of Conflict Resolution*, 10, 1966: 249—271 (罗萨林与费耶阿本德:《政治中的攻击性行为 1948—1962:一项跨国家的研究》).

M. I. Finley, *The World of Odysseus*, 1954 (芬莱:《奥德修斯的世界》).

Hermann Frankel, *Early Greek Poetry and Philosophy*, translated by M. Hadas and J. Willis, 1973 (弗兰克尔:《早期希腊的诗歌与哲学》).

David Gadd, *The Loving Friends*, 1976 (伽德:《好友们》).

John Gardner, *The Life and Times of Chaucer*, 1977 (加德纳:《乔叟的生平与时代》).

William H. Gass, *Fiction and the Figures of Life*,1971 (伽斯:《小说与生活形象》).

Peter Geach, *The Virtues*, 1977 (吉奇:《论美德》).

Bernard Gert, *The Moral Rules: A New Rational Foundation for Morality*, 1970 (格尔特:《道德规则:道德的一种新的理性基础》).

Alan Gewirth, *Reason and Morality*, 1978 (格沃思:《理性与道德》).

Erving Goffman, *The Presentation of Self in Everyday Life*, 1959 (戈夫

曼:《自我在日常生活中的呈现》).

——,*Encounters*, 1961 (《遭遇》).

——, *Interaction Ritual*, 1957 (《互动的礼仪》).

——, *Strategic Interaction*, 1969 (《策略性的互动》).

J. Y. T. Greig, ed. , *The Letters of David Hume*, Vol. 1, 1932 (格瑞戈编《大卫·休谟书信集》).

Samuel Guttenplan, 'Moral Realism and Moral Dilemmas', *Proceedings of the Aristotelian Society* 1979—1980: 61—80 (古登普兰:《道德实在论与道德两难》).

Barbara Hardy, 'Towards a Poetics of Fiction: An Approach Through Narrative', *Novel*, 2, 1968: 5—14 (哈迪:《走向小说的诗学:叙事的进路》).

R. M. Hare, *The Language of Morals*, 1951 (黑尔:《道德的语言》).

Philip Hobsbaum, *A Readers Guide to Charles Dickens*, 1973 (霍布斯包姆:《查尔斯·狄更斯导读》).

T. Irwin, 'Review of The Aristotelian Ethics and Aristotle's Theory of Will by Anthony Kenny', *Journal of Philosophy*, 77, 1980: 338—354 (特伦斯·伊尔文:《评安东尼·肯尼的〈亚里士多德的伦理学〉与〈亚里士多德的意志理论〉》).

Herbert Kaufman, *Administrative Feedback*, 1973 (考夫曼:《管理的反馈》).

Anthony Kenny, *Aristotelian Ethics*, 1978 (肯尼:《亚里士多德的伦理学》).

Walter Laqueur, 'A Reflection on Violence', *Encounter*, 38, April 1972: 3—10 (拉克尔:《对暴力的反思》).

Michael E. Levy, 'Constraining Inflation: Concerns, Complacencies and Evidence', *The Conference Board Record*, 12, October 1975: 8—14 (列维:《抑制通货膨胀:忧虑、欣慰与证据》).

R. Likert, *New Patterns of Management*, 1961 (里克特:《管理的新模

式》).

Hough Lloyd-Jones, *The Justice of Zeus*, 1971 (罗埃德-琼斯:《宙斯的正义》).

Louis Mackey, *Kierkegaard: A Kind of Poet*, 1971 (麦基:《克尔凯郭儿:一种诗人》).

Donald G. Macrae, *Max Weber*, 1974 (麦克雷:《马克斯·韦伯》).

Gregor Malantschuk, *Kierkegaard's Thought*, translated by Howard V. Hong and Edna H. Hong, 1971 (马兰茨查克:《克尔凯郭儿的思想》).

James G. March and Herbert A. Simon, *Organizations*, 1958 (马奇与西蒙:《组织化》).

James Miller, *History and Human Existence*, 1979 (米勒:《历史与人的存在》).

Jeffrey S. Milstein and William Charles Mitchell, *Computer Simulation of International Processes: the Vietnam War and the Pre-World War I Naval Race*, 1968 (米尔斯坦和米歇尔:《国际进程的计算机模拟:越南战争和第一次世界大战前的海军竞赛》).

Louis O. Mink, 'History and Fiction as Modes of Comprehension', *New Literary History*, 1, 1970: 541—558 (明克:《作为理解模式的历史与小说》).

Oscar Newman, *Defensible Space*, 1973 (纽曼:《可防范的空间》).

F. Nietzsche, *The Gay Science*, translated with commentary by Walter Kaufman, 1974 (尼采:《快乐的科学》).

——, *The Will to Power*, edited and translated by Walter Kaufman, 1967 (《权力意志》).

Robert Nozick, *Anarchy, State and Utopia*, 1974 (诺齐克:《无政府、国家与乌托邦》).

J. A. Passmore, 'John Anderson and Twentieth-Century Philosophy', Introductory essay in *Studies in Empirical Philosophy by John Anderson*, 1962 (帕斯摩尔:《约翰·安德生与20世纪哲学》).

K. Polanyi, *The Great Transformation*, 1944 (博兰尼:《巨变》).

W. V. O. Quine, *Word and Object*, 1960 (奎因:《词与物》).

John B. Rawls, *A Theory of Justice*, 1971 (罗尔斯:《正义论》).

Lewis F. Richardson, *Arms and Insecurity*, 1960 (理查德森:《武器与不安全性》).

P. Rieff, *The Triumph of the Therapeutic*, 1966 (里夫:《心理治疗的胜利》).

——, *To My Fellow Teachers*, 1975 (《致我的教师同事们》).

Anne Righter, *Shakespeare and the Idea of the Play*, 1962 (赖特:《莎士比亚与戏剧的理念》).

S. P. Rosenbaum, ed., *The Bloomsbury Group*, 1975 (罗森鲍姆:《布鲁姆斯布里群体》).

D. J. C. Smyth and J. C. K. Ash, 'Forecasting Gross National Product, the Rate of Inflation and the Balance of Trade: the O. E. C. D. Performance', *The Economic Journal*, 85, 1975: 361—364 (史密斯和阿什:《国民生产总值、通货膨胀率和贸易差额的预测:经济合作与发展组织的业绩》).

Derek J. de Solla Price, *Little Science, Big Science*, 1963 (普赖斯:《小科学,大科学》).

Robert Solomon, ed., *Nietzsche: a Collection of Critical Essays*, 1973 (所罗门编:《尼采:批评文集》).

C. L. Stevenson, *Ethics and Language*, 1945 (史蒂文森:《伦理学与语言》).

Bas C. Van Fraasen, 'Values and the Heart's Command', *Journal of Philosophy*, 70, 1973: 5—19 (法拉森:《价值与心的命令》).

S. Weil, 'The Iliad or the Poem of Force' in *Revisions*, edited by S. Hauerwas and A. MacIntyre, 1983 (威尔:《〈伊利亚特〉或力量之诗》).

索　引

（索引中所注页码为英文原版页码，即中译本边码）

人文与社会译丛

第一批书目

1.《政治自由主义》(增订版),[美]J. 罗尔斯著,万俊人译　118.00 元
2.《文化的解释》,[美]C. 格尔茨著,韩莉译　89.00 元
3.《技术与时间:1. 爱比米修斯的过失》,[法]B. 斯蒂格勒著,裴程译　62.00 元
4.《依附性积累与不发达》,[德]A. G. 弗兰克著,高铦等译　13.60 元
5.《身处欧美的波兰农民》,[美]F. 兹纳涅茨基、W. I. 托马斯著,张友云译　9.20 元
6.《现代性的后果》,[英]A. 吉登斯著,田禾译　45.00 元
7.《消费文化与后现代主义》,[英]M. 费瑟斯通著,刘精明译　14.20 元
8.《英国工人阶级的形成》(上、下册),[英]E. P. 汤普森著,钱乘旦等译　168.00 元
9.《知识人的社会角色》,[美]F. 兹纳涅茨基著,郏斌祥译　49.00 元

第二批书目

10.《文化生产:媒体与都市艺术》,[美]D. 克兰著,赵国新译　49.00 元
11.《现代社会中的法律》,[美]R. M. 昂格尔著,吴玉章等译　39.00 元
12.《后形而上学思想》,[德]J. 哈贝马斯著,曹卫东等译　58.00 元
13.《自由主义与正义的局限》,[美]M. 桑德尔著,万俊人等译　30.00 元

14.《临床医学的诞生》,[法]M. 福柯著,刘北成译 55.00 元
15.《农民的道义经济学》,[美]J. C. 斯科特著,程立显等译 42.00 元
16.《俄国思想家》,[英]I. 伯林著,彭淮栋译 35.00 元
17.《自我的根源:现代认同的形成》,[加]C. 泰勒著,韩震等译 128.00 元
18.《霍布斯的政治哲学》,[美]L. 施特劳斯著,申彤译 49.00 元
19.《现代性与大屠杀》,[英]Z. 鲍曼著,杨渝东等译 59.00 元

第三批书目

20.《新功能主义及其后》,[美]J. C. 亚历山大著,彭牧等译 15.80 元
21.《自由史论》,[英]J. 阿克顿著,胡传胜等译 89.00 元
22.《伯林谈话录》,[伊朗]R. 贾汉贝格鲁等著,杨祯钦译 48.00 元
23.《阶级斗争》,[法]R. 阿隆著,周以光译 13.50 元
24.《正义诸领域:为多元主义与平等一辩》,[美]M. 沃尔泽著,褚松燕等译 24.80 元
25.《大萧条的孩子们》,[美]G. H. 埃尔德著,田禾等译 27.30 元
26.《黑格尔》,[加]C. 泰勒著,张国清等译 135.00 元
27.《反潮流》,[英]I. 伯林著,冯克利译 48.00 元
28.《统治阶级》,[意]G. 莫斯卡著,贾鹤鹏译 98.00 元
29.《现代性的哲学话语》,[德]J. 哈贝马斯著,曹卫东等译 78.00 元

第四批书目

30.《自由论》(修订版),[英]I. 伯林著,胡传胜译 69.00 元
31.《保守主义》,[德]K. 曼海姆著,李朝晖、牟建君译 58.00 元
32.《科学的反革命》(修订版),[英]F. 哈耶克著,冯克利译 68.00 元

33.《实践感》,[法]P. 布迪厄著,蒋梓骅译 75.00 元
34.《风险社会:新的现代性之路》,[德]U. 贝克著,张文杰等译 58.00 元
35.《社会行动的结构》,[美]T. 帕森斯著,彭刚等译 80.00 元
36.《个体的社会》,[德]N. 埃利亚斯著,翟三江、陆兴华译 15.30 元
37.《传统的发明》,[英]E. 霍布斯鲍姆等著,顾杭、庞冠群译 68.00 元
38.《关于马基雅维里的思考》,[美]L. 施特劳斯著,申彤译 78.00 元
39.《追寻美德》,[美]A. 麦金太尔著,宋继杰译 68.00 元

第五批书目

40.《现实感》,[英]I. 伯林著,潘荣荣、林茂、魏钊凌译 78.00 元
41.《启蒙的时代》,[英]I. 伯林著,孙尚扬、杨深译 35.00 元
42.《元史学》,[美]H. 怀特著,陈新译 89.00 元
43.《意识形态与现代文化》,[英]J. B. 汤普森著,高铦等译 68.00 元
44.《美国大城市的死与生》,[加]J. 雅各布斯著,金衡山译 78.00 元
45.《社会理论和社会结构》,[美]R. K. 默顿著,唐少杰等译 128.00 元
46.《黑皮肤,白面具》,[法]F. 法农著,万冰译 58.00 元
47.《德国的历史观》,[美]G. 伊格尔斯著,彭刚、顾杭译 58.00 元
48.《全世界受苦的人》,[法]F. 法农著,万冰译 17.80 元
49.《知识分子的鸦片》,[法]R. 阿隆著,吕一民、顾杭译 59.00 元

第六批书目

50.《驯化君主》,[美]H. C. 曼斯菲尔德著,冯克利译 88.00 元
51.《黑格尔导读》,[法]A. 科耶夫著,姜志辉译 98.00 元
52.《象征交换与死亡》,[法]J. 波德里亚著,车槿山译 68.00 元
53.《自由及其背叛》,[英]I. 伯林著,赵国新译 48.00 元

54.《启蒙的三个批评者》,[英]I. 伯林著,马寅卯、郑想译 48.00 元
55.《运动中的力量》,[美]S. 塔罗著,吴庆宏译 23.50 元
56.《斗争的动力》,[美]D. 麦克亚当、S. 塔罗、C. 蒂利著,李义中等译 31.50 元
57.《善的脆弱性》,[美]M. 纳斯鲍姆著,徐向东、陆萌译 55.00 元
58.《弱者的武器》,[美]J. C. 斯科特著,郑广怀等译 82.00 元
59.《图绘》,[美]S. 弗里德曼著,陈丽译 49.00 元

第七批书目

60.《现代悲剧》,[英]R. 威廉斯著,丁尔苏译 45.00 元
61.《论革命》,[美]H. 阿伦特著,陈周旺译 59.00 元
62.《美国精神的封闭》,[美]A. 布卢姆著,战旭英译,冯克利校 89.00 元
63.《浪漫主义的根源》,[英]I. 伯林著,吕梁等译 49.00 元
64.《扭曲的人性之材》,[英]I. 伯林著,岳秀坤译 69.00 元
65.《民族主义思想与殖民地世界》,[美]P. 查特吉著,范慕尤、杨曦译 18.00 元
66.《现代性社会学》,[法]D. 马尔图切利著,姜志辉译 32.00 元
67.《社会政治理论的重构》,[美]R. J. 伯恩斯坦著,黄瑞祺译 72.00 元
68.《以色列与启示》,[美]E. 沃格林著,霍伟岸、叶颖译 128.00 元
69.《城邦的世界》,[美]E. 沃格林著,陈周旺译 85.00 元
70.《历史主义的兴起》,[德]F. 梅尼克著,陆月宏译 48.00 元

第八批书目

71.《环境与历史》,[英]W. 贝纳特、P. 科茨著,包茂红译 25.00 元
72.《人类与自然世界》,[英]K. 托马斯著,宋丽丽译 35.00 元

73.《卢梭问题》,[德]E.卡西勒著,王春华译　39.00元
74.《男性气概》,[美]H.C.曼斯菲尔德著,刘玮译　28.00元
75.《战争与和平的权利》,[美]R.塔克著,罗炯等译　25.00元
76.《谁统治美国》,[美]W.多姆霍夫著,吕鹏、闻翔译　35.00元
77.《健康与社会》,[法]M.德吕勒著,王鲲译　35.00元
78.《读柏拉图》,[德]T.A.斯勒扎克著,程炜译　68.00元
79.《苏联的心灵》,[英]I.伯林著,潘永强、刘北成译　59.00元
80.《个人印象》,[英]I.伯林著,覃学岚译　88.00元

第九批书目

81.《技术与时间:2.迷失方向》,[法]B.斯蒂格勒著,
赵和平、印螺译　59.00元
82.《抗争政治》,[美]C.蒂利、S.塔罗著,李义中译　28.00元
83.《亚当·斯密的政治学》,[英]D.温奇著,褚平译　21.00元
84.《怀旧的未来》,[美]S.博伊姆著,杨德友译　85.00元
85.《妇女在经济发展中的角色》,[丹]E.博斯拉普著,陈慧平译　30.00元
86.《风景与认同》,[美]W.J.达比著,张箭飞、赵红英译　68.00元
87.《过去与未来之间》,[美]H.阿伦特著,王寅丽、张立立译　58.00元
88.《大西洋的跨越》,[美]D.T.罗杰斯著,吴万伟译　108.00元
89.《资本主义的新精神》,[法]L.博尔坦斯基、E.希亚佩洛著,
高铦译　58.00元
90.《比较的幽灵》,[美]B.安德森著,甘会斌译　79.00元

第十批书目

91.《灾异手记》,[美]E.科尔伯特著,何恬译　25.00元

92.《技术与时间:3. 电影的时间与存在之痛的问题》,
[法]B. 斯蒂格勒著,方尔平译 65.00 元
93.《马克思主义与历史学》,[英]S. H. 里格比著,吴英译 78.00 元
94.《学做工》,[英]P. 威利斯著,秘舒、凌旻华译 68.00 元
95.《哲学与治术:1572—1651》,[美]R. 塔克著,韩潮译 45.00 元
96.《认同伦理学》,[美]K. A. 阿皮亚著,张容南译 45.00 元
97.《风景与记忆》,[英]S. 沙玛著,胡淑陈、冯樨译 78.00 元
98.《马基雅维里时刻》,[英]J. G. A. 波考克著,冯克利、傅乾译 108.00 元
99.《未完的对话》,[英]I. 伯林、[波]B. P. -塞古尔斯卡著,
杨德友译 65.00 元
100.《后殖民理性批判》,[印]G. C. 斯皮瓦克著,严蓓雯译 79.00 元

第十一批书目

101.《现代社会想象》,[加]C. 泰勒著,林曼红译 45.00 元
102.《柏拉图与亚里士多德》,[美]E. 沃格林著,刘曙辉译 78.00 元
103.《论个体主义》,[法]L. 迪蒙著,桂裕芳译 30.00 元
104.《根本恶》,[美]R. J. 伯恩斯坦著,王钦、朱康译 78.00 元
105.《这受难的国度》,[美]D. G. 福斯特著,孙宏哲、张聚国译 39.00 元
106.《公民的激情》,[美]S. 克劳斯著,谭安奎译 49.00 元
107.《美国生活中的同化》,[美]M. M. 戈登著,马戎译 58.00 元
108.《风景与权力》,[美]W. J. T. 米切尔著,杨丽、万信琼译 78.00 元
109.《第二人称观点》,[美]S. 达沃尔著,章晟译 69.00 元
110.《性的起源》,[英] F. 达伯霍瓦拉著,杨朗译 85.00 元

第十二批书目

111.《希腊民主的问题》,[法]J. 罗米伊著,高煜译　48.00 元
112.《论人权》,[英]J. 格里芬著,徐向东、刘明译　75.00 元
113.《柏拉图的伦理学》,[英]T. 埃尔文著,陈玮、刘玮译　118.00 元
114.《自由主义与荣誉》,[美]S. 克劳斯著,林垚译　62.00 元
115.《法国大革命的文化起源》,[法]R. 夏蒂埃著,洪庆明译　38.00 元
116.《对知识的恐惧》,[美]P. 博格西昂著,刘鹏博译　38.00 元
117.《修辞术的诞生》,[英]R. 沃迪著,何博超译　48.00 元
118.《历史表现中的真理、意义和指称》,[荷]F. 安克斯密特著,周建漳译　58.00 元
119.《天下时代》,[美]E. 沃格林著,叶颖译　78.00 元
120.《求索秩序》,[美]E. 沃格林著,徐志跃译　48.00 元

第十三批书目

121.《美德伦理学》,[新西兰]R. 赫斯特豪斯著,李义天译　68.00 元
122.《同情的启蒙》,[美]M. 弗雷泽著,胡靖译　48.00 元
123.《图绘暹罗》,[美]T. 威尼差恭著,袁剑译　58.00 元
124.《道德的演化》,[新西兰]R. 乔伊斯著,刘鹏博、黄素珍译　65.00 元
125.《大屠杀与集体记忆》,[美]P. 诺维克著,王志华译　78.00 元
126.《帝国之眼》,[美]M. L. 普拉特著,方杰、方宸译　68.00 元
127.《帝国之河》,[美]D. 沃斯特著,侯深译　76.00 元
128.《从道德到美德》,[美]M. 斯洛特著,周亮译　58.00 元
129.《源自动机的道德》,[美]M. 斯洛特著,韩辰锴译　58.00 元
130.《理解海德格尔:范式的转变》,[美]T. 希恩著,邓定译　89.00 元

第十四批书目

131.《城邦与灵魂:费拉里〈理想国〉论集》,[美]G. R. F. 费拉里著,刘玮编译 58.00 元

132.《人民主权与德国宪法危机》,[美]P. C. 考威尔著,曹晗蓉、虞维华译 58.00 元

133.《16 和 17 世纪英格兰大众信仰研究》,[英]K. 托马斯著,芮传明、梅剑华译 168.00 元

134.《民族认同》,[英]A. D. 史密斯著,王娟译 55.00 元

135.《世俗主义之乐:我们当下如何生活》,[英]G. 莱文编,赵元译 58.00 元

136.《国王或人民》,[美]R. 本迪克斯著,褚平译(即出)

137.《自由意志、能动性与生命的意义》,[美] D. 佩里布姆著,张可译 68.00 元

138.《自由与多元论:以赛亚·伯林思想研究》,[英]G. 克劳德著,应奇等译 58.00 元

139.《暴力:思无所限》,[美]R. J. 伯恩斯坦著,李元来译 59.00 元

140.《中心与边缘:宏观社会学论集》,[美]E. 希尔斯著,甘会斌、余昕译 88.00 元

第十五批书目

141.《自足的世俗社会》,[美]P. 朱克曼著,杨靖译 58.00 元

142.《历史与记忆》,[英]G. 丘比特著,王晨凤译 59.00 元

143.《媒体、国家与民族》,[英]P. 施莱辛格著,林玮译 68.00 元

144.《道德错误论:历史、批判、辩护》,

[瑞典]J. 奥尔松著，周奕李译　58.00元

145.《废墟上的未来：联合国教科文组织、世界遗产与和平之梦》，[澳]L. 梅斯克尔著，王丹阳、胡牧译　88.00元

146.《为历史而战》，[法]L. 费弗尔著，高煜译　98.00元

147.《康德与现代政治哲学》，[英]K. 弗利克舒著，徐向东译　58.00元

148.《我们中的我：承认理论研究》，[德]A. 霍耐特著，张曦、孙逸凡译　62.00元

149.《人文学科与公共生活》，[美]P. 布鲁克斯、H. 杰维特编，余婉卉译　52.00元

150.《美国生活中的反智主义》，[美]R. 霍夫施塔特著，何博超译　68.00元

第十六批书目

151.《关怀伦理与移情》，[美]M. 斯洛特著，韩玉胜译　48.00元

152.《形象与象征》，[罗]M. 伊利亚德著，沈珂译　48.00元

153.《艾希曼审判》，[美]D. 利普斯塔特著，刘颖洁译　49.00元

154.《现代主义观念论：黑格尔式变奏》，[美]R. B. 皮平著，郭东辉译（即出）

155.《文化绝望的政治：日耳曼意识形态崛起研究》，[美]F. R. 斯特恩著，杨靖译　98.00元

156.《作为文化现实的未来：全球现状论集》，[印]A. 阿帕杜莱著，周云水、马建福译（即出）

157.《一种思想及其时代：以赛亚·伯林政治思想的发展》，[美]J. L. 彻尼斯著，寿天艺、宋文佳译　88.00元

158.《人类的领土性：理论与历史》，[美]R. B. 萨克著，袁剑译（即出）

159.《理想的暴政:多元社会中的正义》,[美]G. 高斯著,范震亚译(即出)
160.《荒原:一部历史》,[美]V. D. 帕尔马著,梅雪芹译 88.00 元

第十七批书目

161.《浪漫派为什么重要》,[美]P. 盖伊著,王燕秋译 49.00 元
162.《欧美思想中的自治》,[美]J. T. 克洛彭伯格著,褚平译(即出)
163.《冲突中的族群》,[美]D. 霍洛维茨著,魏英杰、段海燕译(即出)
164.《八个欧洲中心主义历史学家》,[美]J. M. 布劳特著,杨卫东译(即出)
165.《记忆之地,悼念之地》,[美]J. 温特著,王红利译(即出)
166.《20 世纪的战争与纪念》,[美]J. 温特著,吴霞译(即出)
167.《病态社会》,[美]R. B. 埃杰顿著,杨靖、杨依依译(即出)
168.《种族与文化的少数群体》,[美]G. E. 辛普森、J. M. 英格尔著,马戎、王凡妹等译(即出)
169.《美国城市新主张》,R. H. 普拉特著,周允程译(即出)
170.《五种官能》,[美]M. 塞尔著,徐明译(即出)